Limitação e
a não Aplicabilidade do Direito

Direito Estrangeiro, Convencional e Comunitário

Luis Cezar Ramos Pereira

Limitação e a não Aplicabilidade do Direito

Direito Estrangeiro, Convencional e Comunitário

RENOVAR
Rio de Janeiro • São Paulo
2001

Todos os direitos reservados à
LIVRARIA E EDITORA RENOVAR LTDA.
MATRIZ: Rua da Assembléia, 10/2.421 - Centro - RJ
CEP: 20011-000 - Tels.: (21) 531-2205 / 531-1618 / 531-3219 - Fax: (21) 531-2135
LIVRARIA: Rua da Assembléia, 10 - loja E - Centro - RJ
CEP: 20011-000 - Tels.: (21) 531-1316 / 531-1338 - Fax: (21) 531-1873
FILIAL RJ: Rua Antunes Maciel, 177 - São Cristóvão - RJ
CEP: 20940-010 - Tels.: (21) 589-1863 / 580-8596 / 3860-6199 - Fax: (21) 589-1962
FILIAL SÃO PAULO: Rua Santo Amaro, 257-A - Bela Vista - SP
CEP: 01315-001 - Tels.: (11) 3104-9951 / 3104-5849

www.editoras.com/renovar   renovar@attglobal.net
SAC: 0800-221863

Conselho Editorial

Arnaldo Lopes Süssekind — Presidente
Carlos Alberto Menezes Direito
Caio Tácito
Luiz Emygdio F. da Rosa Jr.
Celso de Albuquerque Mello
Ricardo Pereira Lira
Ricardo Lobo Torres
Vicente de Paulo Barretto

Revisão Tipográfica
José Antonio Ferreira
Renato R. Carvalho

Capa
Sheila Neves

Editoração Eletrônica
TopTextos Edições Gráficas Ltda.

№ 0091

CIP-Brasil. Catalogação-na-fonte
Sindicato Nacional dos Editores de Livros, RJ.

P4361	Pereira, Luís Cezar Ramos.
	    Limitação e a não aplicabilidade do Direito: Direito Estrangeiro, Convencional e Comunitário / Luís Cezar Ramos Pereira. — Rio de Janeiro : Renovar, 2001.
	    452p. ; 21cm.
	
	    ISBN 85-7147-272-6
	
	    1. Direito. I. Título.
	
	                                                            CDD-340

Proibida a reprodução (Lei 9.610/98)
Impresso no Brasil
Printed in Brazil

Este trabalho é dedicado e foi procedido sob o influxo de uma inspiração, na figura escol de um jusinternacionalista que era fiel à sua divisa que encimava seus papéis: nula dies sine linea nec schola *(nenhum dia sem escrever ou lecionar) — Professor* **Haroldo Teixeira Valladão**; *paulistano por* jus soli, *contudo, um* Homem de Leis e do Mundo *por* jus sanguinis, *pois, sua ampla e completa visão sobre as questões que norteavam o Direito Internacional como um todo, estampada em seus escritos legais, lições e em sua erudita obra, serviram e servem de esteio e subsídio, para qualquer brasileiro orgulhoso de seu vulto, ou mesmo para qualquer estrangeiro que lhe admire e que se interesse pelo culto estudo do Direito Internacional, seja ele Privado ou Público.*

Quatro pensamentos que continuamente (nem sempre na mesma ordem), me norteavam, quando escrevia este trabalho:

"*Que o Direito Internacional Privado continue a servir à Vida, ao mesmo tempo em que a ilumina com a inconfundível elegância dos seus problemas e a serena profundidade das suas soluções.*"
Francisco Cavalcanti Pontes de Miranda[1]

"*Os valores morais diversificam com a latitude.*"
Oscar Tenório[2]

"*For every wrong there is a remedy.*"[3]

"*Law books are like babies: they are the greatest fun to conceive, but very laborious to deliver.*"
J. H. C. Morris[4]

---

1 In: "Tratado de Direito Internacional Privado", Ed. José Olympio, 1935, Tomo II, Parte Especial, p. 430.
2 In: "Lei de Introdução ao Código Civil Brasileiro", Ed. Borsoi, Rio de Janeiro, 2ª ed., 1955.
3 Maxims of Equity: The Montana Revised Code, Chapter 49, § 115, citado por **Guido Fernando Silva Soares**, in: "Commow Law – Introdução ao Direito dos EUA", Ed. Revista dos Tribunais, São Paulo, 1999, p. 196.
4 **J. H. C. Morris**, in "The Conflict of Laws", 4ª ed. atualizada por David McClean, Londres, Ed. Sweet & Maxwell, 1993, p. V.

Prefácio

O presente livro versa matéria extremamente importante no mundo de hoje. A globalização aproximou os indivíduos e os Estados. A intensificação das relações internacionais acarreta a aplicação do direito estrangeiro e convencional, bem como o direito comunitário. Este tem servido de modelo a todos os processos e ideais de integração econômica.

O presente trabalho se desenvolve dentro de uma visão original, isto é, ele versa sobre a limitação e a não aplicabilidade do Direito, enquanto as demais obras estudam exatamente a aplicabilidade do Direito.

São desenvolvidos capítulos sobre assuntos da maior relevância, como a questão da ordem pública, que é examinada de um modo exaustivo, abrangendo o importante aspecto histórico.

Na verdade, todos os temas versados são de grande atualidade em uma sociedade internacional globalizada.

Um dos capítulos de minha preferência é o décimo quarto, em que é desenvolvida a "Hierarquia de Normas" e a "Questão da Prioridade do Ato Internacional". No Direito Internacional e no Direito Interno este "problema" é uma verdadeira "pedra de toque" e que a jurisprudência brasileira até agora ainda não resolveu de modo satisfatório e ignora as novas tendências da ordem jurídica internacional.

Luis Cezar Ramos Pereira, eminente jurista de São Paulo, já nos brindou com uma excelente obra sobre a Responsabilidade Internacional do Estado, em que nos mostrou a sua autoridade e erudição no Direito Internacional. Agora ele nos oferece "Limitação e a não Aplicabilidade do Direito — Direito Estrangeiro, Convencional e Comunitário" em que mostra mais uma vez o seu talento de grande jurista. É um trabalho notável. É uma honra ter sido convidado para fazer o presente prefácio.

Há em todos os escritos de Luis Cezar Ramos Pereira domínio completo de extensa e maravilhosa bibliografia.

Aguardo ansiosamente o seu próximo livro sobre costume internacional, um dos temas mais difíceis da ordem jurídica internacional.

Celso A. Mello

Sumário

Resumo da Obra 1

Prólogo 5

Capítulo Primeiro:

Da Questão da Interpretação 19

Capítulo Segundo:

Da Inaplicabilidade da Regra de Conflito e seus Reflexos 35
Da Prova do Direito Estrangeiro 36
Da Carta Rogatória e da Homologação da Sentença
    Estrangeira 41

Capítulo Terceiro:

Da Extraterritorialidade 73

Capítulo Quarto:

Da Denegação de Justiça 85
Do Esgotamento dos Recursos Legais para a Concessão
    da Proteção Diplomática e da Questão do Domínio
    Reservado 102

Capítulo Sexto:

Das Teorias a Favor da Aplicação da Lex Fori 117

Capítulo Sétimo:

Da Lex Fori e Terceiro Direito como Meios Subsidiários à
  Aplicação do Direito Estrangeiro 121

Capítulo Oitavo:

Da Fraude à Lei 125
Do Histórico da Fraude à Lei 135
Dos Elementos e Condições para a Fraude à Lei 145
Das Teorias Limitativas ao Combate da Fraude à Lei 151
Das Teorias Subjetiva, Objetiva e Mista 152
Da Religião como Intenção da Fraude à Lei 160
Da Fraude à Lei Incidente na Autonomia da Vontade 161
Da Conseqüência da Fraude à Lei 170
Das Diferenças entre Abuso do Direito, Abuso de Função
  Instrumental e da Simulação com a Fraude à Lei 172

Capítulo Nono:

Da Norma de Reciprocidade 175

Capítulo Décimo:

Da Sucessão de Herdeiro Nacional e do Princípio da
  Lei mais Favorável 177

Capítulo Décimo Primeiro:

Da Ordem Pública 181
Das Correntes Doutrinárias 196
Da Doutrina de Story 197
Da Doutrina de Savigny 202
Da Doutrina de Mancini 205
Das Outras Doutrinas 209
Da Ordem Pública Interna e Internacional 213
Dos Precedentes Históricos e Doutrinários da Ordem
  Pública 226

Do Histórico e o Art. 17 da Lei de Introdução ao Código
 Civil 231
Da Natureza Jurídica da Ordem Pública 244
Da Definição de Ordem Pública e sua Contemporaneidade . 251
Da Nacionalidade da Ordem Pública e a Intensidade de
 Conexão 259
Da Temporalidade da Ordem Pública 262
Do Caráter Excepcional da Ordem Pública 266
Da Violação de Direito Comunitário por Estado-membro e
 a Questão da Ordem Pública tida como Regional 268
Da Ordem Pública e a Autonomia da Vontade nos Contratos ... 284
Da Lex Mercatoria e do Costume na Ordem Pública 295
Dos Efeitos da Ordem Pública 303
Da Aplicação da Ordem Pública Alienígena 306
Da Ordem Pública e o Direito Convencional 307

Capítulo Décimo Segundo:

Da Instituição Desconhecida 315

Capítulo Décimo Terceiro:

Das Leis de Bloqueio na Constituição de Empresas
 Offshores, na Utilização do Direito Antitruste, nos
 Treaty e no Forum Shopping 323

Capítulo Décimo Quarto:

Da Hierarquia de Normas 337
Da Questão da Prioridade do Ato Internacional 338

Conclusão Final 373

Anexo 381

Bibliografia 407

Casos Citados 447

Resumo

Este trabalho foi fruto da dissertação apresentada à Banca Examinadora da Pontifícia Universidade Católica de São Paulo, como exigência parcial para obtenção do título de Mestre[5] em Direito (subárea de concentração em *Direito das Relações Econômicas Internacionais*), sob a orientação do Professor Dr. *Celso Ribeiro Bastos*, que integrou a mencionada banca, juntamente com os Profs. *Guido Fernando Silva Soares* e *José Carlos de Magalhães* (o Prof. *Luiz Olavo Baptista*, integrava a banca como professor substituto). Apesar de ser alterada em muitos pontos, tendo em vista as pertinentes opiniões dos nobres examinadores, a questão nuclear da obra foi mantida.

Trata-se da discussão sobre a não aplicabilidade dos Direitos estrangeiro, convencional e comunitário, pelo Juízo do foro, que, em várias passagens, trato também, por via reflexa, de alguma aplicabilidade destes *Direitos*, tendo em

---

5. Além de ter sido obtido o título de Mestre em Direito, a banca examinadora houve por bem dar ao autor, todos os créditos referentes ao curso de pós-graduação em nível de Doutorado, na mesma Universidade.

vista que nem sempre se faz justiça no trato destas questões. Na verdade tal obra é incompleta, pois teria que abranger e ser atacada de frente a aplicabilidade destes Direitos, porém, quis ater-me "quase" que basicamente a sua *não aplicabilidade*. Nem sempre há o conflito de leis, conforme se pensa em *prima facie*. Invariavelmente, quando não há qualquer intenção ilícita, a norma de Direito Internacional Privado e em alguns casos a norma de Direito Internacional ditam que tais Direitos são os competentes e têm que ser aplicados; contudo, tais Direitos não podem chocar com questões críticas, como a ordem pública e a soberania; ou que não fique caracterizado uma fraude à lei ou até mesmo que tais Direitos sejam barrados por uma impossibilidade material, imposta pela *lex fori*.

A *lex fori* juntamente com o seu intérprete são os grandes *vilões* ou *guardiãos*, por assim dizer, da não aplicabilidade destes Direitos. Por tais motivos, procurarei expor quais os reais motivos para uma segura não aplicação do Direito estrangeiro, e/ou do Direito Convencional, e/ou do Direito Comunitário, bloqueio, esse, que tem que ser realizado sem o uso de qualquer paixão, vício, preferência ou até mesmo um simples erro. Só assim, entendo eu, a Justiça seja ela processual ou não, será realizada de forma plena, apesar de alguns pensadores ditarem que Justiça Perfeita não existe, ou nas palavras do pensador e professor de *Harvard* **John Rawls**, existe somente uma *Justiça Processual Imperfeita*; por outro lado o também pensador e jus-privativista internacional **Henri Batiffol** já lembrava que uma boa lei, seja ela estrangeira ou não, deve ser boa para todos os homens, tal como uma proposição verdadeira é verdadeira para todos. É por este último ideal que tal obra é dirigida.

Todas as minhas opiniões estão antecedidas por um asterisco seguidas por letras em itálico. Tais opiniões ou são de caráter novel ou tem apoio em jurisprudência ou doutrina de primeira linha. A dificuldade maior foi na definição prática do que vem a ser a *ordem pública*, principal vetor de bloqueio daqueles Direitos. Apesar da ampla pesquisa de doutrina e jurisprudência, além da análise de algumas legislações que se atreveram a enumerar casos de ordem pública, ou até mesmo depois de consultar vários professores em DIP no Brasil, na Europa e nos Estados Unidos, ainda fiquei admirado ao verificar que entraremos num próximo século, com uma indefinição sobre tal tema, além de sentir, infelizmente, uma falta de vontade política e uma forma vergonhosa de se aplicar somente a *lex fori*, ou por mero comodismo e/ou por mero capricho; por vingança; e/ou por preconceito ou por pura ignorância.

O presente trabalho representa *lineamentos* sobre o tema, ou seja, há várias teses e variantes dentro do mesmo tema, que ora agem como satélites da questão nuclear, ora agem como coadjuvantes diretos da questão de fundo. Quanto à aplicação do Direito Internacional Privado e do Direito Internacional Público, ora separadamente, ora conjuntamente, demonstram a minha tendência de encarar tais segmentos, como um só Direito. Esta tendência vem se firmando diante da nova doutrina e como uma conseqüência da globalização das instituições.

Prólogo

"*Contra a ignorância até os Deuses lutam em vão*", disse certa feita o poeta-dramaturgo, romancista, filósofo, estadista e cientista que chegou, até, a exercer a Advocacia em Frankfurt — **Wolfgang von Goethe**. Não sei se quando ele falou tal frase quis se referir ao aplicador do Direito, mas que em alguns momentos ela se encaixa como uma luva, isto é verdade. A experiência do dia-a-dia do militante em Direito Internacional, perante as Cortes, traduz este sentimento ao deparar-se os operadores do Direito com elementos de estraneidade a serem aplicados em foros que não aqueles onde nasceram. A não aplicação do Direito estrangeiro quando este deveria ser aplicado, pelo comando de norma de Direito Internacional, na sua maioria, não é ditada pelo *Supremo Tribunal Federal*, mas por Juízos de Primeiro Grau, decisões estas que, na quase sua integralidade, não figuram nos repertórios jurisprudenciais. Geralmente, é mais fácil alegar questões de "ordem pública" ou constitucionais do foro do que aplicar corretamente um Direito estrangeiro.

Outro ditado menos erudito, mas sempre lembrado pelas "mães" em todo este mundo globalizado (lembrando sempre que todos têm mãe), é que "tudo tem limite". Propugno por uma aplicação justa do Direito estrangeiro, como também por uma Justiça clara e cristalina na sua não aplicação. Alegar por alegar questões como a de ordem pública, sem saber corretamente o conteúdo nuclear de tal instituto, ou escusar-se de aplicar o Direito estrangeiro, por questão constitucional, prática essa vedada pelo Direito Internacional, não é dar um Direito justo, pelo contrário, é uma denegação de Justiça expressa.

Uma denegação de Justiça ou uma não aplicação de Direito Internacional eivada de vício, gera uma responsabilidade internacional, do Estado, por sempre aplicar a *lex fori*. Para a Comissão de Direito Internacional da Organização das Nações Unidas, também se faz mister que haja uma violação a uma *obrigação*[6] internacional, como pode ser verificado pela simples leitura do art. 4º, do *Projeto sobre a Responsabilidade Internacional do Estado*: "...o fato de um Estado só poderá qualificar-se de internacionalmente ilícito, segundo o Direito Internacional. Nesta qualificação não influirá que o mesmo fato esteja qualificado como lícito, segundo o seu Direito Interno". Ou seja, um Estado não pode se proteger atrás de uma legislação interna, mesmo que seja a sua Constituição, para não cumprir com suas obrigações internacionais assumidas ou deixar de aplicar um Direito estrangeiro, pois, agindo assim, irá por certo ferir uma norma tida e aceita como de Direito Internacional[7]. Vide por exemplo o *Caso Montijo*, onde ficou estabelecido que um "Tratado prevalece sobre a Constituição, ao qual esta deve ceder espaço. A legislação da República deve ser

---

6. A expressão "obrigação" restringe ao meu ver o campo de atuação da responsabilidade internacional, podendo ser completada pela expressão "norma", ambas tidas e aceitas como de Direito Internacional. A expressão "norma" é mais abrangente que a expressão "obrigação". Na pior das hipóteses, deve-se utilizar as duas expressões juntas.

7. Em se tratando de norma ou obrigação convencional o Direito dos Tratados, proíbe tal prática conforme se depreende da simples leitura do art. 27, da Convenção de Viena que se refere ao Direito dos Tratados.

adaptada aos Tratados e não os Tratados devem ser adaptados às leis"[8]. Mais tarde eu tratarei do assunto com mais vagar.

Como, também, é defeso a qualquer Estado de querer imputar uma responsabilidade internacional a outro Estado, que não obedece ou fere o seu próprio Direito Interno. Neste sentido fica clara a decisão tomada no *Caso Dantzig*, em 1932, onde a Corte Permanente de Justiça Internacional determinou que "...se por um lado, conforme os princípios geralmente admitidos, um Estado não pode invocar, frente a outro Estado, as disposições constitucionais deste, senão unicamente as de Direito Internacional e as obrigações internacionais validamente adquiridas, por outro lado, inversamente, um Estado não pode invocar, frente a outro Estado, sua própria Constituição para que não cumpra as obrigações que lhe impõe o Direito Internacional ou os Tratados em vigor"[9]. Julgamento, semelhante, foi o realizado no *Caso Elettronica Sicula*, em 1989, onde a Corte Internacional de Justiça, determinou que "...a conformidad de un acto con el Derecho Interno y su conformidad con las disposiciones de un Tratado son cuestones diferentes. Lo que constituye una violación de un Tratado puede ser lícito en Derecho Interno y lo que es lícito en Derecho Interno puede no entrañar violación de una disposición convencional... no se deriva del hecho de que una jurisdicción interna haya establecido que un acto carecía de justificación, o era irrazonable o injusto, para que tal acto deba ser calificado como arbitrario en Derecho Internacional..."[10].

---

8. Apud **Paul Reuter**, in: "Direito Internacional Público", Ed. Presença, Lisboa, 1981, p. 147. No mesmo sentido, para o sofrimento dos constitucionalistas CPJI A/B 44, p. 24; A/B 46, p. 167; B nº 10, p. 20. Mais adiante eu trato especificamente sobre o tema, quando da primazia do Direito Internacional sobre o Direito Interno.
9. CPJI, Série A/B, nº 44, p. 24; como também na CPJI, Série A, nº 17, p. 29 e na CPJI, Série B, nº 17, p. 32.
10. **Alejandro J. Rodriguez Carríon**, in: "Lecciones de Derecho Internacional Público", Ed. Tecnos, 3ª ed., Madrid, pp. 304/305.

Ao abrir a sua obra **Martín Wolff** faz as seguintes perguntas, respondendo num só mote: "Por que um Tribunal inglês estaria obrigado a aplicar alguma lei estrangeira debaixo de certas circunstâncias? Por que não se permite aplicar Direito inglês e nada mais do que o Direito inglês, anulando assim os problemas de Direito Internacional Privado? O Direito inglês é o conhecido pelo juiz inglês, sendo suficiente para as causas puramente inglesas, porque prestaria atenção a outros sistemas jurídicos que o Tribunal não conhece e que podem ser inferiores a leis inglesas? A resposta é que esta solução simples conduziria a uma grave injustiça"[11]. Com o fito de ajudar a não se cometer tal injustiça, o presente trabalho vai apontar os fatos e atos mais relevantes da não aplicabilidade do Direito estrangeiro, que, como toda a exceção, deve tal barreira ser acionada levando-se em conta todas as informações legislativas, jurisprudenciais, doutrinárias, assim como a observância do ambiente, questão temporal e questões técnicas justificativas do "por que" tal Direito não foi aplicado, apesar de sê-lo competente pela norma de Direito Internacional Privado ou Público. Repita-se, a não aplicabilidade do Direito estrangeiro é exceção e não regra, pois se assim o fosse, haveria a mencionada injustiça.

Muito já se falou sobre a aplicação do Direito ou da Lei estrangeira[12] e sua eficácia aparente ou não de extraterrito-

---

11. In: "Private International Law", Ed. Clarendon, Oxford, 1950, p. 1.
12. Aliás, daqui pra frente, só irei tratar a matéria como "Direito Estrangeiro", englobando-se idéias afins, como a lei estrangeira, atos internacionais (Direito Convencional), Direito Consuetudinário, Direito Comunitário, Sentença Estrangeira seja ela estatal ou arbitral, laudos arbitrais, etc. Quando eu quiser me referir a um determinado tipo de "Direito", irei nomeá-lo. Apenas a título de esclarecimento, eu entendo que o ato internacional (tratado, convenção, etc.), ainda não firnado e/ou ratificado pelo Estado, é considerado Direito estrangeiro. Quando ele é ratificado e com o devido decreto promulgativo, no caso brasileiro, ele é considerado uma norma interna.

rialidade, porque, com maior facilidade entendeu-se que, *prima facie*, toda lei é eivada de um princípio extraterritorial em seu sentido lato, contudo, pouco se disse, escreveu ou se discutiu, principalmente no Brasil, sobre a sua exceção, analisando a doutrina pátria muito timidamente as questões incidentes, como a *fraude à lei, ordem pública*, dentre outras que cursam ou atravessam o mesmo trajeto. O desafio maior fica a cargo do estudo da *ordem pública* e sua aplicabilidade, reconhecimento, efeitos e conseqüências, que tentarei transpor e trazer à lume para aqueles estudiosos do Direito Internacional Privado, apesar de que este tema comporta, também, elementos de Direito Internacional Público e Direito Interno[13]. ***Simons***[14] já doutrinava que a limitação da aplicação da lei estrangeira é um *princípio egoísta* do Direito Internacional Privado. Talvez seja por tal motivo que este tema seja considerado o *patinho feio* do Direito Internacional Privado, mas traz em si uma gama interessante de conceitos e de aplicabilidade prática, que mister se faz discuti-lo nos dias hodiernos.

Por algumas vezes depara-se com o que a doutrina internacionalista clássica chamou de *conflitos móveis*, difun-

---

13. Há ocasiões que o Estado se vê obrigado a dar uma eficácia a certas leis alienígenas de Direito Público, através de Convenção Internacional. Como exemplo clássico cita-se o contido no artigo VIII, 2b, da *Convenção de Bretton Woods*, que criou o **FMI**: "Los contratos de cambio que, afectando a la moneda de un miembro, fueran contrarios a las normas sobre control de cambios de dicho miembro mantenidas o establecidas de conformidad con este Convenio, no tendrán fuerza de obligar en los territorios de ningúm miembro. Además, los miembros podrán, por mutuo acuerdo, cooperar en la adopción de medidas destinadas a hacer más efectivas las normas sobre control de cambios de cualquiera de ellos, siempre que dichas medidas y normas sean compatibles com este Convenio" (Vide neste sentido artigo de **Miaja de la Muela** "El Derecho Público Extranjero en el Tráfico Privado Internacional", publicado na Revista Española de Derecho Internacional, vol. XXV, 1972, em especial a p. 281 e ss.).

14. In: "Curso", apud **José Ramón de Orúe y Arregui**, na obra: "Manual de Derecho Internacional Privado", 3ª ed., Madri, 1953.

dido inicialmente por **Bartin**[15], ou seja, trata-se de uma relação jurídica que se desloca, submetendo-se a um Sistema Legal distinto daquele onde foi gerada. Assim, o conflito em questão surge quando o ponto de conexão, mediante o qual uma regra de conflito estabelece uma relação entre uma pessoa ou um bem e uma lei ou um Sistema Legal, é substituído por um ponto de conexão, como, por exemplo,[16] a nacionalidade da pessoa, a situação da coisa, etc., que faz ou comanda a aplicação de outro Direito. Tais direitos teriam que ser reconhecidos no destino em que foram deslocados, mas nem sempre tal comando é atendido, como se verificará.

O Direito Internacional Privado é uma ciência completa (se é que se faz mister tal prova neste final de milênio e início de um novo século), pois, reside no fato de ele possuir uma autocrítica bem clara e definida, levando-se em conta o seu destinatário final[17]. Como exemplo, vide o que o

---

15. In: "Principes de Droit International Privé", Ed. Domat-Montchrestien, Paris, 1930, vol. I, p. 193. Merece destaque, também, o curso dado em Haia por **François Rigaux** "Le Conflit Mobile", estampado no Recueil des Cours, nº 117, 1966, I, mais especificamente p. 355.

16. Em uma tese sempre citada pela doutrina clássica de Direito Internacional Privado, escrita por **Fahmy** ("Les Conflits Mobiles", Paris, 1951, nº 52, p. 46), ficou assentado que os conflitos móveis somente podem nascer por ocasião de uma mudança do estatuto pessoal dos inidivíduos, do traslado de bens móveis de um território a outro e com respeito aos créditos, quando da troca de domicílio do devedor.

17. Não são as regras das que vale o Direito Internacional Privado, nem as matérias sobre as quais ele versa, que caracterizam tal ciência como "Privado", sim, os seus destinatários. Como, também, o Direito Internacional Privado tem duas grandes preocupações o *fórum* e o *jus*, ou seja, a determinação da Corte competente e da eleição do Direito aplicável, com o fito do Direito Internacional Privado intervir com a finalidade de proceder, com uma adequada regulamentação jurídica do caso em questão. Neste sentido, vide trabalhos: 1-) **Maury**, no curso dado em Haia "Règles générales des Conflits de Lois", publicado no Recueil des Cours, vol. 57, 1936, III, pp. 329 e ss., em especial p. 375; 2-) Artigo de **Louis-Lucas**, "Portée de la Distinction entre Droit Privé Interne et Droit International Privé", publicado no Journal du Droit Interna-

Direito Internacional Privado faz na questão da limitação do Direito ou da chamada autonomia da vontade. À primeira vista há uma *negação* do Direito Internacional Privado (e por vezes do Direito Internacional Público), que deveria ser aplicado, pelo próprio Direito Internacional Privado (ou Público), através da interposição de conceitos, normas específicas de bloqueio, jurisprudência, doutrinas e costumes, limitando caso seja verificada a ocorrência, por exemplo, ou de uma fraude à lei; ou de um ferimento a uma questão de ordem pública; ou na não aplicação de uma instituição desconhecida; ou outros temas afins; contudo, tais limitações funcionam (também em princípio), como filtros e escudos da soberania do próprio Sistema Jurídico de um Estado. Para o Direito Internacional Privado, todo o mal praticado ou tentado tem uma solução legislativa, consuetudinária ou jurisprudencial, esta última nem sempre ou necessariamente é justa. Claro que se tentou no decorrer do século XX uma harmonização do Direito Internacional em especial o Privado, mas sempre o problema crucial foi a freqüente preferência dos aplicadores do Direito e dos fazedores deste mesmo Direito, em aplicar o seu próprio Direito (*lex fori*), fazendo surgir ou revigorar com mais força institutos como o reenvio, a ordem pública, a fraude à lei, a instituição desconhecida, etc.

Se o Estado utiliza-se de qualquer mecanismo de barragem contra os elementos de estraneidade, deveria fazê-lo como uma forma de defesa da homogeneidade do seu ordenamento jurídico e/ou do seu Sistema Legal ou até mesmo de sua soberania, contudo, o que se nota é que em geral o Estado quase não utiliza seu Direito Internacional Privado, de modo lato ou não, para realizar tal barragem, tampouco,

---

tional, 1962, pp. 858 e ss., em especial p. 884.; e 3-) Artigo de **Angulo Rodríguez**, "Objeto, Contenido y Pluralidad Normativa en Derecho Internacional Privado", publicado na Revista Española de Derecho Internacional, vol. XXIII, 1970, pp. 745 e ss.

"gosta" ou "aceita" de bom grado elementos de estraneidade, sejam eles oriundos de uma Sentença Estrangeira seja ele arbitral ou não; ou de um Direito ou lei estrangeira; ou de um ato ou fato praticado em outro Estado, mas que quer ter seus efeitos reconhecidos em outro foro; ou até mesmo dar uma validade total ou parcial a uma determinada obrigação, para os efeitos oriundos da autonomia da vontade. Por tais motivos a negativa[18] do Direito Internacional Privado pelo próprio Direito Internacional Privado da maioria dos Estados vicia e não dá o verdadeiro sentido do mecanismo de barragem, que deveria ser utilizado de forma comedida e principalmente *excepcional*.

Carrillo Salcedo[19], concordando com a idéia acima explanada, mais precisamente no tocante à ordem pública, assim doutrinava: "De este modo, decía entonces, el orden público podría perder sus perfiles hoscos y nacionalistas para encontrar su fundamento en su necesidad y no en la preferencia sistemática de nuestro Derecho y de nuestras normas jurídicas a cualesquiera otras. El orden público, debía también, no es en realidad sino un medio utilizado por el método de atribución para realizar su fin, un cauce para adaptar la ley extranjera en el ordenamiento en que ha de ser aplicada, y no un elemento perturbador del funcionamiento de la regla de conflicto, y de ahí que insistiera en su carácter excepcional y afirmara que el orden público no debe ser utilizado más que en casos extremos."

Ainda sobre o tema, antes de se recusar ou barrar no todo ou em parte a aplicação dos efeitos do Direito estran-

---

18. *Eu entendo que, por exemplo, a ordem pública não chega a ser uma negativa a uma colaboração e coordenação entre ordenamentos jurídicos, mas sim, ao contrário, ela é um requisito de cooperação, tendo em vista ela ser necessária ao ordenamento jurídico de qualquer Estado, contanto, ela não seja utilizada de forma sistemática e abusiva, servindo de trampolim para a utilização indiscriminada da lex fori. Ela serve para equilibrar uma excessiva extraterritorialidade de alguns Direitos oriundos do estrangeiro.
19. In: "Derecho Internacional Privado — Introducción a sus Problemas Fundamentales", Ed. Tecnos, 2ª ed., Madri, 1976, p. 314.

geiro, *mister se faz que haja uma devida, séria e eqüidistante interpretação destas "normas" alienígenas, por quem irá aplicá-las ou não. Esta serena interpretação irá evitar (ou deveria evitar) que abusos não sejam cometidos pelos "aplicadores" da lex fori ou que haja sempre uma preferência da lei do foro. Somente *depois* desta interpretação (repita-se: serena), é que será decidido se tal Direito alienígena será aplicado em todos os seus efeitos e plenitude (ou não), ou melhor, se tais efeitos não se chocam frontalmente (diretamente) ou lateralmente (indiretamente), com os princípios éticos-jurídicos fundamentais da ordem jurídica do Estado aplicador e recepcionador de tal Direito estrangeiro.

Geralmente a *norma alienígena ou Direito estrangeiro deve ser interpretada conforme o Sistema em que foi emanada, juntamente com o Sistema que irá recepcioná-la (isto serve, também, para as questões oriundas da autonomia da vontade, estampada nos contratos internacionais). *Se, contudo, tal Direito estrangeiro não puder ser interpretado pela magistratura do Estado em que vai aplicá-lo, dentro do Sistema em que foi criado ou realizar qualquer tipo de adaptação ou empréstimo desta para a lex fori, esta última será a única competente para tal interpretação e agirá dentro desta lacuna, como norma subsidiária[20] competente[21]. O

---

20. Boa parte da doutrina entende que esta norma não pode ser tratada como subsidiária, e, sim, como a "única" norma a ser imposta. Adotando-se este conceito, *engessa-se o Direito, correndo-se o risco, com tal atitude, de não se fazer a devida e merecida Justiça. Engessa-se, outrossim, se o Estado aplicar sempre a ordem pública, por exemplo, sem uma atenuação de sua eficácia, aliás, como propõe uma parte da doutrina, mais precisamente **Benítez de Lugo**, no artigo "Estatuto Personal y Orden Público en el Derecho Internacional Privado Español", publicado na Revista Española de Derecho Internacional, 1967, pp. 217 e ss. (em especial pp. 245-246). Na mesma revista (vol. XIX, 1966, pp. 38 e ss., especialmente, pp. 44-49), vide artigo de **Ortega** (Brainard Currie y la Ley del Foro).

21. **Beale** ditou certa feita que, se a lei do foro não provê uma forma de ação apropriada para a execução do Direito estrangeiro, a ação não pode ser estimada (Apud. **Wolff**, Op. cit. "Derecho", p. 171 texto e nota 46).

que tem que ficar bem claro é que não se deve "inventar" novos recursos processuais para atender e conhecer o Direito estrangeiro. Só se adaptaria a lex fori, em caso de recepção de obrigação internacional, assumida através de ato internacional (tratado, convenção, etc.), devidamente ratificado ou firmado.

Finalmente, o que se nota é uma batalha entre o Poder Legislativo (através de suas regras) e o Judiciário (através de suas sentenças e acórdãos)[22], conspirando para barrar elementos de estraneidade e concomitante, para dar uma força exagerada à *lex fori*. Em outras palavras, para alguns Estados não há efetivamente conflito de leis. Há um nítido preconceito com o Direito estrangeiro ou elementos de estraneidade, revigorando para tal tema a frase dita por **Albert Einstein** "*É mais fácil desintegrar o átomo, do que destruir um preconceito*"[23]. Aliás, o Professor **Batiffol** já afirmava que não estamos na véspera do desaparecimento dos conflitos de leis pela assimilação da competência legislativa e da competência judicial[24]. O problema maior — nem mesmo é qual a Corte competente, mas, sim, qual o Direito (no sentido amplo e genérico), que será aplicado — é resumidamente a questão que atinge o presente trabalho. Não se quer censurar a utilização de meios internos, apoiados na *lex fori*, para barrar elementos de estraneidade,

---

22. Vide interessante trabalho escrito pelo incansável **Batiffol**, "Les Liens de la Compétence Judiciaire et de la Compétence Législative", no curso dado no Institut des Hautes Études Internationales — Université de Paris, pp. 160-1961. Sobre o mesmo tema, outro artigo do mesmo internacionalista "Observations sur les Liens de la Compétence Judiciaire et de la Compétence Législative", na obra: "Conflictu Legum, Mélanges offerts à R. D. Kollewijn et J. Offerhaus", (Nederlands Tijdschrift Voor International Recht), octubre, 1962, pp. 55 e ss.
23. Ele sabia do que estava falando, pois, antes de ser físico e ter idéias iniciais não aceitas pela comunidade científica, era judeu.
24. Vide trabalho na mesma linha de **Yntema Hessel**, "Les Objectifs du Droit International Privé", em artigo publicado na Revue Critique de Droit International Privé, 1959, pp. 1-29.

contudo, há que se *coibir o caráter sistemático*[25] que alguns Estados utilizam tais meios, sendo a campeã a utilização e alegação de motivo de ordem pública. A tendência que vem se assentando desde a crise do petróleo nos meados dos anos 70, é aparelhar o Direito Internacional Privado de tal forma que os seus usuários o utilizem mais do que elementos alienígenas[26].

Claro que há leis que o Estado não pode substituir ou abrir mão, porquanto, como doutrina acertadamente **Francescakis**, no atual estado da Sociedade Internacional e da Ordem Internacional, a proteção de sua ordem interna é o primeiro e imediato dever que os Estados devem cumprir pelo bem da própria Ordem Internacional[27] e *eu diria até da proteção, também, de sua soberania*. Quando o choque ocorre e deste choque resulta um ferimento a uma norma imperativa e intocável do foro (ou pelas palavras de **Savigny** — "lei de natureza positiva rigorosamente obrigatória"), norma essa que tem como missão dar a segurança e a proteção de um modo geral ou específico ao Estado, esta deve prevalecer[28] sobre o Direito estrangeiro.

---

25. No seu curso em Haia, o internacionalista **Batiffol** já doutrinava que a *lex fori* não pode ser convertida em regra geral e arremata "...le radicalisme, concluye, n'est pas juridique" ("Le Pluralisme des Méthodes en Droit International Prive", in: "Recueil des Cours de L'Académie de Droit International", vol.: 139, 1973, II, p. 97.
26. Neste sentido, vide excelente curso dado em Haia, por **Van Hecke**: "Principies et Méthodes de Solution des Conflits de Lois", **estampado no** Recueil des Cours, vol. 126, 1969-I, em especial pp. 414-415.
27. "Quelques Précisions sur le Lois D'Application Immédiate et Leurs Rapports avec les Règles de Conflits de Lois", artigo publicado na Revue Critique de Droit International Privé, 1966, em especial pp, 12-13.
28. **Francescakis** doutrinou certa feita que as relações internacionais se inserem normalmente no contexto do direito interno e devem fazê-lo sem perturbações, por isso a ordem interna deve ter prioridade para prevalecer sobre as leis estrangeiras, quando sua coesão resulte ameaçada (In: "La Théorie du Renvoi et les Conflits des Systèmes en Droit International Privé", Ed. LGDJ, Paris, 1958, p. 11).

Mister se faz que haja um *motivo sóciojurídico relevante para barrar os elementos de estraneidade, que por tal motivo não serão aplicados ou terão efeitos irradiantes no foro. A verdade é que as leis internas não levam "muito" em conta os elementos de estraneidade, tampouco se consideram normas de conflito algumas normas internas; são até de aplicação imediata[29], necessária e rigorosamente obrigatórias. Esta questão de *norma interna de aplicação imediata (que pode até ter elementos de ordem pública) é o resultado da grande e enorme intromissão do Estado nos negócios e na vida dos seus súditos. Tal norma diz de perto sobre a organização política, social e econômica que o Estado pretende proteger. Tal norma tem disposição imperativa e função social de tal relevância, que não pode ser sacrificada, ainda mais por elementos alienígenas. *Existe, aí, uma zona nebulosa, onde não se sabe bem onde termina ou onde começa o dever de cooperação internacional, para assegurar uma harmonia internacional e respeito a elementos alienígenas ou até mesmo ao Direito Internacional Privado como um todo.

Se o problema residisse somente em fraude à lei, ordem pública e instituição desconhecida, o campo de investigação seria menor, contudo, pela prática jurídica e pelas decisões jurisprudenciais acompanhadas da melhor doutrina, nota-se que em muitos dos casos não se aplica o Direito estrangeiro, tendo em vista que este não é devidamente provado, ou que a magistratura local não soube interpretá-lo como a devida diligência, ou que a parte interessada não soube prová-lo dentre outros elementos, fazendo surgir o que se chama de *impraticabilidade da norma de conflito ou de colisão, ou seja, trata-se de uma competência residual, sub-

---

29. Vide **A. Marín López** no artigo "Las Normas de Aplicación Necesaria en Derecho Internacional Privado", publicado na Revista Española de Derecho Internacional, vol. XXIII, 1970, pp. 19 e ss.; e, **P. Graulich**, no artigo "Règles de Conflit et Règles D'Application Immédiate", publicado na obra Mélanges en L'Honneur de Jean Dabin, Ed. LGDJ, 1963, vol. II, pp. 629 e ss, em especial p. 643.

sidiária da lex fori no procedimento do conflito de leis. Inegável, portanto, que é infinitamente mais fácil doutrinar sobre a aplicação do Direito estrangeiro do que a sua não aplicação, por esta razão (acredito) que as estantes das livrarias não estão repletas de obras sobre o tema ou porque o tema sobre a não aplicabilidade do Direito estrangeiro seja muito pouco tratado nos Manuais e nos Tratados de Direito Internacional Privado. Esta linha divisória, desafiante e árida, vem demonstrar que a questão ainda não é pacífica, especialmente na doutrina.

Claro que se trata de alinhamentos, de fragmentos, de aspectos destacados da não aplicabilidade do Direito Estrangeiro. Muitos outros aspectos que influenciam de forma indireta com o tema central, tais como a questão prévia; a qualificação e a competência foram renegadas a um segundo trabalho seguido a este. Entretanto, resolvi introduzir questões novas oxigenando o tema e suscitando uma nova base de discussão doutrinária, que acredito ser salutar.

Capítulo Primeiro

Da Questão da Interpretação

A questão da interpretação é deixada meio que de lado nos manuais e nos tratados de Direito Internacional Privado, ainda mais quando se trata de uma não aplicação do Direito estrangeiro. Direito é Direito, seja ele estrangeiro ou não, estando sujeito, portanto, aos métodos interpretativos condizentes ao tipo de Direito que se quer empregar ou aplicar. **Martín Wolff** já alertava que o "juiz alemão tem que aplicar o Direito estrangeiro da mesma maneira que rege no estrangeiro. Em conseqüência, ao interpretar os textos legais, deverá ter em conta a jurisprudência estrangeira exatamente na mesma medida em que o faria o juiz estrangeiro"[30]. No mesmo sentido, doutrinou **Aguilar Navarro**, onde "serão

---

30. In: "Derecho Internacional Privado", p. 138. Em outra passagem ele dita que, ao interpretar leis estrangeiras o Tribunal inglês segue os mesmos princípios, que um Tribunal estrangeiro observa com respeito as suas próprias leis, não aqueles preceitos que aplica quando interpreta uma lei inglesa (Op. cit., p. 205).

os critérios interpretativos que imperam no ordenamento estrangeiro[31] reclamado os que o foro deverá ter em conta. Há que se aplicar a norma estrangeira tal como se aplicaria por seus próprios tribunais"[32]. Apesar de que não concordo com **Aguilar Navarro**[33] quando ele dita que toda a norma estrangeira ao ser aplicada fora de seu próprio âmbito de competência sofre uma relativa transformação diante do ordenamento do foro onde será aplicada. *Ora, o Direito estrangeiro não se altera e tem que ser aplicado rigorosamente como está disposto em seu ordenamento original, pois, se isso ocorresse, de nada adiantaria aplicar tal Direito, sendo ele bloqueado justamente pela alteração nencionada. Lembro que o Direito estrangeiro não se adapta e sim se aplica de forma pura, sem qualquer tipo de alteração.* Pode haver uma falta de compreensão exata daquele Direito estrangeiro, por isso se socorre a magistratura de elementos jurisprudenciais e doutrinários alienígenas combinados com disposições legais do foro (no caso brasileiro, por exemplo, o contido no artigo 5º, da Lei de Introdução ao Código Civil), para um melhor entendimento, sem que com este ato tal Direito estrangeiro seja alterado, sem desprezar os elementos de hermenêutica do sistema legal originário.

Como acima noticiado, o Direito estrangeiro será barrado, em última análise, por seu aplicador e intérprete final, tendo em vista que o intérprete intermediário é o lidador

---

31. Neste mesmo sentido, **François Rigaux** dita que "quando a disposição estrangeira é uma fonte escrita, corresponde ao juiz interpretar seus termos. Para fazê-lo, deve recorrer aos métodos de interpretação admitidos no sistema estrangeiro a que pertence a norma", in: "Derecho Internacional Privado — Parte General", tradução do francês para o espanhol, realizada por **Alegria Borras Rodriguez**, Ed. Civitas, Madri, 1985, p. 336. Aliás, a Corte Permanente de Justiça Internacional já ditara, em 12/7/29, que "não há que atribuir a lei nacional um sentido distinto de que atribui dita jurisprudência" (Affaires des Emprunts Serbes et des Emprunts Brésiliens, in: Série A, números 20-21; e, também, no Clunet de 1929, pp. 977 e 1.008).
32. In: "Lecciones", p. 196.
33. Op. cit., p. 196.

ou operador do Direito, seja ele advogado, membro do Ministério Público, etc. (a interpretação originária ou inicial é dada na formação ou formatação do Direito, nas suas origens e base legislativa ou consuetudinária). A questão da interpretação é de suma importância e tem que ser bem sedimentada, sendo a doutrina e a jurisprudência as vilãs ou heroínas, no trato da questão. Esta sedimentação tem que vir principalmente de elementos necessariamente extraídos da Filosofia do Direito, sem a qual não haverá uma sustentação orgânica. *O magistrado, seja em qual grau de jurisdição esteja, não pode simplesmente aplicar a lex fori por aplicar, ou por ser mais simples para ele, sob pena de não se fazer à devida e merecida Justiça. Ao deixar de aplicar o Direito estrangeiro terá tal magistrado que dar elementos concretos, cristalinos, envoltos em erudição, bem fundamentados e convincentes, não só para as partes envolvidas, mas também para a Comunidade Jurídica, já que sua decisão vira jurisprudência e pode influenciar terceiros com a mesma índole e formação, gerando uma "bola de neve" perigosa.* Aliás, outro filósofo nascido em Frankfurt já alertava que: "Existe em nós alguma coisa mais sábia que a nossa cabeça" (**Arthur Schopenhauer**).

Vou expor algumas teorias sobre a questão da interpretação, que creio que sejam as melhores no que tange à aplicação do Direito Internacional Privado de um modo geral e do Direito estrangeiro de modo especial, realizando, depois, uma aglutinação de preceitos numa só mixagem. O intuito não é bem criar regras[34], mas uma orientação para a devida e correta interpretação que deve ser alimentada, anteriormente, ou seja, antes de chegar ao intérprete, com toda a prova possível e recomendada do Direito estrangeiro.

---

34. **Savigny** na sua obra "System des Heutigen Römischen Rechts", vol. I, 1840, p. 206 e ss., qualificava inicialmente a interpretação como operação científica, princípio e base da ciência do Direito, e logo em seguida como uma arte que, enquanto tal, não se pode transmitir ou adquirir por meio de regras.

Esta prova deve incluir necessariamente a natureza do Direito estrangeiro; a prova do texto e da sua vigência; dentre outros temas afins.

Dworkin inicia a sua obra ditando que "vivemos na lei e segundo o Direito. Ele faz de nós o que somos: cidadãos, empregados, médicos, cônjuges e proprietários. É espada, escudo e ameaça: lutamos por nosso salário, recusamo-nos a pagar o aluguel, somos obrigados a pagar nossas multas ou mandados para a cadeia, tudo em nome do que foi estabelecido por nosso soberano abstrato e etéreo, o Direito. E discutimos os seus decretos, mesmo quando os livros que supostamente registram suas instruções e determinações nada dizem; agimos, então, como se a lei apenas houvesse sussurrado sua ordem, muito baixinha para ser ouvida com nitidez. Somos súditos do Império do Direito, vassalos de seus métodos e ideais, subjugados em espírito enquanto discutimos o que devemos, portanto, fazer"[35].

Dworkin influencia, instiga e intriga a moderna Filosofia do Direito, tornando-o junto com **Jürgen Habermas**, **Herbert Hart**, **Karl Larenz** e **John Rawls** os expoentes do novo pensar, inclusive na questão da interpretação legal. Quando acima noticiei que iria quase sempre me referir a Direito estrangeiro e não a lei ou norma estrangeira, tinha em mente as palavras deste Professor da *School of Law* da *New York University*, pois a expressão "lei" pode descrever uma "entidade física de um certo tipo, um documento com palavras impressas, as próprias palavras que os congressistas ou membros do Parlamento tinham diante de si quando votaram em aprovar esse documento. Mas também pode ser usado para descrever o Direito criado ao se promulgar o documento, o que pode constituir uma questão bem mais complexa"[36].

---

35. **Ronald Dworkin**, in: "O Império do Direito", Ed. Martins Fontes, São Paulo, 1999, p. XI, (tradução da obra "Law's Empire", editado pela Harvard University Press, Boston, 1986, realizada por **Jefferson Luiz Camargo**).
36. Op. cit., p. 21.

Mister se faz para a magistratura que ela interprete o verdadeiro Direito, pelo que ele representa hodiernamente e o que há por detrás deste Direito (a historicidade é por demais importante, para que questão de interpretação). **Dworkin** orienta que para a interpretação possa ser real, ela deve atentar para as *práticas sociais*[37] ou uma *tradição*[38], essencialmente, no que tange as suas *intenções*. Entendo que há que se **decifrar os propósitos ou intenções do autor de tal Direito, seja ele o legislador, seja ele o ente social que criou tal Direito, como, por exemplo, o Direito Consuetudinário ou a lex mercatoria ainda não codificada ou cristalizada, que podem ser entendidas como práticas sociais ou tradições dworkinianas, tendo em vista a* não existência de autores reais, cuja mente possa ser investigada[39].

Dworkin pensa um pouco diferente, não sendo um incentivador da Teoria Conversacional. Esta teoria pode ser definida seguindo um exemplo que ele mesmo coloca, ou seja, que a busca desta intenção[40] deve ocorrer, como numa conversação, onde perguntamos a nós mesmos, "qual a intenção de um amigo ao falar como fala". Deve haver para tal pensador uma interpretação construtiva, ou seja, a de se "impor um propósito a um objeto ou prática, a fim de torná-lo o melhor exemplo possível da forma ou do gênero aos quais se imagina que pertençam"[41]. Ao invés de buscar-

---

37. Op. cit., p. 62.
38. Op. cit., p. 71.
39. Idem.
40. **Wolff** doutrina que há o princípio inglês de que o Tribunal deve investigar a intenção real da lei, não desde as declarações realizadas durante os debates na Câmara ou do programa do promotores do projeto, ou mesmo a da política geral do Reino, que é desconhecido por Tribunais continentais e, por isso, deve excluir-se quando um Tribunal inglês está investigando o significado de uma lei estrangeira (Op. cit. "Derecho", p. 206). Ele doutrina algo interessante: que o Tribunal pode mais do que interpretar um Direito estrangeiro, se este Direito for igual ao Direito nacional (lex fori), ele pode revisar uma interpretação errônea realizada por um Tribunal estrangeiro (Op. cit. acima, p. 206, nº 3).
41. Op. cit., pp. 63-64.

mos um entendimento rápido para o que "aquele amigo disse como disse", deve-se questionar e descrever todas as possíveis maneiras ou modalidades de entender o seu comportamento, quase que de maneira aporética. *Concordo com **Dworkin**, onde dita que "toda interpretação tenta tomar um objeto o melhor possível"*[42], dentro, claro de uma exatidão historicista e não como é "entendida" pelo aplicador do Direito estrangeiro, que pode ver sob a ótica hedonista ou pessimista. A verdadeira intenção histórica tem que vir a lume. Há que se ter em mente que quando se fala em interpretação não estou falando em interpretação de um simples fato, e sim de um Direito estrangeiro. Este não se transforma em fato quando é aplicado em outro Estado, mesmo que a magistratura não conheça de imediato tal Direito — Direito que se aplica no estrangeiro continua sendo Direito, tampouco tal Direito estrangeiro faz parte do Direito nacional porque é aplicado num determinado caso.

Ao se referir sobre as interpretações sobre as práticas sociais, **Dworkin** quer descobrir os propósitos ou as intenções dos participantes desta prática, utilizando-se, até mesmo de abstração, tendo como participantes desta prática cidadãos de uma "hipotética sociedade"[43]. Não quer só investigar os propósitos que abriga tal sociedade como consciência de grupo, mas, também, as práticas sociais que são, no fundo, compostas por atos individuais, levando-se em conta que os indivíduos estejam de acordo com a interpretação dada a tal prática. Por isso equiparei tais práticas sociais com o Direito Consuetudinário e com a *lex mercatoria*, pois há neste sentido uma consciência social ou de comunidade, seja ela de comerciantes, de bancos, etc.

Porém, a interpretação realizada pela forma dworkiniana, que *acho interessante e endosso*, atenta para a cultura e

---

42. Op. cit., p. 65.
43. Op. cit., p. 76.

época[44] em que tal Direito estrangeiro foi exarado. A regras de experiência não deixam o magistrado enxergar com clareza, diria até que há uma miopia efetiva, quando ele tenta ler uma situação ou descrever o momento histórico da formatação e entrada em vigor do Direito estrangeiro a ser interpretado. A questão se torna fácil, se partirmos da abstração difundida por **Rawls**[45], na sua Teoria da Justiça, onde ele cobre com o "véu da ignorância" o legislador que não tem, neste caso, a menor consciência de sua situação perante a sociedade (dentre outros elementos), fazendo assim uma lei ou criando um Direito justo. Contudo, como o magistrado já possui uma bagagem de conhecimento, inclusive técnico e não há como esta bagagem não influa na sua tomada de decisão. Dita **Dworkin** que não se pode conhecer ou compreender o histórico das práticas e instituições sociais "a menos que vejamos o mundo como ele o vê, mas não podemos deixar de vê-lo do modo como já o vemos, o modo como o expressam nossa linguagem e nossa cultura"[46]

Entendo, como **Dworkin[47], que todos devem aceitar as culturas de outros Estados e que estas culturas tendem a ter uma duração no tempo de longevidade maior e bem abrangente, perante a sociedade para qual foi criada. Ou seja, que haja uma consciência duradoura, devendo (não podendo) o magistrado compreender tal Direito, porém, a norma alienígena, ou Direito estrangeiro, deve ser interpretada conforme*

---

44. Op. cit., pp. 79-80.
45. **John Rawls**: "A Theory of Justice", Boston, Harvard University Press, 1971 (Uma Teoria da Justiça, obra traduzida do inglês para o português de Portugal, por **Carlos Pinto Correia**, Lisboa, Editorial Presença, 1993, pp. 121-124.
46. Vide neste sentido, artigo de **Robert Gordon**, "Historicism in Legal Scholarship", estampado no Yale Law Journal, n° 90, pp. 1017-1021, 1981. **Dworkin** dá o seguinte exemplo: "Não podemos esperar apreender o que a palavra 'casta' significa para pessoas que nunca foram afetadas por ela" Op. cit., p. 79, nota de rodapé 15.
47. Op. cit., p. 79, nota de rodapé 15.

o Sistema em que foi emanada, juntamente com o Sistema que irá recepcioná-la, mas dentro de uma interpretação dada com informações atualizadas, levando-se em consideração os elementos históricos. Se, contudo, tal Direito estrangeiro não puder ser interpretado pela magistratura do Estado em que vai aplicá-lo (como aliás, já noticiei), dentro do Sistema em que foi criado ou realizar qualquer tipo de adaptação ou empréstimo desta para a lex fori, esta última será a única competente para tal interpretação e agirá dentro desta lacuna, como norma subsidiária competente.

O que eu quis falar sobre a questão da interpretação levar preceitos hodiernos, é que nem sempre um Direito estrangeiro tem a mesma intenção de quando foi criado e a época em que está sendo aplicado (vide, por exemplo, textos como o Código Bustamante, dentre outros dispositivos legais). *O Direito é dinâmico e não pode ser engessado. Entendo até mesmo que, um Direito pode ser adaptado a condições atuais, fugindo do escopo da intenção do legislador na época de sua formatação. Como dita **Dworkin**, a "integridade textual também será sensível ao tempo, pois, levará em consideração outras decisões que o Congresso e os tribunais tenham tomado nesse ínterim; se as mudanças de opinião pública, ou das circunstâncias econômicas ou ecológicas, foram substanciais, as decisões políticas intervenientes terão sido feitas com um espírito diferente, de modo que uma interpretação que as englobe, e também à lei, tenderá a ser diferente de uma interpretação da qual só se exigisse adequação à lei. O argumento extraído do histórico legislativo também será sensível ao tempo, mas de um modo diferente"[48].

Apesar das diferenças culturais dos Estados envolvidos, numa aplicação ou bloqueio de um Direito estrangeiro, mister se faz uma reflexão histórica de tal Direito, reforçada com vários questionamentos aporéticos, chegando, mesmo

---

48. Op. cit., p. 418.

a realizar algumas abstrações. **Dworkin** utiliza um magistrado ideal, imaginário e mítico chamado *"Hércules"*, na questão interpretativa, já **Rawls** aplica o chamado *"véu da ignorância"*, na elaboração legislativa, ou seja, **a abstração é um exercício que pode chegar a uma resposta, através de simulações. Eu entendo que, através destes exercícios simulados, chega-se a alma do Direito*[49].

As idéias de **Dworkin** sofreram críticas de **Hart**, tendo em vista que este último foi criticado na obra de seu compatriota (*"Law's Empire"*, de 1986), assim como em outros artigos escritos por **Dworkin** (*"Taking Rights Seriously"*, de 1977 e *"A Matter of Principle"*, de 1985). Há que se lembrar que a obra de **Rawls**, condensada em 1971 (*A Theory of Justice*), teve uma mudança significativa de posição, depois da crítica realizada por **Hart** em 1973[50], o que não aconteceu com a obra de **Dworkin**. Dizem que **Hart** carregou esta mágoa de crítica ácida de **Dworkin**, até sua morte em 1994, em especial sobre a questão da sua Teoria Semântica e Teoria Interpretativa. **Hart** criou uma polêmica no tocante ao processo interpretativo ditado por **Dworkin**, mas mantém alguns pontos (poucos) de conexão com seu compatriota. Ele percorre o elemento figurativo do número oito, ora tem afinidades e coincidências quando chega ao ponto de intersecção, ora se distancia de tal forma, indo parar na extremidade deste elemento figurativo, sempre seguindo uma trilha semelhante. Para o Professor de *Oxford*, as "leis exigem interpretação, se quisermos aplicá-las aos casos concretos, e, uma vez removidos os mitos que obscurecem a natureza dos processos judiciais através de estudo realista, torna-se patente que a textura aberta do

---

49. Não vou chegar a tanto, como **Habermas** fez ao ditar que "a interpretação pressupõe que o autor poderia aprender com o intérprete", in: "The Theory of Communicative Action", tradução de McCarthy, Boston, 1984, apud **Dworkim**, Op. cit., p. 63.
50. "Rawls on Liberty and its Priority", Ed. University of Chicago Law Review, vol 4, 1973, pp. 534-555.

Direito deixa um vasto campo à atividade criadora que alguns designam como legislativa. Os juízes não estão confinados, ao interpretarem quer as leis, quer os precedentes, às alternativas de uma escolha cega e arbitrária, ou à dedução mecânica de regras com um sentido predeterminado. A sua escolha é guinada muito freqüentemente pela consideração de que a finalidade das regras que estão a interpretar é razoável, de tal forma que não se pretende com as regras criar injustiças ou ofender princípios morais assentes. Uma decisão judicial, especialmente em questões de alta importância constitucional, envolve freqüentemente uma escolha entre valores morais e não uma simples aplicação de um único princípio moral proeminente; será tolice. Acreditar que, quando o significado do Direito é objeto de dúvidas, a moral tem sempre uma resposta clara a dar"[51].

Aliás, **Hart** dita que nem o mítico magistrado imaginado por **Dworkin**, *Hércules*, poderia praticar o feito de construir uma interpretação de todo o Direito do seu país de forma imediata[52], imaginem só de outro Estado, contudo, ele entende de forma crítica que os tribunais tentam imitar *Hércules* neste sentido. Por sofrer uma forte influência da *Common Law*, fato esse que não teve tanta influência na questão da interpretação em seu compatriota, **Hart** tende a interpretar *case by case* através de uma técnica positivista, criticando a adotada por **Dworkin**, ou seja: "mas a minha

---

51. **Hebert Hart**, in: "O Conceito de Direito", Ed. Fundação Calouste Gulbenkian, Lisboa, 2ª ed., tradução do inglês para o português de Portugal realizada por **A. Ribeiro Mendes**, pp. 220-221. Ditou, ainda que: "At this point judges may again make a choice which is neither arbitrary no mechanical; and here often display characteristic These virtues are: impartiality and neutrality in surveying the alternatives; consideration for the interest of all who will be affected; and a concern to deploy some acceptable general principle as a reasoned basis for decision. In all this we have the weighing and balancing characteristic of the effort to do justice between competing interests" (in: "The Concept of Law", Oxford University Press, London, 1961, p. 200).
52. Op. cit., "Conceito", p. 326.

crítica presente reside em que a preocupação com a interpretação construtiva tem levado ***Dworkin*** a ignorar o fato de que muitos princípios jurídicos devem o seu estatuto não ao conteúdo que serve como interpretação do Direito estabelecido, mas antes àquilo a que ele chama o seu *pedigree*; tal é o modo da sua criação ou adoção por uma fonte dotada de autoridade reconhecida. Esta preocupação levou-o, de fato, segundo penso, a um duplo erro: em primeiro lugar, à crença de que os princípios jurídicos não podem identificar-se pelo seu *pedigree*, e, em segundo lugar, à crença de que a regra de reconhecimento só pode fornecer critérios de pedigree"[53]. Contudo, tal discussão não levou, na prática, a nada, prevalecendo o conceito de ***Dworkin***.

Karl Larenz[54] já é menos ácido e atua com uma visão ímpar do problema. Dita o Professor de *Munique* que a interpretação (*Auslegung*) do Direito é realizada a partir de uma situação de fato, atendendo as proposições jurídicas potencialmente aplicáveis. Interpretar é para **Larenz** uma atividade de *mediação* (*o que concordo), pela qual o intérprete traz à compreensão o sentido de um texto que se lhe torna problemática. A missão da interpretação é evitar a contradição entre normas, tendo como seu objeto o texto legal como portador do sentido nele vertido. A arte é fazer o texto *falar*[55] a sua expressão oculta, ou o seu sentido oculto, sem acrescentar ou omitir o quer que seja, sem ser

---

53. Op. cit. "Conceito", p. 327. Na verdade esta crítica a **Dworkin** está disposta no pós-escrito da sua obra traduzida para o português. Tal pós-escrito foi colocado como uma resposta às "flechadas" (sic) que ele levou dos professores **Lon Fuller** e **Ronald Dworkin**, pricipalmente a este último, como ele mesmo fala no prefácio deste pós-escrito.
54. In: "Metodologia da Ciência do Direito", Ed. Fundação Calouste Gulbenkian, Lisboa, 2ª ed., tradução do alemão para o português de Portugal, realizada por **José Lamego** (Methodenlehre der Rechtswissenschaft, 5ª ed., 1983, Ed. Springer, Heidelberg), 1989.
55. Aliás, quem primeiro utilizou a expressão "falar" foi **Joachim Hruschka**, in: "Das Verstehen von Rechtstexten", 1972, p. 5 e ss. (apud. **K. Larenz**, Op. cit., p. 377).

o intérprete passivo. A interpretação tem que servir e ser efetiva "para todos os outros casos similares"[56], o que é muito importante para o Direito Internacional Privado. De uma maneira geral, se assim não agisse o magistrado, não haveria uma segurança jurídica que a "lei aspira"[57], *o que eu concordo plenamente).

Apesar de tudo, não há pela ótica de **Larenz**, uma interpretação absolutamente correta, apesar dos esforços dos tribunais ou da ciência do Direito[58], no sentido de que seja tanto definitiva como válida para todas as épocas, *o que eu particularmente concordo*. Nunca é definitiva, conclui **Larenz**, tendo em vista a "variedade inabarcável e a permanente mutação das relações da vida colocam aquele que aplica a norma constantemente perante novas questões. Tampouco pode ser válida em definitivo"[59]. **Larenz** doutrina que o legislador, ao editar uma norma ou um Direito, parte de idéias jurídicas de sua época, e a interpretação ocorre depois de um lapso temporal da edição de tal Direito, pois deve-se interpretar tal Direito para ser aplicado hodiernamente. Contudo, ao concordar com **Karl Engisch**, lembra que o Direito está "preso a sua origem. A interpretação não deve descurar a intenção reguladora cognoscível e as decisões valorativas do legislador histórico subjacentes à regulação legal"[60]. *Como já noticiado, entendo, também, que esta estrutura histórica temporal tem que ser preservada, servindo de subsídio a uma interpretação hodierna*. Como ditava **Husserl**, "as normas do Direito irradiam o efeito adequado ao seu sentido, enquanto e na medida em que estejam em sintonia com o seu tempo"[61].

---

56. Op. cit., p. 378.
57. Idem.
58. Idem.
59. Idem.
60. Op. cit., p. 383.
61. **Gerhart Husserl**, in: "Recht und Zeit", 1955, Ed. Springer, Berlin, p. 26.

Para **Larenz** é salutar trazer o que há de bom numa ou noutra Teoria Interpretativa. Esta inter-relação dos critérios de interpretação dá ao interprete "pontos de vista diretivos, a que cabe um peso distinto"[62]. É exatamente isso que penso, *deve haver esta inter-relação para que não fique o intérprete à mercê ou de uma Teoria Interpretativa ou somente da extração lógica e fria do texto legal. Portanto, listarei agora o que entendo ser útil para o intérprete no que tange ao seu trabalho de aplicar o melhor Direito, seja ele com o fim de bloquear ou aceitar o Direito estrangeiro:*

1-) A interpretação tem que ser duradoura e efetiva, servindo de parâmetros para outros casos (**Larenz**), *caso contrário, não haveria uma segurança jurídica que a lei aspira (***Larenz***);*

2-) O intérprete não pode ficar passivo (**Larenz**), *diante de um choque ou conflito de leis, devendo aplicar ou não o Direito estrangeiro de forma ativa;*

3-) O magistrado seja em que grau de jurisdição se encontre ou seja ele "estar magistrado", como acontece com o árbitro, é o intérprete final;

4-) Que o Direito é soberano, etéreo e abstrato (**Dworkin**), *não devendo o Direito estrangeiro, depois de devidamente analisado em todos os seus aspectos, ser aplicado quando houver um ferimento de uma norma imperativa interna (ditada pela lex fori);*

5-) Há que interpretar as práticas sociais (**Dworkin**), *pelas suas intenções históricas, ainda mais se tratando de Direito Consuetudinário e lex mercatoria ainda não codificada;*

6-) Toda interpretação tenta tornar o objeto o melhor possível (**Dworkin**), *dentro de uma exatidão histórica (***Dworkin***). Esta exatidão histórica não pode prender-se somente no tempo em que tal Direito foi formatado e posto*

---

62. Op. cit., p. 414.

em vigor, como entendiam os da Escola da Exegese, onde predominava o subjetismo-histórico, que privilegiava a vontade histórica do legislador como sentido normativo. Esta escola exalta o valor do direito positivo, da legalidade, entendida basicamente como respeito à lei escrita, o que para o Direito Internacional Privado não é aconselhável nem tampouco justo. Não se pode deixar de considerar o processo genético do Direito, mas este ponto isolado torna a interpretação inexata. Os antecedentes históricos e legislativos substituem a ficção da vontade do legislador ou de uma comunidade;

7-) O uso da abstração para a formulação de simulações e ensaios, como fez **Dworkin** *com o juiz mítico "Hércules", ou como fez* **Rawls** *com o "véu da ignorância", com o fito de atender a finalidade da aplicação ou não do Direito estrangeiro. Deve haver, também, neste ensaio um questionamento aporético da aplicação ou não do Direito estrangeiro sobre aquela determinada situação. Um dos pontos auxiliadores para esta abstração é uso de* topoi *(lugares comuns revelados pela experiência) ou da tópica, aquela difundida por* **Theodor Viehweg**[63]*, com o fito de evitar a anfibolia do texto e/ou das conclusões que se pode tirar do texto, formador do Direito estrangeiro. A tópica é uma técnica do pensamento que se orienta para o problema, ou melhor, ela parte do problema concreto para solucionar, ao invés de partir do Direito estrangeiro para interpretar (***Viehweg****), sendo por natureza aporética;*

8-) Deve o intérprete observar a cultura e época do Direito (**Dworkin**), *para depois usar de sua experiência combinada com a experiência trazida pelo Direito estrangeiro, aplicando tais preceitos no momento histórico atual;*

---

63. "Tópica e Jurisprudência", tradução de **Tércio Sampaio Ferraz Jr.**, Ed. Departamento de Imprensa Nacional co-edição com a Editora Universidade de Brasília, Brasília, 1979.

9-) Interpretar o Direito estrangeiro, conforme o Sistema em que foi concebido, por isso é muito importante que o intérprete seja de antemão informado fartamente por quem pretende seja aplicado o Direito estrangeiro, com jurisprudência atual e da época em que tal Direito foi posto em prática, tendo em vista que a "integridade textual é sensível ao tempo" (**Dworkin**); *a validade de tal Direito no seu Sistema; e a melhor doutrina sobre tal Direito. Se possível, trazer à colação parecer de jurista de renome sobre tal tema;*

10-) Deve haver por parte do intérprete, caso não haja uma devida informação por parte de quem quer ver aplicado ou bloqueado o Direito estrangeiro, a adoção do sistema da livre pesquisa ou da livre formação do Direito (**Gény**[64]). *Ou seja, esta livre pesquisa induz o magistrado a buscar o ideal jurídico, o Direito justo, dentro e fora da lei, o que lhe permite decidir* praeter *e também* contra legem, *com base na observação da experiência, dos dados sociológicos ou mesmo no foro íntimo (****Kantorowicz****[65]). Apesar de perigosa tal forma interpretativa, é uma saída para quando não se informa o Juízo seja arbitral ou não com informes exatos, em quantidade e qualidade de textos auxiliares;*

11-) A lei em si é uma das principais fontes do Direito, contudo, não pode e não deve ser a única (há os atos internacionais, os costumes e as tradições, a jurisprudência; a doutrina comparada, etc. Além das fontes não formais, como os formados pela opinião e experiência do intérprete; preceitos de Direito Natural, etc.), devendo o intérprete recorrer a outras fontes. Esta atitude deve acontecer, não só quando a lei não dá solução ao caso em questão ou quando há uma lacuna, e

---

64. **Françóis Gény**, in: "Méthode d'Interpretation et Sources en Droit Privé", 2ª ed., Paris, Ed. LGDJ, 1932.
65. **Hermann Kantorowicz**, in: "A Luta pela Ciência do Direito, a Teoria do Direito Justo".

12-) O magistrado tem que criar uma solução justa ao Direito estrangeiro que está sendo interpretado, mais especificamente no caso de lacuna, aplicando normas pertinentes e não se firmando só no que a *lex fori* dita, mas tentando harmonizar a *lex fori* com os preceitos de Direito estrangeiro, só aplicando-a caso não haja a menor possibilidade de convivência dela com o Direito estrangeiro, devendo neste caso bloquear tal aplicação. Esta criação de uma solução justa serve para atualizar o Direito no tempo (este é um pensamento extraído da "lógica do razoável", difundida por **Recaséns Siches**[66]).

---

66. **Luis Recaséns Siches** in: "La Nueva Filosofía de la Interpretación del Derecho", México, Ed. Porrua, 1973.

Capítulo Segundo

Da Inaplicabilidade da Regra de Conflito e seus Reflexos

Antes de discutir as questões mais comuns sobre a não aplicabilidade no foro do Direito estrangeiro em geral, alguns pontos têm que ser levantados, que raramente são enfrentados pela doutrina clássica. Na verdade, tais pontos são levantados pela doutrina mais recente e por aqueles internacionalistas que militam no dia-a-dia do Direito Internacional Privado, ou seja, não são apenas e tão-somente professores profissionais ou simplesmente doutrinadores. Algumas vezes não se pode aplicar o Direito estrangeiro ou por uma *impossibilidade moral* ou *subjetiva*, que vem a ser, por exemplo, os casos de fraude à lei; ou por uma *impossibilidade social-legislativa*, que vem a ser, por exemplo, os casos de ordem pública, porém, existem *impossibilidades materiais* onde não se aplicará ou utilizará o Direito estrangeiro, por ser este impraticável por uma forma diversa, perante o foro pretendido.

Pode ocorrer, inclusive, em alguns Estados a aplicação exclusiva da *lex fori*, por exemplo, em questão de direito real, quando o bem imóvel é localizado no território que irá recepcionar a lei estrangeira; ou sobre questões falitárias; etc. Quase sempre aliada à questão de competência da autoridade judicial do foro está acompanhada a *lex fori*, que nestes casos é imperativa. Neste caso o Direito estrangeiro não é aplicável por uma determinação "exclusiva" da *lex fori*. Sobre a questão da competência o *Supremo Tribunal Federal* tem vários e vários julgados, mas um que chama a atenção é o estampado na Sentença Estrangeira (SE-2289), tendo como país os Estados Unidos da América, e como relator o ministro **Moreira Alves**, em julgamento ocorrido em 18/09/1975, Tribunal Pleno, publicação: Diário da Justiça da União de 21-11-75, pg-08661 e RTJ 76/41, ementa: Sentença Estrangeira. O artigo 89 do novo Código de Processo Civil estabeleceu competência exclusiva e, portanto, absoluta — do juiz brasileiro para proceder a inventário e partilha de bens situados no Brasil, ainda que o autor da herança seja estrangeiro, ou tenha residido fora do território nacional. Por isso, não pode ser homologada sentença proferida por juiz estrangeiro em inventário e partilha de bens situados no Brasil, qualquer que seja a nacionalidade, o domicílio e a residência do autor da herança. Defere-se, ou não, a homologação em face da legislação nacional que, em se tratando de competência absoluta, e de ordem pública vigente ao tempo em que se decide a atribuição de eficácia a sentença estrangeira, no território brasileiro. Homologação indeferida. Votação: por maioria. Resultado: não homologada. Veja SE-2151, RTJ-78/1-48 e SE-2293, RTJ-78/3-675.

Da Prova do Direito estrangeiro

Como assinalado acima, outro ponto pode ocorrer, como, por exemplo, o Direito estrangeiro ser aplicável à questão discutida; contudo, tal Direito não foi provado a contento e condignamente pela parte apresentante, tanto no tocante a sua vigência, como em seu conteúdo e/ou até mesmo em sua *interpretação*. Pode acontecer até mesmo que uma parte ativa tenha alegado um determinado Direito estrangeiro, sendo que a outra parte passiva tenha aceito tal Direito como certo, sem discutir sua vigência, seu conteúdo e/ou sua interpretação, porém, pode o magistrado estar dotado, como doutrina **Garde Castillo**, "de mejor información que las partes y saber que la norma alegada por una de ellas, y consentida por la outra, está derogada o mal interpretada, cuando no inventada por el abogado de una de las partes si, de mala fe, há tratado de abusar de la ignorancia del Derecho extranjero por parte de su adversário"[67].

Quanto à prova do Direito estrangeiro, no caso brasileiro o artigo 13, da Lei de Introdução ao Código Civil, dita que: "a prova dos fatos ocorridos em país estrangeiro rege-se pela lei que nele vigorar quanto ao ônus e aos meios de produzir-se, não admitindo os tribunais brasileiros provas que a lei brasileira desconheça". Portanto, a prova de atos ou fatos, pela *lex fori* brasileira, depende da lei do lugar onde eles se realizaram. Ou seja, o ônus da prova se rege pela *lex loci*, eliminando o "inconveniente" da *lex fori*. *Neste pensar é admissível a prova feita no estrangeiro, mesmo quando "desconhecida" pelo Direito brasileiro, desde que não contrarie a ordem pública*. Como bem explicou **Clovis Beviláqua** a *lex loci* prevalece para dizer quais as provas admissíveis, e a *lex fori*, para regular a maneira de produzi-las em juízo. De há muito o *Supremo Tribunal Federal* vem negando o Direito estrangeiro, por falta pura de prova simples deste, como por exemplo o decidido no Agravo Regimental em Agravo de Instrumento (AgRag 152775), oriundo de São Paulo, tendo como relator o Ministro **Marco Aurélio**, julgamento: 10/08/1993, Segunda Turma, publicação: DJU 03-09-93, pg-17746, ementa: "Recurso Extraordinário — Moldura fática — Legislação local. A teor do disposto no artigo 337, do Código de Processo Civil, a parte que alegar direito municipal, estadual, estrangeiro ou con-

---

[67]. Apud **Carrillo Salcedo**, Op. cit., p. 285.

suetudinário provar-lhe-á o teor e a vigência, se assim o determinar o juiz. A atuação em sede extraordinária faz-se a partir da moldura fática delineada, soberanamente, pela corte de origem. Constando do acórdão atacado que a legislação local não contempla um certo direito, descabe cogitar da vulneração ao inciso xxxvi do artigo 5 da Constituição Federal, no que revela a intangibilidade do ato jurídico perfeito e acabado, do direito adquirido e da coisa julgada. Votação unânime". Ou o Processo de Extradição (Ext-590), tendo como relator o Ministro **Sepúlveda Pertence**, em julgamento realizado em 16/03/1994, Tribunal Pleno (publicado no Diário da Justiça da União em 29-04-94, pp-09714), ementa: "Extradição: prescrição segundo o direito estrangeiro: competência do Supremo Tribunal para decidir a respeito, tocando ao Estado requerente o ônus de oferecer, não apenas a documentação dos fatos relevantes, mas também o teor da legislação pertinente, que não pode ser substituída pela mera declaração de não ocorrência da prescrição, cujo prazo seria de 20 anos, conforme dispositivo legal cujo texto não apresentou: deferimento, não obstante, da extradição, uma vez que, por força de outro preceito, trazido aos autos, o prazo prescricional jamais poderia ser inferior a dez anos. Votação unânime". Resultado: deferida. Veja Ext-356 em RTJ-92/954. Houve no *primeiro caso* uma não aplicação do Direito estrangeiro, por desídia do requerente e no *segundo caso*, o *Supremo Tribunal Federal* não aceitou um tipo de prova (declaração), praticada pelo Direito estrangeiro, concedendo o requerido por outros motivos.

Contudo, mesmo que se prove, por exemplo, que um muçulmano é realmente casado com mais de uma esposa o registro de tais casamentos em Registro Público brasileiro não se realizaria, tendo em vista que no Brasil tal fato seria considerado poligamia[68], que é vedada pela *lex fori* (o mesmo

---

68. Há que se ter em mente que não se aceita a poligamia; contudo, a jurisprudência internacional vem admitindo que, se a esposa deste relacionamento requerer alimentos (Corte de Cassação francesa, de 28/1/58, Caso Krieff v.

aconteceria se fosse tentado homologar sentença estrangeira perante o *Supremo Tribunal Federal*, de divórcio destas duas esposas). *A lex fori reclama para determinados atos forma especial e certas condições.* Neste caso, o Direito estrangeiro seria barrado. O artigo 14, da referida Lei de Introdução, dita que: "não conhecendo a lei estrangeira, poderá o juiz exigir de quem a invoca prova do texto e da vigência". Apesar desta exigência da *lex fori* e em muitos outros Estados o julgador não está adstrito aos argumentos das partes, *cabendo-lhe aplicar ao caso concreto a norma de Direito, que lhe pareça mais adequada, utilizando-se para isso o adágio jura novit curia.*

O juiz, pela própria função técnica, deve ter o conhecimento preciso do Direito interno, mas não do externo ou estrangeiro, contudo, alguns magistrados são cultos bastante para procurar estudar o Direito alienígena reclamado, com o fito de não ficar com qualquer dúvida ao aplicá-lo, porque, senão sempre aplicará a *lex fori* (ou por comodismo ou por *in dubio pro lege fori*). *Em se tratando de Direito estrangeiro como um todo, deveria a magistratura local não ficar inerte, passiva ou indiferente, tentando buscar a verdade e o melhor Direito na lex fori, cooperando de ofício com as partes, para aplicar a Justiça.*

A falha na apresentação da prova do Direito estrangeiro faz com que ele não seja aplicado, já que na maioria das leis processuais a magistratura não tem o dever de conhecer tais elementos de estraneidade. Tais elementos têm que ser provados por quem o alega e, em muitos dos casos, tal prova ou é deficitária ou não é realizada. Não cabe no presente trabalho analisar com a merecida profundeza a questão dos meios de prova do direito estrangeiro, contudo, mister se

---

Chemouni, vide *Revue Critique de Droit International Privé*, 1958, p. 110), ou obter indenização por danos sofridos (Tribunal Belga, em julgado de 23/4/70, vide *Revue Critique de Droit International Belge*, 1971, p. 5), ela terá todos estes direitos, tendo em vista que se entende não é a crítica ao Direito estrangeiro em si, mas seus efeitos no foro de execução pretendido.

faz a lembrança do tema, tendo em vista ser, também, um elemento limitador ou que faz barrar a aplicação da norma, ou decisão judicial, ou contrato, ou à vontade exarada pelas partes, ou a aplicação de efeitos irradiantes de atos/fatos praticados no exterior, enfim, do Direito estrangeiro. *Tanto no caso da não realização da prova ou da realização de forma deficitária, seria aplicada a lex fori como norma subsidiária e não como uma norma originalmente competente ou utilizada por comando da ordem pública.* Também a lex fori pode ser utilizada nestes casos de ofício pelo magistrado, depois que este realizou pesquisa própria e investigativa sobre dito Direito estrangeiro. Tal utilização da *lex fori* terá que ter uma carga de prova maiúscula e bem fundamentada por tal magistrado, com o fito de afastar o Direito estrangeiro competente para o caso em questão.

Como já visto acima, por algumas vezes nos deparamos com a impossibilidade material da prova do Direito estrangeiro e seus reflexos, ou seja, logo vem a questão: O que acontece quando não se pode determinar o conteúdo do Direito estrangeiro designado pela norma de conflito? Neste caso, também, se utilizaria da *lex fori* como uma forma subsidiária, com o fito de resolver e julgar a questão de "Fundo" apresentada. Em 1960 foi apresentada uma hipótese igual à formulada acima, diante da Corte Suprema alemã. Discutia-se a validade de um título de crédito emitido em Kabul (Afeganistão), no ano de 1937. Nesta época não existia no Direito afegão nenhuma norma específica sobre dito título; tampouco foi possível determinar se existiam normas consuetudinárias à este respeito e, muito menos, qual seria seu conteúdo[69]. Os Tribunais alemães sofrem hodiernamente, no tocante à impossibilidade de determinar qual o direito de família iraniano, depois da revolução integralista, tendo em vista que o então *"ayatollah" Komeini* (líder dos xiitas, eclesiástico e espiritual máximo) determi-

---

69. Vide este caso na obra de **Krause**, relacionada na bibliografia, na p. 132 ou no estampado no Neue Juristische Wochenschrift, 1961, pp. 410 e ss.

nou que o Direito de Família anterior estaria derrogado, sem precisar, contudo, qual ordenamento iria substituí-lo[70].

Ocorre, por vezes, que o magistrado não está seguro se tal norma é válida, ou seja, se ela é apresentada em juízo, contudo, sua *validade* não é provada, diante, por exemplo, de Estados novos ou Estados em regime de guerra ou revolução, onde a legislação local é quase sempre alterada. Aliás, **Müller** traz um exemplo exagerado e burlesco[71], ao meu ver, onde num Estado "ibero-americano", há uma impossibilidade de determinar qual o teor da lei a ser aplicada, tendo em vista que todos os exemplares onde aparecia a publicação de tal lei foram adquiridos pelo *"colegio de abogados"*, para monopolizar seu conhecimento.

Da Carta Rogatória[72] e da Homologação da Sentença Estrangeira

Dois dos instrumentos de liame mais utilizados na questão processual, que podem bloquear a aplicação do

---

70. **K. Müller** in: "Zur Nichtfeststellbarkeit des Kollisionsrechtlich Berufenen Ausländischen Rechts", artigo estampado no Neue Juristische Wochenschrift, 1981, pp. 481 e ss.
71. Op. cit., p. 481, nota 3.
72. O mencionado neste capítulo contém textos de atos internacionais e textos inteiros extraídos da segunda edição do "Manual de Instruções para Cumprimento de Cartas Rogatórias", editado pela Secretaria de Justiça, Divisão de Justiça do Ministério da Justiça, Brasília, 1996, dando, assim, uma visão e uma posição oficial do governo brasileiro. Além disso, indico para leitura complementar os seguintes artigos de minha lavra: "Carta Rogatória — Instrumento Processual Internacional, seus efeitos, processamento e características no Sistema Jurídico Brasileiro", in: Revista de Processo 34/291; "A Prova do Direito Estrangeiro e sua Aplicabilidade", in: Revista de Processo 39/276; "A Competência Internacional da Autoridade Judiciária Brasileira", in: RT 586/15 e RF 284/488; "Sobre a Competência Internacional da Autoridade Judiciária do Brasil", in: "O Estado de S. Paulo", edição de 26/02/84; "Prestação de Alimentos no Direito Internacional Privado Brasileiro", in: RT 690/29 e RF 320/25; e, "A Deportação do Estrangeiro do Brasil"; in: RT 717/351.

Direito estrangeiro, é sem a menor sombra de dúvida a carta rogatória e a homologação de Sentença Estrangeira. Estes são dois dos veículos mais utilizados para a aplicação do Direito estrangeiro, sofrendo todo o tipo de ataques. Basta um só erro para que tal Direito estrangeiro não seja aplicado, portanto, muita atenção no tocante às exigências da *lex fori* brasileira e atenção redobrada, no tocante aos procedimentos processuais perante as Cortes Superiores. A não aplicação correta destes procedimentos faz surgir, necessariamente, casos de bloqueio da aplicação tanto da carta rogatória como da homologação da Sentença Estrangeira[73]. Se os vícios não são sanados, haverá sem sombra de dúvida o bloqueio do Direito estrangeiro. Esta posição é pacífica perante o *Supremo Tribunal Federal*, como por exemplo o ocorrido na Sentença Estrangeira (SE-2424),

---

73. Dispõem sobre as cartas rogatórias e as homologações de sentenças estrangeiras os seguintes dispositivos legais: Artigos 13, 102, I, h, 109, inciso X, e 210, § 2º, da Constituição; Artigos 215, 216, 217, I a IV, 218, parágrafo único, 219, parágrafo único, 220, §§ 1º e 2º, 221, §§ 1º ao 3º, 222, 223, 224, 225, 226, 227, parágrafo único, 228, parágrafo único, e 229 do Regimento Interno do Supremo Tribunal Federal; Artigos 12, §§ 1º e 2º, 13, 14 e 15, a a e, parágrafo único, 16 e 17 da Lei de Introdução ao Código Civil Brasileiro; Artigos 151, I a II, 152, I a III, 153, 156, 157, 200, 201, 202, I a IV, §§ 1º e 2º, 203, 210, 211, 212, 483, 484 e 584, IV, do Diploma Processual Civil; Artigos 780, 781, 782, 783, 784, §§ 1º ao 4º, 785, 786, 787, 788, I a V, 789, §§ 1º ao 7º, e 790 do Diploma Processual Penal; Convenções, tratados, acordos e protocolos internacionais e notas diplomáticas; Artigos 1º, §§ 1º ao 4º, e 26, parágrafo único, da Lei Nº 5.478, de 25 de julho de 1968 — Lei sobre Ações de Alimentos; Artigos 98, I a III, 141, §§ 1º e 2º, e 148, I a VII, parágrafo único, a a h, e 209 da Lei Nº 8.069, de 13 de julho de 1990 — Estatuto da Criança e do Adolescente; Artigo 18 do Decreto Nº 13.609, de 21 de outubro de 1943, alterado pelo Decreto Nº 20.256, de 20 de dezembro de 1945 — Regulamento para ofício de Tradutor Público e intérprete Comercial; e, Portaria nº 26, de 14 de agosto de 1990, do Departamento Consular e Jurídico do Ministério das Relações Exteriores e da então Secretaria Nacional dos Direitos da Cidadania e Justiça, atual Secretaria de Justiça do Ministério da Justiça, publicada no Diário Oficial da União de 16 de agosto de 1990, Seção I, páginas 15.523/15.524.

País: Grã-Bretanha (Inglaterra), relator: Ministro *Antonio Neder*, julgamento: 14/12/1979, publicação: SE vol. 4-01, pg-36, *Diário da Justiça da União* de 04-02-80, pg-369 e RTJ 92/1074, ementa: 1 Sentença homologatória de arbitragem comercial proferida pela justiça inglesa num processo em que o réu, domiciliado no Brasil, não foi citado. É indispensável, no caso, a citação por meio de rogatória com *exequatur* do presidente do *Supremo Tribunal Federal*. As exigências impostas pelo art. 212, do Regimento Interno desta Corte constituem direito absoluto, que deve ser observado até mesmo por Tribunal ou Autoridade que, num país estrangeiro, profira sentença que produza efeitos no Brasil. 2 Ação homologatória improcedente. Resultado: improcedente. Veja SE-1529, RTJ-8/275 e SE-1578, RTJ-8/276. Outro exemplo que pode ser citado é o seguinte:

Sentença Estrangeira 4738, contestada, publicada no *Diário da Justiça da União* de 7/4/95, p. 8871, Tribunal Pleno, Min. *Celso de Mello*. Ementa: Sistema de delibação — Limites do Juízo delibatório — pressupostos de homologabilidade — ausência de autenticação consular da certidão de trânsito em julgado — condenação da parte sucumbente a verba honorária — possibilidade — recusa de homologação ausência de autenticação consular por ausência de um de seus requisitos — extinção do processo sem julgamento do mérito. As sentenças proferidas por tribunais estrangeiros somente terão eficácia no Brasil depois de homologadas pelo *Supremo Tribunal Federal*. O processo de homologação de Sentença Estrangeira reveste-se de caráter constitutivo e faz instaurar uma situação de contenciosidade limitada. A ação de homologação destina-se, a partir da verificação de determinados requisitos fixados pelo ordenamento positivo nacional, a propiciar o reconhecimento de decisões estrangeiras pelo Estado brasileiro, com o objetivo de viabilizar a produção dos efeitos jurídicos que são inerentes a esses atos de conteúdo sentencial. O sistema de controle limitado que foi instituído pelo Direito brasileiro em tema de homologação de Sentença Estrangeira não permite que o *Supremo Tribunal Federal* atue como tribunal do foro, proceda, no que se refere ao ato sentencial formado no exterior, ao exame da matéria de fundo ou a apreciação de questões pertinentes ao *meritum causae*, ressalvada, tão-somente, para efeito do juízo de delibação que lhe compete, a análise dos aspectos concernentes à soberania nacional, à ordem pública e aos bons costumes. Não se discute, no processo de homologação, a relação de Direito material subjacente à Sentença Estrangeira homologanda. A legalização consular da certidão comprobatória do trânsito em julgado da Sentença Estrangeira constitui requisito que, desatendido, impede a homologação do título sentencial. O ato de chancela consular destina-se a conferir autenticidade ao documento formado no exterior (RTJ 49/148). Os cônsules brasileiros quer em face de nosso ordenamento positivo interno, quer à luz do que prescreve a *Convenção de Viena sobre Relações Consulares* (1963), dispõem de funções certificantes e de autenticação de documentos produzidos por órgãos públicos do Estado estrangeiro perante o qual desempenham as suas atribuições. A jurisprudência do *Supremo Tribunal Federal* tem expressamente admitido a aplicação do princípio da sucumbência aos processos de homologação de Sentença Estrangeira, observando-se, para efeito de fixação dos honorários advocatícios devidos a parte vencedora, o critério estabelecido pelo art. 20, § 4º, do CPC. Votação: unânime. Resultado: Extinção do processo[74].

---

[74]. Veja neste sentido SE-1945 e RTJ's números: 81/347; 93/40; 95/1017; 115/1089; 49/148; 124/471; 93/514; 104/971; 13/92. Acórdão no mesmo sentido: SE 4738/95, Estados Unidos, DJU 19-05-95, p. 13.998.

No caso da homologação da Sentença Estrangeira não há muito mistério, contudo, para a questão da carta rogatória, verifica-se uma pouca prática das Cortes brasileiras. A cooperação e o relacionamento jurisdicional com as autoridades estrangeiras são processados mediante estes dois instrumentos acima citados (homologação de Sentença Estrangeira e da carta rogatória — expedida para impulsionar o Processo, como a realização da citação, intimação, inquirição, ouvida de testemunhas, exames, perícias, vistorias, avaliações, diligências etc.). De acordo com a alínea *h*, do inciso I, do artigo 102, da Constituição brasileira, compete, originalmente, ao *Supremo Tribunal Federal* a homologação das Sentenças Estrangeiras e a concessão das cartas rogatórias do *exequatur* (despacho ordenando a exeqüibilidade), no Brasil, de diligência judicial oriunda do estrangeiro. *Exequatur* é palavra latina que significa execute-se, cumpra-se. É uma ordem para que se efetive, no Brasil, a diligência solicitada, rogada, em carta rogatória, por autoridade judiciária estrangeira. O artigo 109, inciso X, da Constituição Federal, atribui aos juízes federais a competência para processar e julgar, em Primeiro Grau a execução de carta rogatória, após o *exequatur*, e de sentença estrangeira, após a homologação.

O cumprimento de medida executória, a exemplo de prisão, busca e apreensão e extradição, não deve ser requerido via carta rogatória, mas, sim, por pleito de homologação de Sentença Estrangeira, em respeito à soberania dos Estados. A regra é a de que nenhum ato executório pode ser demandado por carta rogatória. O Brasil não cumpre medidas ordenatórias, vez que o *Supremo Tribunal Federal* não concede o *exequatur*. A autoridade judiciária brasileira não deve expedir carta rogatória que enseje medida de busca e apreensão ou constritiva de bens ou restritiva de liberdade. Há, contudo, uma exceção apontada no seguinte exemplo fornecido pelo *Supremo Tribunal Federal*: CR1406 (carta rogatória), relator: Ministro **Luis Gallotti**, julgamento: 20/03/1969, Tribunal Pleno, publicação: RTJ 52/299, ementa: *Exequatur* concedido. Embargos rejeitados. Não pode ser recusada a citação de pessoa domiciliada no Brasil para se ver processar no estrangeiro, mesmo em ações executórias, desde que diligências de arresto ou seqüestro não devam ser aqui cumpridas.

O intercâmbio de carta rogatória se efetua entre magistrados, via diplomática ou Autoridades Centrais, indicadas em acordos e/ou atos internacionais. Já o cumprimento de Sentença Estrangeira depende de provocação da parte interessada. A execução de Sentença Estrangeira, de natureza final ou interlocutória em processo de conhecimento ou cautelar, dotada de eficácia de coisa julgada, só procede pela via própria, depois da devida homologação pelo *Supremo Tribunal Federal*.

Por força do artigo 783, do Diploma Processual Penal, só as cartas rogatórias expedidas em ações penais deveriam ser remetidas ao Ministério da Justiça, com a finalidade de ser pedido o seu cumprimento, por via diplomática, às autoridades judiciárias estrangeiras. Apesar de os artigos 202 a 212, do Diploma Processual Civil, serem omissos quanto à passagem pelo Ministério da Justiça das cartas rogatórias oriundas de feitos cíveis, tal trâmite se firmou pelo *costume*. Nada impede, então, de as cartas rogatórias de cunho cível serem encaminhadas, diretamente, pelo juízo rogante ao Ministério das Relações Exteriores, com vistas aos juízos rogados. O Ministério da Justiça, através do seu *"Manual de Instruções para Cumprimento de Cartas Rogatórias"*, preparou o seguinte organograma, no tocante ao trâmite de uma carta rogatória:

Fluxograma das Cartas Rogatórias

Rogante	Unidades	Órgãos				Rogado
	CSG	SJ			MRE	
	DC	SAA	DJ	SCR	DCJ/DJr	

Siglas

CSG — Coordenação de Serviços Gerais
DC — Divisão de Comunicaçõe
SJ — Secretaria de Justiça
SAA — Secretaria de Apoio Administrativo
DJ — Divisão de Justiça
SCR — Seção de Cartas Rogatórias
MRE — Ministério das Relações Exteriores
DCJ — Departamento Consular e Jurídico
DJr — Divisão Jurídica

Códigos

○ RECEBE ❖ DILIGENCIA
● ENCAMINHA ◆ INFORMA
□ DESPACHA ✍ ENVELOPA
■ CAPA × GUIA
▲ FICHA ✉ ATOS
▼ PROTOCOLA ✖ REVISA

Como visto, a carta rogatória, que necessariamente deverá proceder de Autoridade do Poder Judiciário, será remetida para a Divisão de Justiça da Secretaria de Justiça do Ministério da Justiça, pelo juiz competente ou pelo interessado (parte, advogado, procurador etc.), por via postal ou pessoalmente. Recebida na Divisão de Justiça, adotam-se as providências referentes à abertura do respectivo processo, do qual consta, inclusive, ficha de acompanhamento do feito, fazendo-se a sua imediata remessa à Divisão de Comunicações da Coordenação de Serviços Gerais do Ministério da Justiça, onde receberá número de identificação.

Uma vez protocolizada, é feita a sua restituição à Divisão de Justiça que, após a competente análise, procede ao seu encaminhamento, via postal, à Autoridade Central do juízo rogado, no caso de existir acordo internacional, ou à Divisão Jurídica do Departamento Consular e Jurídico do Ministério das Relações Exteriores, para que a transmita, via diplomática, ao país destinatário. No Ministério da Justiça, na Divisão de Justiça, o processo fica aguardando o retorno da carta rogatória, cumprida ou não, no destino, via Autoridade Central ou Ministério das Relações Exteriores (Divisão Jurídica do Departamento Consular e Jurídico). Em qualquer hipótese, depois de efetuadas as anotações na respectiva ficha de acompanhamento, procede-se à sua restituição, por ofício, ao juiz rogante.

A carta rogatória que não preencher os requisitos necessários será devolvida, mediante ofício, ao juízo rogante, com a solicitação de que a medida seja devidamente instruída, diligência que ocorrerá quantas vezes for necessária ao preenchimento de todas as formalidades indispensáveis ao seu cumprimento no país destinatário. As cartas rogatórias oriundas das Justiças estrangeiras são recebidas por via diplomática, no Ministério das Relações Exteriores, que as transmite diretamente ao Presidente do *Supremo Tribunal Federal*, para a concessão do *exequatur*. Os atos judiciais encaminhados pelas Autoridades Centrais dos países de origem às Autoridades Centrais do Brasil também são enviados ao *exequatur* da Suprema Corte. As cartas rogatórias devidamente instruídas são encaminhadas ao destino, no mais breve espaço de tempo possível, condicionado este ao volume processual e às disponibilidades de pessoal e material. O retorno das cartas rogatórias, cumpridas ou não, demandam um lapso temporal mínimo de 8 (oito) meses que podem se prolongar a anos[75].

São requisitos essenciais da carta rogatória: a indicação dos juízos de origem e de cumprimento do ato; o inteiro teor da petição inicial e dos seus documentos instrutórios, do despacho judicial e do instrumento do mandato conferido ao advogado; a menção do ato processual, que lhe constitui o objeto, e o encerramento com a assinatura do juiz. O juiz mandará trasladar (ou cópias reprográficas autenticadas), na carta, quaisquer outras peças, bem como instruí-la com mapa, desenho ou gráfico, sempre que estes documentos devam ser examinados, na diligência, pelas partes, peritos ou testemunhas. Note-se que o termo trasladar, ventilado na legislação processual, tem sido interpretado e substituído,

---

[75]. Convenções importantes não Assinadas pelo Brasil: Convenção de Haia sobre Produção de Documentos em Matéria Civil e Comercial, firmada em Haia, em 15 de novembro de 1965, pelos seguintes países: Antígua, Barbuda, Barbados, Bélgica, Belize, Botzuana, Canadá, China, Chipre, República Tcheca, Dinamarca, Egito, Alemanha, Ilhas Cayman, Ilhas Figi, Filândia, França, Grécia, Israel, Itália, Japão, Kiribati, Luxemburgo, Malawi, Holanda, Noruega, Paquistão, Portugal, Espanha, Suécia, Turquia, Tuvalu, Reino Unido e Estados Unidos; Convenção de Haia para a Produção de Prova em Matéria Civil e Comercial, firmada em Haia em 18 de março de 1970, pelos seguintes países: Argentina, Austrália, Barbados, Chipre, República Tcheca, Alemanha, Israel, Itália, Luxemburgo, México, Mônaco, Holanda, Noruega, Portugal, Cingapura, Republica Eslovaca, Espanha, Suécia, Reino Unido e Estados Unidos; e Convenção de Haia sobre a Dispensa de Legalização de Documentos Públicos Estrangeiros, firmada em Haia, em 15 de outubro de 1981, pelos seguintes países: Angola, Antigua, Barbuda, Argentina, Áustria, Bahamas, Barbados, Bielo-rússia, Rússia, Bélgica, Belize, Botzuana, Chipre, Dominica, Ilhas Figi, Finlândia, França, Alemanha, Grécia, Granada, Guiana, Hungria, Israel, Itália, Ilhas Maurício, Moçambique, Holanda, Noruega, Panamá e Portugal.

hodiernamente, por cópias reprográficas autenticadas. Quando o objeto da carta for exame pericial sobre documento, este será remetido em original, ficando nos autos reprodução fotográfica. Em todas as cartas declarará o juiz o prazo dentro do qual deverão ser cumpridas, atendendo à facilidade das comunicações e à natureza da diligência.

Os documentos indispensáveis, genericamente, ao cumprimento das cartas rogatórias junto aos juízos rogados são: (Nas ações cíveis): original e uma cópia em português: da carta rogatória, da petição inicial, dos documentos instrutórios, do despacho judicial, do instrumento do mandato conferido ao advogado e de outras peças consideradas indispensáveis pelo juízo rogante, conforme a natureza da ação. (Nas ações penais): original e uma cópia em português: da carta rogatória, da denúncia, dos documentos instrutórios, do despacho judicial, do instrumento do mandato conferido ao advogado e de outras peças consideradas indispensáveis pelo juízo rogante, conforme a natureza da ação.

A legislação infraconstitucional determina, em síntese, que os documentos redigidos em língua estrangeira só podem ser juntados aos autos se acompanhados de versão para a língua portuguesa, firmada por tradutor juramentado[76]. A versão oficial para a língua estrangeira é também requerida dos atos judiciais dirigidos ao exterior. Em respeito ao princípio da obediência ao vernáculo e com o fito de os documentos serem compreensíveis e inteligíveis no exterior, onde se espera que eles produzam seus efeitos. As normas pertinentes orientam no sentido de que as cartas rogatórias e as sentenças, encaminhadas ao exterior para cumprimento e homologação, reciprocamente, sejam traduzidas para os idiomas próprios dos países destinatários.

---

[76]. Artigos 151, incisos I e II, 156 e 157, todos do Diploma Processual Civil; artigo 784, § 1º, do Diploma Processual Penal; e artigo 218, do Regimento Interno do Supremo Tribunal Federal.

De todas as cartas rogatórias devem constar os seguintes elementos informativos: nome e endereço completos da pessoa a ser citada, notificada, intimada ou inquirida no juízo rogado; antecedência de 240 (duzentos e quarenta) dias, a contar da expedição da carta rogatória pelo juízo rogante, na designação de audiência ou nos casos que impliquem data certa; nas cartas rogatórias para inquirição é indispensável que as perguntas sejam formuladas pelo juízo rogante — original em português, com uma cópia, e tradução, por tradutor juramentado, para o idioma do país rogado, com uma cópia; nome e endereço completos da pessoa responsável, no destino, pelo pagamento das despesas processuais (gastos com juiz, distribuidor, escrivão, funcionários, oficial de justiça, contador, peritos, assistentes técnicos, intérpretes, testemunhas etc.), decorrentes do cumprimento da carta rogatória no país destinatário, salvo as extraídas em ações: penais de ordem pública, cujas despesas são pagas pelo réu e fixadas na condenação; dos beneficiários da Justiça gratuita, incluindo as penais de ordem privada e as intentadas mediante queixa — no caso de o interessado no cumprimento da carta rogatória ser beneficiário da Justiça gratuita, deve sempre constar na carta rogatória que o feito corre pela assistência judiciária, com o fito de se evitar a exigência da indicação de pessoa responsável, no país de destino, pelo pagamento das despesas processuais; de Prestação de Alimentos no exterior, para os países signatários da *Convenção de Nova York*, promulgada no Brasil pelo Decreto nº 56.826, de 2 de setembro de 1965 (vide artigo 26 da Lei nº. 5.478, de 25 de julho de 1968); da competência da Justiça da Infância e da Juventude (vide artigos 141, §§ 1º e 2º, e 148, I a VII, parágrafo único, alíneas *a* a *h*, da Lei nº 8.069, de 13 de julho de 1990 — Estatuto da Criança e do Adolescente); e, para citar ou interrogar pessoas nos Estados Unidos que possui condições próprias, pois há procedimento que exige pagamento antecipado.

Para algumas hipóteses, as despesas processuais com o cumprimento das cartas rogatórias no estrangeiro são arcadas com as verbas de Manutenção de Chancelaria, alocadas às Embaixadas e Consulados do Brasil. Inexiste mecanismo de reembolso de pagamento de despesas com o cumprimento de cartas rogatórias às Embaixadas e aos Consulados no exterior. Repita-se, as cartas rogatórias que têm por objeto o cumprimento de medidas de caráter executório não são, normalmente, diligenciadas pelas justiças estrangeiras sob o argumento de que caracterizam intervenção na soberania e na jurisdição do país rogado.

Quanto à homologação de Sentença Estrangeira, ela só tem eficácia no Brasil depois de devidamente homologada pelo presidente do *Supremo Tribunal Federal*, tendo como competência exclusiva para a sua execução, como já visto, a Justiça Federal de Primeiro Grau (inciso X, do art. 109, da Constituição Federal). Tanto a execução de Sentença Estrangeira de caráter cível como a de caráter penal far-se-á por carta de sentença, extraída dos autos da homologação no *Supremo Tribunal Federal*, obedecendo às regras estipuladas para execução da sentença nacional. Para efeitos civis, será expedida carta de sentença, lembrando sempre que a Sentença Estrangeira é um título executivo judicial[77]. Para efeitos penais, será expedida a carta de guia ou guia de recolhimento[78]. Pode, nesta seara, ser gerado um efeito de reincidência[79], sem ser homologada, bastando a sua prova de condenação. Para que haja autenticidade da Sentença Estrangeira penal, basta ser tramitada por via diplomática, assim como seus documentos. A execução de uma Sentença Estrangeira penal é restritiva e condicional, pois só abrange

---

77. Inciso IV, do art. 584, do Diploma Processual Civil.
78. Art. 106, da Lei 7.210/84.
79. Art. 63, do Diploma Penal.

casos em que obriga o condenado à reparação de dano, restituição e outros efeitos civis; e depende da existência de Tratado de Extradição com o Estado que emanou a Sentença Estrangeira, ou na falta deste ato internacional, requisição do Ministro da Justiça.

Mister se faz observar todos os requisitos essenciais e indispensáveis para a devida homologação de Sentença Estrangeira, sob pena de ser barrado tal Direito alienígena. Para efeitos civis, são eles: haver sido proferida por juiz competente, terem sido as partes citadas ou ter havido a revelia, ter passado em julgado e estar revestidas das formalidades necessárias para execução no local em que foi proferida, e estar autenticada pelo cônsul brasileiro e acompanhada de tradução oficial. A sentença penal estrangeira será homologada, quando a aplicação da *lex fori* brasileira produzir na espécie as mesmas conseqüências e concorrerem os seguintes requisitos: estar revestida das formalidades legais externas necessárias, segundo o Direito estrangeiro; haver sido proferida por juiz competente, mediante citação regular, segundo o Direito estrangeiro; ter passado em julgado tal Sentença Estrangeira; estar devidamente autenticada pelo cônsul brasileiro, e estar acompanhada de tradução oficial (juramentada e/ou pública). Ainda, no tocante à Sentença Estrangeira penal, esta só é aceita quando a aplicação da *lex fori* brasileira produzir na espécie as mesmas conseqüências para: obrigar o condenado à reparação do dano e a restituições (efeitos civis), e sujeitar o brasileiro à medida de segurança. Ou seja, para obrigar o condenado a efeitos civis (na seara penal), deve haver pedido expresso da parte interessada e, para efeitos de medida de segurança, deve haver a existência de ato internacional de extradição com o Estado que emitiu a Sentença Estrangeira, ou na falta de Tratado ou de Convenção neste sentido, requisição do Ministro da Justiça.

Para a homologação da Sentença Estrangeira de caráter civil, deve ser requerida pela parte interessada por petição, onde deve conter as indicações constantes da *lex fori* processual brasileira, além de ser instruída com a certidão ou cópia autêntica do texto integral da Sentença Estrangeira, traduzida por tradutor juramentado. Tanto para a Sentença Estrangeira penal como para a de efeitos civis, se a petição não preencher os requisitos ou apresentar defeitos ou irregularidades que dificultem o julgamento do *Supremo Tribunal Federal*, o presidente desta Corte mandará que o requerente emende ou complete, no prazo peremptório de dez dias, sob pena de indeferimento (barra a aplicação do Direito estrangeiro). Para resolver tais defeitos, quem deve ser intimado é o advogado e não a parte. Se o procurador legal não promover o ato ou diligência que foi determinada pelo *Supremo Tribunal Federal*, no citado prazo de 10 dias, o processo de homologação será julgado extinto pelo presidente ou pelo plenário daquela mais Alta Corte.

O trâmite da homologação para a questão civil é a seguinte: autuados a petição e documentos do presidente do *Supremo Tribunal Federal* mandará citar o requerido, para em 15 dias contestar o pedido. Tal requerido será citado por oficial de justiça, se domiciliado no Brasil, expedindo-se carta de ordem, ou carta rogatória se for residente fora do território brasileiro. Certificado pelo oficial de justiça ou afirmado pelo requerente que o citando está em lugar incerto ou ignorado, haverá citação por edital. A contestação acima mencionada só poderá versar sobre a autenticidade dos documentos, inteligência da Sentença Estrangeira e observância dos requisitos dos artigos 217 e 218, ambos do Regimento Interno do *Supremo Tribunal Federal*. Se for verificada a revelia ou a incapacidade, dar-lhe-á curador especial que será pessoalmente notificado. Este curador pode ser integrante do quadro da Defensoria Pública[80], ou da Ordem dos Advogados do Brasil (nomeação de membro do Ministério Público é atípica). Sobre esta figura do curador, não incide os efeitos do artigo 9º, do

---

80. Lei da Defensoria Pública, artigo 4º, inciso VI.

Diploma Processual Civil, mas sim o § 1º, do artigo 221, do Regimento Interno do *Supremo Tribunal Federal*. Um cuidado tem que ser tomado: Não raro acontece a nomeação de curadoria para o idoso considerado incapaz, ou seja, ser o indivíduo com mais de 60 anos[81], e ser considerado incapaz de fato para gerir seus bens (basta apenas uma declaração do oficial de Justiça neste sentido), passando, então, o curador a ser o seu representante material[82]. Neste exemplo, pode ser caracterizada uma incapacidade de fato, sendo aplicada analogicamente como sustentação o contido no art. 218, do Diploma Processual Civil.

Apresentada a mencionada contestação, será admitida a réplica em cinco dias. Transcorrido o prazo da contestação ou da réplica, o presidente do *Supremo Tribunal Federal* oficiará o Procurador Geral da República no prazo de dez dias. Se o peticionário, o curador especial e o Procurador Geral da República não impugnarem o pedido de homologação, sobre ele decidirá o presidente do *Supremo Tribunal Federal*, homologando ou não tal Sentença Estrangeira.

Na questão da homologação de Sentença Estrangeira penal, o rito não difere muito. O Procurador Geral da República sempre que tiver conhecimento da existência de Sentença Estrangeira penal, que haja imposto medida de segurança pessoal ou pena acessória que deve ser cumprida no Brasil, pedirá ao Ministro da Justiça habilitação para requerer a homologação. Distribuído o processo, o relator mandará citar o interessado para deduzir embargos em dez dias, se residir no Distrito Federal e em trinta dias, em caso contrário. Se não forem deduzidos embargos neste período, será nomeado defensor que produzirá a defesa. Só podem tratar tais embargos de dúvidas sobre a autenticidade do documento, e/ou sobre a inteligência da Sentença Estran-

---

81. Idoso para efeitos legais é o maior de 60 anos de idade (Lei 8.842/94, art. 1º, § 2º). Isso é ridículo, mas verdadeiro.
82. Neste sentido, vide Lei 8.842/94, art. 10º, § 2º.

geira, e/ou sobre a falta de qualquer dos requisitos enumerados nos arts. 781 e 788, do Diploma Processual Penal. Contestados os embargos pelo Procurador Geral da República em dez dias, o processo irá para o relator e para o revisor. Homologada a Sentença Estrangeira penal, a respectiva carta será remetida ao presidente do *Tribunal Regional Federal*. Recebida a carta, o presidente do TRF a remeterá ao juiz do lugar da residência do condenado, para aplicação da medida de segurança ou da pena acessória.

Tanto para a Sentença Estrangeira penal como para a civil, da decisão que negar a homologação cabe agravo regimental[83], apesar de que a expressão regimental se tornou inadequada, porque agora é lei. O agravo regimental será aparelhado em cinco dias da decisão do presidente daquela Corte, em petição que contenha os motivos e a expressão: *"Razões do Pedido de Reforma"*, sob pena de indeferimento liminar. O protocolo de tal petição tem que ser realizado na secretaria do *Supremo Tribunal Federal*, onde o presidente desta Casa pode reconsiderar o seu ato ou submeter ao julgamento do Plenário. Tal agravo regimental não possui efeito suspensivo. Cabem embargos infringentes da decisão não unânime do Plenário (art. 333, do Regimento Interno do *Supremo Tribunal Federal*), ou seja, caso tal julgamento não unânime tiver no mínimo quatro votos divergentes. Havendo impugnação à homologação da Sentença Estrangeira penal ou civil, o processo será distribuído para julgamento do Plenário, cabendo ao relator os demais atos relativos ao andamento e a instrução do processo e o pedido de dia para julgamento.

Ou seja, como visto, se houver uma falha em qualquer destes procedimentos, que levam prazos diversos do dia-a-dia do Primeiro e Segundo Grau, o Direito estrangeiro será barrado. Cabe lembrar, outrossim, que a homologação de Sentença Estrangeira é de natureza constitutiva, admitindo

---

83. Art. 317 e §§, do Regimento Interno do Supremo Tribunal Federal.

para a ordem jurídica brasileira os efeitos executivos (em sentido amplo), das decisões emanadas de outros Estados. Já a eficácia declarativa de certeza e a coisa julgada são pressupostos da Ação de Homologação que tem como objeto uma Sentença Estrangeira e, portanto, não são outorgadas pela Ação de Homologação. O reconhecimento da existência de uma Sentença Estrangeira é declaratório e pode ser feito por qualquer magistrado em qualquer grau de jurisdição.

Para efeitos de homologação não se admite decisões que não as emanadas de processo com as garantias do contraditório. Já para efeitos de homologação, o conceito de "sentença" não é próprio, porque, admite-se a homologação de Sentença Estrangeira de contencioso administrativo e de certos atos administrativos de jurisdição voluntária (alienação judicial, separação consensual, testamentos, codicilos, etc.), isso sem contar com os laudos arbitrais ou sentenças exaradas por Cortes Arbitrais. São homologáveis as sentenças finais proferidas em Processo Cautelar. É pressuposto processual negativo, impeditivo da homologação, a existência de coisa julgada anteriormente no Brasil. No tocante às sentenças declaratórias de falência, diante da omissão do Regimento Interno do Supremo Tribunal Federal, pode-se afirmar o seguinte: são homologáveis as sentenças de quebra de comerciante domiciliado no Estado que a decretou; e, contrario sensu, não são homologadas no Brasil Sentença Estrangeira de comerciantes aqui residentes, nem pode ser atingido no Brasil, estabelecimento aqui anteriormente existente. Aplicam-se as mesmas regras acima para efeitos de insolvência.

Sentença Estrangeira meramente declaratória do estado de pessoas dispensa a homologação, contudo, não são homologáveis as Sentenças Estrangeiras não fundamentadas[84]. É sempre salutar lembrar que a Sentença Estrangeira com

---

84. RTJ 95/34 e 119/597. Constituição Federal artigo 93, inciso IX e RTSTF 579/221.

oposição do réu cabe condenação de honorários, conforme o que dispõe o artigo 20, § 4º, do Diploma Processual Civil[85]. O interessado na execução de Sentença Estrangeira penal, para efeitos de reparação do dano, restituição e outros efeitos civis, poderá requerer ao *Supremo Tribunal Federal* a sua homologação, observado o Diploma Processual Penal. Sendo, porém, o interessado "pobre", cumpre ao Ministério Público diligenciar no sentido de execução penal estrangeira, para efeito da reparação do dano. Os prazos processuais aqui citados, inclusive os contidos no Regimento Interno do *Supremo Tribunal Federal,* são aplicados, também, para a questão da carta rogatória. Como visto, não é fácil aplicar o Direito estrangeiro, sem correr um grande risco de não vê-lo aplicado. Tanto para a homologação da Sentença Estrangeira como para o recebimento de carta rogatória, há procedimentos processuais, pouco utilizados que barram a eficácia destes institutos no território brasileiro, ou seja, estes preceitos devem ser seguidos de forma correta e precisa, caso contrário, o Direito estrangeiro não será aplicado.

No tocante à *Organization of American States (OEA),* as cartas rogatórias, em assuntos *civis, comerciais ou trabalhistas,* do Brasil para os Estados-Membros da Organização dos Estados Americanos, e vice-versa, são reguladas não apenas pelos dispositivos constitucionais e infraconstitucionais aplicáveis à espécie como, também, pelas seguintes convenções: *Convenção Interamericana sobre Eficácia Extraterritorial das Sentenças e Laudos Arbitrais Estrangeiros, proferidos em processos civis, comerciais ou trabalhistas,* aprovada e promulgada pelo Decreto Legislativo nº 93, de 1995; e *Convenção Interamericana sobre Cartas Rogatórias, em matéria civil ou comercial,* celebrada no Panamá, em 30 de janeiro de 1975, na I *Conferência Especializada Interamericana sobre Direito Internacional Privado* e do Protocolo

---

85. Neste sentido vide: RTJ 1.017; RT 546/232 e 736/324.

Adicional, firmado em Montevidéu, em 8 de maio de 1979, aprovado pelo Decreto Legislativo nº 61, de 1995. Nos termos do artigo 4º da Convenção, o Ministério da Justiça do Brasil foi indicado como autoridade central. São partes da referida Convenção os seguintes países: Chile, Equador, Estados Unidos, Guatemala, México, Panamá, Paraguai, Peru, Uruguai e Venezuela.

A questão penal é muito interessante, apenas a título de curiosidade trago algumas decisões do *Supremo Tribunal Federal* no tocante à extradição onde o Direito estrangeiro ora é negado e surpreendentemente ora é aceito:

I-) *Caso Franz Paul Stangl*: Os advogados José Otávio Pinto e outro impetram *habeas corpus* em favor de **Franz Paul Stangl** e, depois, pedem providências por parte do STF com o fito de ser impedida qualquer exibição do paciente em público, como noticiado pela imprensa. *Franz Paul Stangl*, preso em razão de pedidos de extradição, é acusado pelo extermínio de centenas de milhares de pessoas, em campos de concentração, durante a Segunda Guerra Mundial. Alegam os impetrantes que, se efetivado o que foi divulgado, tal fato constitui atentado à dignidade humana. Três pedidos de extradição ao Governo brasileiro, submetidos ao exame do *Supremo Tribunal Federal*, e um *habeas corpus* são reunidos para julgamento em conjunto, conforme sugestão do Ministro Relator, por tratarem dos mesmos fatos e da mesma pessoa.

Franz Paul Stangl, servidor da Polícia Judiciária alemã e integrante do Partido Nazista, residente há algum tempo em São Paulo e colocado na lista internacional dos criminosos de guerra, é acusado de co-autoria em crimes de homicídio em massa e genocídio em campos de extermínio, na Áustria (*Hartheim*) e Polônia (*Sobibor* e *Treblinka*). A instituição de *Hartheim*, sob a direção de *Stangl*, internava enfermos mentais, idosos, incapazes para o trabalho e adversários políticos, com o fim de eliminá-los, por vários métodos. *Sobibor* era um campo de extermínio de seres humanos, sob o comando de *Stangl*, que possuía câmaras de gás disfarçadas em casas de banho, onde eram mortos judeus, inicialmente os doentes, idosos e as crianças, aproveitando-se os fortes para os trabalhos, que depois, tinham o mesmo fim. *Treblinka*, outro campo de extermínio com câmaras de gás, também foi administrado por *Stangl*, aonde as vítimas chegavam por estrada de ferro, em comboios fechados, enganadas a fim de não suspeitarem de seu destino. Em todos os casos, providências eram tomadas para fazer desaparecer ao máximo quaisquer vestígios dos crimes.

O Relator Min. **Victor Nunes Leal**, nomeou defensor dativo o Prof. *Francisco Manoel Xavier de Albuquerque* (posteriormente Ministro e Presidente do STF). Foi indeferido o pedido da Polônia; autorizada a entrega do extraditando, em primeiro lugar, à Alemanha, com o compromisso de conversão da pena de prisão perpétua em prisão temporária e o da ulterior entrega do extraditando à Justiça da Áustria; julgado prejudicado o pedido de providências. Decisões unânimes[86]. Passo a mencionar a ementa oficial:

Extradição (Ext-272 — Trata-se da extradição de **Franz Paul Stangl**), relator: ministro **Victor Nunes**, julgamento: 07/06/1967, Tribunal Pleno, publicação: RTJ 43/168. Ementa: 1) Extradição. a) O deferimento ou recusa da extradição e Direito inerente a soberania. b) A efetivação, pelo governo, da entrega do extraditando, autorizada pelo Supremo Tribunal Federal, depende do Direito Internacional convencional. 2) Reciprocidade. a) É fonte reconhecida do Direito extradicional. Extr. 232 (1961), extr. 288 (1962) e extr. 251 (1963). b) A Constituição de 1967, art. 83, viii, não exige "referendum" do Congresso para aceitação da oferta do Estado requerente. c) A lei brasileira autoriza o governo a oferecer reciprocidade. 3) Comutação de pena a) A extradição está condicionada a vedação constitucional de certas penas, como a prisão perpétua, embora haja controvérsia a respeito, especialmente quanto às vedações da

---

[86]. Vide o julgado por inteiro in: RTJ 43, pp. 168-220.

lei penal ordinária, extr. 165 (1953), extr. 230 (1961), extr. 241 (1962), e extr. 234 (1965). b) O compromisso de comutação da pena deve constar do pedido, mas pode ser prestado pelo Estado requerente antes da entrega do extraditando, extr. 241 (1962). Voto do min. *Luiz Gallotti* na extr. 218 (1950). 4) Instrução. A documentação suplementar foi oferecida em tempo oportuno, pelos Estados requerentes, sem prejuízo da defesa exercitada com eficiência e brilhantismo. 5) Territorialidade. a) Jurisdição da Áustria (crimes de Martheim) e da Polônia (crimes de Sobibor e Treblinka). b) Falta de jurisdição da Alemanha (Sobibor e Treblinka), porque a ocupação militar não transformou essas localidades em território alemão, nem ali permanecem suas tropas, nem o extraditando continua no serviço. 6) Nacionalidade ativa. a) Jurisdição da Áustria (Sobibor e Treblinka) por ser austríaca. b) Jurisdição da Alemanha (Sobibor e Treblinka), não porque tivesse ao tempo a nacionalidade alemã, mas porque estava a serviço do governo germânico. 7) Narrativa. Foi minuciosa e até excessiva, a descrição dos fatos delituosos, dependendo a apuração da culpabilidade, ou o grau desta, de juízo da ação penal. 8) Genocídio. A ulterior tipificação do genocídio, em Convenção Internacional e na lei brasileira, ou de outro Estado, não exclui a criminalidade dos atos descritos, pois a extradição é pedida com fundamento em homicídio qualificado. 9) Crime político. A exceção do crime político não cabe, no caso, mesmo, sem aplicação imediata da Convenção sobre o genocídio, ou da Lei 2.889/56, porque essa excusativa não ampara os crimes cometidos com especial perversidade ou crueldade (extr. 232, 1961). O presumido altruísmo dos delinqüentes políticos não se ajusta a fria premeditação do extermínio em massa. 10) Ordem superior. a) Não se demonstrou que o extermínio em massa da vida humana fosse autorizado por lei do Estado nazista. b) Instruções secretas (*Caso Bohne*) ou deliberações disfarçadas, como a "solução final" da *Conferência de Wannsee*, não tinham eficácia de lei. c) Graduado funcionário da polícia judiciária não podia ignorar a criminalidade do morticínio, cujos vestígios as autoridades procuraram metodicamente apagar. d) A regra "respondeat" superior está vinculada a coação moral não presumida para quem fez carreira bem sucedida na Administração de estabelecimentos de extermínio. e) De resto, o exame dessa prova depende do juízo da ação penal. 11) Julgamento regular. A parcialidade da Justiça dos Estados requerentes não se presume; nem poderia o extraditando ser julgado pela justiça brasileira, ou responder perante jurisdição internacional, que não é obrigatória. 12) Prescrição. a) Ficou afastado o problema da retroatividade; examinou-se a matéria pelo Direito comum anterior, porque o Brasil, que observa o princípio da lei mais favorável, não subscreveu Convenção, nem editou lei especial, sobre prescrição em caso de genocídio. b) No que respeita à Polônia, a prescrição não foi interrompida, segundo os critérios da nossa lei; também não o foi quanto a Áustria, em relação aos crimes de Sobibor e Treblinka, porque nenhum dos atos praticados pelo *Tribunal de Viena* equivale ao recebimento da denúncia, do Direito brasileiro. c) A abertura da instrução criminal nos *Tribunais de Linz* e *Dusseldorf*, tendo efeito equivalente ao recebimento da denúncia, do Direito brasileiro, interrompeu a prescrição relativamente aos pedidos da Áustria, pelos crimes de *Hartheim*, e da Alemanha, pelos crimes de *Sobibor* e *Treblinka*. 13) Preferência. a) A determinação da preferência, entre os Estados requerentes, cabe ao Supremo Tribunal, e não ao governo, porque o caso se enquadra em um dos critérios da lei, cuja interpretação final compete ao Judiciário. b) Afastou-se a preferência pela territorialidade, pleiteada pela Alemanha, pelas razões já indicadas quanto à jurisdição. c) Pelo critério da gravidade da infração, o exame do Tribunal não se limita ao tino do crime, mas pode recair sobre o crime "in concreto" (combinação do art. 42, do Código Penal com o art. 78, ii, "b", do Diploma Processual Penal). d) Em conseqüência, foi reconhecida a preferência da Alemanha (Sobibor e Treblinka), e não da Áustria (Hartheim), consideradas, não somente as conseqüências do crime, como também as finalidades daqueles estabelecimentos e a função que o extraditando neles exercia. 14) Entrega. Entrega do extraditando a Alemanha, sob as condições da lei, especialmente as do art. 12, e com o compromisso de comutação de pena e da entrega ulterior a Áustria. 15) "Habeas corpus". Ficou prejudicado o "habeas corpus", requerido, aliás, a revelia do extraditando. Votação: Unânime. Indeferido o pedido da Polônia; autorizada a entrega do extraditando para a Alemanha e posteriormente a Áustria. Julgado prejudicado o "habeas corpus". Veja julgamento conjunto com o HC-44074, julgado prejudicado;

II-) Extradição (Ext-524 — *Caso* **Gustavo Adolfo Stroessner Mora**), relator: Ministro **Celso de Mello**, julgamento: 31/10/1990, Tribunal Pleno, publicação no Diário da Justiça da União de 08-03-91, pg-02.200, ementa: Extradição passiva — natureza do processo extradicional — limitação jurídica dos poderes do *Supremo Tribunal Federal* — inextraditabilidade por delitos políticos — compromisso constitucional do Estado brasileiro — asilo político — extradição política disfarçada — inocorrência — deficiência na formulação do pedido de extradição — inobservância do Estatuto do Estrangeiro e do Tratado de Extradição Brasil/Paraguai — incerteza quanto à adequada descrição dos fatos delituosos — ônus processual a cargo do Estado requerente — descumprimento — indeferimento do pedido. O processo extradicional, que é meio efetivo de cooperação internacional na repressão à criminalidade comum, não pode constituir, sob o pálio do princípio da solidariedade, instrumento de concretização de pretensões, questionáveis ou censuráveis, que venham a ser deduzidas por Estado estrangeiro perante o governo do Brasil. São limitados, juridicamente, os poderes do Supremo Tribunal Federal na esfera da demanda extradicional, eis que esta Corte, ao efetuar o controle de legalidade do pedido não aprecia o mérito da condenação penal e nem reexamina a existência de eventuais defeitos formais que hajam inquinado de nulidade a persecução penal instaurada no âmbito do Estado requerente. A necessidade de respeitar a soberania do pronunciamento jurisdicional emanado do Estado requerente impõe ao Brasil, nas extradições passivas, a indeclinável observância desse dever jurídico — a inextraditabilidade de estrangeiros por delitos políticos ou de opinião reflete, em nosso sistema jurídico, uma tradição constitucional republicana. Dela emerge, em favor dos súditos estrangeiros, um Direito Público Subjetivo, oponível ao próprio Estado e de cogência inquestionável. Há no preceito normativo que consagra esse *favor constitutionis* uma insuperável limitação jurídica ao poder de extraditar do Estado brasileiro. Não há incompatibilidade absoluta entre o instituto do asilo político e o da extradição passiva, na exata medida em que o *Supremo Tribunal Federal* não está vinculado ao juízo formulado pelo Poder Executivo na concessão administrativa daquele benefício regido pelo Direito das Gentes. Disso decorre que a condição jurídica de asilado político não suprime, só por si, a possibilidade de o Estado brasileiro conceder, presentes e satisfeitas as condições constitucionais e legais que a autorizam, a extradição que lhe haja sido requerida. O estrangeiro asilado no Brasil só não será passível de extradição quando o fato ensejador do pedido assumir a qualificação de crime político ou de opinião, ou as circunstâncias subjacentes à ação do Estado requerente demonstrarem a configuração de inaceitável extradição política disfarçada. A perspectiva — inocorrente no caso concreto — de submissão do extraditando a Tribunal de Exceção, qualquer que seja a noção conceitual que se lhe atribua, veja, de modo absoluto, a possibilidade de deferimento do pedido extradicional. A noção de tribunal de exceção admite, para esse efeito, configuração conceitual mais ampla. Além de abranger órgãos estatais criados *ex post facto*, especialmente instituídos para o julgamento de determinadas pessoas ou de certas infrações penais, com evidente ofensa ao princípio da naturalidade do juízo, também compreende os Tribunais regulares, desde que caracterizada, em tal hipótese, a supressão, em desfavor do réu, de qualquer das garantias inerentes ao devido processo legal. A possibilidade de privação, em juízo penal, do *due process of law*, nos múltiplos contornos em que se desenvolve esse princípio assegurador dos direitos e da própria liberdade do acusado — garantia de ampla defesa, garantia do contraditório, igualdade entre as partes perante o juiz natural e garantia de imparcialidade do magistrado processante — impede o válido deferimento do pedido extradicional — impõe-se repelir todas as pretensões extradicionais fundadas em peças processuais cuja desvalia resulte, fundamentalmente, da ausência ou insuficiência descritiva dos fatos delituosos subjacentes ao pedido de extradição. É essencial, especialmente nas extradições instrutórias, que a descrição dos fatos motivadores da persecução penal do Estado requerente esteja demonstrada com suficiente clareza e objetividade. Impõe-se, desse modo, no plano da demanda extradicional, que seja plena a discriminação dos fatos, os quais, indicados com exatidão e concretude em face dos elementos vários que se subsumem ao tipo penal, poderão viabilizar, por parte do Estado requerido, a análise incontroversa dos aspectos concernentes (a) a dupla incriminação, (b) a prescrição penal, (c) a gravidade objetiva do delito, (d) a competência jurisdicional do Estado requerente e ao eventual concurso de jurisdição, (e) a natureza do delito e (f) a aplicação do princípio da especialidade. O descumprimento desse ônus processual, por parte do Estado requerente, justifica e impõe, quer em atenção ao que preceituam as cláusulas do *Tratado de Extradição*, querem em obséquio as prescrições de nosso Direito positivo interno, o integral e pleno indeferimento da extradição passiva. Pedido indeferido. Votação unânime. Veja ext-171, ext-232, RTJ 26/1, ext-288, RTJ 73/11, ext-272, RTJ 43/168, ext-450, RTJ 120/485, ext-452, ext-518, RTJ 133/93;

III-) Recurso extraordinário criminal (Recr-160841 — Caso **Abílio dos Santos Diniz**.), relator: Ministro *Sepúlveda Pertence*, recorrente: *Humberto Eduardo Paz* e outros, recorrido: Ministério Público Estadual (São Paulo), julgamento: 3/8/1995, Tribunal Pleno, publicação no Diário da Justiça da União de 22-9-95, pg. 30.610, ementa: Crime político: conceituação para o fim de verificar a competência da justiça federal, segundo a Constituição (art. 109, iv); dimensões constitucionais do tema. Quando, para a inteligência de uma norma constitucional, for necessário precisar um conceito indeterminado, a que ela mesma remeteu — como é o caso da noção de crime político, para a definição da competência dos juízes federais —, é imperativo admitir-se, no recurso extraordinário, indagar se, a pretexto de concretizá-lo, não terá o legislador ou o juiz de mérito das instâncias ordinárias ultrapassado as raias do âmbito possível de compreensão da noção, posto que relativamente imprecisa, de que se haja valido a lei fundamental. Crime político: conceito: impertinência ao Direito interno das exceções admitidas para fins extradicionais. 1. As subtrações admitidas pelo art. 77, § 1º e 3º, da lei de estrangeiros ao âmbito conceitual do crime político só se explicam para o efeito limitado de facultar excepcionalmente a extradição, não obstante ser o crime político, quer pela motivação ou os objetivos do agente, quer pela natureza do bem jurídico protegido pela norma incriminadora. 2. Para efeitos de Direito interno, dar prevalência, na qualificação de uma infração penal complexa, aos seus aspectos políticos ou as suas conotações de criminalidade comum e uma opção de cada ordenamento nacional positivo, com a qual nada tem a ver a razão de ser das restrições dominantes, só para efeitos extradicionais, ao conceito de delito político. 3. Uma vez que a Lei de Segurança Nacional mesma e que, no art. 20, arrola entre os crimes políticos a extorsão mediante seqüestro, desde que vise à "obtenção de fundos destinados à manutenção de organizações políticas clandestinas ou subversivas", destruísse por si só o argumento de que bastaria a elisão do caráter político desse mesmo delito — assim qualificado pela lei — que nele se contivessem os elementos típicos de crime comum, classificado de hediondo. Crime político: caracterização: relatividade. É da essência da criminalidade política a pertinência dos bens e valores tutelados pelas normas da incriminação que a compõe, em cada sistema jurídico nacional, a identidade e ao ordenamento político do Estado respectivo. Por isso, sob a ótica da ordem jurídica brasileira, um fato submetido a sua jurisdição e que, sob a perspectiva de um ordenamento estrangeiro, configure crime político, não terá aqui a mesma qualificação jurídica, salvo se simultaneamente ofender ou ameaçar a segurança ou a ordem político-brasileiras. Os fatos pelos quais condenados os recorrentes podem ser reputados delitos políticos pelos Estados contra cujos sistemas e valores de caráter político os agentes pretendessem dirigir a atividade finalística da associação clandestina e a aplicação, nela, do produto da extorsão que aqui obtivesse êxito; para o Brasil, entretanto — a cuja ordem política são estranhos a motivação e os objetivos da ação delituosa —, o que existe são apenas os crimes comuns configurados — independentemente de tais elementos subjetivos do tipo — pela materialidade da conduta dos agentes. Votação unânime. Resultado: não conhecido. Veja Recr-121124, Ap-319 e RTJ 70/607.

IV-) Extradição (Ext-493), relator: Ministro **Sepúlveda Pertence**, julgamento: 4/10/1989, Tribunal Pleno, publicação no Diário da Justiça da União de 3-8-90, pg-7.235, ementa: Extradição. Argentina. Invasão do **Quartel de La Tablada** (*Caso La Tablada*). Criminalidade política. Denegação. Pedido de extradição: Dele se conhece, embora formulado por carta rogatória de autoridade judicial, se as circunstâncias do caso evidenciam que o assumiu o Governo do Estado estrangeiro. 2 Associação ilícita qualificada e a rebelião agravada, como definidas no vigente Código Penal argentino, são crimes políticos puros. 3 (a) — Fatos enquadráveis na lei penal comum e atribuídos aos rebeldes — roubo de veículo utilizado na invasão do quartel, e privações de liberdade, lesões corporais, homicídios e danos materiais, perpetrados em combate aberto, no contexto da rebelião — são absorvidos, no Direito brasileiro, pelo atentado violento ao regime, tipo qualificado pela ocorrência de lesões graves e de mortes (Lei de Segurança Nacional, art. 17):

falta, pois, em relação a eles, o requisito da dúplice incriminação. 3 (b) — A imputação de dolo eventual quanto às mortes e lesões graves não afasta necessariamente a unidade do crime por elas qualificadas. 4 Ditos fatos, por outro lado, ainda quando considerados crimes diversos, estariam contaminados pela natureza política do fato principal conexo, a rebelião armada, a qual se vincularam indissoluvelmente, de modo a constituírem delitos políticos relativos. 5 Não constitui terrorismo o ataque frontal a um estabelecimento militar, sem utilização de armas de perigo comum nem criação de riscos generalizados para a população civil: dispensável, assim, o exame da constitucionalidade do art. 77, § 3º, do Estatuto dos Estrangeiros. Votação unânime. Resultado: conhecido e indeferido. Veja extr-417, in: RTJ 111/16, extr-378, in: RTJ 97/1, extr-356, in: RTJ 92/954 e extr-232, in RTJ 26/1.

V-) Extradição (Ext-542), relator: Ministro **Celso de Mello**, julgamento: 13/2/1992, Tribunal Pleno, publicação no Diário da Justiça da União de 20-03-92, pg-03320 (RTJ 140/436), ementa: Extradição — natureza do processo extradicional — extensão dos poderes do *Supremo Tribunal Federal* — juízo de delibação — inadmissibilidade do juízo de revisão — limitação material da defesa do extraditando — "*bill of indictment*" e sua natureza jurídica — impossibilidade de impor ao Estado requerente a adoção da figura do crime continuado — extradição deferida. A ação de extradição passiva, instaurada, no âmbito do Estado brasileiro, perante o *Supremo Tribunal Federal*, não confere a esta Corte qualquer poder de indagação sobre o mérito da pretensão deduzida pelo estado requerente ou sobre o contexto probatório em que a postulação extradicional se apóia. O controle de legalidade do pedido extradicional não permite ao *Supremo Tribunal Federal* sequer reexaminar a existência de eventuais defeitos formais que hajam inquinado de nulidade a "*persecutio criminis*" instaurada no âmbito do Estado requerente. O processo de extradição passiva — que ostenta, em nosso sistema jurídico, o caráter de processo documental — não admite que se instaure em seu âmbito e entre as partes que nele figuram qualquer contraditório que tenha por objeto os elementos probatórios produzidos na causa penal que motivou a postulação extradicional deduzida por governo estrangeiro perante o estado brasileiro. O juízo de delibação, subjacente ao pronunciamento do *Supremo Tribunal Federal* na apreciação da ação de extradição passiva, não confere poder algum a esta Corte Suprema para rever ou reexaminar os procedimentos judiciais instaurados perante o Estado estrangeiro, incluindo-se nessa vedação até mesmo a própria sentença penal condenatória deles resultante. Inexiste, portanto, no Processo extradicional regido pelo ordenamento positivo brasileiro, a possibilidade de o *Supremo Tribunal Federal* emitir qualquer juízo de revisão. A natureza especial do processo de extradição impõe limitações materiais ao exercício do direito de defesa pelo extraditando, que, nele, somente poderá suscitar questões temáticas associadas (a) a identidade da pessoa reclamada, (b) ao defeito de forma dos documentos apresentados e/ou (c) a ilegalidade da extradição. O "*indictment*" — que o *Supremo Tribunal Federal* já equiparou ao instituto processual da pronúncia (Ext. 280-EUA, RTJ 50/299) — constitui título jurídico hábil que legitima, nos pedidos extradicionais instrutórios, o ajuizamento da ação de extradição passiva. A questão do reconhecimento, ou não, da ficção jurídica do crime continuado, traduz — enquanto expressão da benignidade estatal no tratamento jurídico das infrações múltiplas cometidas pelo mesmo agente — opção legislativa peculiar ao ordenamento jurídico de cada Estado. Nesse contexto, não se pode impor, no plano das relações extradicionais entre Estados soberanos, a compulsória submissão da parte requerente ao modelo jurídico de aplicação das penas vigente no âmbito do sistema normativo do Estado a quem a extradição é solicitada. O Brasil, conseqüentemente, não pode, a pretexto de deferir o pedido extradicional, impor a observância necessária dos demais Estados, o seu modelo legal que, consagrando o instituto da unidade fictícia do crime continuado, estipula regras concernentes à aplicação da pena. A impossibilidade de o Estado brasileiro impor, mediante ressalva, ao Estado requerente, a aceitação de institutos peculiares ao Direito Penal positivo do Brasil — tal como se dá em relação ao fenômeno jurídico da continuidade delitiva — deriva da circunstância de que, em assim agindo, estaria a afetar a própria integridade da soberania estatal da parte requerente. A forçada importação de critérios ou de institutos penais não se legitima em face do Direito das Gentes e nem à luz de nosso próprio sistema jurídico. Cabe, assim, à justiça do Estado requerente reconhecer soberanamente — desde que o permita a sua própria legislação penal — a ocorrência, ou não, da continuidade delitiva, não competindo ao Brasil, em obséquio ao princípio fundamental da soberania dos Estados, que rege as relações internacionais, constranger o governo requerente a aceitar um instituto que até mesmo o seu próprio ordenamento positivo possa rejeitar. Votação unânime. Resultado: deferida. Veja ext-280, RTJ 50/299, ext-524, ext-288, RTJ 73/11, ext-251, RTJ 31/46, ext-426 e RTJ 115/969, ext-183, ext-480.

VI-) Extradição (Ext-546), relator: Ministro **Néri da Silveira**, julgamento: 26/02/1992, Tribunal Pleno, publicações: *Diário da Justiça da União* de 11-09-92, pg-14.713 e RTJ 143/470, ementa: Extradição. Nacional francês cuja extradição o *Supremo Tribunal Federal* autorizou, em acórdão de 24.08.1977, na extradição nº 342 — França. Decisão que, entretanto, não foi executada, sobrevindo a soltura do extraditando, diante da impossibilidade manifestada pelo governo da França, naquela ocasião, de assumir o compromisso de comutar eventual pena de morte em privativa de liberdade, segundo o art. 98, iii, do Decreto-lei n. 941/1969, então vigente. Com a extinção da pena de morte, na França, por força da Lei nº 81.908, de 9.10.1981, art. 1º, daquele País, renova-se, agora, pedido de extradição do mencionado alienígena, pelo mesmo fato. Legislação que tem disciplinado a matéria, no curso do tempo (Decreto-lei 394, de

28.04.1938, art. 16; Decreto-lei 941, de 13.10.1969, arts. 95, § 5º, e 101; Lei 6.815, de 19.08.1980, alterada pela Lei 6.964, de 09.12.1981, vigente Estatuto do Estrangeiro, arts. 87 e 88). *Súmula 367*, aprovada em 13.12.1963. Segundo nosso sistema legal, deferida a extradição pelo *Supremo Tribunal Federal*, ao poder executivo incumbe efetivar a entrega do extraditando, devendo, antes, exigir do Estado requerente que assuma certos compromissos previstos na legislação especifica ou no acórdão do *Supremo Tribunal Federal*. Posto, assim, o extraditando à disposição do Estado requerente, este há de providenciar retirá-lo, as suas expensas, do território nacional, no prazo da lei, sem o que o extraditando será posto em liberdade, não se podendo renovar o processo. Hipótese em que não cabe ao Supremo Tribunal Federal conhecer de novo pedido de extradição, relativamente ao mesmo alienígena, em razão do mesmo fato criminoso. Pedido de extradição de que não se conhece, determinando seja posto em liberdade o extraditando, expedindo-se, para tanto, de imediato, alvará de soltura. Votação unânime. Resultado: não conhecida. Veja: Ext-342 e RTJ-83/5.

Capítulo Terceiro

Da Extraterritorialidade

Algumas poucas normas de Direito Interno da grande maioria dos Estados têm efeitos extraterritoriais, contudo, mister se faz, para que não paire dúvidas, estabelecer qual o limite deste efeito extraterritorial e sua aplicabilidade no território brasileiro, pois é de relevância para a formação ou não de uma barreira para a irradiação dos efeitos do Direito estrangeiro. Dois exemplos internos são clássicos e existentes em grande parte dos Estados: a-) A extraterritorialidade do Direito Penal; e, b-) A extraterritorialidade exarada pelo Direito da Concorrência. Não vou me prender a definição e conceitos clássicos de **Pillet** sobre esta questão, por ser no momento desnecessária, remetendo às suas lições exaradas nos seus *Príncipes de Droit International Privé*, nº 108.

Importante: para que não seja barrada a pretensão penal estrangeira é salutar observar que para efeitos penais é imprescindível que a aplicação da lei brasileira produza na espécie as mesmas conseqüências da lei estrangeira. Como já noticiado, a Sentença Estrangeira penal produz efeitos de reincidência, *sursis* e livramento condicional. Nestes casos, o seu reconhecimento não depende de homologação da Sentença Estrangeira penal, a *contrario sensu* do que estabelece o artigo 787, do Diploma Processual Penal c/c o artigo 7º, do Diploma Penal (extraterritorialidade). Sobre a reincidência o *Supremo Tribunal Federal* já sedimentou desde os anos 50, diante do Processo de *Habeas Corpus*-33.489, que teve como relator o Ministro **Rocha Lagoa**, em julgamento ocorrido em 8/6/1955, Segunda Turma, que: "Petição de "habeas-corpus". Inteligência dos arts. 36 e 47 do Código Penal. Só se configura a reincidência especifica após o trânsito em julgado de sentença que, no país ou no estrangeiro, haja condenado o réu por crime anterior".

Cabe lembrar que o mencionado artigo 787 só exige a homologação de Sentença Estrangeira quando se trata de execução de julgamento proferido no estrangeiro. No tocante à extraterritorialidade penal, há certos crimes praticados no estrangeiro que sofrem a eficácia da lei nacional. Há a chamada extraterritorialidade incondicionada, contida no mencionado art. 7º (inciso I), do Diploma Penal, onde ficam sujeitos à lei brasileira, embora cometidos em outro Estado, certos tipos de crimes, mesmo havendo absolvição no país estrangeiro (são chamados de bens jurídicos de capital importância): crimes contra a vida e liberdade do Presidente da República; crimes contra o patrimônio estatal, fé pública ou empresa pública; crimes contra a Administração Pública e servidores, e genocídio.

Há, também, a chamada extraterritorialidade condicionada, que depende de concurso de condições para os seguintes atos: crimes que por atos internacionais (Tratados ou Convenções), que o Brasil se comprometeu a reprimir (tráfico de mulheres, por exemplo); crimes praticados por brasileiros (personalidade ativa); ou crimes praticados em aeronaves ou embarcações brasileiras. Ocorre o concurso de condições quando: entrar o agente em território brasileiro; ser o fato punível, também, no Estado em que foi praticado o delito; estar o crime incluído entre aqueles pelos quais a lei brasileira autorize a extradição; não ter sido o agente absolvido no estrangeiro ou não ter ali cumprido pena; e, não ter sido o agente perdoado no estrangeiro ou não estar extinta a punibilidade, segundo a lei mais favorável. *Nestes casos, a lei brasileira só será aplicada quando incidirem todas as condições ao mesmo tempo.* A entrada do agente pode ser voluntária ou não e a sua presença pode ser temporária (por um período curto ou não). A conduta descrita como crime na legislação alienígena deve ter o mesmo *nomen juris* empregado pela *lex fori* brasileira, lembrando sempre que se a sanção foi cumprida parcialmente, novo Processo judicial pode ser instaurado no Brasil, conforme o comando do art. 8º, do Diploma Penal.

No tocante ao Direito antitruste a sua extraterritorialidade está contida no artigo segundo, da Lei 8.884/94. Ou seja, a lei antitruste brasileira rege-se pelo princípio da ubiqüidade (onde são combinadas as "Teorias da Atividade" e do "Efeito"), pois é competente para aplicar seus efeitos através do *Conselho Administrativo de Defesa Econômica*, a empresas que cometeram infrações no exterior e que tais infrações tenham um reflexo[87] no território brasileiro. Ou seja, aplica-se a lei brasileira não somente aos atos praticados contra a ordem econômica brasileira, no todo ou em parte no seu território, mas àqueles que nele produzem ou possam produzir efeitos. Não importa se quem provocou tal evento danoso no exterior já tenha sido condenado ou tenha sido absolvido de tal prática. Contudo, tal efeito extranacional, só ocorre quando a empresa multinacional tenha em território brasileiro filial, agência, sucursal, escritório, estabelecimento, agente, representante, ou simplesmente opere no território, que possa afetar o mercado interno, com a cha-

---

87. Como, por exemplo, uma empresa alienígena adquire no exterior o controle acionário de outra empresa, também, alienígena, porém este controle representa por via reflexa a aquisição indireta de empresa situada no território brasileiro.

mada prática à distância. Caso contrário, se as partes não exerçam nenhuma coordenação de comportamento concorrencial no mercado brasileiro ou tem aqui algum vínculo, tal efeito extraterritorial não é aplicado, tanto para efeito de concentração de empresas como para atos danosos, condenados pela lei antitruste brasileira.

A lei antitruste nacional, teve como exemplo de extraterritorialidade a jurisprudência formada nos anos 40, referente ao *Sherman Act* de 1890; o *Federal Comission Act* e o *Clayton Act*, de 1914, que impunham sanções semelhantes para empresas norte-americanas que praticassem atos comerciais que importavam em restrição à competição de mercado entre os estados federados e/ou com outros Países. Não cabe neste estudo analisar os efeitos extraterritoriais emprestados a tais legislações norte-americanas acima citadas, que tal Estado impôs a outros Estados. Esta tendência de se querer aplicar leis internas norte-americanas a outros Estados alienígenas já é conhecida e rebatida pelo Direito Internacional. Um exemplo recente foi a promulgação da *Lei Helms-Burton*[88] (aprovada pelo Congresso Norte-ame-

---

88. Oficialmente esta Lei se chama: "Lei sobre a Liberdade e a Solidariedade Democrática com Cuba", mas é conhecida pelos sobrenomes dos congressistas norte-americanos **Jesse HELMS** e **Dan BURTON**. O artigo 3º de tal Lei dita que qualquer cidadão americano, nativo ou naturalizado, tem o direito de pedir que os Estados Unidos processem pessoas ou organismos que explorem propriedades que lhe foram confiscadas em Cuba (terão a prioridade os 5.911 norte-americanos que registraram queixas no Departamento de Justiça, antes de 1967 — Espera-se que entre 700 e 800 processos sejam iniciados, se e quando o art. 3º da Lei Helms-Burton for ativado, tendo como condição que a propriedade deve ter um valor mínimo de mercado de US$ 50 mil — As indenizações podem ultrapassar a US$ 100 bilhões). Além disso, tal Lei pede que a ONU se mobilize para impor a Cuba um embargo internacional, elevando a categoria de lei todos os decretos referentes a dito embargo, não podendo ser revogado (a menos que Cuba se redemocratize). Dentre outros elementos de extraterritoriedade, pede tal Lei que se vete ajuda a Cuba por Organizações Mundiais de Financiamento; reduz a ajuda norte-americana à Rússia ao valor do aluguel que ela paga por uma base de espionagem em Cuba; ordena que a

ricano no início de 1996), criada nos *Estados Unidos*, onde tal Estado tem o direito de processar empresas estrangeiras que utilizam bens cubanos que no passado pertenceram a americanos (bens confiscados em *Cuba*, em 1959). Este tipo de represália pode ensejar que um Estado edite uma lei interna, com alcance extraterritorial, para atingir um súdito seu ou estrangeiro, em outra localidade.

Ou seja, seria uma extensão ilimitada de sua jurisdição, ferindo, inclusive, outras jurisdições. No caso brasileiro, uma das empresas ameaçadas seria a empresa de cigarros e processadora de fumo *Souza Cruz* (*Caso Souza Cruz*). A subsidiária britânica da *British American Tobacco*, se associou à cubana *União de Empresas de Tabaco* e desde Janeiro de 1996, está produzindo cigarros em Cuba, numa *joint-venture* denominada *Brascuba Cigarrillos S/A*, investindo cerca de US$ 10 milhões, localizada numa fábrica que em outrora abrigava a *American Tobacco* (esta fábrica foi adquirida em 1994, pela *British*).

A primeira etapa estipulada pela *Lei Helms-Burton* é o envio de uma notificação oficial de *Washington* às empresas, sendo a segunda etapa a proibição da entrada de executivos e acionistas, bem como seus familiares, nos *Estados Unidos*, gerando assim, altos prejuízos comerciais e morais a tais súditos. Se não for desfeito tal negócio, será confiscado em território norte-americano, se houver, bens desta empresa. Na verdade tal legislação serviu para agradar os nacionalistas na época da reeleição do Presidente **Bill Clinton**, apoiado pelo *lobby* anticastrista nos estados da *Flórida* e *New Jersey* e pela queda de um avião *Cesna*, pertencente ao grupo anticastrista *Irmãos para o Resgate*, pela Força Aérea cubana. Tal Presidente manteve tal lei, mas impôs uma suspensão de sua aplicação, diante de uma grande pressão da *União*

Rádio Martí (anticastrista) compre um transmissor de alta frequência, para dificultar interferências; e retira a ajuda norte-americana a países que ajudarem na construção da central nuclear de Cienfuegos.

Européia, que anunciava uma série de contra-sanções que aplicaria a empresas norte-americanas.

Os 21 Estados ibero-americanos (que somam 490 milhões de habitantes) mantiveram no dia 11 de novembro de 1996 seu repúdio à *Lei Helms-Burton*, reafirmando os seus compromissos com os ideais da democracia, pluralismo político e o respeito aos Direitos Humanos (entendem estes Estados que tal Lei feria os Direitos Humanos). Esses são os principais termos da *Declaração de Viña del Mar*, encerrando a *6ª Cúpula Ibero-Americana*, sendo o primeiro documento político produzido pela Cúpula, desde 1991. Tais Estados expressaram energicamente contra tal Lei, que viola normas de Direito Internacional e a Carta da Organização das Nações Unidas, além de ser contrária aos princípios da Organização Mundial do Comércio e, também, ao espírito de cooperação que deve caracterizar as relações de todos os membros da comunidade internacional.

No dia 21 do mesmo mês e ano a *União Européia*, obteve da *Organização Mundial do Comércio* autorização para instalar um *Painel de Discussão* sobre tal Lei, para determinar se esta atenta contra normas do livre comércio[89]. *Canadá* e *México* editaram leis para contra-retaliar as disposições de tal Lei anti-Cuba. Por outro lado, *Cuba* editou em março de 1997, norma para anular tal Lei ditando que (art. 8º), quem colaborar direta ou indiretamente com a *Lei Helms-Burton*, tal colaboração será considerada como um ato ilegal por *Cuba*. Tal colaboração pode incluir o fornecimento de informações às autoridades norte-americanas; distribuição de publicações governamentais norte-americanas, ou aceitação de qualquer ajuda dos *Estados Unidos*.

---

[89]. Tal Painel é recepcionado no Órgão de Resolução de Conflitos (DSB), da Organização Mundial do Comércio, nomeando três especialistas, devendo apresentar suas conclusões até meados de 1997 (até a presente data, não foi apresentada qualquer conclusão).

Na verdade estas atitudes extraterritorialistas, contidas no bojo de leis brasileiras (de caráter penal e concorrencial), mais demonstram a aplicabilidade de Direito estrangeiro do que o seu bloqueio, porém, demonstra claramente que pode haver um bloqueio de efeitos oriundos do Direito estrangeiro, que foi realizado de boa-fé e dentro dos padrões legais do Estado alienígena, contudo, tais atos podem ou atingem efetivamente a *lex fori* brasileira[90].

Um outro efeito extraterritorial é o alertado pelo Prof. *José Carlos de Magalhães*, no seu artigo "*O Protocolo de Las Leñas e a Eficácia Extraterritorial das Sentenças e Laudos Arbitrais Proferidos nos Países do Mercosul*" (in: *Revista de Informação Legislativa*, Brasília, Senado Federal, nº 144, out./dez. 1999), mais precisamente no tocante à eficácia extraterritorial das sentenças judiciais e laudos arbitrais oriundos dos Estados-membros do Mercosul. O *Protocolo de Las Leñas*, que leva o nome pomposo de "*Protocolo de Cooperação e Assistência Jurisdicional em Matéria Civil, Comercial, Trabalhista e Administrativa*", válido no Brasil através do Decreto 2.067/96, outorga e irradia, sem sombra de dúvidas, efeitos diretos e imediatos de extraterritorialidade às sentenças judiciais e laudos ou sentenças arbitrais, exaradas por quem de direito, nos Estados signatários de tal Protocolo. Duas são as vantagens advindas deste Protocolo, desde que atendidas certas condições por ele estipuladas, que não podem ser negadas pela *lex fori*: a-) Isenção de caução ou depósitos e b-) Desnecessidade de se homologar, tanto a sentença judicial como o laudo ou sentença arbitral.

---

[90]. Para uma complementação destes temas, indico um conciso, mas precioso, estudo sobre a questão aqui tratada, denominado "Aplicação Extraterritorial de Leis Nacionais", elaborado pelo Professor **José Carlos de Magalhães** estampado na Revista de Direito Público 66/33 e na obra de **José Inácio Gonzaga Franceschini e José Luiz Vicente de Azevedo Franceschini**: "Poder Econômico: Exercício e Abuso — Direito Antitruste Brasileiro", Ed. Revista dos Tribunais, São Paulo, 1985, pp. 657-671.

Apesar deste Protocolo trazer alguns vícios e se chocar em pontos específicos com outros atos internacionais, no tocante à extraterritorialidade, estes vícios não ocorrem. Aliás, o *Supremo Tribunal Federal* vem interpretando este Protocolo de forma errada, como pode ser demonstrado em julgado citado pelo mencionado artigo do Professor José Carlos de Magalhães. Vale ressaltar que tal Protocolo já estabelece, ao contrário do que pensa e age o *Supremo Tribunal Federal* brasileiro, que as Autoridades Centrais dos Estados-Partes realizarão consultas nas oportunidades que lhes sejam mutuamente convenientes com a finalidade de facilitar a aplicação do presente Protocolo. Os Estados-Partes numa controvérsia sobre a interpretação, a aplicação ou o não cumprimento das disposições deste Protocolo, procurarão resolvê-la mediante negociações diplomáticas diretas (e não como faz o *Supremo Tribunal Federal*). Se, mediante tais negociações, não se chegar a um acordo ou se tal controvérsia for solucionada apenas parcialmente, aplicar-se-ão os procedimentos previstos no Protocolo de Brasília para a Solução de Controvérsias, quando este entrar em vigor e enquanto não for adotado um Sistema Permanente de Solução de Controvérsias para o Mercado Comum do Sul. Há que se lembrar, para efeitos de responsabilidade internacional do Estado, que o Protocolo de Las Leñas é parte integrante do Tratado de Assunção, sendo certo que o mencionado Protocolo não restringirá as disposições das Convenções (como as CIDIP sob os auspícios da Organization of American States), que anteriormente tiverem sido assinadas sobre a mesma matéria entre os Estados-Partes, desde que não o contradigam.

Estabelece o Protocolo de Las Leñas uma igualdade de tratamento processual entre os súditos com residência permanente, nos territórios dos Estados-membros (não menciona a *nacionalidade*, tendo como elemento de conexão apenas e tão-somente a residência da pessoa física ou o estabelecimento da pessoa jurídica, no território dos Estados signatários do Mercosul). Com esta atitude, quaisquer dos súditos, ou seja, pessoas físicas, com residência *permanente* ou pessoas jurídicas, estabelecidas *definitivamente* no território dos Estados signatários do Mercosul, podem aparelhar quaisquer ações judiciais sem ter que arcarem, como acontece no Brasil, por força da *lex fori* processual civil (artigo 835 do Diploma Processual Civil), com caução ou depósito equivalente às custas e honorários profissionais (o que equivale na prática a um depósito em Juízo, por volta de 21% sobre o valor dado à causa). Questão similar é posta diante da alínea *c*, do artigo 9º, da lei falitária, com reflexo no artigo 20, do mesmo Diploma (apesar da lei falitária não ditar qual a quantia a ser depositada ou caucionada em Juízo, no tocante ao pagamento de verba indenizatória).

Dita o artigo 4º, do Protocolo de Las Leñas que: Nenhuma caução ou depósito, qualquer que seja sua denominação, poderá ser imposto em razão da *qualidade* de cidadão ou *residente permanente* de outro Estado-Parte. Dita, ainda, que tal norma se aplicará às pessoas jurídicas constituídas, autorizadas ou registradas conforme as leis de qualquer dos Estados-Partes (Esta última disposição se comunica com o § 2º, do art. 9º, do *Protocolo de Buenos Aires*, sobre contratos). Entende o Professor *José Carlos de Magalhães* (**e eu concordo plenamente*), que, no caso de um dos residentes permanentes que aparelhar a medida judicial se ausentar do Estado que corre tal medida e nele não tiver bem imóvel, como determina o Diploma Processual Civil brasileiro, não haverá, neste caso, a necessidade de se efetuar depósito ou caução, se este residente permanente for proprietário de imóvel em quaisquer dos Estados signatários do Mercosul. Apesar da *lex fori* brasileira não ditar expressamente, **eu entendo que tal imóvel tem que estar livre e desimpedido de quaisquer ônus ou gravames*.

As sentenças judiciais e os laudos ou sentenças arbitrais, exaradas por quem de direito, dentro do território dos Estados signatários do Mercosul, tem uma eficácia extraterritorial, dada pelo *Protocolo de Las Leñas*, libertando tais medidas de uma homologação, no caso brasileiro, pelo *Su-*

premo Tribunal Federal. Portanto, não há como barrar uma execução de uma sentença judicial, de um laudo ou de uma sentença arbitral, por esta não ter passado pela homologação da Corte Suprema brasileira, tendo em vista que tal ato internacional outorga uma *jurisdição internacional* aos magistrados e árbitros lotados nos Estados-membros do Mercosul. O *Protocolo de Buenos Aires sobre Jurisdição Internacional em Matéria Contratual* (que é lei interna brasileira, através do Decreto 2.095 de 17/12/96) também reafirma tal entendimento, como é óbvio, no tocante à jurisdição internacional, quando dita em seu artigo 6º, que eleita ou não a jurisdição, considerar-se-á esta prorrogada (ou seja, estendida) em favor do Estado-Parte onde seja proposta a ação judicial. E não é somente neste ponto, onde há a liberação de uma homologação, pois, a *Convenção Interamericana sobre Eficácia Extraterritorial das Sentenças e Laudos Arbitrais Estrangeiros*, realizada na cidade de Montevidéu em 1979 e convertida em lei interna brasileira, através do Decreto legislativo 93, de 20/6/95 (promulgada através do Decreto 2.411, de 2/12/97), já outorgava similar força extraterritorial, se tais sentenças oriundas dos Estados-Membros da OEA, cumprissem condições bem similares ao *Protocolo de Las Leñas* (diria quase que idênticas — O Protocolo de Las Leñas teve o cuidado de "quase que copiar" o texto contido neste sentido na Convenção da OEA), contidas nos artigos 2º e 3º, alertando que, em nenhum dos seus artigos, faz menção em homologação por qualquer Corte ou Órgão Jurisdicional no local da execução das Sentenças judiciais ou Laudos ou Sentenças arbitrais. Para ser tal sentença judicial e/ou laudo ou sentença arbitral beneficiados com tal simplificação e ter o efeito extraterritorial, basta atender os seguintes requisitos contidos no artigo 20, do Protocolo de Las Leñas, a saber:

a) que venham revestidos das formalidades externas necessárias para que sejam considerados autênticos nos Estados de origem;

b) que estejam, assim como os documentos anexos necessários, devidamente traduzidos para o idioma oficial do Estado em que se solicita seu reconhecimento e execução;

c) que emanem de um órgão jurisdicional ou arbitral competente, segundo as normas do Estado requerido sobre jurisdição internacional;

d) que à parte contra a qual se pretende executar a decisão tenha sido devidamente citada e tenha garantido o exercício de seu direito de defesa;

e) que a decisão tenha força de coisa julgada e/ou executória no Estado em que foi ditada; e,

f) que claramente não contrariem os princípios de ordem pública do Estado em que se solicita seu reconhecimento e/ou execução.

Os requisitos das alíneas (a), (c), (d), (e) e (f) devem estar contidos na cópia autêntica da sentença ou do laudo arbitral.

Há que se fazer um alerta, diante do pensar equivocado do próprio *Supremo Tribunal Federal* brasileiro: *Sentença Estrangeira* é aquela que não está sob o manto de uma determinação convencional ou exarada por uma Corte Internacional, nestes casos, ocorre a chamada *Sentença Judicial Internacional* ou *Sentença* ou *Laudo Arbitral Internacional*, mesmo assim, para que estas últimas tenham efeitos extraterritoriais, mister se faz que atendam ao comando da Corte Internacional ou ao comando do Direito Convencional que norteia tal situação, caso contrário, apesar de serem exaradas em jurisdição internacional, serão consideradas sentenças judiciais e/ou laudos ou sentenças arbitrais comuns, passíveis de homologação, no caso brasileiro, pelo *Supremo Tribunal Federal*. Nestes casos, atendendo todas as formalidades extrínsecas e intrínsecas exigidas, não será necessária a mencionada homologação, que se faz mister, aí sim, para as sentenças arbitrais e laudos ou sentenças arbitrais sem a cobertura de tal manto ou sua tutela. Tais sentenças judiciais ou laudos ou sentenças arbitrais não podem ser barradas pela *lex fori*, se atenderem a todos os requisitos ditados pelo Protocolo de Las Leñas (com reflexos do Protocolo de Buenos Aires e da Convenção de Montevidéu — CIDIP/79), podendo ser executadas pelos magistrados locais de Primeiro Grau, imediatamente.

A própria Constituição Federal brasileira não dita que todas as sentenças judiciais ou laudos ou sentenças arbitrais têm que ser homologadas pelo *Supremo Tribunal Federal*, apenas dita que este órgão é o competente, afirmando no § 2º, do artigo 5º que os direitos e garantias expressos na Constituição não excluem outros decorrentes do regime e dos princípios por ela adotados, ou dos *tratados internacionais* em que a República Federativa do Brasil seja parte. Portanto, para que não gere uma responsabilidade internacional do Estado, mister se faz aceitar a extraterritorialidade dada às sentenças judiciais internacionais e aos laudos ou sentenças arbitrais internacionais, exaradas no âmbito do Mercosul, atendidas todas as suas formalidades, não podendo ser barradas a não ser que não foram atendidas tais formalidades, dentre elas que tais sentenças ou laudos arbitrais ataquem a ordem pública interna do Estado onde serão executadas.

A intenção dos Estados signatários do Mercado Comum do Sul (MERCOSUL), previsto no Tratado de Assunção (assinado em 26 de março de 1991), implicava no compromisso dos Estados-Partes de harmonizarem suas legislações nas matérias pertinentes para obter o fortalecimento do processo de integração e desejosos que estavam de promover e intensificar a cooperação jurisdicional em matéria civil, comercial, trabalhista e administrativa, com o fito de assim contribuir para o desenvolvimento de suas relações de integração com base nos princípios do respeito à soberania nacional e à igualdade de direitos e interesses recíprocos. Tanto o *Protocolo de Las Leñas*, como o de *Buenos Aires*, assim como a *Convenção de Montevidéu* — CIDIP/79 contribuíram para o tratamento eqüitativo dos cidadãos e residentes permanentes dos Estados-Partes, com a adoção de instrumentos comuns que consolidaram a segurança jurídica.

Capítulo Quarto

Da Denegação de Justiça

No *Affaire Emprunts Serbes*, já se estabeleceu que "Le déni de justice, fondement d'une responsabilité internationale en cas de réclamation d'origine privée". Ora, se sistematicamente o Estado, através do seu Judiciário, não aplica o Direito estrangeiro, mesmo este não ofendendo uma norma imperativa interna, ordem pública ou até mesmo que seja caracterizada uma fraude à lei, dentre outros exemplos, poderá haver uma responsabilização internacional deste Estado pelo súdito ofendido de outro Estado e prejudicado com tal evento danoso. Entendo que há, neste caso, a chamada *denegação da justiça*[91] a um estrangeiro. Esta *de-*

---

[91]. Temos como bibliografia complementar básica: **Eagleton**, in: "Denial of Justice in International Law", in: "AJIL", 1928, p. 358 e ss.; **Garner**, in: "International Responsability of Stats for Judgaments of Courts Amounting to Denial of Justice", in: "British YIL", 1929, p. 181 e ss.; **Dumas**, in: "Du Déni de Justice Considéré comme Condition de la Responsabilité Internationale des États", in: "Rev. de Droit Int. et Lég. Comp.", 1929, p. 277 e ss.; **Durand**, in: "La Responsabilité Internationale des États pour Déni de Justice", in: "Revue

negação de justiça é identificada (em *alto sensu*), com todo o ato danoso praticado por um Estado, através de qualquer de seus Órgãos, em especial o Poder Judiciário, em prejuízo de um súdito estrangeiro; de um Estado alienígena ou até mesmo uma *Organização Internacional*[92]. Alguns ditam[93] que a denegação de justiça deve ser utilizada no sentido *amplo*, para designar qualquer ofensa cometida contra um súdito estrangeiro, que compromete a responsabilidade internacional de um Estado (ou seja, a ofensa a um estrangeiro é o mesmo que ofender a seu Estado). *O *uso sistemático da lex fori sem apreciar o Direito estrangeiro é fato gerador de uma denegação de justiça.*

Eu acredito que esta definição de denegação de justiça pode levar a vários erros, exemplificando, uma decisão errônea de um Tribunal, ou injusta por parte deste, não se equivale a uma denegação de justiça, a não ser no caso deste Tribunal ter interpretado incorretamente uma norma internacional geral aplicável; ou a ordem jurídica interna obrigar

---

Gén. de Droit Int. Public", 1931, p. 694 e ss.; **Fitzmaurice**, in: "The Meaning of the Term Denial of Justice", in: "British YIL", 1932, p. 93 e ss; **De Visscher**, in: "Le Déni de Justice en Droit International", in: "Recueil des Cours", 1935, II, p. 369 e ss.; **Eustathiades**, in: "La Responsabilité Internationale de L'État pour les Actes des Organes Judiciaires", Op. cit.; **Roberto Ago**, in: "La Regola del Previo Esaurimento di Responsabilità Internazionale", in: "Archivio di Diritto Pubblico", 1938, p. 194 e ss.; **Spiegel**, in: "Origin and Development of Denial of Justice", in: "AJIL", 1938, p. 63 e ss.; **Tenekides**, in: "Les Jugements", Op. cit., p. 377; **Freeman**, in: "The International Responsability of States for Denial of Justice", in: "AJIL", 1946, p. 121; e, **Parry**, in: "Some Considerations upons the Protection of Individuals in International Law", in: "Recueil des Cours", 1956, II, p. 695.

92. Esta definição ampla, de um modo geral, é consagrada por **Fred K. Nielsen**, in: "International Law Applied to Reclamations", Washington, 1933; e **Edwin M. Borchard**, in: "Diplomatic Protection of Citizen Abroard or the Law of International Clains", Ed. The Banks Law Publishing, New York, 1915, e do mesmo autor in: "The Minimum Standard for the Treatment of Aliens", Michigan Law Review, 1940.

93. **Fitzmaurice, Gerald Gray** in: "The Meaning of the Term Denial of Justice", British Year Book of International Law, vol. 13, 1932, p. 93.

este Tribunal a socorrer-se sistematicamente de uma norma interna, contrária ao Direito Internacional Geral; ou ser uma postura contumaz e corriqueira deste Tribunal sempre aplicar a lex fori sem que o Direito estrangeiro ofenda qualquer norma interna, até mesmo imperativa e seja tal Direito estrangeiro o competente para aquele determinado caso. Na ótica "restrita", conforme a *"Tese de Guerreiro"*, jurista salvadorenho, externada no *Subcomité de Expertos da Liga das Nações* sobre a *Codificação Progressiva* de 1926, denegação de justiça nada mais é do que uma recusa a conceder aos estrangeiros o livre acesso aos Tribunais instituídos pelo Estado, para o desenvolvimento de suas funções judiciais (denegação de justiça *stricto sensu*).

Vattel foi um dos maiores difusores da chamada denegação de justiça, apesar de que antes dele **Grocio** sustentava que poderia ser exercido o direito de represália quando o Direito fosse denegado ao estrangeiro ou que este mesmo Direito fosse ferido por uma sentença nitidamente viciada. **Vattel** ditava que a denegação de justiça ocorreria quando esta denegação fosse caracterizada pela negativa de se admitir o acesso do súdito estrangeiro aos Tribunais por um retardo injustificado em dar a sentença ou de conceder o Direito; e finalmente, esta denegação de justiça ocorreria quando houvesse uma sentença manifestamente injusta ou parcial[94]. Sendo assim, o Direito Internacional aceitava a denegação de justiça para justificar a *represália*. Claro que esta posição restritiva veio por terra na doutrina de **Heffter**, que afirmava no segundo quartel do século XIX que os efeitos da denegação de justiça não eram para ser aplicados só naqueles casos, mas sim poder-se-ia entender que havia a denegação de justiça por todo o ato legislativo, ou decisão judicial ou administrativa que ocasionasse eventos danosos

---

94. **Vattel, Emmerieh de**: "Le Droi des Gens ou Principes de la Loi Naturelle, Appliqués a la Conduite et aux Affaires de Nations et des Souverains", liv. II, cap. XVIII, § 350.

a terceiros alienígenas[95], *incluindo aí, eu entendo, o uso sistemático e corrente da lex fori para bloquear o Direito estrangeiro.*

Acima foi explanado um exemplo dado por **Vattel**, que cabe aqui abrir uma janela, ou seja que, afirmar como **Vattel** fazia com que a ofensa a um estrangeiro, que é o mesmo que ofender (indiretamente) o Estado de que este estrangeiro é súdito[96], foi rechaçada pela doutrina moderna e pelos julgados internacionais, pois trata-se de uma mera ficção, porquanto, o prejuízo do Estado não é totalmente idêntico ao do seu súdito. O governo britânico quis adotar tal tese no *Caso Stevenson* (arbitragem realizada em 1903, pela Comissão Mista Anglo-Venezuelana), mas o árbitro **Plumley** não esposou tal teoria, o mesmo acontecendo com o árbitro **Parker**, na Comissão Mista Germano-Norte-Americana de 1924. Isto sem contar com a decisão do *Caso Mavrommatis* e *Caso Panevezys-Saldutiskis*. A decisão administrativa do árbitro **Parker**, de número V, datada em 31 de outubro de 1924, ditava que a teoria de **Vattel**, que faz da ofensa a um súdito uma ofensa à mesma nação, não deve em modo algum, "obscurecer a realidade e de nos impedir de ver o fato indiscutível, de que o fim da reclamação diplomática é sempre, em última instância, obter a reparação em favor de um particular prejudicado".

Durante muito tempo a questão da denegação de justiça foi aceita numa definição *lato*, qual seja, seria toda a violação que fosse imputada a qualquer órgão do Estado ou a seus

---

95. **Heffter**, in: "Le Droit International Public de L'Europe" (Paris, 1866, § 110), apud, **Podestá L. A. Costa**, in: "Derecho Internacional Público", 3ª ed., Ed. Tipografia Argentina, Buenos Aires, 1955, p. 442.

96. "Quiconque maltraite un citoyen, offense indirectement l'Etat qui doit protéger ce citoyen. Le souverain de celui-ci doit venger son injure, obliger, s'il le peut, l'agresseur à une entière réparation ou le punir; puisqu'autrement le citoyen n'obtiendrait point la grande fin de l'association civile qui est la sûreté", in: Livre II, Chapitre VI, pp. 174-175, edição de E. van Harrevelt, Amsterdam, 1775.

habitantes, dos direitos dos estrangeiros definidos por lei interna como tais ou pelo Direito Internacional. Esta posição adotada por muitos foi criticada por poucos (mas com peso de muitos), tais como **Anzilotti**[97], **Root**[98] e **De Visscher**[99], que limitavam os efeitos da denegação de justiça onde esta ocorreria, quando houvesse violação de direitos dos estrangeiros, na forma de se dificultar o aparelhamento de medidas judiciais ou administrativas.

Um simples resultado desfavorável de um processo não pode ser considerado uma denegação de justiça. Como doutrinava **Anzilotti** "...o resultado desfavorável de um processo nunca é, em si mesmo, uma denegação de justiça. É necessário considerar como tal a negativa de dar acesso aos estrangeiros e aos tribunais nacionais para a proteção de seus direitos. Cada vez que exista contradição entre uma decisão pronunciada de forma regular e o Direito Internacional, a responsabilidade em que incorre o Estado não faz surgir a denegação de justiça, e sim de outra violação ao Direito Internacional"[100].

Os defeitos na administração da Justiça, o Estado também é passível de ser responsabilizado internacionalmente. Ou seja, o Estado é responsável de sua falta de capacidade para assegurar um certo grau de perfeição em sua administração de Justiça. Caso ocorra, por exemplo, uma demora injustificada da/na lide, quando o requerente é um súdito

---

97. **Dionisio Anzilotti** in: "La Responsabilité Internationale des États à Raison des Dommages Soufferts par les Étrangers", artigo estampado na Revue Générale de Droit International Public, n° 13, p. 22-25; e no "Corso di Diritto Internazionale", Ed. Cedam, 4ª ed., Padova, 1955, t. I., p. 429.
98. **Elihu Root** no artigo: "The Basis of Protection of Citizens Residing Abroad", estampado no "American Journal of International Law", 1910, pp. 517 e ss.
99. **De Visscher, Charles**, no curso dado em Haia, "Le Déni de Justice en Droit International", estampado no Recueil des Cours de 1935, vol. 52, II, Ed. Sirey, Paris, p. 386.
100. Op. cit. vol. I, pp. 171/3. No mesmo sentido, **Karl Strupp**, in: "Éléments du Droit International Public", Ed. Rousseau, Paris, 1927, p. 332.

estrangeiro, esta delonga pode gerar uma obrigação de indenizar, pelo Estado administrador desta lenta e pesada Justiça[101], ou quando verifica-se uma reiterada negação em se aplicar o Direito estrangeiro, sem um motivo legal que justifique tal atitude.

Os professores da Faculdade de Direito da Universidade São Paulo, **José Carlos de Magalhães** e **Luiz Olavo Baptista**, em sua obra "Arbitragem Comercial", editado pela bliblioteca jurídica Freitas Bastos, Rio de Janeiro, 1986, em seu anexo (pp. 135 e 137), traz estampado texto do *Acordo sobre Garantia de Investimentos entre o Brasil e os Estados Unidos da América*, firmado em 6/2/65 e publicado em 5/6/65, onde no seu artigo VI, inciso 3, dita que "serão excluídos das negociações e do procedimento arbitral, aqui contemplados, os assuntos que permaneçam exclusivamente dentro da jurisdição interna de um Estado soberano. Em conseqüência, fica entendido que reivindicações decorrentes de desapropriação de bens de investidores privados estrangeiros não apresentam questões de Direito Internacional Público, a não ser e até que o Processo judicial do país recipiente tenha sido exaurido e se configure uma denegação de Justiça, na forma em que tais termos são definidos no Direito Internacional Público (...)". No Decreto Legislativo 69/65, que aprova tal acordo, estabeleceu-se no art. 2º, que entendia-se por denegação de Justiça "a inexistência de tribunais regulares, ou de vias normais de acesso à Justiça; a recusa de julgar, da parte da autoridade competente; o retardamento injustificável da decisão judicial, com violação da lei processual interna". Então, pelo visto neste último caso e em última análise, representa o retardamento injus-

---

101. Vide sentença arbitral do Presidente da Confederação Suíça, exarada em 30/12/1896, perante o Caso Fabiani, entre a França e Venezuela, pp. 344/369; e a sentença exarada em 3/05/30, no Caso Martini, entre Itália e Venezuela, in: "Recueil des Sentences Arbitrales" — ONU, 1948/1958, vol. II, p. 978/1002 e "Révue de Droit Public", 1930, p. 542/598 e 735/773.

tificável da decisão judicial, com violação da *lex fori* de cunho processual, uma típica ofensa à ordem pública, aqui com a designação de *denegação de justiça*.

Há casos de denegação de justiça, que acontecem de forma inversa, ou seja, o súdito estrangeiro não procura o Estado para aparelhar uma ação judicial contra ele (Estado infrator), mas tal súdito sofre um processo por parte deste Estado, processo esse manifestamente injusto e sem a utilização necessária de Direito estrangeiro (neste caso, a utilização de Direito estrangeiro concernente a este súdito); ou tem uma sentença judicial ou arbitral (o que é infinitamente mais difícil), exarada de forma tendenciosa, ou manifestamente injusta, sem a utilização necessária do Direito estrangeiro. Casos de "tradicional animosidade" contra estrangeiros (alguns povos do extremo e médio orientes em face dos norte-americanos; ou quando a Ex-URSS odiavam os mesmos "imperialistas" norte-americanos etc., deixavam de aplicar o necessário Direito estrangeiro para aplicar a *lex fori* de forma tendenciosa). Há casos mais concretos e já considerados clássicos, tais como o ocorrido em 1933, contra engenheiros britânicos, diante do Supremo Tribunal da então URSS; ou os processos ocorridos a partir de 1948, contra súditos franceses, britânicos e norte-americanos, na então Checoslováquia, Hungria e Polônia, por espionagem ou sabotagem[102].

Caso mais recente e comparativo foi o ocorrido em Teerã, onde dois jovens declararam a um juiz, no dia 3 de maio de 2000, que decidiram balear um dos principais reformistas do país, por acreditarem que ele era corrupto e inimigo do Islã. O julgamento, aberto ao público com a presença de centenas de pessoas (com uma grande faixa de cor amarela, onde se lia: "O Judiciário é o eixo do sistema

---

102. Apud. **Rousseau, Charles**, in: "Derecho Internacional Público", Ed. Ariel, Barcelona, 3ª ed., 1966, traduzido do francês para o espanhol por **Fernando Gimenez Artigues**, p. 374.

islâmico"), em que oito homens são acusados de tentar matar o reformista Saeed Hajjarian, editor e estrategista ligado ao Presidente do Irã Mohammad Khatami, eletriza Teerã. Por outro lado, na mesma semana, em um Tribunal fechado (sem a presença sequer dos familiares dos réus), na cidade iraniana de Shiraz, ao sul daquele Estado, dois dos 13 judeus acusados de espionar para o Estado de Israel confessaram, sob tortura (ato internacionalmente coibido), que eram "espiões". Eles estavam presos há 15 meses, mas só puderam consultar advogados três semanas antes do julgamento. Estes dois exemplos ocorrem em Tribunais Revolucionários, o ramo do sistema jurídico do Irã, que trata dos delitos políticos e morais; tráfico de drogas e crimes que envolvem a segurança nacional. Nestas Cortes o magistrado é também o procurador, e vai mais longe, investiga o caso, formaliza as acusações, processa e anuncia o veredicto, sem utilizar qualquer elemento de Direito estrangeiro ou atender a qualquer elemento de Direito Internacional, seja ele Convencional ou Geral. Para aqueles estrangeiros (judeus), fora negada a solicitação da apreciação de aplicação de Direito de seu Estado e de normas tidas e aceitas de Direito Internacional. Este exemplo mostra bem claramente a denegação de justiça.

Esta "Denegação de Justiça" (*denegatio justitiae*, *denial of justice* ou *déni de justice*) é ligada a fatos ou atos que causaram danos, no limite territorial do Estado internacionalmente responsável, a pessoas ou a bens destas pessoas estrangeiras. Historicamente, na Idade Média, quando um estrangeiro fosse agredido em seu direito, ele teria o direito de reclamar ao Soberano do Território, e se esse lhe negasse a "Justiça", então, procuraria se socorrer com o Soberano de seu Território. Este Soberano, atendendo ao seu súdito, conforme o costume do século XII, poderia entregar a chamada "Lettre de Marque", ou realizar represálias contra o Território internacionalmente responsável pelo evento danoso. Essas "Cartas" davam ao súdito ofendido o direito de exercer uma "Justiça Privada", sendo indenizado ou recobrando seus bens, até mesmo pela força, ou receber uma determinada importância como compensação pelo dano provocado[103]. Hoje já não existe mais esta prática, substituída pela chamada "Proteção Diplomática" ou pela "Arbitragem", mas o liame entre a denegação de justiça com a responsabilidade internacional ainda existe. A arbitragem neste ponto teve um maior desenvolvimento, tendo em vista a dificuldade em se "transitar" no Judiciário de alguns Estados que insistiam em aplicar sistematicamente a *lex fori*, vindo tal instituto a suprir esta lacuna.

Para o Professor ***Aréchaga***: "La denegación de justicia continuó siendo una condición para actuar en el plano internacional y, más tarde, en los problemas de arbitraje, que en su origen eran reclamaciones privadas de extranjeros contra los nacionales, reguladas por el derecho interno, y que caían normalmente dentro de la competencia de los tribunales nacionales. Así, muchos tratados de arbitraje — especialmente varios celebrados entre Estados latinoamericanos y europeos — disponen que en los asuntos originados por tales reclamaciones probadas se recurrirá al arbitraje, sólo si ha habido una denegación de justicia. Puesto que la mayoría de dichos tratados no definen la 'denegación de justicia', la definición doctrinal del concepto es importante desde el punto de vista práctico."[104]

Para configurar que haja uma denegação de justiça, de um modo geral, deve-se registrar que esta denegação seja representada por uma decisão que constitua uma violação clara e inequívoca do Direito Interno e Internacional; que deve ser emanada (geralmente), de um Tribunal de último grau de recurso, pois pressupõe-se com isso que todos os

---

103. Vide artigo de **H. Spiegel**, "Origin and Development of Denial of Justice", estampado no American Journal of International Law, 1938, p. 63.
104. Em artigo publicado sobre o tema responsabilidade internacional no "Manual de Derecho Internacional Público", de **Max Sorensen**, Ed. Fondo de Cultura Económica, México, 1973, p. 526.

meios legais já se esgotaram [ou fazer prova que, desde o primeiro grau até o último, há uma prática sistemática de aplicação da *lex fori* e nunca aplicar o Direito estrangeiro, mesmo ele sendo competente e mesmo ele não ferindo qualquer norma imperativa interna (ordem pública), soberania, e outros fatores que levem à não aplicabilidade deste Direito]; deve tal *Ação* (no caso presente, uma decisão judicial que negue sistematicamente a aplicação do Direito estrangeiro), a *omissão* (falta de uma decisão judicial), ou o *retardo injustificado* de uma decisão judicial, ou do processo como um todo, estarem eivados de má-fé, discriminação ou com um grau forte de um protecionismo tendencioso e/ou nacionalista ao extremo, por parte dos Tribunais (do primeiro ao último grau; de seus integrantes, sejam eles serventuários, magistrados ou promotores).

Contudo, um Estado não pode ser responsabilizado pela denegação de justiça, se colocou à disposição do estrangeiro lesado todos os recursos que proporciona seu sistema interno de Justiça a uma pessoa jurídica ou física comum (não estrangeira), a não ser que haja qualquer tipo de vício[105]. Faz-se mister oferecer ao ente estrangeiro a mesma Justiça (o mesmo remédio) que se coloca ao dispor do súdito nacional. A jurisprudência líder é clara, afirmando que "como norma invariable un extranjero debe conocer como aplicable a él la clase de justicia establecida en el país que escoge como residencia, incluyendo todas las deficiencias de tal

---

105. Na IX Conferência Internacional dos Estados Americanos, em Bogotá, 1948, foi colocado no Tratado de Soluções Pacíficas (Pacto de Bogotá), no artigo VII, o seguinte: "Las Altas Partes Contratantes se obligan a no intentar reclamación diplomática para proteger a sus nacionales, ni iniciar al efecto una controversia ante la jurisdicción internacional, cuando dichos extranjeros hayan tenido expeditos los medios para acudir a los tribunales domésticos competentes del Estado respectivo". Os Estados Unidos dentre outros fizeram reservas a esta disposição (**Donald R. Shea**, in: "The Calvo Clause", Minnesota University Press, 1954, pp. 102/103).

jurisdicción, imperfecta como es, como cualquiera otra obra humana"[106].

Cabe lembrar que a denegação de justiça pode ser classificada pela aplicação da eqüidade. Ora a solução pela via da eqüidade nem sempre consiste em uma tendência em beneficiar uma das partes envolvidas. No Brasil, por exemplo, ela só pode vir à tona quando for autorizada por lei. Na aplicação do Direito Internacional a eqüidade é por demais utilizada, ainda mais em se tratando de interpretação contratual. Muitos dos casos levados mais a Cortes Arbitrais ou menos a Tribunal Internacional solicitam que os julgadores façam seu trabalho, julgando por eqüidade, pois, representa a melhor forma de se aplicar um Direito quando se trata de relações internacionais. Caso haja julgamento ou a aplicação da eqüidade sobre uma questão que no Brasil ela seja vedada, ou que não tenha havido a devida autorização da *lex fori*, tal Direito estrangeiro, consubstanciado na eqüidade, será bloqueado.

Alguns entendem, *ao meu ver erroneamente*, que há uma Denegação de Justiça quando se tenta aparelhar uma determinada medida judicial contra um Estado (representado pela missão diplomática) e este "se esconde" debaixo da chamada "imunidade de jurisdição". Eles alegam que o Estado pode deixar de ser "imune", a qualquer tempo, para aparelhar medidas contra súditos estrangeiros, através de suas representações diplomáticas, contudo, quando não lhe interessa utiliza tal imunidade para não ser processado e/ou dificultar tal processado, mesmo que em tal feito seja aplicado o Direito estrangeiro oriundo de seu (da missão diplomática) ordenamento. Trazem-se à colação os seguintes julgados do *Supremo Tribunal Federal*, que por si só dão exemplos do aqui tratado:

---

106. Caso Salem, USA v. Egypt, Departamant of State Arbitrations Series, Nº 4 (6), 1933.

I-) Ação cível originária 298, tendo como relator o Ministro **Soares Munhoz** (14/4/1982), Tribunal Pleno (publicado no Diário da Justiça da União, de 17-12-82, pg-13.201), ementa: "Internacional público. Imunidade de jurisdição. Ação de Estado estrangeiro contra outro, perante a justiça brasileira. 1) Demanda que tem por objeto imóvel situado no Brasil, originariamente adquirido pela República da Síria, depois utilizado pela República Árabe Unida, e, desfeita a união dos dois Estados, retido pela República Árabe do Egito. 2) Imunidade de jurisdição, invocada pelo Estado-réu e no caso não afastada pelo fato de constituir objeto da demanda um imóvel situado no Brasil. 3) Antecedendo ao aspecto da aplicabilidade do direito interno brasileiro sobre propriedade imobiliária situada no Brasil, a imunidade de jurisdição se afirma pela circunstância de a solução da controvérsia entre os dois Estados estrangeiros depender de prévio exame de questão, regida pelo Direito Internacional Público, atinente aos efeitos, entre os Estados estrangeiros litigantes, de atos de sua união e posterior separação. Impossibilidade de definição da justiça brasileira sobre tal questão prévia, concernente a relações jurídicas entre os Estados litigantes". Votação por maioria (veja: RE-48256 e Ag-56454). Portanto, não se aplicou o Direito estrangeiro, ou seja, deixou o Brasil, apesar de se tratar de imóvel sito em seu território, de adentrar na controvérsia entre os dois Estados estrangeiros, pois entendeu que dependia de "prévio exame de questão, regida pelo Direito Internacional Público, atinente aos efeitos, entre os Estados estrangeiros litigantes, de atos de sua união e posterior separação";

II-) Apelação cível 9.690, oriunda de São Paulo, tendo como relator o Ministro **Néri da Silveira**, julgamento em 31/08/1988, publicado no *Diário da Justiça da União* em 13-03-92, pg-02.922, ementa: "Apelação cível. Inquérito trabalhista. Despedida de empregado de consulado-geral de Estado estrangeiro. Renúncia à imunidade de jurisdição, pelo Estado estrangeiro, que requereu, perante a justiça brasileira, a instauração do inquérito trabalhista. Falta grave. Agressão física a um subordinado. Incontinência de conduta. Aspectos anteriores negativos do procedimento funcional do empregado que já havia ensejado sanção disciplinar. Não ocorrência de *"bis in idem"* na aplicação da penalidade. Justa causa. Rescisão do contrato de trabalho, pelo empregador, com base no art. 482, letra "b", da CLT. Afastamento do serviço, com os salários, enquanto a administração do consulado realizava sindicância para apuração prévia dos fatos. Não aceitação da *"probation"*, por um ano, pelo empregado. Tentativa anterior de recuperação do empregado, quando principiou seu declínio funcional. A circunstância da aplicação do Direito Trabalhista brasileiro, para dirimir a controvérsia (*"lex loci executionis"*), não implica, por si só, a inviabilidade de poderem os órgãos do Estado estrangeiro empregador ser considerados segundo as peculiaridades do funcionamento de seus serviços e de acordo com disciplina interna a todos os empregados aplicável, desde que, à evidência, não ofenda a soberania nacional, a ordem pública e os bons costumes, a teor do art. 17, da Lei de Introdução ao Código Civil. Os atos de disciplina, ditados pela organização administrativa da embaixada ou do consulado, do Estado estrangeiro, no território nacional, respeitado o disposto no art. 17, da Lei de Introdução ao Código Civil, hão de ser considerados no exame de eventual litígio trabalhista posto a apreciação do Poder Judiciário brasileiro. Se um certo comportamento pode ser tido como tolerável no âmbito de uma empresa privada, não configurando falta grave, nada obsta tê-lo como de maior gravidade, se ocorrer, em relação de emprego, no âmbito de repartição estrangeira, no território nacional, que assim lhe empreste, com mais rigor, determinada disciplina, sempre tendo em conta o parâmetro do art. 17, da Lei de Introdução ao Código Civil. Não se caracterizou, na espécie, dupla punição, pelo mesmo fato. O afastamento do empregado, sem prejuízo dos salários, em virtude de fato grave sucedido no recinto de trabalho do consulado-geral em São Paulo, fez-se com o objetivo de tornar viável a apuração completa do incidente, segundo diretrizes de serviço do Estado estrangeiro, não atentatórias, na espécie, ao art. 17, da Lei de Introdução ao Código Civil. A atualidade da punição verificou-se. Sentido da não-aceitação, pelo empregado, da "*probation*". Nos autos, não só se afirmam as ofensas físicas contra outro colega, no recinto do consulado, mas, também, comportamento do empregado que, progressivamente, o comprometia por desídia, desinteresse pelo serviço, com o freqüente não-cumprimento dos expedientes normais de trabalho e, ainda, por apresentação, com sinais de ter ingerido álcool, manifestações verificadas em serviço. Procedência do inquérito judicial. Falta grave enqüadrável nas letras "b" e "h", do art. 482, da CLT, aos fins dos arts. 492 e 493, do mesmo diploma legal. Apelação a que se nega provimento". Votação unânime (veja Ac-9681, RTJ-65/24, 66/727, 121/47, 111/949, 104/990 e 104/889).

Neste caso, foi negado o Direito estrangeiro que a missão diplomática quis colocar, contudo, por vias transversas, houve a aplicação da Justiça com a utilização da *lex fori*.

III-) Apelação cível 9.696, oriunda de São Paulo, tendo como relator o Ministro **Sydney Sanches**, julgamento em 31/05/1989, Tribunal Pleno, publicação no *Diário da Justiça da União* em 12-10-90, pg-11.045 (RTJ 133/159). Ementa: "Estado estrangeiro. Imunidade judiciária. Causa trabalhista. Não há imunidade de jurisdição para o Estado estrangeiro, em causa de natureza trabalhista. Em princípio, esta deve ser processada e julgada pela justiça do trabalho, se ajuizada depois do advento da Constituição Federal de 1988 (art. 114). Na hipótese, porém, permanece a competência da Justiça federal, em face do disposto no parágrafo 10, do art. 27, das disposições transitórias, da Constituição Federal de 1988, c/c art. 125, II, da emenda n. 1/69. Recurso ordinário conhecido e provido pelo Supremo Tribunal Federal para se afastar a imunidade judiciária reconhecida pelo R. Juízo federal de Primeiro Grau, que deve prosseguir no julgamento da causa, como de direito. Votação unânime. Veja (RTJ 92/531). Neste caso a imunidade diplomática foi afastada, para se aplicar a *lex fori*, apesar de ter sido alegado neste processado o Direito estrangeiro.

IV-) Agravo regimental em agravo de instrumento (Agrag 139.671), tendo como relator o Ministro **Celso de Mello**, julgamento em 1995/06/20, Primeira Turma, publicação no *Diário da Justiça da União* em 29-03-96, pp-09.348, ementa: "Agravo de Instrumento — Estado estrangeiro — reclamação trabalhista ajuizada por empregados de embaixada — imunidade de jurisdição — caráter relativo — reconhecimento da jurisdição doméstica dos juízes e tribunais brasileiros — agravo improvido. Imunidade de jurisdição. Controvérsia de natureza trabalhista. Competência jurisdicional dos tribunais brasileiros. A imunidade de jurisdição do Estado estrangeiro, quando se tratar de litígios trabalhistas, revestir-se-á de caráter meramente relativo e, em conseqüência, não impedirá que os juízes e tribunais brasileiros conheçam de tais controvérsias e sobre elas exerçam o poder jurisdicional que lhes é inerente. Atuação do Estado estrangeiro em matéria de ordem privada. Incidência da teoria da imunidade jurisdicional relativa ou limitada. O novo quadro normativo que se delineou no plano do Direito Internacional, e também no âmbito do Direito Comparado, permitiu — ante a realidade do sistema de direito positivo dele emergente — que se construísse a teoria da imunidade jurisdicional relativa dos Estados soberanos, tendo-se presente, para esse específico efeito, a natureza do ato motivador da instauração da causa em juízo, de tal modo que deixa de prevalecer, ainda que excepcionalmente, a prerrogativa institucional da imunidade de jurisdição, sempre que o Estado estrangeiro, atuando em matéria de ordem estritamente privada, intervier em domínio estranho aquele em que se praticam os atos *jure imperii*. Doutrina, legislação comparada e precedente do Supremo Tribunal Federal. A teoria da imunidade limitada ou restrita objetiva institucionalizar solução jurídica que concilie o postulado básico da imunidade jurisdicional do Estado estrangeiro com a necessidade de fazer prevalecer, por decisão do tribunal do foro, o legítimo direito do particular ao ressarcimento dos prejuízos que venha a sofrer em decorrência de comportamento imputável a agentes diplomáticos, que, agindo ilicitamente, tenham atuado *more privatorum* em nome do país que representam perante o Estado acreditado (o Brasil, no caso). Não se revela viável impor aos súditos brasileiros, ou a pessoas com domicílio no território nacional, o ônus de litigarem, em torno de questões meramente laborais, mercantis, empresariais ou civis, perante tribunais alienígenas, desde que o fato gerador da controvérsia judicial — necessariamente estranho ao específico domínio dos *acta jure imperii* — tenha decorrido da estrita atuação institucionalizar solução jurídica que concilie o postulado básico da imunidade jurisdicional do Estado estrangeiro com a necessidade de fazer prevalecer, por decisão do tribunal do foro, o legítimo direito do particular ao ressarcimento dos prejuízos que venha a sofrer em decorrência de comportamento imputável a agentes diplomáticos, que, agindo ilicitamente, tenham atuado *more privatorum* em nome do país que representam perante o Estado acreditado (o Brasil, no caso). Não se revela viável impor aos súditos brasileiros, ou a pessoas com domicílio no território nacional, o ônus de litigarem, em torno de questões meramente laborais, mercantis, empresariais ou civis, perante tribunais alienígenas, desde que o fato gerador da controvérsia judicial — necessariamente estranho ao específico domínio dos *acta jure imperii* — tenha decorrido da estrita atuação *more privatorum* do Estado estrangeiro. Fazendo-a prevalecer, no que concerne a questões de índole meramente privada, no *foreign sovereign immunities act* (1976). Desistência do recurso. Necessidade de poder especial. Não se revela lícito homologar qualquer pedido de desistência, inclusive o concernente a recurso já interposto, se o advogado não dispõe, para tanto, de poderes especiais (CPC, art. 38). Ausência de manifestação do Ministério Público. A jurisprudência dos tribunais e o magistério da doutrina, pronunciando-se sobre a ausência de manifestação do Ministério Público nos processos em que se revela obrigatória a sua intervenção, têm sempre ressaltado que, em tal situação, o que verdadeiramente constitui causa de nulidade processual não é a falta de efetiva atuação do *parquet*, que eventualmente deixe de emitir parecer no processo, mas, sim, a falta de intimação que inviabilize a participação do Ministério Público na causa em julgamento. Hipótese inocorrente na espécie, pois se ensejou a Procuradoria Geral da República a possibilidade de opinar no processo". Votação unânime. Resultado: improvido. Veja Ac-9696, RTJ 133/159, RTJ 66/727, RTJ 104/990, RTJ 111/949, RTJ 116/474 e RTJ 123/29. Neste caso, foi alegado o Direito estrangeiro, mas tal pretensão foi afastada.

Sou da opinião de que a renúncia da imunidade será sempre expressa. Acontece que há ações judiciais onde a missão diplomática renuncia à jurisdição, contudo, não quer dizer que ela abra mão de uma imunidade de execução de sentença (ganhar uma causa não é nada, o difícil mesmo é a execução de tal sentença). Para tal mister se faz uma nova renúncia de forma expressa. Não há somente imunidade de missões diplomáticas, mas também de navios de propriedade ou utilizados por um Estado, que é amparada pela *Convenção de Bruxelas*, de 10/4/26, no tocante às Cortes do Estado-proprietário da embarcação, ou da utilização desta em serviço oficial e não mercantil, como também, no tocante às Cortes estrangeiras. Ou por falta de conhecimento ou por uma acomodação; em casos similares o intérprete sempre aplica a *lex fori* sem se referir à mencionada *Convenção de Bruxelas*, não estendendo a imunidade a tal embarcação[107], portanto, deixando de aplicar o Direito estrangeiro.

Claro que se for provado e verificado que há um abuso de se utilizar privilégios e imunidades com fins diversos para que foram concebidos, não deve o intérprete aceitar

---

[107]. Sobre o tema, vide obra pioneira do Professor **Guido Fernando Silva Soares**, "Das Imunidades de Jurisdição e de Execução", Ed. Forense, Rio de Janeiro, 1984.

tal imunidade, ou qualquer ação reflexa de Direito estrangeiro, vinda até mesmo de atos internacionais, como Tratados ou Convenções. *Aí sim, é uma questão de ordem pública, podendo o magistrado local utilizar a aplicação da lex fori como uma medida de legítima defesa ou um estado de necessidade.* O Direito Convencional não dá uma resposta satisfatória para este tema, orientando como o Estado receptor deve se comportar. Não estou aqui me referindo a atos terroristas e similares, mas do dia-a-dia destas missões diplomáticas e seus integrantes sob o manto da imunidade[108]. Seja como for, há jurisprudência de Corte Internacional, apoiada em doutrina dominante, que quando já se sabe que haverá esta lamentável prática de Denegação de Justiça, o súdito atingido poderá não esgotar todos os recursos legais internos (daquele Estado infrator), e pedir a devida proteção diplomática de seu Estado.

Do Esgotamento dos Recursos Legais para a Concessão da Proteção Diplomática e da Questão do Domínio Reservado

Como afirmava o *Affair Mavrommatis* — Compétence: "L'État est autorisé à prótéger ses nationaux lésés par des actes contraires au droit international dont ils n'ont pu obtenir satisfaction par les voies ordinaires". Como mencionado acima, toda vez que haja uma denegação de justiça, pela aplicação sistemática da *lex fori*, mister se faz que o súdito ofendido se socorra da proteção diplomática de seu Estado. Para tal, se faz necessário *a priori* o já mencionado esgotamento dos recursos legais dentro do Estado infrator. Ou seja, mister se faz que o ofendido tenha esgotado todos

---

108. Sobre situações abusivas, vide obra de **F. Javier Quel Lopez** "Los Privilegios e Inmunidades de los Agentes Diplomáticos em el Derecho Internacional y em la Práctica Española", Ed. Civitas, Madri, 1993, em especial pp. 115-144.

os recursos legais internos (*local remedies*), no Estado que causou o dano e/ou, em alguns casos, no Estado de sua *atual* residência e domicílio. Este comando teve como antecedente a restrição utilizada por alguns tratados do século XVII, quando os soberanos não outorgavam as chamadas cartas de represálias, quando seus súditos não tivessem antes esgotados os recursos cabíveis no foro do Estado que provocou o evento danoso. Um dos casos mais famosos foi o ocorrido no ano de 1793, onde o Secretário de Estado norte-americano, *Jefferson*, enviou nota à missão diplomática inglesa em *Washington*, ditando que, antes que um súdito inglês solicitasse a proteção diplomática, buscasse o esgotamento dos recursos internos, ou seja dos tribunais locais. Ou seja, não poderia aplicar o Direito estrangeiro no foro originário daquele súdito ofendido.

As decisões arbitrais no século seguinte (XIX) seguiriam esta tendência. A questão do esgotamento dos recursos locais internos se sustenta na fórmula de que a jurisdição sobre o fato ou ato ilícito é originalmente do Estado infrator. Aliás esta regra é tida e aceita como de Direito Internacional, ficando a proteção diplomática, como uma figura subsidiária e posterior da jurisdição local exaurida. Claro que estas premissas se prestam para a questão aqui analisada, quando há a imparcialidade e efetividade de se aplicar somente a *lex fori*, nos procedimentos judiciais e/ou administrativos locais. Não se pode fazer presunção que um Tribunal é ineficaz ou que a Justiça de tal Estado é viciada, porquanto, há que se ter a prova devida.

Sobre o tema, mister se faz trazer logo à luz a obra do Professor **Cançado Trindade**, tornando obrigatória a sua leitura por inteiro, pois esmiúça por completo o tema[109].

---

109. **Antônio Augusto Cançado Trindade**, in: "O Esgotamento de Recursos Internos no Direito Internacional", Ed. Universidade de Brasília, Brasília, 1984 (versão resumida da Tese defendida perante a Universidade de Cambridge, em 28/11/77, intitulada "Developments in the Rule of Exaustion of Local Remedies in International Law").

Este Instituto é de grande utilidade dentro do chamado contencioso diplomático, servindo como uma verdadeira *válvula de escape de pressão*, impedindo na grande maioria dos casos uma *intervenção* maior por parte do Estado ofendido, ou de *pressões* oriundas da Sociedade Internacional. A imposição da utilização somente do Estado como parte integrante do pólo ativo de uma contenda judicial internacional, ou seja, da velha e desgastada fórmula de atuação de "Estado para Estado", já não é mais um pré-requisito, tendo em vista que a pessoa jurídica de Direito Privado ou a pessoa física, ambos súditos, que possam originar casos na ótica da responsabilidade internacional do Estado, vão encontrar refúgio na proteção diplomática ou endosso diplomático, contudo, *sou da opinião de que estes súditos, seja qual for a sua classe, devem participar do processo internacional, como testemunhas e/ou servir como assistentes do Estado reclamante.*

Anteriormente nas Comissões Mistas (Comissão Mista Estados Unidos-Reino Unido de 1853 — 1855 por exemplo), os súditos tinham mais liberdade e em muitas arbitragens (vide o *Caso dos Faróis do Império Otomano*, 24-27/7/56, in: *Recueil des Sentences Arbitrales*, XII, p. 155), em especial no *Caso do Conflito do Golfo (Kuwait v. Iraque)*, as partes apresentavam até memoriais escritos e até mesmo pretensões orais. Isto é, para casos de arbitragem a questão é mais fácil e menos polêmica que diante de uma Corte Internacional, como a Corte Internacional de Justiça (outras Cortes admitem em casos especiais a participação de súditos diretamente, como o *Corte de Justiça Centro-americana; Tribunais Arbitrais Mistos dos Tratados de Paz de 1919; Tribunal Arbitral da Alta-Silésia; Tribunal de Justiça das Comunidades Européias*, etc.)[110].

---

110. Neste mesmo sentido, **Paul Reuter** in: "Direito Internacional Público", Ed. Presença, 1981, Lisboa, traduzida do francês para o português de Portugal, realizada por **Maria Helena Capêto Guimarães**, 1981, p. 159.

Antes de mais nada, cabe ressaltar que o esgotamento dos recursos legais internos (no país que provocou o dano), se aplicado de forma justa e equânime, leva ou tenta levar à justa indenização ao prejudicado, porém, depara-se este súdito com a atividade de bloqueio (justo ou injusto), de aplicação do Direito estrangeiro (do súdito). Há que se *tentar* (nem sempre isto é possível) obter a devida reparação dentro do *sistema legal* (incluindo aí o processo administrativo), do Estado causador do evento danoso, ou se esta condição não estiver ao seu alcance e caso, por exemplo, seja um súdito reclamante residente no Estado que irá endossar ou praticar a dita proteção diplomática, que este aparelhe, via carta rogatória, as devidas medidas legais para conseguir tal evento, porquanto, se aparelhar a medida legal no lugar de sua residência, diversa do Estado infrator, encontrará, com certeza, a barreira da imunidade diplomática sempre alegada.

A prática estatal internacional, a maioria da Doutrina e a jurisprudência, dita que se faz mister que haja um esgotamento de recursos internos, sejam eles de caráter judicial ou extrajudicial (administrativo), para a solução do litígio, com a devida, correta e justa reparação do dano. Se faz mister que a reclamação seja aparelhada nos Tribunais judiciais internos e/ou junto aos Tribunais administrativos (até mesmo os arbitrais, ou por processos administrativos que *correm* junto à Administração Pública), ou seja, todo Tribunal ou órgão similar que possa indenizar condignamente o ente lesado.

É aconselhável que este lesado deva *imediatamente*, após o evento danoso, fazer valer o seu direito perante a autoridade competente, sob pena de ser alegado como defesa num Tribunal internacional, que este lesado não se esmerou o suficiente para obter a devida justiça (foi negligente), ou seja, a *prescrição* seria uma sanção pela inação, geralmente utilizada como uma fórmula de bloqueio, quando se alega o Direito estrangeiro (**Anzilotti** doutrina radicalmente contra este tipo de sanção, porquanto, entende que o tempo não apaga o Direito[111]). *Contudo, se não houver uma prescrição, não haverá uma tranqüilidade internacional entre os Estados, estando estes eternamente à mercê de uma contenda internacional. Porém, entendo que há de se respeitar como parâmetro os prazos de prescrição da legislação do Estado onde se está sendo aparelhada a devida ação judicial ou administrativa*[112].

Apesar da tranqüilidade internacional acima mencionada, *eu acredito que deva haver uma interrupção do lapso prescricional a partir da entrada da queixa contra o Estado ou Organização Internacional que ocasionaram o evento danoso, ou seja, ainda no plano do Direito Interno.* Alguns doutrinadores são unânimes e radicais, ditando que um Estado não pode ser condenado a executar uma obrigação que não o obriga mais, ou seja, o Estado estava obrigado a realizar determinado ato por estar ferindo uma obrigação internacional, que gerava a sua responsabilidade internacional, porém, foi declarado ou por sentença ou uma decisão de uma Corte internacional, que houve uma prescrição, não devendo portanto realizar uma *restitutio in integrum* ou uma *specific performance* daquela obrigação ferida, pois ela está extinta[113].

A extinção por prescrição ou prescrição liberatória da responsabilidade internacional do Estado nada mais é do que a extinção da obrigação pela inação durante um longo tempo, por parte daquele que teve o seu Direito atingido, por um Estado estrangeiro ou por uma Organização Internacional. Historicamente, a prescrição liberatória foi apli-

---

111. Apud, **Celso Mello**, Op. cit., p. 45.
112. Deve-se respeitar o esgotamento dos recursos internos, pois estes recursos estão contidos em "...todo o sistema de proteção jurídica, tal como previsto pelo direito interno, e que deve haver sido posto em prova antes de que um Estado possa, como protetor de seus nacionais, apresentar uma reclamação no plano internacional" [in: "Caso Ambatielos Arbitration", American Journal of International Law (AJIL), n° 50, 1956, p. 678.].
113. Neste sentido, **Emmanuel Decaux**, no artigo "Responsabilité et Réparation", in: La Responsabilité dans le Système International — Colloque du Mans, Paris, Ed. A. Pedone, p. 177.

cada entre os anos de 1863 e 1868, no *Caso Brand* (*Comissão Mista norte-americana-peruana*, de 1863) e no *Caso Mossman e Stratton v. Black* (*Comissão Mista norte-americana-mexicana*, de 1868). O mesmo se repetiu no *Caso Willians e García Cádiz* (*Comissão Mista norte-americana-venezuelana*, de 1885); *Caso Spader* (*Comissão Mista norte-americana-venezuelana*, de 1903); e, *Caso Gentini* (*Comissão Mista italo-venezuelana*, de 1903). No *Caso Tagliaferro e Giacobini*, a Comissão Mista italo-venezuelana de 1903 aplicou a interrupção da prescrição.

O *Instituto de Direito Internacional* aprovou uma resolução sobre a prescrição liberatória, na Seção de Haia, de 1925, com base nos casos acima citados, colocando-a como um dos princípios gerais do Direito. A Corte Internacional de Justiça já se manifestou neste sentido, no *Caso Interhandel* (1959), estabelecendo que "...antes de poder comparecer ante um Tribunal internacional em uma situação como essa, há de se considerar necessário que o Estado onde ocorreu a violação tenha a oportunidade de repará-la por seus próprios meios, dentro do marco de seu próprio sistema jurídico interno"[114]. Esta posição é adotada, principalmente, em respeito pela soberania e jurisdição[115] do Estado, onde ocorreu o evento danoso, que é o competente para tratar a questão, como também é competente, ao meu ver o Estado original do estrangeiro ofendido.

Esta última hipótese ocorre, por exemplo quando, um súdito viaja a outro Estado estrangeiro e lá sofre humilhações, danos morais, etc., atos estes geralmente praticados pelas autoridades de fronteira, fazendo este súdito estrangeiro voltar após alguns dias (muitas das vezes, este súdito estrangeiro não chega a entrar efetivamente no Território do

---

114. I.C.J. — Reports, 1959, p. 27.
115. "El motivo principal de su existencia descansa en el respeto debido a la jurisdicción soberana de los Estados, de acuerdo con la cual los nacionales y los extranjeros tienen que actuar... Esta armonía, este respeto por la soberanía de los Estados, se logra dando prioridad a la juriscción de los tribunales locales del Estado en el caso de los extranjeros". Apud, **Sorensen**, Op. cit. "Manual", p. 553.

Estado ofensor, fica retido no aeroporto/porto/estação, em zona especial/internacional). Ao chegar no seu Estado de origem, tal súdito aparelha ação judicial contra a representação diplomática do Estado ofensor. Esta ação tem vida curta, porquanto, invariavelmente a missão Diplomática vai alegar *"imunidade de jurisdição"*, *"esgotando"*, por assim dizer, os recursos internos disponíveis[116]. É uma técnica pouco utilizada, mas aceita.

Este esgotamento acima verificado não é o clássico, pois o esgotamento de recursos legais clássico é o realizado dentro do Território e na jurisdição do Estado que praticou o ato lesivo. Ou seja, neste caso (esgotamento não clássico), os recursos locais se esgotam, não por ter o súdito ido até ao último grau de jurisdição, mas sim, por mera imposição legal do direito local, reconhecida internacionalmente (imunidade de jurisdição). Vale dizer, também, que a jurisprudência internacional tem admitido que os recursos se "esgotam", quando os recursos internos existentes são inúteis ou ineficazes[117], principalmente no caso sistemático da utilização de procedimento de bloqueio do Direito estrangeiro, pela *lex fori*; ou porque os Tribunais locais não têm com-

---

116. Reclamação Rhodope Forest, 3 Reports of International Arbitral Awards (RIAA), 1406-1420, 1933.
117. Reclamação Shipowners 1934, 3 RIAA, 1484-1535; Laudo Arbitral Ambatielos, 1956, 50 AJIL, p. 677; European Commission of Human Rigths, Yarbook, vol. IV, p. 400; Caso Debenture Holders of San Marco Co., PCIJ Ser. A/B, N° 52, p. 16; dentre outros. Em "Tinoco Arbitration" (I, RIAA, pp. 375-387) ficou dito que "não pode haver obrigação de esgotar a justiça, quando não há justiça que esgotar". A Comissão de Direito Internacional, em seu Informe de 1977 (Suplemento da Assembléia Geral, N. 10, A/32/10, pp. 21/22), dita nos arts. 20, 21 e 22 a regra consuetudinária que só se aplicaria o esgotamento dos recursos internos, para "obrigações de resultado" e não "obrigações de conduta". Estas últimas ocorrem quando um Estado é obrigado a cumprir ou deixar de cumprir determinada obrigação ou ato determinado. Para o Professor **Aréchaga**, "La restricción del alcance de la regla existente parece fundamentarse en el supuesto de que todas las obligaciones internacionales del Estado relativas al tratamiento de extranjeros son obligaciones de resulado y no de conducta" (In: "Derecho Internacional Contemporaneo", Ed. Tecnos, p. 351.).

petência para julgar tal litígio; ou porque tais Tribunais não realizariam uma devida reparação ao dano provocado; ou porque há comprovadamente uma demora demasiada na solução do litígio (Justiça demorada é Justiça denegada), etc. Na verdade, a *Comissão de Direito Internacional das Nações Unidas* resolveu deixar esta questão de esgotamento dos recursos internos para a jurisprudência acomodar[118].

Claro que quer se dar ao Estado infrator o direito de solucionar tal lide (ou problema), reparando o dano causado, conforme sua legislação/jurisdição interna (ou através de tribunais locais, ou soluções pacíficas como a arbitragem ou mediação), antes de ser considerado responsável internacionalmente por uma quebra de sua obrigação para com o Direito Internacional ou para com a Sociedade Internacional; contudo, é muito difícil um Estado infrator julgar uma situação desta com imparcialidade, ou até mesmo tomar esta decisão de resolver a questão internamente sem ser pressionado de alguma maneira. Regularmente, o Estado responsável internacionalmente espera o acionamento por quem se sente ofendido, colocando em muitos casos todo o tipo de obstáculos para não arcar com qualquer custo, por mais justo que seja, utilizando-se até mesmo (o que é mais comum observar) de ações de bloqueio ao Direito estrangeiro, mesmo que este seja competente e não ofenda a ordem pública, soberania ou *lex fori* imperativa.

Esta não é uma questão fechada, quer dizer, há exceções. Se convencionalmente se estabelece que não se vai esgotar todos os recursos internos do Estado infrator, prevalece esta "Convenção", como ocorreu na *Convenção Franco-venezuelana*, de 1903, ou como a Convenção entre os Estados Unidos e o México, em 8/12/23; ou em casos de arbitragem como o disposto no Compromisso firmado em 18/8/10, entre os Estados Unidos e o Reino Unido. Ou seja, esta não é uma regra de Ordem Pública[119]. Não prevalece, é óbvio, no caso de não haver recursos internos a serem esgotados. Na célebre frase do Secretário de Estado norte-

---

118. Anuário da C.D.I., 1977, vol. II, 2a. parte, p. 47, § 42.
119. Vide **Rousseau**, Op. cit., "Droit", pp. 366/367.

americano (1869 a 1877), **Hamilton Fisch**, "um reclamante em um Estado estrangeiro não está obrigado a esgotar a via legal, quando tal via legal não existe". Ainda há casos de Estados que adotam a teoria da irresponsabilidade do poder público ou da adoção da inadmissibilidade de certos recursos, combinado com o sempre não acatamento de Direito estrangeiro.

O Poder Judiciário tem que inspirar segurança ao ente lesado, caso contrário e devidamente provado, tal esgotamento não se presta, e servirá apenas para se ganhar (ou perder) tempo. Como ditou a sentença Arbitral no *Caso dos Barcos Filandeses* (9/5/34), o recurso tem que ser "adéquat et effetif"[120]. Na maioria dos casos apontados na questão do esgotamento dos recursos internos, são de ordem privada, ou seja, quase sempre é um súdito estrangeiro que é prejudicado por um evento danoso, provocado por um Estado. Neste ponto, faz sentido o esgotamento dos recursos internos, contudo, a mesma atitude quase não acontece no caso de eventos danosos provocados entre Estados, ou seja, não existe neste ponto uma relação entre súdito e Estado. O Professor **Cançado Trindade** justifica que dificilmente se poderia esperar que um Estado, em virtude de sua própria soberania, tivesse que esgotar os recursos disponíveis no Território do outro Estado[121]. *Ora, não há que se confundir as situações, ou seja, quando um Estado endossa a reclamação de um súdito seu, num processo contra outro Estado, ele não está mais agindo em nome do seu súdito, mas sim no seu próprio, como se fosse uma infração Estado para Estado, mas, nesta altura, o esgotamento dos recursos internos já foram exauridos.* Portanto, a medida judicial, perante Tribunais Internacionais, ou Cortes Arbitrais, pode e deve servir de abrigo para as reclamações de Estado para Estado,

---

120. Vide "Recueil des Sentences Arbitrales — ONU", 1948/1958, tomo III, p. 1481/1550; e "Memorándum, Lois et Décisions Relatives au Droit International", 1934, n° 2, 21, em especial a nota do Professor **A. de La Pradelle**. Especificamente sobre esta sentença Arbitral, vide **J. Hostie**, in: "Revue Générale de Droit International Public", 1936, p. 327/357.
121. Op. cit., p. 45.

porém, não enxergo a possibilidade de ferimento de soberania (*par in parem non habet imperium, non habet jurisdictionem*). O que se presume é a certeza do esgotamento dos recursos internos.

Há casos de súditos voltarem-se contra o seu próprio Estado, ao oferecerem uma reclamação a uma Organização Internacional, ou a uma ONG e esta reclama junto a uma Organização Internacional, por violação por parte do seu Estado, de uma norma tida como de Direito Internacional. É tema de responsabilidade internacional do Estado, sem dúvida, que deve ser apurada da mesma forma, ou seja, seguindo os mesmos parâmetros adotados contra um Estado alienígena. Resta saber se uma ONG (geralmente ligada aos chamados Direitos Humanos, ou ligada à proteção de minorias, questões étnicas e raciais, ou ligada à proteção de Direito Ambiental) teria a legitimidade ativa para atuar em nome deste súdito (*ao meu entender não teria*), ou se a Organização Internacional teria a mesma legitimidade (teria em seu âmbito interno, julgando em seu Tribunal, por exemplo? E no caso de uma reclamação contra o seu Estado no Tribunal de Direitos Humanos?). A questão, apesar de ser delicada, deve seguir a mesma tendência adotada pelo procedimento aplicado ao súdito estrangeiro (sem o mesmo rigor, quanto à questão da nacionalidade, porquanto, o súdito tem a mesma nacionalidade do Estado que figurará no pólo passivo da contenda), a não ser que haja manifestação contrária, por exemplo, em Convenção ou Tratado, firmado com uma Organização Internacional (a atuação de uma ONG é completamente descartada, por não ser ela um Sujeito de Direito Internacional), contudo, se faz mister que haja um prejuízo efetivo, sofrido por este súdito, oriundo de uma violação efetiva de uma norma tida como de Direito Internacional. Este é o fato gerador que aciona uma responsabilidade internacional. *Entendo que o dano, na verdade, é a violação de norma internacional.*

Cançado Trindade entende que ainda é muito cedo para se discutir o tema, e doutrina que "a adoção da regra dos recursos internos pelas convenções e instrumentos internacionais contemporâneos, relativos à proteção dos direitos individuais fundamentais, requer não seja ela aplicada com o mesmo rigor que no plano da intervenção diplomática; neste novo tipo de situação, em que se torna irrelevante a nacionalidade como *vinculium juris* para o exercício da proteção, a regra tem claramente operado como uma objeção de efeito dilatório ou temporal de natureza nitidamente processual[122].

A questão do esgotamento dos recursos internos, como pré-requisito para a concessão da proteção diplomática, também é entendido como forma excludente de responsabilidade, porquanto, se este instituto não foi devidamente exaurido, a petição de reclamação estará eivada de vício, que impedirá que uma Corte Internacional, seja ela arbitral ou judicial, analise a questão de fundo. Na mesma trilha, encontra-se o instituto do chamado *domínio reservado*. Este é um ponto que pouco é discutido na doutrina, em especial nos tratados e em manuais dos internacionalistas públicos (nos clássicos e nos não-clássicos). Todos são unânimes ao afirmarem que o não esgotamento dos recursos internos (que surgiu bem antes do domínio reservado, que foi posto em caráter novel, no artigo 15, inciso 8, do *Pacto da Liga das Nações*) é um fato impeditivo da proteção diplomática, contudo, raramente citam como fato impeditivo a questão do domínio reservado dos Estados como exceção processual internacional.

No Brasil, como no resto da América Latina, de um modo geral quando se edita uma lei a sociedade aguarda-se se ela irá efetivamente ser aplicada ou não. Um fato horripilante, aos olhos de um jurista, como para a população de um modo geral. A sociedade internacional não está acostumada a esta atitude, contudo, no caso do domínio reservado, parece que por influência política ou pelo pouco acionamento deste dispositivo, ele se tornou obsoleto, prevalecendo os efeitos irradiantes do esgotamento dos recursos internos, apesar de serem dois institutos diversos. Apenas a título de curiosidade, este Instituto (domínio reservado) foi criado para proteger os interesses vitais do Estado por influência do então presidente norte-americano **Wilson** (na

---

122. Op. cit., pp. 45-46.

época, a sociedade norte-americana não queria que outros Estados interferissem em assuntos internos dos *EUA*). Como é sabido, de nada adiantou tal trabalho de pressão, porquanto, os Estados Unidos nunca fizeram parte do *Pacto da Liga das Nações*. Sob a égide da Liga das Nações, somente em três ocasiões é que foi acionada a exceção da reserva de domínio[123].

Domínio Reservado, em outras palavras, quer dizer a competência exclusiva que um Estado tem em julgar e analisar certas questões jurídicas (está estampado nos artigos 2º, inciso 7 e 92, da *Carta das Nações Unidas*; e no artigo 1º, do *Estatuto da Corte Internacional de Justiça*). Ou seja, um caso litigioso não poderia ser levado à Corte Internacional (em caráter judicial ou por arbitragem obrigatória), porquanto, esta estaria impedida de julgar tal caso, tendo em vista ser este de *domínio reservado* do Estado. Este é um Instituto que abriga em larga escala a negação à aplicabilidade do Direito estrangeiro. É uma questão de soberania. Aliás, no tocante à questão da soberania, no domínio reservado e no esgotamento do recurso interno este item (soberania) é a única semelhança entre elas. Para o *Dizionario Giuridico Diplomatico*, "Riservato dominio é qual settore dellordinamento interno di uno Stato, nel quale nessuno Stato estero può interferire, el pretendere che assuma un particolare modo di essere[124].".

A questão do domínio reservado é uma questão "preliminar de jurisdição", para que seja uma reclamação aceita perante uma Corte Internacional. Esta necessariamente tem que ser analisada "processualmente" como questão preliminar, antes de qualquer outra análise, ou seja, antes de se

---

123. Como noticia **Cançado Trindade**, foram os seguintes casos: Caso das Ilhas Aaland (Filândia v. Suécia); Caso dos Decretos de Nacionalidade (Reino Unido v. França); e Caso da Expulsão do Patriarca Ecumênico (Grécia v. Turquia). O terceiro caso foi resolvido amigavelmente por negociações diretas entre as partes, ao passo que o primeiro caso foi solucionado pacificamente à luz de um Parecer, emitido por uma Comissão de Juristas (uma vez que a CPJI ainda não houvera sido constituída). Op. cit., p. 59, nota 47.
124. Op. cit., p. 503.

analisar a questão do esgotamento dos recursos internos. Se tal ponto for devidamente considerado o processo não continua e a questão de fundo não é apreciada, por falta de competência da Corte, não sendo, neste caso, analisada a questão do esgotamento dos recursos internos[125]. A questão do esgotamento dos recursos internos foi abrandada pela jurisprudência internacional nestas últimas décadas, podendo ser até mesmo dispensada, contudo, tal atitude não ocorre com o domínio reservado, porquanto, a questão da soberania está mais enraizada, pois a questão de fundo é de análise e julgamento exclusivo do Estado, ou seja, do seu domínio reservado. Além do quê, caso não haja o devido esgotamento dos recursos internos, ou não seja devidamente provada a sua não utilização (ou por denegação de justiça, ou por outro evento), pode o reclamante voltar a solicitar a proteção diplomática, conseqüentemente, podendo o Estado endossante aparelhar nova medida contra o Estado provocador do evento danoso. Contrariamente não ocorre com a reserva de domínio do Estado, porquanto, este fato é imutável e soberano[126].

*Ao meu entender, concordando com o doutrinado por **Scelle**[127], que se a matéria é considerada e tida como de Direito Internacional, não cabe a alegação do domínio reservado de competência estatal, contrariando, assim, a tese defendida por **Kelsen** e **Aréchaga**, que doutrinavam que só poderia se falar em domínio reservado, se o Direito Internacional tivesse, anteriormente, disposto tal questão de forma*

---

125. Neste sentido, C. H. P. Law, in: "The Local Remedies Rule in International Law", Geneva, Ed. Droz, 1961, pp. 123-124; e, **Th. Haesler**, in: "The Exaustion of Local Remedies in the Case-law of International Courts and Tribunals", Ed. Sijthoff, Leyden, 1968, pp. 154-156.

126. Neste sentido, vide **A. Miaja de la Muela**, in: "El Agotamiento de los Recursos Internos como Supuesto de las Reclamaciones Internacionales", artigo publicado no nº 2, do Anuario Uruguayo de Derecho Internacional, 1963, pp. 28-52.

127. Vide **Georges Scelle**, em artigo publicado com o título: "Critique du soi-sisant domaine de compétence exclusive", na RDI et de Législation Comparé, 1933, nº 2, pp. 368-369.

legislativa ou de qualquer regulamentação[128]. *Isto foge da essência do Direito Internacional, porquanto, este é sabidamente construído sob a base consuetudinária.* É que **Kelsen**, em alguns momentos, tende a seguir e acreditar na máxima que dita que, o que está no Direito é Direito; fora disto, não existe Direito. Ou seja, se está normatizado, pode-se alegar o domínio reservado, o que é injusto, como demonstra a jurisprudência (e prudência) internacional.

Cabe ressaltar que o domínio reservado foi alegado pelos Estados Unidos, no *Caso Interhandel*, juntamente com a preliminar de não esgotamento de recursos internos, mas a Corte acabou acatando a questão do não esgotamento e deixou politicamente de utilizar a questão do domínio reservado, para não dar a impressão de que estaria agindo conforme o ditame norte-americano. No *Caso dos Empréstimos Noruegueses* de 1957, a Noruega invocou perante a Corte (como um dos elementos alternativos) a chamada reserva automática de domínio reservado da França, porquanto, esta, por Convenção, dispôs expressamente que nestes casos seria uma questão de competência nacional (francesa) e não internacional (Corte Internacional de Justiça). Neste caso acima noticiado, a Corte não julgou a questão de fundo. Em outro caso (*Caso da Interpretação dos Tratados de Paz*, entre a Romênia, Hungria e Bulgária, de 1950), a Organização das Nações Unidas solicitou à Corte Internacional de Justiça que esta se manifestasse através de um parecer/consulta, sobre os *Tratados de Paz* acima mencionados, no sentido de que ela (Corte) teria competência para julgar certas questões. Os três Estados alegaram a questão de domínio reservado (Direito internos deles e perante a Corte, Direito alienígena). A Corte entendeu ao julgar o mérito (não levou em consideração a

---

128. Neste sentido, **Hans Kelsen** in: "The Law of the United Nations", Ed. Stevens, Londres, 1950, pp. 776-778. Tese também adotada por seu seguidor, **Alf Ross**, in: "Costitution of the United Nations", Ed. E. Munksgaard, 1950, Copenhagen, pp. 120-121; e por **E. Jiménez de Aréchaga**, in: "Derecho Constitucional de las Naciones Unidas", Madri, Ed. Escuela de Funcionarios Internacionales, 1958, pp 107-108.

questão preliminar) que era uma questão de Direito Internacional (interpretação de Tratados) e não de competência exclusiva (interna), dos Estados em questão[129], negando o Direito estrangeiro.

Em outros casos, a Corte se manifestou expressamente contra estas alegações que foram levadas a ela como um dos elementos, para que esta não julgasse a questão de fundo. *Case leader*, foi o ocorrido em 1967, através do *Caso Lingüístico Belga*, perante a *Corte Européia de Direitos Humanos*. Alegou resumidamente a Bélgica que questões de natureza lingüística, estão ligadas à soberania do Estado, devendo ser analisadas e julgadas pelo Direito Interno de cada Estado, ou no mínimo, que estas questões pertenciam exclusivamente à competência do domínio reservado do Direito Belga e não do Direito Internacional. Esta argüição foi rejeitada pela Corte.

Como última palavra, vale relembrar que a base de sustentação tanto do instituto do esgotamento dos recursos internos como do domínio reservado no Direito Internacional é a "soberania", sendo que esta suporta uma série diversificada de definições. É como se fosse uma "caixa de mágico", onde sempre se encontra algo a favor (ou contra) do Estado. Na prática, o ferimento da soberania é sempre uma desculpa alegada, mas de difícil prova, seja a favor ou contra a sua definição. É um "escudo" que nem sempre está a favor da Justiça, como, também, é o caso de se barrar o Direito estrangeiro e aplicar somente a *lex fori*, quando aquele era o competente e não feria a ordem pública, consubstanciada em *lex fori* imperativa ou até mesmo a mencionada soberania. Há nos exemplos acima uma zona nebulosa entre a questão de competência, aplicação e não aplicação do Direito estrangeiro, com a prevalência da primeira.

---

129. ICJ Reports, 1950, pp. 70-71.

Capítulo Sexto

Das Teorias a Favor da Aplicação da *Lex Fori*

*Como é de fácil sentir, há uma tendência comodista e ao meu ver negativa de aplicar a lex fori como uma solução mediata para a solução de um conflito de lei na aplicação do Direito estrangeiro. O tema é abordado por várias matizes, chegando a formar teorias que tentam aplicar a lex fori como a única forma, recusando a aplicação normal e competente do Direito estrangeiro. Posso citar teorias, como a de **B. Currie**, que dão sustentação à aplicação da lex fori, por ser esta prática adequada para os interesses do Estado (Governmental Interest[130]), e a Teoria da Lex Fori Approach.

Esta última teoria foi difundida pelo jusinteracionalista austríaco, radicado nos Estados Unidos da América, **A. A. Ehrenzweig**[131], que gerou muita polêmica e discussão aca-

---

130. Vide "Select Essays on the Conflict of Laws"; em especial os artigos: "On the Displacement of the Law of the Forum"; e, "Notes on Methods and Objectives in the Conflict of Laws".
131. In: "Private International Law" (I — General Part/1967; II — Jurisdiction,

dêmica, ainda mais quando se trata de um grande crítico do "intocável" *Restatement Second*[132]. Para chegar a tal teoria, **Ehrenzeig** analisou conforme suas palavras mais de dez mil decisões (*conflicts cases*) de Cortes norte-americanas (na verdade ele fazia comparações entre *cases* norte-americanos e ingleses), para defender de modo apaixonado a *lex fori*. Com o tempo, ele ficou mais maleável admitindo até mesmo a *lex fori* como uma forma residural, entretanto, ele sempre teve a *lex fori* como um *staring point*. Ou seja, o Direito estrangeiro *quase* não tinha vez!

Na visão do internacionalista imediatamente acima noticiado, deve-se aplicar o Direito estrangeiro, em casos autênticos de conflito de leis (*true conflicts cases*), onde tal Direito estrangeiro, em contato com a *lex fori*, seja realmente diferente desta em seu conteúdo[133]. Este doutrinador ditava que, na maioria esmagadora das vezes (mais de 90% dos 10.000 casos por ele pesquisados), os casos apresentados eram de pretensos conflitos de lei, ou seja, os casos em que o Direito estrangeiro não era diferente da norma do foro correspondente ou não se tratava de conflitos propriamente ditos. Diante destes casos, se aplicaria a *lex fori*. Ele entendia que o "conflito de lei" era entendido erroneamente sobre uma base falsa, ou seja, na maioria dos casos tratava-se de um conflito entre regras ou normas singulares e não sobre ordens jurídicas diferentes[134]. Analisando tal obra, **Antônio**

Judgments, Persons/1973; e III — Obligations, Contracts, Torts/1977), Leyden/Dobbs Ferry, Ed. A. W. Sijthoff/Oceana Publications.
132. Atualmente, o Restatement está na sua terceira edição revisada.
133. Na obra "A Treatise on the Conflict of Laws", St. Paul, Ed. West Publishing, 1962, p. 311, ele dita que: "...true conflicts rules are needed to resolve confllicts which are true conflicts in the sense that they require a choice between the law of the forum and one or more foreign different rules that purport to be applicable to the particular issue ... true conflicts rules derived from true conflicts cases ... Conflicts cases are only those cases involving contacts with foreign laws, in which those laws differ from that of the forum...".
134. Op. cit., "Treatise", p. 311: "...all conflicts relate to rules or groups of rules rather tham to legal orders as such...".

Marques dos Santos escreveu que "...o que acarreta, como conseqüência necessária, que não pode falar-se de uma lei estrangeira que rege uma dada questão jurídica (*governig law*), nem tampouco é lícito considerar que uma lei estrangeira possa aplicar-se como tal, em vez de o ser — tal como pensa o autor — como parte integrante da ordem jurídico-material do foro"[135]. Entendia, ***Ehrenzweig***, que a aplicação do Direito estrangeiro era realizada de forma excepcional, mais precisamente em duas situações: ou quando a *lex fori* não pudesse resolver a questão, utilizando o Direito estrangeiro como norma suplementar à tal lacuna[136], podendo-se valer, inclusive, de várias situações enumeradas (ele elaborou lista de exceção da "*basic rule of the law of the forum*"); ou quando tal intervenção alienígena fosse imposta por uma ordem jurídica superior, dando como exemplo o poder do Papa, a autonomia das partes, a Constituição, os tratados.

Estas teorias servem para o embasamento doutrinário da aplicação da *lex fori*; contudo, a simples aplicação do Direito estrangeiro ao comando do elemento de conexão não pode trazer malefícios, pelo contrário, se o Direito estrangeiro é o competente para ser aplicado, este deve necessariamente ser aplicado, a não ser em casos excepcionais.

---

135. Vide Tese: "As Normas de Aplicação Imediata no Direito Internacional Privado — Esboço de uma Teoria Geral", Ed. Almedina, Coimbra, 1991, p. 298.
136. "These situations in which foreign laws have ... been called upon to fill a vacuum could well have been collected and classified in a catalogue of exceptions from the basic rule of the law of the forum..." (Op. cit., "The Lex Fori", p. 638; como também in: "Treatise", pp. 315-316).

Capítulo Sétimo

Da Lex Fori e Terceiro Direito como Meios Subsidiários à Aplicação do Direito Estrangeiro

Ora, tanto na falta ou impossibilidade material, como na impossibilidade legal-processual de se aplicar o Direito estrangeiro, deve-se aplicar a *lex fori* como meio subsidiário (*Mutterrecht*)[137], como já assinalado.

Contudo, se houver fragmentos[138] deste Direito estrangeiro, ou ele se apresentar como um todo, faltando apenas a

---

137. Este é um meio extremo, que particularmente não me agrada, tendo em vista que a sua larga utilização quebra a aplicação normal do Direito estrangeiro, resultado direto do elemento de conexão, ditado pelo Direito Internacional Privado local. Repito, a *lex fori* só deveria ser aplicada como última *ratio*.

138. Mas que dê ao julgador uma informação suficiente para pegar o espírito do Direito estrangeiro, ou para realizar uma imagem geral deste Direito. Aliás, é um dever inerente da função judicial, que o julgador deve valer-se de tantos instrumentos de averiguação sejam possíveis, para aplicar o Direito com Justiça, ou nas palavras de **Garcimartín**, "si debe solucionar un litigio conforme a un Derecho extranjero, y si tiene dudas sobre su verdadero contenido, debe utilizar los medios a su alcance para salir de ellas" (Op. cit., p. 66).

prova de sua eficácia[139], *penso que a magistratura do foro deve utilizar os mecanismos de solução que oferece o próprio Direito estrangeiro, inclusive jurisprudência e doutrinas, tendo em vista que tal Direito seria pelas regras de conexão, ditadas pelo Direito Internacional Privado do foro o indicado a ser utilizado*[140] *no caso, tendo em vista que a prática e a melhor doutrina*[141] *indicam que a norma de conflito, ordena a aplicação de um Direito estrangeiro, tal e como é regido em seu Estado*[142].

Há saída menos tradicional, qual seja, a **utilização de um Terceiro Direito, chamado pela doutrina germânica de* **Ersatzrecht**, *que pode agir de forma subsidiária ou auxiliar, ou como de aplicação direta sob a questão de "Fundo". Se já é difícil aplicar um Direito estrangeiro competente, o que se pode dizer sobre tal formulação, contudo, não se pode*

---

139. Sem querer entrar no mérito, tendo em vista a questão de prova não ser objeto deste trabalho, vide arts. 13, 14, 18 e 19, da Lei de Introdução ao Código Civil brasileiro; art. 32, "caput", da Lei de Registros Públicos; arts. 333, 334 e 337, do Diploma Processual Civil; arts. 133, 134 e 136, do Diploma Civil; arts. 115-I e 116, do Regimento Interno do Supremo Tribunal Federal.

140. Em sentido semelhante, **Gutierrez de Cabiedes**, in: "Tratamiento Procesal del Derecho Extranjero en el Título Preliminar del Código Civil", artigo publicado no "Anuario de Derecho Internacional" (espanhol), vol. II, 1975, p. 73; **Fernández Rozas/Sánchez Lorenzo**, in: "Curso de Derecho Internacional Privado", Madri, 1991, p. 526; **Keller/Siehr**, in: "Allgemeine Lehern des Praxis des Internationalen Privat-und Verfahrensrecht", Zürich, 1986, p. 505; **Krause**, Op. cit., p. 92; e **Garcimartín**, in: "Sobre la Norma de Conflicto y su Aplicación Judicial", Ed. Tecnos, 1994, p. 61.

141. Neste sentido vide **Kegel**, in: "Internationales Privatrecht", 6ª ed., Munich, 1987, p. 318.

142. Aliás, apenas a título de nota, acredito que nenhum juiz brasileiro tenha absoluta segurança de conhecimento das normas de que ele é obrigado a conhecer, ou seja, o direito federal (uma prova disso é que o legislador criou um sistema de recursos, pensando na falibilidade do julgador). Portanto, a possível falta de segurança sobre o conhecimento do direito estrangeiro não é algo assim tão estranho, tendo em vista que mister se fará o julgamento, pois, o Brasil (por exemplo), não admite o reenvio (art. 16, da Lei de Introdução ao Código Civil brasileiro).

descartar tal hipótese, que ao meu ver, é importante. Exemplo disso não é de difícil formulação: Às vezes, magistrados com dificuldade de aplicar o Direito nipônico tendem a buscar auxílio no Direito alemão (seja na doutrina, legislação e jurisprudência), pois, este "Terceiro Direito" seria aquele que influenciou diretamente o Direito aplicado no Japão[143]. Pode-se entender, também, como Terceiro Direito[144] aquele oriundo do Direito Convencional ou da Lex mercatoria.

---

143. Neste sentido, vide **Müller**, op. cit., p.174 e ss. e **Krause**, op. cit., pp. 113-128.
144. *"Terceiro Direito"* a parte, como doutrinava singularmente **Henri Batiffol**, escrevendo sobre Filosofia do Direito, citou **Condorcet**, para dizer que "uma boa lei deve ser boa para todos os homens, tal como uma proposição verdadeira é verdadeira para todos" (in: "La Philosophie du Droit", 6ª ed., 1981, Ed. Presses Universitaires de France, Paris, p. 53, coleção "Que sais-je?").

Capítulo Oitavo

Da Fraude à Lei

Este instituto é designado e apontado em várias doutrinas alienígenas como uma das formas mais usuais (juntamente com a alegação de ordem pública), de limitação ou barreira à aplicação da lei estrangeira (*fraudem legis; fraude a la ley; fraude à la loi; frode alla lege; gesetzesungehung; wetsontduiking; evasion of law*), e/ou, também, como a forma de exceção da extraterritorialidade da lei (como queiram!), sendo certo que na legislação brasileira, mais especificamente na que trata sobre as questões de conflito e de Direito Internacional Privado, como é o caso da Lei de Introdução ao Código Civil e da Introdução (antiga) ao Código Civil, nada se falou e/ou se tratou a este respeito. Como observava **Josserand**[145], seja qual o aspecto que se tente enquadrar a fraude à lei, esta sempre faz surgir uma frustração da lei. A fonte de instrumentos para fraudar a lei estrangeira, na

---

145. In: "Les Mobiles dans les Actes Juridiques", n° 176.

maioria das vezes, é fornecida pelo próprio Estado, contudo, como dizia **Jhering**, há uma inesgotável gama de recursos e astúcias, dedicados a frustrar a lei[146], mesmo porque, utiliza-se livremente as regras de conflito, com o intuito de contornar o que dita a *lex fori* imperativa. Ou seja, **a fraude à lei em Direito Internacional Privado nada mais é do que a elisão de uma norma imperativa de Direito interno (lex fori), por intermédio do uso de uma norma de conflito, que permita, em seu turno, aplicar um Direito estrangeiro*. Para a questão tributária não se trata de uma evasão fiscal e sim de uma elisão fiscal, tendo em vista que o contribuinte não pratica um ato ilícito no decorrer de sua atuação, violando uma obrigação fiscal. O contribuinte apenas altera os elementos de conexão; a sua intenção, sim, é eivada de vício e não seus atos, utilizando-se de elementos de conexão válidos e legais, sem fazer uso de simulações ou figuras afins.

Alguns doutrinadores denominam tal tema como uma conseqüência da *mobilidade das conexões*[147], ou seja, o fraudador procura intencionalmente se mobilizar para conseguir o abrigo de uma lei que lhe seja mais favorável, ou procura deslocar uma legislação estrangeira, com o fito de afastar a legislação local imperativa e competente, impedindo, assim, que esta norma local irradiasse seus efeitos. **Batiffol** alertava, com toda a razão, que as normas de conflito não devem ser utilizadas para fugir à aplicação de disposições legais internas

---

146. In: "Geist des Römischen Rechts", vol. III, p. 257 — apud **Martín Wolff**, na obra "Derecho Internacional Privado", tradução da 2ª ed., do inglês para o espanhol, realizada por **Antonio Marín López**, Ed. Bosch, Barcelona, 1958, p. 136.

147. Geralmente muda-se de elemento de conexão (domicílio ou a nacionalidade), para iludir a lei imperativa local (muito raramente fraude à lei alienígena que pode, em certos casos, fraudar a lei nacional de conflito, que dá como competente a lei alienígena). O mesmo acontece em se tratando de estatuto pessoal, com o elemento de conexão "religião".

ou materiais, mesmo quando estrangeiras[148]. O alerta é ingênuo, mas deve ser seguido.

*Entendo ser a fraude à lei um elemento ou um fenômeno que faz gerar um conflito, entre a vontade individual e a autoridade da lei, sem que esta vontade se choque diretamente contra a mencionada lei. Mister se faz observar, como alertava **Audit**[149], se a norma que foi burlada era uma norma imperativa ou que gerasse uma questão de ordem pública e se tal atitude do agente ludibriador está eivada de má-fé, ou seja, se sua intenção era a de praticar atos/fatos lícitos para obter benefício final ilícito. *Há na fraude à lei uma alteração da finalidade do Direito Geral ou do Direito Internacional Privado, criando ou alterando artificialmente, pontos de conexão, por meios lícitos[150].

A falta de solidariedade internacional e o quase sempre caráter abstrato das normas de conflito fazem com que a fraude à lei em Direito Internacional Privado seja bem difundida. O Estado bebe muitas das vezes de seu próprio veneno, pois fica míope com a sua saga em proteger sua soberania jurídica, diante de uma artificiosa internacionalização de elementos de conexão!

---

148. **Henri Batiffol**, in: "Droit International Privé", 7ª ed., 1º vol., Ed. LGDJ, Paris, 1981, p. 428. Neste mesmo sentido **Jacques Maury**, in: "L'Eviction de la Loi Compétente: L'Orde Public et la Fraude à la Loi", 1953.
149. "La Fraude à la Loi", Ed. Economica, Paris, 1974, em especial pp. 435-437.
150. *Esta questão lícita é viciada pela intenção final do fraudador, pois, ao meu entender, há uma conexão fraudulenta*. Um dos mais claros internacionalistas para resumir tal artimanha e foi **Yanguas Messía**, ao doutrinar que: "...el realizador del fraude de ley en Derecho Internacional Privado, busca liberar-se de una norma de Derecho material interno que le impone algo que él no quiere, o le veda algo que él quiere realizar. Para lograr su propósito, se dispone a sustituir la vigencia de las normas internas en custión, por la de outra norma interna extranjera que no le impone lo que a él le estorba, o le permite lo que él busca. Y el medio técnico de que para ello se vale es el acogimiento a un punto de conexión establecido por su propria norma de conflicto" (in: "Derecho Internacional Privado", Ed. Reus, Madri, 3ª ed., 1971, p. 375).

Na maioria dos Direitos Internos de cada Estado, há referência geralmente no âmbito do Direito Civil[151], da questão da fraude à lei (tópicos, esses, geralmente também aceitos pelo Direito Internacional Privado), estipulando de uma maneira geral que, são nulos os atos/fatos executados contra o disposto na lei imperativa, salvo os casos em que a mesma lei ordene sua validade. Ela pode ser encontrada em qualquer ato/fato fraudulento (*ou com intenção[152] de

---

151. A fraude à lei é tratada pelo Direito anglo-americano (evasion of law), de forma um pouco diferenciada (diria mais localizada sobre um tema principal, aplicada mais aos contratos), como pode ser sentido pela lição de **Rabel** (quando lecionava na Universidade de Michigan), estampada na sua obra: "Conflict of Law", 2º volume, pp. 428-429, porquanto, entende tal doutrina que a questão da ordem pública (public policy) é por demais vaga e pouco palpável: "Excluding the dubious exception of public policy, there is only one tangible leading idea emerging from the manifold confused attempts to restrict party autonomy. This is the desire to obviate evasion of law. But we have found merely one situation in which in the universal opinion a law is not permitted to be avoided, that is, when a contract by all (not only by some) substantial connections belongs to one sole jurisdiction and, thus, is devoid of all considerable foreign elements. The claim of any state exclusively to govern contracts entirely radicated in its territory is well enough founded to justify its recognition by all other states. While in the case just mentioned the parties are precluded form selecting a foreign law against imperative domestic rules on an objective basis, the theory of fraus legi facta disapproves always and only the evident purpose of evasion in an agreement. The French and also some American courts are inclined to favor this idea. It is well known how difficult is the proof that the main purpose of an obligatory agreement was intentionally to avoid the application of a law. On the other hand, what may be regarded as evasion from the angle of one country, may be recognized elsewhere as legitimate resort to another law, particularly in the state whose law is adopted. If a contract has more than one territorial connection, there is no reasonable background for its compulsory attribution to one state just because this state is hostile to the contract and the parties feared frustation by its law".
152. A questão da intenção ou do critério psicológico foi muito discutida, contudo, *sou partidário de que ele deve existir e ser reconhecido como elemento caracterizador da fraude à lei, apesar da dificuldade prática observada nos Tribunais, para tal caracterização, pois a intenção de iludir uma determinada lei proibitiva seria motivo determinante do ato praticado em fraude à lei. Apesar

fraudar ou obter um fim ilícito, utilizando-se para isto de meios lícitos), qualquer que seja a sua modalidade ou aspecto[153]. Claro que não se trata especificamente de Direito Internacional Privado ou, como querem alguns, de Conflitos de Lei, contudo, serve *mutatis mutandis* de parâmetro e precedente da *lex fori*, agir como *remédio* para barrar tal fraude.

Para o Direito Internacional Privado, o valor de um ato/fato ou negócio jurídico é inseparável da sua finalidade. O conjunto lícito praticado para se atingir determinado fim, que frustre norma material obrigatória, é contaminado por vício cristalizado no fim/intenção ilícitos (aqueles não legitimam o fim), pois foi defraudada a ordem jurídica imperativa inicialmente competente. **Entendo que desde o momento em que haja sido violado a "littera" do texto legal, não há que se falar em fraude à lei, mas sim de uma violação à lei (contra legem agere).* Ou seja, a violação da lei está em oposição de seu texto e a fraude à lei, pelo contrário, está em oposição com seu "*mens ac sententia*[154].

O ato/fato, negócio jurídico, autonomia da vontade, lei/Direito estrangeiros, em fraude à lei, agem ao redor dela, evitando-a, se opondo a seu espírito e a seu verdadeiro significado. Como doutrinava **Haroldo Valladão**, a fraude à lei "no Direito Internacional Privado tem papel destacado,

---

que o primeiro objetivo do fraudador seria se beneficiar e não querer fraudar a lei, esta ocorre pela intenção de burlar regra que, por sua ótica, lhe desfavorece.
153. A fraude à lei pertence a uma família de numerosas noções, correntes, teorias e definições. Como afirmava **Josserand** (in: "Les Mobiles dans les Actes Juridiques", nº 171), a idéia e noção de fraude são sentidas por todos, contudo, "sua significação e extensão permanecem na penumbra". É mais fácil afirmar que fraude é a própria negação do Direito. No caso presente, a fraude à lei, como assentuava **Ripert**, se concretiza em iludir sua observação nos casos em que se tinha o dever de respeitar (in: "La Règle Morale dans les Obligations Civiles, nº 168).
154. "Scire leges non hoc est verba earum tenere, sed vim ac potestatem" (**Celsius** D. L., 3, 17).

pois a fuga da lei indesejável, a sua substituição por outra mais conveniente, é facilitada em face da reconhecida voluntariedade na escolha do elemento de conexão, da nacionalidade, do domicílio, da residência habitual, do lugar da situação da coisa móvel, do ato ou do contrato, etc."[155]

Os casos de fraude à lei se encontram nos atos das pessoas que querem escapar de um cumprimento de um dever cívico e imperativo, como assinalava **Pillet**[156], assim como das pessoas que querem iludir a aplicação de alguma lei que julgam contrária aos seus interesses, ou seja, as aplicações ditadas pela norma competente são desfiguradas, violando-as efetivamente o conteúdo desta lei fraudada. Há na fraude à lei de caráter internacional um abuso intencional da voluntariedade ou uma liberdade de eleição do elemento de conexão, residente na nacionalidade, no domicílio, no lugar da situação da coisa ou do negócio jurídico, etc.

Mais especificamente, sobre o negócio jurídico, como bem ressaltou **Castro y Bravo**[157], o negócio em fraude à lei não é mais do que uma manifestação especial da fraude à lei, ou seja, "consiste en utilizar un tipo de negocio o un procedimiento negocial con el que se busca evitar las normas dictadas para regular outro negocio; aquel, precisamente, cuya regulación es la que corresponde al resultado que se pretende conseguir con la actividad puesta en práctica"[158]. Para a questão dos negócios jurídicos, há que se levar em conta com mais apuro a interpretação da lei (local e alie-

---

155. In: "Direito Internacional Privado", Ed. Biblioteca Universitária Freitas Bastos, Rio de Janeiro, 4ª ed., 1974.
156. In: "Principes de Droit International Privé", Ed. Pedone, Paris, 1903, p. 201.
157. Apesar de ter sido o catedrático de Direito Civil mais moço da Universidade de Madri (26 anos), foi também, catedrático na mesma Universidade de Direito Internacional Privado, substituindo em 1934 o Prof. **José de Yanguas Messía**.
158. **Frederico de Castro Y Bravo**, in: "El Negocio Jurídico", Ed. Civitas, 1997, p. 370

nígena) e a interpretação do próprio negócio jurídico. Segue tal professor ditando que "...para llegar a la condena de un negocio por fraude a la ley habrá que proceder a una interpretación extensiva y finalista de la regla objeto del rodeo (hasta incluir al negocio dentro de su radio de acción), y también a una interpretación estricta de las otras reglas utilizables como cobertura"[159].

A doutrina clássica dita que a fraude à lei corrói a raiz do ato ou do contrato, devendo-se anular ou considerar nula toda uma cadeia de atos ou fatos, oriundos de um negócio jurídico, contudo, a doutrina mais moderna já atenua este conceito. *Eu acredito que particularmente a fraude não atinge o negócio jurídico como um todo (talvez parte dele), pois este só será atingido em sua plenitude se a sua causa ou seu objeto forem ilícitos. A intenção a ser atingida é que está viciada, mas o contrato ou o negócio jurídico foi realizado dentro das normas estabelecidas pela lex fori. O Direito Internacional Privado de cada Estado não tem o poder de pronunciar-se mais que sobre as situações jurídicas que afetaram sua esfera de interesses, por conseguinte, o sistema de regras de conflito do foro não deve intervir em situações que foram estabelecidas em outro Estado e ali tendo seus efeitos irradiados, sem apresentar vínculo algum com o foro*[160].

A anomalia está cristalizada na intenção da parte fraudadora, ao contrário do que pensa o Professor **Irineu Strenger**, que afirmara que "não é necessário que se prove a intenção das partes em fraudar a lei"[161]. Portanto, deve-se

---

159. Op. cit., p. 371.
160. Neste mesmo sentido, **Francescakis**, Op. cit. (Quelques...), pp. 85 e ss., com nota de **Paul Lagarde**.
161. In: "Curso de Direito Internacional Privado", Ed. Forense, 1978, p. 517. Na verdade entende dito ex-chefe de Departamento de Direito Internacional Privado, da Faculdade de Direito da Universidade São Paulo, que "basta que existam indícios para que o juiz territorial afaste a aplicação do direito estrangeiro" (Op. cit., logo abaixo), o que *ouso discordar, tendo em vista que a*

atingir e negar os efeitos irradiantes do negócio jurídico e não os instrumentos legais utilizados para chegar ao fim alcançado.

Aliás, como dizia **Niboyet**[162], a utilização da fraude à lei é o remédio necessário para a lei manter seu caráter imperativo e sua sanção nos casos em que os envolvidos se colocassem em fraude, sob o império de outra lei. Ou seja, a constatação da fraude à lei serve para evitar que uma lei imperativa se torne uma lei facultativa ou subsidiária, sem a força obrigatória. O mesmo **Niboyet**[163] já alertava que a base moral da aplicação de tal instituto reside no fato de que seria socialmente comprometedor o aproveitamento, sem sanção alguma, das facilidades oriundas deste fenômeno de ultrapassar fronteiras para escapar de leis obrigatórias. Mais do que um princípio moral é uma questão de segurança legal e legislativa manter a força de leis imperativas, que não podem ser abaladas por leis estrangeiras ou situações onde se verifica a ocorrência de fraude à lei, sob o manto de outra ou nova lei, que se sobrepõe àquela situação primitiva.

A fraude à lei é geralmente e tradicionalmente encontrada na jurisprudência, nas seguintes situações: a-) Sobre questões relacionadas à troca de nacionalidade (tanto da pessoa jurídica como da física), com o intuito de conseguir determinadas vantagens[164], mudando o ponto de conexão;

---

coluna vertebral da fraude à lei é a justificativa legal para o afastamento da aplicação de elemento estrangeiro, seja ele lei, Direito, ato, fato, negócio jurídico ou sentença, reside no fato de ser constatada a vontade de fraudar, a intenção de se obter um resultado ilícito ou contrário à lex fori imperativa. Aliás, dito Professor contraria o que escreveu na página anterior, onde doutrina que "é a intenção que deve prevalecer" (sic. — Op. cit., p. 516)!

162. In: "Manuel de Droit International Privé", escrito em conjunto com **A. Pillet**, Ed. Recueil Sirey, Paris, p. 1924, p. 574.
163. In: "Cours de Droit International Privé", Ed. Recueil Sirey, Paris, 1946, p. 535.
164. *Para que haja a fraude à lei, mister se faz que esta vantagem seja eivada de ilicitude, pois, do contrário, a fraude não fica caracterizada.*

b-) Sobre questões relacionadas à troca de domicílios, ainda mais quando um Estado tem em face ao domicílio um ponto de conexão em matéria de competência judicial ou legislativa; c-) Sobre questões relacionadas ao *"locus"*, ou a regra do *"locus regit actum"*, principalmente em matéria de matrimônio ou contratual; d-) Sobre questões relacionadas à faculdade de eleição de foro (autonomia da vontade viciada), principalmente atingindo aos contratos, criando-se um ponto de conexão fora da substância do contrato; e e-) Sobre questões relacionadas à constituição de sociedades *offshore's* em paraísos fiscais e a utilização ilícita do *forum shopping*[165] ou do *treaty shopping*, quase sempre no tocante à matéria fiscal.

O que se nota, portanto, é que na fraude à lei há sempre pelo menos um elemento material e um elemento intencional, ou seja o *elemento material* é encontrado não quando se fere a *littera* do texto, pois aí encontraríamos a *fraudem leis agere*, mas sim o ferimento de um ponto de conexão importante e fundamental da *lex fori*; o outro elemento é o *intencional*, pois mister se faz a intenção de fraudar a lei do *forum*, ferindo a boa-fé que deve nortear os procedimentos dos súditos de todos os Estados. A *mala fides* tem que ser superior a *bona fides*, para a caracterização da fraude à lei em Direito Internacional Privado. Aliás, **Verplaetse** faz uma curiosa observação sobre a fraude à lei, que vale a pena a transcrição, pois entende ele que este tipo de fraude: "Aparece como un no man's land entre el orden público y la autonomia. Será del orden público cuando esté presente la mala fides. Pertencerá a la autonamia de la voluntad cuando la intención esté exenta de mala fides."[166]

---

165. Pode-se utilizar a expressão *"shopping of the law"*, com o fito de se buscar uma lei e não uma jurisdição que seja favorável, contudo, com a intenção de prejudicar alguém ou ferir uma norma imperativa ou se servir de lei que não tenha um interesse geral.
166. In: "Derecho Internacional Privado", Ed. Estates, Madrid, 1954, p. 324.

Claro que a doutrina, tentando evitar que tal situação se configure, ou seja, que haja uma fraude à lei ou uma burla à lei imperativa do foro, procurava solucionar o conflito ou a questão com a seguinte solução: Deveria haver uma relevância de alto grau para a lei pessoal, seja ela a lei sobre nacionalidade ou sobre o domicílio, tanto faz, o importante é que como doutrinava **Batiffol**, "*domina a idéia de que existe uma lei que segue o indivíduo e que se seria aplicável permanentemente, mesmo que este indivíduo mude de lugar ou atividade*"[167].

Pode haver, inclusive, uma frustração da lei alienígena, ou seja, pode-se realizar determinados atos/fatos para frustar ou contornar determinada lei alienígena, refugiando-se o fraudador sob o manto de uma determinada legislação local, ou para obter, na maioria esmagadora das vezes, vantagem própria ou, em menor intensidade, para ferir direitos de terceiros[168]. Contudo, deve ficar patente que a fraude à lei sempre é dirigida a uma regra ou norma obrigatória com o objetivo (nem sempre claro) de iludir tal regra ou norma imperativa de caráter negativo ou positivo, ou seja, não importando se esta norma ou regra tenha efeitos irradiantes proibitivos ou não. *Portanto, faço uma distinção de objetivos, ou seja, separo a intenção fraudulenta de uma lei do foro da lei estrangeira, pois ambas podem ser fraudadas de uma forma geral; contudo, numa situação, utiliza-se a lei do foro para fugir de uma lei estrangeira, e, noutra, utiliza-se*

---

167. **Henri Batiffol**, no artigo "Una Crisis del Estatuto Personal", publicado nos Cuadernos de la Cátedra Dr. James B. Scott, da Universidad de Valladolid, 1968, p. 12.
168. Terceiro sempre é atingido, na figura do Estado (este recebe o impacto ou os efeitos do "contorno da lei", por repercussão), que editou tal norma ou obrigação, que deveria ser cumprida ou aplicada naquele momento, ao invés de outro subterfúgio qualquer. Portanto, o prejuízo sempre é produzido, mesmo que não produza um prejuízo subjetivo, mas sempre ocorrerá um prejuízo, pela violação da ordem jurídica do direito objetivo.

a lei estrangeira para fugir da lex fori, impedindo, assim, que a norma correta seja aplicada.

Na verdade a fraude é sempre dirigida contra uma regra, norma geral ou obrigação contratual (mesmo em se tratando de lei estrangeira), sendo o seu primeiro objetivo e intuito o de iludir estas disposições de caráter obrigatório e imperativo. Como dizia o Professor **Alvino Lima** o "prejuízo, como conseqüência do ato fraudulento, eclipsa a fraude"[169]. O Professor **Haroldo Valladão**[170] apontava que existia uma tendência moderna e justa de estender à lei estrangeira a defesa contra a fraude cometida contra ela. Portanto, a questão não é coibir a fraude somente à *lex fori*, mas também, à *lei estrangeira*.

Do Histórico da Fraude à Lei

No Direito Romano clássico (sendo um pouco mais destacado na chamada *Era Justiniana* — período do *Baixo Império*), o tema já era tratado no seguinte fragmento: *"contra legem facit qui id facit quod lex prohibet; in fraudem vero qui, salvis verbis, sententiam ejus circumvenit"*[171], como visto de forma objetiva, pois quem julgava o ato/fato cometido por fraude à lei o fazia seguindo a lei e a vontade do legislador, nela impregnada. Já em posterior momento histórico (pós-clássico), foi acrescentado o *elemento subjetivo*[172], onde aparecia a *vontade* e autonomia das partes.

---

169. In: "A Fraude no Direito Civil", Ed. Saraiva, São Paulo, 1965, p. 283.
170. Op. cit., p. 497.
171. L. 29, D. I. 3 **Paulus**, libro singulari, Ad Legem Cinciam. "Age contra a lei quem faz o que a lei proíbe; faz fraude quem, apoiando-se nas próprias palavras da lei, deturpa o seu sentido" (**Donaldo J. Felippe**, in: "Terminologia Latina Forense", Ed. Péritas, Campinas, 1997, 4ª ed., p. 112).
172. Mesmo assim, antes do período pós-clássico, encontramos a citação referente ao Direito Civil: "Fradis interpretatio semper in jure civili non ex eventu duntaxt sed ex consilio quoque desideratur" (a intenção da fraude, em direito civil, se faz, não só pelo resultado, mas também pela intenção).

Pacchioni noticia que a fraude à lei era retratada em dois famosos textos romanos[173]: num anteriormente apontado e outro em **Ulpiano**: *"fraus enim legi fit, ubi quod fieri noluit; fieri autem non vetuit, id fit; et quod distat; hoc distat fraus ab ec, quod contra legem fit"*[174].

O Direito Canônico rejeitava a fraude à lei, através da doutrina clássica que comentava tal segmento, tampouco, pelos doutrinadores modernos de tal Direito. A luz no final do túnel só veio a brilhar com a promulgação do Código Napoleônico em 1803 [tal diploma não trazia uma referência expressa — art. 6º (que foi utilizado como efeito de ordem pública para barrar lei estrangeira), — contudo, leis esparsas contemporâneas a ele traziam], apesar de que os glosadores franceses já vinham a admitindo-a antes disso. A jurisprudência francesa a partir do segundo quartel do século XIX já fazia uso de tal exceção, com sustentáculo no adágio *"fraus omnia corrumpit"*[175].

---

173. Apesar de que há mais um texto: L. 5 C. I., 14. **Theodosius et Valentinianus, Florentio**: "Non dubium est in legem committere eum qui, verba legis amplexus, contra legis nititur voluntatem nec poenas".
174. **Giovanni Pacchioni**, in: "Diritto Internazionale Privato", Ed. CEDAM, Pádova, 2ª ed., 1935 (volume II do "Diritto Civile Italiano"), p. 218. Segue o mestre italiano ditando que: "secondo questi due testi romani, agisce dunque contra legem chi ne viola direttamente la letterale disposizione; agisce in fraudem legis invece chi, pur rispettando la lettera della legge, va tuttavia contro la sua mens o sententia. Siccome poi, nell'epoca nella quale i due testi in esame vennero scritti, era ormai da tutti ammesso che le leggi devono essere rispettate non solo nel loro letterale disposto, bensì anche, e più, nel loro spirito, [onde Celso scrivera che scire leges non est verba earum tenere sed vim ac potestatem (fr. 17 Dig. I 3.)], chiaro anche risulta ere un contrapposto fra due categorie di atti diversi, e da trattare diversamente, ma piuttosto fra due categorie di atti egualmente contrari alla legge ed egualmente contrari alla legge ed egualmente contrati alla legge ed egualmente per ciò colpiti dalle stesse sanzioni" (Op. cit., p. 218).
175. Esta expressão é defendida por **Pillet** na sua obra "Principes", Op. cit., números 82 e 268, que orienta pela nulidade dos atos jurídicos sempre que uma das partes mudam de nacionalidade ou mudam de Estado, com o fim específico de fugir das proibições da *lex fori*.

Pouco depois disso, em 1809, o *Diploma Civil da Luisiania* (influenciado pelo Diploma Civil francês), trazia no bojo do artigo 12 a determinação de que tudo o que foi feito em contravenção a uma lei proibitiva é nulo, ainda que a nulidade não tenha sido formalmente ordenada; e o *Código da Saxônia* de 1865 trazia no seu artigo 80 disposição ditando ser proibidos os atos praticados para iludir a lei, aos atos que a violam abertamente. No *BGB* (*Bürgerliches Gesetztbuch*) e no *Diploma Civil Suíço*[176] (*Zivilgesetzbuch* — *ZGB*), apesar de não trazerem em seu bojo tal determinação, a jurisprudência de cada Estado se encarregou de assimilar tal preceito por meio interpretativo.

Um dos primeiros a apontar esta limitação, representada na figura da fraude à lei, foi o territorialista holandês **Ulrich Huber** (*Huberus*)[177], que ditava que a validade dos atos verificados no estrangeiro estava viciada se as partes trabalharam com o fito *intencional* de submeter-se aos efeitos da lei local, para fugir de determinada obrigação em seu Estado de origem ou vice-versa, assim como tal exceção é

---

176. Ao comentar a alínea 3ª, do art. 7º, do Diploma Civil suíço de 1854, **Bluntshli** recusava a idéia de dar validade aos contratos firmados e confeccionados em outro Estado, se a intenção foi buscar em lei alienígena, evitar as formas necessárias e exigidas pelo Cantão de Zürich.
177. In: "Conf. Legum", n°s VIII e XIII, tradução para o português, 23 e 28: Quanto ao casamento: "todavia se um frisão se dirigir para a Brabância, com a filha do irmão, e aí contrair casamento, voltando para cá, não parece que se deva reconhecer o casamento, porque assim o nosso direito seria fraudado com péssimos exemplos"; quanto aos menores: "Aí contraem casamento e logo voltam para a pátria. Eu julgo que isto visa, manifestamente, à destruição do nosso direito (eversionem juris nostris), e, portanto, não são os magistrados daqui obrigados, pelo direito das gentes, a reconhecer tais núpcias e ratificá-las"; dentre outros exemplos, como o testamento (apud, **Haroldo Valladão**, Op. cit., pp. 489 e 490). **Huberus,** pai da cortesia internacional (*comitas gentium*), como também era conhecido, desenvolveu o princípio de que se fazia mister que os diversos Estados tolerassem reciprocamente a aplicação de suas leis respectivas, nos territórios uns dos outros, tanto quanto isso pudesse ser feito, sem prejuízo daqueles que usarem de tal tolerância: "quatenus sine prejudicio indulgentium fieri potest".

verificada quando se observa uma limitação à regra de capacidade para testar diante de uma legislação nacional, transferindo o testamento para outro Estado, com o fito de iludir a própria lei. **Huber** ditava que havia fraude à lei, quando para celebrar um ato, havia a troca de domicílios "*in fraudem sui juris vel civium suorum*".

Em lado contrário, ficou o professor norte-americano **J. Story**[178], quando falava sobre as leis atinentes ao matrimônio (§ 113), com a finalidade de evitar prejuízos ou outros males (*infinite mischiefs*), nulidades, ilegitimidades (§ 121), excluiu a exceção da fraude à lei (§§ 123 e 123a), indo buscar inspiração na jurisprudência inglesa da época. Esta aceitação de se utilizar outra lei, mesmo contrariando a *lex fori*, foi aceita na época pelo Diploma Civil argentino, art. 159 e pelo *Restatement*, § 129.

A jurisprudência com reflexo no Direito Internacional Privado do século IX já tentava solucionar casos de fraude à lei, como aconteceu no *Caso Bauffremont-Bilbesco* de 1878, que anulou o segundo casamento com a condessa de *Charamán-Chimay* com o príncipe *Bibesco*[179]. Aliás, estes

---

178. Muito se conhece de autores europeus, mas pouco se sabe sobre autores anglo-americanos, como **Joseph Story**. Ele nasceu em Marblehead, Massachusetts, em 18 de setembro de 1779. Graduou-se em Harvard em 1798, sendo admitido na Ordem dos Advogados (ABA), em 1801. Em 1811 foi indicado para assumir a Suprema Corte norte-americana. Em 1829 foi eleito Dane Professor of Law em Harvard, vindo a falecer em 10 de setembro de 1845. Deixou além da fantástica obra sobre Direito Internacional Privado — Conflict of Laws — escrita em 1834, várias outras, como Chitty on Bills and Notes (1809); Abbot on Shipping (1810); Lawes on Pleading in Assumpsit (1811); Bailments (1832); Constitution of the United States (1833); Equity Jurisprudence (1836); Equity Pleading (1838); Agency (1839); Partnership (1841); Bill of Exchange (1843) e Promissory Notes (1845) — Vide belo artigo de **Lorenzen** — Story's Commentaries on the Conflict of Laws (one hundred years after), pulbicado na (1934) 48 Harvard Law Review 15, reproduzido depois, na sua obra "Selected Articles", pp. 181-202.

179. Este é tido como um dos primeiros casos célebres de fraude à lei, quando esta começou a ser tratada "modernamente" pelo Direito Internacional Privado.

preceitos, em especial os referentes aos Direitos de Família (divórcio, etc.) ficaram envelhecidos pelo tempo, não só pelo ataque de novas legislações, como também pela nova ordem jurídico-moral que se estabeleceu a partir do terceiro quartel do século XX, porém, serviram de base para a estruturação dos novos mecanismos, para a limitação da aplicação da lei estrangeira.

O histórico brasileiro da fraude à lei surge com as Ordenações no Livro Quarto, Título 71 ao ditar que: "Nenhuns e de nenhum vigor e sem autoridade alguma os contratos simulados, por qualquer forma, em prejuízo dos credores e de outras pessoas, e de nossos direitos e por defraudar nossa Lei e Ordenações, e com pena agravada para o respectivo Autor, inclusive degredo, se não for em prejuízo de pessoa alguma, somente de alguma Lei ou nossa Ordenação". Na *Consolidação* de **Erculano de Freitas**, notas ao artigo 358, notava-se um esboço de distinção[180]

Henriette Valentine de Riquet, condessa de Caraman-Chimay, belga de nascimento, casou-se com o príncipe Bauffremont (depois ela utilizava o título de Princesa Bauffremont), tornando-se francesa pelo matrimônio (cabe lembrar que, na França de 1870, não havia o instituto do divórcio). Agora, ela sendo súdita francesa, depois de ter obtido em seu Estado (França) a separação de seu primeiro marido (a Corte de Paris, em 1/9/1874, concedeu o "desquite"), naturalizou-se, em 3/5/1875, no então Ducado Saxe-Altemburgo e valendo-se da sua nova lei nacional, que assimilava a separação ao divórcio, casou-se em seguida (25/10/1875), na Cidade de Berlim, com o príncipe romeno Bibesco, adquirindo com este ato a nacionalidade de seu novo marido (romena). Os tribunais franceses, mais precisamente o Tribunal do Sena, declararam nulo este segundo casamento (Requerido pelo Príncipe de Bauffremont), com o fundamento de que a interessada apenas havia adquirido a sua nova nacionalidade para iludir a proibição do divórcio que naquele tempo (e até 1884), existia na lei francesa (a mulher daquela época, separada de corpos, não poderia naturalizar-se sem o consentimento do marido). Outras jurisprudências famosas se seguiram, em especial na questão matrimonial, como o Caso Klausemburgo, Caso Fiume e Caso Max Reinhart, dentre muitos outros.
180. Esta distinção hoje em dia é clara e inequívoca. Quem melhor traçou a questão foi **Francesco Ferrara**, na obra "A Simulação dos Negócios Jurídicos", difundindo uma antiga antítese teórica sobre a questão feita por **Bahr** (Urtheile

entre a simulação e fraude à lei, pois na primeira o contrato era aparente e na segunda o contrato era real, com o intuito de fraudar a lei ou em suas palavras *iludir qualquer disposição de lei*, podendo-se, no caso de fraude à lei, requerer a nulidade de todo o processado onde a obrigação contratual, ou o contrato em si, não tivessem efeito algum ou vice-versa (conforme o intuito da fraude cometida). No seu *Esboço*, **Texeira de Freitas** colocava tal idéia em prática, considerando nulo o contrato, conforme o que depreende da leitura dos arts. 501, inciso 2º; 789, inciso 5º; 805 e 806.

Este pensar foi transposto para o Diploma Civil, mais especificamente nos seus artigos 82 e 145, inciso II e 146. Porém, como noticia o Professor **Haroldo Valladão**, "no campo do DIP, a primeira orientação legislativa brasileira foi a de impedir a fraude à lei, localizando os elementos de conexão no tempo. Deve-se a **Freitas** (1860), quando no art. 411 ao reger os bens móveis pela *lex rei sitae* referiu-se a tal lei no dia da aquisição dos direitos reais, ou de posse ou de início de alguma ação judicial. E foi consagrada em texto expresso no parágrafo único, do art. 10, da *"Introdução"*: Os móveis cuja situação se muda na pendência da

---

des Reichsgerichts, p. 53; Geschäfte zur Umgehung des Gesetzes und simulierte Geschäfte, 1883), dita o mestre italiano que "o negócio fraudulento não é, em absoluto, um negócio aparente. É perfeitamente sério: quer-se realmente. E mais, quer-se tal como se realizou, com todas as conseqüências que derivam de forma jurídica que se escolheu" (p. 91). "A simulação não é um meio de iludir a lei, mas sim de ocultar a sua violação" (p. 96, observação essa anteriormente realizada na sua obra "Negozio Illecito", Op. cit., p. 100). "... o negócio simulado quer produzir uma aparência; o negócio fraudulento, uma realidade; os negócios simulados são fictícios, não queridos, os negócios in fraudem são sérios, reais e realizados assim pelas partes para conseguirem um resultado proibido; a simulação nunca é um meio para iludir a lei, mas sim para ocultar a sua violação" (p. 103). "Também a fraude quer prejudicar a lei, mas emprega para tanto meios diversos e trilha caminho diferente. Não oculta o ato exterior, mas deixa-o claro e visível, tratando de fugir obliquamente à aplicação da lei, mercê de uma artística e sábia combinação de vários meios jurídicos não reprovados" (p. 104).

ação real a seu respeito, continuam sujeitos à lei da situação que tinham no começo da lide"[181].

Na Lei de Introdução ao Código Civil brasileiro o reflexo veio bater, na questão de Direito de Família, mais especificamente no § 6º, do art. 7º, ao ditar que o divórcio realizado no estrangeiro, se um ou ambos os cônjuges forem brasileiros, só será reconhecido no Brasil depois de três anos[182] da data da sentença, salvo se houver sido antecedida de separação judicial por igual prazo, caso em que a homologação produzirá efeito imediato, obedecidas as condições estabelecidas para a eficácia das sentenças estrangeiras no país[183]. O *Supremo Tribunal Federal*, na forma de seu *regimento interno*[184], poderá reexaminar, a requerimento do interessado, decisões já proferidas em pedidos de homologação de sentenças estrangeiras de divórcio de brasileiros, a fim de que passem a produzir todos os efeitos legais[185]. Ou seja, pretendeu-se negar os efeitos e eficácia dos atos praticados em solo alienígena. O texto originário estava disposto conforme o que havia sido estabelecido na época, pela *Convenção de Havana* (*Código Bustamante* ou *Convenção Pan-americana de Solução de Conflitos de Leis*), conforme a reserva realizada dos artigos 52 e 54.

O Direito Internacional Privado brasileiro não se deixou influenciar (muito, pelo menos), nas doutrinas que caminhavam em sentido oposto, ou seja, a de negar[186] que exis-

---

181. Op. cit., p. 494.
182. Em face do texto constitucional, art. 226, § 6º, o prazo será necessariamente de um ano.
183. Vide artigo 15, do Diploma Civil e "caput" do artigo 483, do Diploma Processual Civil.
184. Artigo 367, do Regimento Interno do Supremo Tribunal Federal e art. 483, do Diploma Processual Civil.
185. A redação deste parágrafo foi realizada conforme a Lei 6.515, de 26.12.77.
186. Negar completamente, ou em parte, ou com ressalvas, ou substituindo-a pela Ordem Pública.

tisse uma fraude à lei no sistema do Direito Internacional Privado de cada Estado, pois para os adeptos desta teoria não se levava em conta o elemento *"intenção"*, porquanto, quem utiliza a Lei ou seu Direito não pratica fraude[187]. Foi seguido em solo pátrio a corrente francesa que admitia a exceção de fraude à lei, como uma norma de submissão da forma dos atos/fatos à lei do lugar da celebração destes, para aqueles que se deslocam a outros Estados com a finalidade de ludibriar uma proibição ditada por lei imperativa do domicílio, seguindo-se, assim, uma tradição estatutária (*fraus omnia corrumpit*)[188].

Em solo brasileiro o jusinternacionalista pioneiro, por assim dizer, **Pimenta Bueno**, já doutrinava que: "no caso em que as partes se dirigissem a um paiz, e ahi redigissem o acto, na intenção de illudir algum preceito de seu estatuto pessoal ou do estatuto real, ou do estatuto do lugar da execução do acto, dar-se-hia uma excepção de dólo ou fraude, e a consequente nullidade ou pena que, conforme as circunstancias, a competente lei comminasse"[189]. Já, **Clóvis Beviláqua** doutrinava sob a influência da Introdução (antiga) ao Código Civil brasileiro que: "uma verdadeira limitação ou, antes, exclusão da regra é a pronunciada no caso em que o indivíduo vae ao estrangeiro, intencional-

---

187. Dentre os seguidores desta teoria, em grau de importância maior ou menor, com maiores ou menores restrições, com atenuações maiores ou menores, encontram-se: **Aguilar Navarro, Alfonsin, Asser, Audinet, Bartin, Broecher, Kegel, Lepaulle, Massfeller, Miaja, Niederer, Nussbaum, Perroud, Travers, von Bar, Weiss e Wolff**.

188. Dentre os seguidores desta teoria, em grau de importância maior ou menor, com maiores ou menores restrições, com atenuações maiores ou menores, encontram-se: **Anzilotti, Batiffol, Despagnet, Fedozzi, Foelix, Goldschmidt, Laurent, Lerebours-Pigeonnière, Ligeropoulo, Maury, Niboyet, Pachioni, Pillet, Poullet, Surville, Valerey, Vareilles-Sommières, Verplaetse e Yanguas**.

189. **José Antonio Pimenta Bueno**, in: "Direito Internacional Privado e Applicações de seus Princípios, com Referencia às Leis Particulares do Brazil", Ed. J. Villeneuve, Rio de Janeiro, 1863, p. 106, nº 194, nº 3.

mente, celebrar o acto para subtrahir-se às exigências da lei pátria. Considera-se nullo o acto assim praticado. Todavia, convém observar com **Vareilles-Sommières** que sómente haverá fraude, quando o acto se destinar a produzir effeito no próprio paiz, de onde sáem os interessados para celebral-o aliunde. Se alguém fôr ao estrangeiro para dispôr de um bem ali situado, ainda que assim procedendo alcance vantagens pecuniarias e evite certos impostos, não se deverá dizer que o acto esteja viciado de fraude"[190].

A opinião de **Eduardo Espínola**, não foi destoante, afirmando que: "...não se póde perder de vista, do outro lado, que fôra absurdo e contrario aos interesses da ordem publica impôr ás autoridades de um país o respeito de um acto praticado flagrantemente em fraude da lei que lhes incumbe applicar e fazer observar"[191]; e vai mais além ao deixar publicado que: "...mas, no caso de fraude, é pressuposto conceitual da obrigatoriedade da lei a reprovação de qualquer acto que tenha por effeito directo ou indirecto desviar-lhe a actuação. Fôra iniquo e antijuridico que a applicação rigorosa de uma lei podesse sanccionar a fraude

---

[190]. **Clovis Beviláqua**, in: "Princípios Elementares de Direito Internacional Privado", Ed. Freitas Bastos, Rio de Janeiro, 3ª ed., 1938, pp. 252-253. Aqui, não só ele limita a aplicação da fraude à lei, como dá sustentação para aquelas "fugas", para Paraísos Fiscais. **Beviláqua**, orientava-se, ainda, por dois professores: **Pillet**, que em seus "Principes", ditava que "il importe au matien de l'autorité des lois intérieures que l'on ne puisse pas, par fraude, se sustraire a leur empire" (§ 268); e **F. Wharton**, que em sua obra "Private International Law", §§ 695-696, entendia que o ato será nulo se a lei evitada para fraude for de ordem pública, "when domiciled subjects of a state go to another state to solemnize a contract which on grounds of policy or morals would be invalid if solemnized by them is the state of their domicil" [Apud **Beviláqua**, Op. cit., p. 253, nota 24 — apesar que na obra citada de A. Pillet (1ª ed. dos "Principes de Droit International Privé", Ed. Pedone, 1903), e a de F. Wharton ("A Treatise on the Conflict of Laws or Private International Law", 3ª ed., Rochester, 1905), **não encontrei tais observações!**].

[191]. **Eduardo Espinola**, in: "Elementos de Direito Internacional Privado", Ed. Jacinto Ribeiro dos Santos, Rio de Janeiro, 1925, p. 198.

de outra lei. Tudo dependerá, como em todos os casos de actos fraudulentos, da apreciação de factos de que concludentemente resalte a intenção única ou predominante de fugir ás imposições ou interdicções da lei nacional"[192].

Pontes de Miranda, ao tratar do assunto em tela, mais especificamente no tocante à fraude à lei em matéria de impedimentos matrimoniais, observou que **Rodrigo Octávio** em artigo na Revista Jurídica, tomo 13, p. 265, havia sustentado *"doutrina assaz extravagante"*, qual seja, quando um brasileiro domiciliado fora do Brasil teve seu casamento *"validamente"* aceito com sua sobrinha, pois a lei do Estado em que se achavam assim o permitia, contudo, não valerá tal casamento, se tio e sobrinha, agora marido e mulher, voltarem a domiciliar-se no Brasil pela incidência da regra *fraus legis*[193].

Então, indignado, **Pontes de Miranda** observa: *"Valeu, ou não valeu"*[194] tal ato. Mais tarde, ainda no mesmo tomo, **Pontes de Miranda** dita que: "a doutrina da fraude à lei foi invocada, por-vêzes, nos Estados que mantêm a indissolubilidade do vínculo, nos casos de nacionais que mudam de nacionalidade. Freqüentemente, autores e juízes decidem bem, porque houve aquisição de outra nacionalidade, sem perda da que tem o cônjuge ou dos cônjuges, sem haver, portanto, o pressuposto da fraude à lei, dada a permanência da nacionalidade. Fora daí, a doutrina da fraude à lei, que estaria, se admissível, nos casos típicos, tem sido combatida pelos melhores espíritos italianos... . O Brasil tem afastado a doutrina da fraude à lei e homologado sentenças que

---

192. Op. cit., pp. 198 e 199.
193. Este termo é, tecnicamente, uma expressão inadequada, pois dá uma idéia demasiadamente estreita, já que não só se trata da *fraus* à lei, mas sim de *fraus* de qualquer norma de Direito, apesar de que na prática, na maioria dos casos de *fraus juris* há a *fraus legis*, com exceção do Direito Consuetudinário e da Lex Mercatoria ainda não cristalizada e/ou codificada.
194. **Pontes de Miranda**, Op. cit., p. 24.

decretaram divórcio a vínculo, segundo a lei da nova nacionalidade"[195].

Dos Elementos e Condições para a Fraude à Lei

Alguns autores já compararam a fraude à lei em Direito Internacional Privado, como se fosse um elemento de estratégia utilizado na guerra, sempre tendo-se em mente que o elemento principal e fundamental de conduta fraudulenta é a intenção das partes, porque esta muda o estado de fato regulado pela lei a ser fraudada, tornando-se esta inaplicável. *Neff* assim comparava a volta (*circumvenire legem*) que o defraudador realiza para burlar a lei; dizia ele: "assim como envolver o inimigo, não se ataca este de frente, mas pelo flanco ou pela retaguarda, ou seja pela sua parte fraca, e de modo oculto para que não se de conta do ataque, assim também se ataca a lei e se viola com um golpe nos flancos, oculto e desapercebido, isto é, no conteúdo, que é o seu lado mais fraco porquanto não é protegido por palavra alguma"[196].

O mesmo sentido ilustrativo e bélico campeou a imaginação de **Kohler**, que doutrinou certa feita que: "o negócio fraudulento parece-se com uma operação militar, a qual evita o ponto solidamente defendido e trata de se acercar do adversário por ocultos caminhos, enquanto o negócio é como que uma manobra fingida com que se procura distrair

---

195. Op. cit., pp. 86-87. Aliás, ele cita um julgado do *Supremo Tribunal Federal*, de 7 de outubro de 1925, que considera expressamente como "excelente" (sic), com o seguinte conteúdo: "Para ver no divórcio em questão uma ofensa aos nossos bons costumes seria preciso considerar os divorciados ainda casados, revogando, assim, pela nossa, a legislação do Uruguai, única, aliás, competente para resolver o conflito e regular a organização da família uruguaia". Tal Acórdão não foi excelente em nada, a não ser na época, talvez.
196. In: "Beiträge zu der Lehere von der fraus legi facta", § 5, Berlin, 1895, apud **Ferrara**, Op. cit., p. 92.

o inimigo para se chegar ao ataque sem prévio choque. Na fraude dão-se voltas à roda da estrada, legalmente proibida, com uma combinação tendenciosa de caminhos laterais, para desembocar no terreno por um ponto indefeso e não vigiado"[197].

Alguns autores, como é o caso de **Julian G. Verplaetse**[198], apesar da grande influência do Direito Civil, acreditam que o problema da fraude à lei é essencialmente uma figura de Direito Internacional. Doutrina **Verplaetse** que: "En el Derecho Interno existe una autoridad superior que puede imponer su voluntad. Si los manejos para aprovecharse de una situación son demasiado frecuentes y a los que algunos órganos del Estado vacilan en sancionar, el legislador puede siempre dictar una nueva ley, incorporando la sustancia dudosa. No así en el Derecho Internacional Privado, donde no hay legislador común y donde las normas son tan generales que no se puede incorporar a ellos un caso especial. Se comprueba la influencia de una autoridad superior en los conflictos interregionales o interestatales"[199]. Aliás, como acontece nos Estados Unidos, onde figuram o *Due Process of Law*, a *Full Faith* e a *Credit Clause*, que evitam a fraude entre as relações interestatais, através de uma medida superior e mais forte.

Os casos de fraude à lei são, na sua maioria, casos de fundo fiscal, substituindo os casos de casamento/divórcio encontrados desde o final do século XIX até o penúltimo quartel do século XX. Nestes exemplos de cunho fiscal, encontramos várias atuações dos Estados em vetar a aplicação do Direito estrangeiro através da fraude à lei. Os Estados Unidos quando julgam casos de fraude à lei, os magistrados procuram ter uma visão geral do caso apresentado, exami-

---

197. In: "Pfandrechtl. Forschumgen, p. 163, apud **Ferrara**, Op. cit., p. 92-93.
198. Op. cit., p. 320; em especial isto pode ser sentido na sua obra específica: "La Fraude à la Loi en Droit International Privé", Ed. Sirey, Paris, 1938.
199. Op. cit., p. 320.

nando não cada ato individualmente realizado (*step by step transsactions*), mas o conjunto de atos que possam indicar a intenção de fraudar. A Alemanha desde antes de sua unificação já adotava o *Reichsabgabenordnung* de 1919, vedando o abuso de engenharia jurídica e manipulação de elementos de conexão, ou na sua tradução literal, é vedado o "abuso das formas". Os Países Baixos utilizam o decido no *Caso Hoge Raad*, para coibir as formas de fraude à lei. O Estado francês, através do seu *Livre des Procédures Fiscales*, também atua de forma forte e expressa contra as operações que dissimulam a verdadeira intenção ou razão dos efeitos de um contrato, utilizando como base a *Teoria do Abuso do Direito*. No Canadá o *Income Tax Act* é o instrumento que anula os atos não realizados de *bona fide purpose*, obtendo-se uma vantagem fiscal indevida. Contudo, os dois elementos mais característicos da fraude à lei, sem dúvida alguma, residem no *elemento material* e no *elemento moral* ou *psicológico* (este último seria a intenção de iludir a regra de conflito, com o fito de evitar a aplicação da lei normalmente competente, que é geralmente a *lex fori*). Porém, estes elementos não são os únicos, agindo, inclusive elementos colaterais.

Os efeitos da fraude à lei são relativamente simples de se entender, pois o ato praticado é nulo de modo total e absoluto, tendo em vista que o seu resultado final ou causa/objetivo são ilícitos, ou nas palavras de **Ripert**, na fraude à lei, "não se trata de um conflito de interesses privados, mas de uma tentativa quase sempre realizada de comum acordo entre vários interessados, com o fim de escapar da aplicação de uma regra jurídica imperativa"[200]. **Portanto, os atos praticados e os direitos adquiridos sob a égide da fraude à lei são nulos (a fraude à lei protege a Ordem Pública — é uma espécie de escudeira), pelo fato de ter como fundo o ato ou fato gerador do evento danoso uma causa*

---

200. In: "La Règle Morale", Op. cit., n° 173.

ilícita. Já em outros tipos de fraude, como fraudes contra terceiros ou credores, o ato fraudulento é anulável ou de eficácia parcial (inoponível), e não nulo de pleno direito. Assim pensam alguns dos melhores doutrinadores, como: **Coviello**[201], Carraro[202], Messineo[203], Ferrara[204], Betti[205], Stolfi[206], Desbois[207], Demogue[208], Mirabelli[209], Lutzesco[210], Rotondi[211], **Bastian**[212], dentre outros.

O agente que pratica a fraude à lei em Direito Internacional Privado visa a se ver livre dos efeitos de uma *lex fori* imperativa, que efetivamente impõe o que ele (agente) não deseja, ditado por uma norma obrigatória, que lhe proíbe a prática de determinado ato. Busca, então, tal agente burlar tal imposição ditada pelo Direito material interno, migrando

---

201. **COVIELLO, Nicola**, in: "Manuale di Diritto Civile Italiano", Milão, 1915, § 131, pp. 420 e ss.
202. **CARRARO, Luigi**, no artigo: "Fraus Omnia Corrumpit", in: "Scritti Giuridici in Onore di Francesco Carnelutti", Pádua, 1950. "Frode alla Legge", in: Nuovissimo Digesto Italiano, vol. VI, p. 649, n° 3. "Il Negozio in Frode alla Legge", Pádova, 1943, n°s 20 e 70.
203. **MESSINEO, Francesco**, in: "Douttrina Generale del Contratto", Milão, 1948, n° 13, p. 287.
204. **FERRARA, Francesco**, in: "Teoria del Negozio Illecito nel Diritto Civile Italiano", Milão, 1914, n° 9, p. 19.
205. **BETTI, Emilio**, in: "La Teoria Generale del Negozio Giuridico", pp. 391, 392 e 475.
206. **STOLFI, Giuseppe**, in: "Teoria del Negozio Giuridico", Pádua, 1947, n° 2, pp. 208 e ss.
207. **DESBOIS, Henri**, in: "La Notion de Fraude à la Loi et Jurisprudence Français", Paris, 1927, n°s 15 e 18.
208. **DEMOGUE, René**, in: "Traité des Obligations en Générale", Paris, 1923, vol. VII, n° 1.138.
209. **MIRABELLI, Giuseppe**, in: "Dei Contratti in Generale", Turim, 1958, p. 121.
210. **LUTZESCO, Georges**, in: "Théorie et Pratique des Nullités", Paris, 1938, pp. 274 e ss.
211. **ROTONDI, Giovanni**, in: "Gli Atti in Frode all Legge nella Douttrina Romana e na sua Evoluzione Posteriore", Turim, 1911, p. 169, nota e p. 177.
212. Bastian, Daniel in: "Essai d'une Théorie Génerale de l'Imposibilité", Paris, 1929, p. 144.

ou utilizando os efeitos de Direito material alienígena, que lhe dá o que não pode conseguir com o veto da *lex fori*, se fazendo valer do "acogimiento a un ponto de conexión estabelecido por su propria norma de conflicto". Quanto ao efeito da fraude à lei já doutrinava **Goldschimidt** que "la existencia del fraude a ley produce el efecto de su própria ineficácia. La norma indirecta resulta inaplicable a los hechos artificialmente creados; pero ello queda aplicable a los hechos reales"[213]. Claro que a não aplicação do Direito estrangeiro, por fraude à lei fica mais clara e segura, se a *lex fori* já trazer previsão expressa de uma possível nulidade de atos ou fatos, realizados sob o manto da fraude à lei, como, por exemplo, determina o Diploma Civil suíço onde num matrimônio concluído no estrangeiro, segundo o Direito ali em vigor, se considera válido na Suíça, quando sua conclusão não seja realizada no estrangeiro com o fim manifesto de iludir as causas de nulidade do Direito suíço[214].

A fraude à lei para o Direito Internacional Privado pressupõe o emprego espontâneo e anormal das normas de conflito (instrumento da fraude); assim como demonstra que foi empregado todo um esforço de caráter intencional fraudatório (até mesmo com o abuso de direito), com a finalidade de fraudar uma norma nacional (geralmente) ou estrangeira, de caráter imperativo e obrigatório.

Como definiu muito bem **Paul Lerebours-Pigeonniére**[215], não se trata de um abuso de uma situação individual de um direito definido, senão de um abuso de uma faculdade, como o abuso da faculdade de adquirir uma nacionalidade estrangeira ou de se adquirir um domicílio no estran-

---

213. **Werner Goldschimidt**, in: "Sistema y Filosofia del Derecho Internacional Privado", Ed. EJEA, vol. I, Buenos Aires, 1952, pp. 300 e 301.
214. **Yanguas Messía**, Op. cit., p. 375.
215. In: "Précis de Droit International Privé", Ed. Dalloz, Paris, 1948, 5ª ed., p. 337, ditando que: "L'anormalité des circonstances ne suffirait pas à caractériser une telle fraude, un élément intentionnel est indispensable, c'est lui qui blesse l'autorité de la lex fori".

geiro, para escapar da lei da nacionalidade ou da lei do domicílio, que impunham restrições. Na verdade estas alternativas em si, ou isoladamente, não constituem uma fraude à lei no seu sentido pleno. Esta só ocorre quando existe o elemento catalisador e motivador desta fraude, que é a *intenção* de fugir de uma determinada lei em seu detrimento, lesionando a autoridade da *lex fori*.

A fraude à lei no Direito Internacional Privado se caracteriza, então, pela *ausência de sinceridade*[216] nas circunstâncias e atos/fatos praticados pela pessoa jurídica ou física, em virtude das quais se invoca a competência da lei estrangeira, com o intuito primeiro de burlar a lei nacional/local, e, em muitos dos casos verificados, nota-se que tais indivíduos ficam debaixo do império de tal lei estrangeira, não por muito tempo, apenas o necessário para escapar de uma determinada situação obrigatória e imposta pela lei local anterior. Ou seja, a fraude à lei em Direito Internacional Privado ocorre quando o súdito de um determinado Estado procura burlar ou iludir a lei local competente, empreendendo fuga para outra ordem jurídica, criando, assim, elemento ou elementos de conexão que tornem aplicável a norma alienígena mais favorável aos seus intentos.

Foi levantado pela doutrina minoritária[217] que uma barreira seria difícil de transpor-se, qual seja, a de determinar qual lei foi fraudada: a inicialmente competente ou a adotada por último. Claro que tal dificuldade foi transposta, pois, não resta dúvida razoável que a lei fraudada é a que se pretendeu fugir. Para **Baptista Machado**, o julgador deverá

---

216. **Niboyet** já doutrinava que era necessário para que existisse a fraude à lei, uma intenção ou uma vontade de burlar uma lei que contivesse uma proibição da prática de tal ato. Para a caracterização desta fraude seria necessário observar a ausência de sinceridade nas circunstâncias em virtude das quais, se invoca o benefício da lei estrangeira, não havendo sinceridade nos interessados que se colocam debaixo do império de outra lei com o único objetivo de burlar a primeira lei (In: "Manual de Derecho Internacional Privado", p. 462).

217. **Baptista Machado** citando **Miederer**.

considerar fraudada aquela ordem jurídica, que se apresentaria como competente se as partes não tivessem montado a conexão fraudulenta e se elas não tivessem realizado a atividade fraudatória[218].

Cabe lembrar que a fraude à lei em Direito Internacional Privado não trata exclusivamente de fraude a uma norma imperativa de Direito Internacional Privado, mas sim de um ordenamento ou uma norma imperativa com conexão, ou não, com normas materiais de conflito. Esta norma de conflito, no âmbito de aplicação na fraude à lei, desempenharia uma função de norma instrumental[219]. Como observou **Carraro**[220], o objeto da fraude será sempre uma norma de Direito Interno, que ao meu entender, pode ser uma norma de conflito, que pode até remeter que se atenda uma norma material interna de um determinado Estado. Diferentemente da Ordem Pública, a fraude à lei não protege *apenas* a *lex fori*, mas serve, também, para reprimir a chamada fraude à lei alienígena.

Das Teorias Limitativas ao Combate da Fraude à Lei

Alguns autores, dentre eles **Arminjon**, entendem que deve-se limitar ou atenuar os efeitos da fraude à lei quando esta é cometida por acordo de vontades, dando uma preferência e legalidade à autonomia da vontade em detrimento ao instituto da fraude à lei, assim como existem outros, como **Pacchioni**, que entendem não haver fraude à lei na hipótese de troca de nacionalidade. Todos estes argumentos são sensíveis, contudo, mesmo levando-se em conta estas liberdades reconhecidas pelo Direito Internacional Privado,

---

218. Op. cit., p. 277.
219. A doutrina alemã a nomeia como *"Umgehungsnorm"*.
220. In: "Il Negozio in Frode alla Legge", Op. cit., p.161.

se for encontrado um resquício que seja de intenção fraudulenta, esta tem que ser levada às últimas conseqüências. Alguns Estados, como o Reino Unido, a Alemanha e a Áustria, desconhecem o instituto da fraude à lei, pois nestes dois últimos Estados o Judiciário espera do Executivo que parta dele legislação específica neste sentido, enquanto no Reino Unido a doutrina é escassa nesse sentido.

Das Teorias Subjetiva, Objetiva e Mista da Fraude à Lei.

Mesmo filtrando problemas surgidos no seio da doutrina, quanto à noção exata do que vem a ser fraude à lei, porquanto, muitos confundem com fraude contra credores; duas (ou três) teorias tomam corpo inicialmente na Itália, espalhado-se pelo mundo afora: *Teoria Subjetiva*, seguida por **Vidal, Josserand, Desbois, Saiget, Cariotta-Ferrara, Pugliatti, Ferrara, Giovene, Gouber**[221], dentre outros; e a *Teoria Objetiva*, seguida por **Betti, Fragali, Coviello, Aldo Cesari, Rotondi, Pacchioni, Ligeropoulo, Andreas von Thur, Frederico Castro y Bravo, José Castan Tabeñas, Ascarelli**[222].

Há quem entenda dentro do Direito Internacional Privado que basta somente a violação indireta ou lateral da lei, para que seja considerada a fraude a esta. Tal teoria é chamada pela doutrina como *objetiva* e é aplicada principalmente pelo Direito germânico. O foco nesta teoria é dirigido apenas para o elemento material. Um exemplo claro disso é o contido no artigo 30, da *Einführungsgesetz zum Bürgerlichen Gesetzbuch*. Já a teoria *subjetiva* é caracterizada pela culpa do defraudador; e finalmente a mista, onde há uma concorrência dos elementos material e intencional (ape-

---

[221]. Apud **Alvino Lima**, Op. cit., p. 294.
[222]. Idem.

sar de que uma boa parte da doutrina entende que não existe a figura da teoria mista, mas sim esta estaria contida no entendimento dado para a teoria subjetiva). Portanto, para esta última teoria mister se faz que haja a interferência destes dois elementos. **Arminjon**, ao ler várias decisões jurisprudenciais, afirmou que parecia que a intenção de iludir as disposições imperativas ou proibitivas, substituindo-as por outra legislação, bastaria para que houvesse a fraude em Direito Internacional Privado. Nada menos exato, observou **Arminjon**, se a intenção fraudulenta é necessária para que exista a fraude, não é, sem embargo, suficiente[223].

A *Teoria Subjetiva* entende que a fraude à lei só pode existir, ou coexistir, juntamente com o elemento objetivo (fim a ser alcançado), se há uma *intenção* por detrás da ação de quem comente tal fraude. **Ou seja, o ciclo da responsabilidade sobre tal ato/fato, ou negócio, não se completa apenas com o elemento material, que deve vir acompanhado, necessariamente, do elemento volitivo, ou seja, que o animus fraudandi ou que a vontade/intenção sejam bem claros e definidos.*

Me filio a esta teoria também chamada de *Teoria Mista*, como já dito anteriormente, relembrando que, tendo em vista que na fraude à lei geralmente o que se pratica não é um ato contra a lei, mas sim o contorno sobre a lei que seria aplicável, com a *intenção* de burlar uma norma imperativa. **Então, esta intenção ou elemento volitivo é o ponto principal e o norte que guiará tal atitude, que, por este elemento/fim, pode ser considerada uma atitude ilícita (o meio utilizado, na maioria esmagadora das vezes, é lícito,*

---

223. In: "Precis de Droit International Privé", II, 3ª ed., revisada por **Schlaepfer**, Ed. Dalloz, Paris, 1958, p. 232 (na 2ª ed. ainda escrita por ele, tal entendimento está localizado nas pp. 449-450, do vol. II, 1934). **Díez de Velasco** ditava que havia a "necessidad de que concurran, para que haya fraude, el elemento material y el intencional" (In: "Revista Española de Derecho Internacional", vol. VIII, nº 3, Madri, 1955, pp. 583-584).

mas o resultado/fim produzido se torna ilícito diante da frustração da lei).

Para iludir a norma inderrogável, mister se faz que o negócio ou o ato/fato concluído ou produzido se materialize-se num resultado diverso daquele que foi proibido pela norma imperativa que se procurou iludir. **O elemento subjetivo é sem dúvida o motivo ou o fato gerador catalisador da fraude.* Em se tratando de Direito Internacional Privado, fica mais claro, ainda, que a intenção do ato/fato ou negócio jurídico praticado foi realizado com uma determinada finalidade, para que seja considerado como elemento de conexão, para a caracterização da fraude à lei.

*Dentro da visão do Direito Internacional Privado, entendo, que deve ser alargada esta Teoria Subjetiva, incorporando o que há de bom na Teoria Objetiva, qual seja: "A questão da prova em Juízo, seja ele estatal ou arbitral". Com tal procedimento, fica mais do que evidente que a fraude à lei é uma figura autônoma e insular, diversa do que se entende como ato/fato contra legem[224]. A transgressão da lei acontece neste caso como uma forma indireta ou reflexa (*in fraudem agere*), que tem uma conotação diferente tanto na intenção como na forma de atuar, quando se pratica uma transgressão de forma direta ou *contra legem agere*.

---

224. O ato *contra legem* o indivíduo tem a intenção franca de fazer algo ilegal. Ele ataca diretamente a lei e não a contorna. Se faz mister que quem vai interpretar o ato fraudulento, em especial a questão da autonomia da vontade, fique atento e que seja preciso, como bem lembra **Stolfi**: "... or, siccome si tratta di interpretare appunto delle norme che fanno eccezione al principio suddetto, occorre di volta in volta stabilire non solo in linea grammaticale o logica ma anche in via estensiva quale sai lo scopo perseguito dal conditor iuris: e cioè se egli intenda proibire un determinato risultato, indipendentemente dal mezzo che si impieghi per raggiungerlo, o se invece si limiti a proibire il risultato confeguito solo con l'uso di un determinato mezzo, sicchè implicitamente permetta ogni altro mezzo che conduca allo stesso risultato", in: "Teoria del Negozio Giuridico", Ed. CEDAM, Padova, 1947, p. 208.

Ao meu ver, ela só é considerada indireta, tendo em vista que, para se chegar a um determinado fim pretendido, utilizou-se de meios legais[225] para fugir do preceito obrigatório e imperativo, contudo, ao se refletir mais detalhadamente sobre o tema, *temos que olhar a fraude à lei, como uma visão mais ampla*[226], ou num só conjunto [por tal motivo (conjunto) é que se anula todos os atos cometidos em fraude à lei], neste aspecto, a violação é direta[227] (a violação também se caracteriza direta quando a mencionada "intenção", que é um dos elementos principais da fraude à lei, fere de imediato a lei fraudada). Pouco importa! O que é para se ter em mente, *é levantar o manto que dissimula toda a operação, para punir o infrator com a aplicação da lei originalmente competente.*

---

225. *Discordo do Professor **Haroldo Valladão** (Op. cit., pp. 488-489), no seguinte ponto: Nem sempre quem pratica a fraude à lei utiliza-se de elementos de conexão inexistentes, pelo contrário, os elementos de conexão são existentes, abusando o fraudador da liberdade destes mesmos elementos de conexão.*

226. **Ferrara** entendia que esta visão mais panorâmica da fraude à lei faz com que esta se equipare ao ato contrário à lei, ditando que: "...a não ser que o termo fraude se queira empregar no sentido mais lato do dano que em si contém o contra legem agere" (Op. cit., p. 96).

227. Alguns autores, como **Fichtner Pereira** (que cita **Luigi Carraro, Alberto Trabucchi** e **Domenico Rubino**), afirmam que a fraude à lei diferencia-se de um ato *contra legem*, pelo fato da tentativa de escapar da incidência da lei cogente, alcançando o resultado nela previsto através de meios indiretos, ou seja, é considerado atos/fatos contra lei os que ofendem abertamente e/ou diretamente uma norma legal, ao contrário da fraude à lei (*Umgehungsgeschäfte* ou *Schleichgeschäfte*), que são aqueles atos/fatos que contornam uma determinada barreira imposta por uma *lex loci* ou *fori*, com o intuito de burlar esta mencionada lei. Mesmo que seja de forma indireta, como há uma ampla nulidade de todos os atos praticados perante o Direito Internacional Privado a fraude fica caracterizada como um ato *contra legem* a não ser que se coloque a fraude à lei como um instituto autônomo. Repita-se, o comportamento do agente, analisado isoladamente, traz uma visão estrábica do problema, que deve ser analisado de forma geral e ampla, ainda mais se tratando de Direito Internacional Privado.

A questão da *intenção* ou do critério *psicológico* foi muito discutida, contudo e como já sentido no decorrer deste trabalho, sou partidário de que tal elemento deve (e não "pode") existir e ser reconhecido como elemento caracterizador ou catalisador da fraude à lei em Direito Internacional Privado, apesar da dificuldade prática observada nos Tribunais para tal caracterização, pois a *intenção* de iludir uma determinada lei proibitiva seria motivo *determinante* do ato praticado em fraude à lei. Aliás, como bem doutrina **Yanguas Messéa**: *"la vioalación de la ley sin deliberado propósito de parte de quien lo realiza es, en realidad, un acto contra la ley, no un acto de fraude"*[228].

Diferentemente da questão da aplicação da ordem pública, onde se pode utilizar parte do Direito estrangeiro ou não tentar anular na origem a lei estrangeira, na fraude a lei estrangeira, não sou tão radical como a doutrina francesa ainda o é, porquanto, esta quando se depara com um ponto de contato estrangeiro, que pode ser considerado como uma fraude à lei, não a recepciona como um todo, entendendo que tal "fruto estragado contamina todos os outros colocados na mesma caixa". Para os franceses um ato fraudulento sofre de um *défaut de sincérité*, que **Martín Wolff** considera como uma *fórmula vaga*[229]. **Neste pensar e na minha opinião, deve-se excluir, por exemplo, os contratos, tendo em vista que se pode aproveitar quase todo o negócio jurídico, não aplicando somente o que for considerado fraude à lei.*

Para o Direito Internacional Privado, o *objeto* da fraude à lei, para os mais clássicos, era a norma jurídica interna, cuja aplicação[230] e efeitos se pretendem afastar com a *intenção* (*animus fraudandi*) de provocar ou de se buscar um resultado jurídico diverso, contrariando, assim, norma interna imperativa e obrigatória. Hoje em dia, já no final do

---

228. Op. cit., p. 373.
229. Op. cit., p. 139.
230. Geralmente proibitiva.

século XX, o pensamento da doutrina do Direito Internacional Privado está mudando, *apesar; que o primeiro objetivo do fraudador seria se beneficiar e não querer fraudar à lei, esta ocorre pela intenção de burlar a regra ou de lex fori; ou um contrato; ou de lei de cunho religioso, que se mescla com a lei estatal; ou de lei estrangeira, que por sua ótica (do fraudador), lhe desfavorece.

Então pode-se afirmar que a fraude à lei em Direito Internacional Privado só ocorre quando existe o elemento catalisador e motivador desta fraude, que é a intenção de fugir de uma determinada lei ou norma, em seu detrimento, lesionando (em geral) a autoridade e comando da lex fori. Ora, mister se faz para a realização da fraude à lei, pelo menos, dois elementos catalisadores: o elemento material (ou objetivo), que se cristaliza nos atos e fatos praticados pelo agente, que vai de encontro com a disposição imperativa de lei interna; e o outro fator subjetivo de forma moral (ou como alguns ditam — espiritual), que é a intenção ou o ânimo de ficar sob o império da lei estrangeira com o intuito de não ser atingido, na maioria das vezes, pelos efeitos irradiantes da lei local obrigatória (lei imperativa), que lhe impõe uma barreira ou uma limitação[231]. Entendo, que observando estes dois elementos (subjetivo e objetivo), um completa o outro, apesar do elemento subjetivo ser de maior importância, ele não sobrevive sem o outro. Mister se faz, então, a concorrência destes dois fatores (objetivo e subjetivo), onde o *corpus*, isto é a efetiva realização (objetiva) de todos os atos legais e necessários para se chegar ao intento final, burlando a *lex fori*, seja eivado do fator subjetivo do

---

231. Apesar de que alguns autores, como **João Baptista Machado**, in: "Lições de Direito Internacional Privado", Ed. Almedina, Coimbra, 3ª ed. (reimpressão), 1992, ditarem que são quatro os elementos constitutivos da fraude à lei: a-) norma fraudada; 2-) norma-instrumento; 3-) atividade fraudatória e 4-) intenção fraudatória (Op. cit., p. 275).

animus, isto é, a intenção que move o agente a realizar tais atos/fatos, com o fim específico de burlar a lex fori.

Ou seja, estes dois elementos, acima elencados, juntos agem quimicamente como uma fórmula conhecida como fraude à lei em Direito Internacional Privado, pois, utiliza-se de meios lícitos para se conseguir alcançar um resultado ilícito. A *vontade* neste caso é viciada e fraudulenta, contaminada pela *intenção culpável* (em menor grau) e, em maior grau (em muitos dos casos), pela *intenção dolosa*. Se não fosse pela fraude cometida o agente ficaria exposto aos efeitos irradiantes da lei obrigatória/imperativa. Para **Trías de Bes**, mister se faz que "para que la noción de fraude exista jurídicamente en Derecho Internacional Privado, deben reunirse las siguientes condiciones: 1°, la imputabilidad debe ser directa, es decir, que el Autor del fraude debe obrar con la intención y el propósito de obtener un resultado indirectamente ilícito; 2°, debe existir una equivalencia de hecho entre los resultados de la operación prevista por la ley y los hechos de los interesados; 3°, ausencia de todo otro remedio"[232].

*Repita-se, sou adepto, portanto, da chamada Teoria Subjetiva de caráter misto que entende que a fraude à lei só pode existir, ou coexistir, juntamente com o elemento objetivo (fim a ser alcançado), se há uma intenção (dolosa ou culposa), por detrás da ação de quem comete tal fraude. Ou seja, o ciclo da responsabilidade sobre tal ato/fato ou negócio jurídico não se completa apenas com o elemento material, que deve vir sempre acompanhado necessariamente do elemento volitivo, isto é, que o animus fraudandi, ou que a vontade/intenção, sejam bem claros e definidos ou mesmo que este elemento volitivo seja obscuro ou opaco, ele pode vir a afetar a credibilidade da operação realizada.

---

232. In: "Derecho Internacional Privado", Ed. Bosch, Barcelona, 2ª ed., 1939, p. 79.

Me filio a esta teoria, como ressaltei anteriormente, tendo em vista que na fraude à lei estrangeira, geralmente o que se pratica não é um ato ou um fato contra a lei, mas sim o contorno sobre a lei imperativa que seria competente e aplicável normalmente com a intenção de burlar uma norma obrigatória. Então, esta intenção ou elemento volitivo é o ponto principal e o norte que guiará tal atitude, que por este elemento/fim pode ser considerada uma atitude ilícita. Para iludir a norma não derrogável, mister se faz que o negócio ou o ato/fato concluído ou produzido materialize-se num resultado diverso daquele que foi proibido pela norma imperativa que se procurou iludir. O elemento subjetivo é sem dúvida o motivo ou o fato gerador catalisador da fraude. Em se tratando de Direito Internacional Privado, fica mais claro, ainda, que a intenção do ato/fato ou negócio praticado foi realizada com uma determinada finalidade, para que seja considerada como elemento de conexão, para a caracterização da fraude à lei.

Entendo que mister se faz que quem deve provar a questão psicológica e teleológica da intenção de não fraudar seria o próprio fraudador, tendo em vista que tal ônus seria muito difícil de se produzir para aquele que quer demonstrar que houve fraude à lei em Direito Internacional Privado. Ou seja, o fraudador deveria provar que sua intenção não era aquela conseguida e obtida por meios lícitos. Caso não consiga convencer o Juízo local (estatal ou arbitral), este ônus probatório lhe atingiria de forma fatal. Fica claro, portanto, que caberá ao intérprete da legislação local a possibilidade de fixar o fundamento da ineficácia do negócio ou do ato/fato realizado com a finalidade de se burlar ou iludir a lei imperativa ou proibitiva.

Esta é uma questão novel, que pode ser muito bem absorvida na hora do julgamento, seja ele arbitral ou estatal. O que se busca é invalidar em parte ou no todo o negócio jurídico (ou o ato/fato) realizado, mesmo que este negócio ou ato/fato tivesse sido realizado sem vícios em seus elementos constitutivos, contudo, tal procedimento serviu de meio con-

dutor, para que o fraudador se servisse para burlar ou iludir uma determinada norma imperativa ou proibitiva, geralmente a lex fori. Sempre é bom realçar que a fraude à lei em Direito Internacional Privado opera-se pela descaracterização da norma de conflito, empregando esta norma em casos para os quais ela não foi destinada originalmente, como é o caso de uma mudança de nacionalidade, com o fim específico de colocar sob uma nova lei uma determinada situação, burlando a *lex fori*. Beira-se ao abuso do direito.

Da Religião como Intenção da Fraude à Lei

A religião, como elemento de conexão, também reflete na fraude à lei. A variedade religiosa em especial, ou mais notadamente no mundo muçulmano, pode gerar, como demonstra a jurisprudência, uma fuga em maior número das Leis do Alcorão e, em muito menor número, em busca desta lei para gozar da poligamia, etc.[233] A mudança de religião para fraudar à lei está sendo mais utilizada neste final de milênio, em especial entre os povos oriundos do antigo bloco da União das Repúblicas Soviéticas[234]. Em linhas gerais, como doutrina **Dolinger**, a mudança de religião nas regiões em que o estatuto pessoal é regido pela lei religiosa também é considerada como prática de fraude à lei, ocasionando as mesmas conseqüências[235].

Niboyet nos traz o seguinte exemplo onde foi verificada uma mudança de religião com o fito de se escapar da *lex fori* da Síria. Um indivíduo maronita (cristão) foi condenado a pagar uma determinada pensão alimentícia a sua ex-mu-

---

233. Vide neste sentido, Clunet 1912/1.039 à 1.042.
234. Sobre o tema geral de mudança de religião e fraude à lei, vide **Lord Watson** em **Bartholomew, G. W.**: "Private International Law", in: "International and Comparative Law Quart.", 1952, vol. 1, parte 3, p. 342.
235. Op. cit., "Direito Internacional Privado", p. 367, citando exemplo anteriormente mencionado por **Batiffol** e **Lagarde**, Op. cit., volume I, p. 429.

lher. Ao trocar de religião para a muçulmana, tendo em vista que esta última não obrigaria a qualquer pagamento de pensão, o Tribunal da Síria decidiu que o câmbio de religião efetivada pretendia, apenas e tão-somente, o não pagamento de pensão, portanto, tal mudança não poderia ter o seu efeito pretendido. A religião também vai ter uma influência dentro do conceito de instituição desconhecida, tratada nesta obra.

Da Fraude à Lei Incidente na Autonomia da Vontade

Na verdade o que se nota é que o fim é o mesmo, sempre havendo um ferimento de uma norma imperativa, contudo, os meios utilizados é que são diversos. Cuidado há de se tomar quando o intérprete da lei depara-se com atos/fatos oriundos de autonomia da vontade, em especial quando se trata de uma vontade privada em negócios jurídicos onde são desenvolvidos sob a base do Direito Internacional Privado. *Esta autonomia não pode macular qualquer lei, inclusive, é, óbvio, a lex fori.* **Cobas**, resumidamente, bem definiu tal questão, ditando que "...el acto fraudulento, al contrario del acto ilícito, requiere para su configuración de la existencia de un acto en principio válido, otorgado conforme a la ley, no contra ella. Precisamente, la mecánica del fraude a la ley, trata de obtener un efecto similar o análogo al prohibido por una norma imperativa, apoyándose en otra norma"[236].

---

236. **Manoel O. Cobas**, in: "El Fraude", artigo publicado na obra "Negocio Juridico — Esctrutura, Vícios, Nulidades", coordenado por **Santos Cifuentes**, Ed. Astrea de Alfredo y Ricardo — Depalma, Buenos Aires, 1986, p. 549. Aliás, entende **Fichtner Pereira**, que: "...muitas vezes se atinge exatamente o mesmo resultado por meio indireto, cabendo em tais casos a aplicação da teoria da fraude à lei, pois esta se assenta, em verdade, no meio pelo qual se atinge o fim proibido, já que a análise do instituto ao prisma da *violação da lei faz*

Contudo, antes de se verificar ou se afirmar genericamente se é perniciosa a utilização da autonomia da vontade diante da fraude à lei *o intérprete deve localizar a real vontade das partes em conjunto com os elementos de conexão, em especial se tratando de Direito Internacional Privado, onde a autonomia da vontade é tida como uma das maiores conquistas deste ramo. A vontade tem que ser idônea, gerando um ato/fato ou um negócio jurídico sem vícios ou com um intuito de ferir o sentimento da lex fori. É na intenção que reside a base para declarar toda a operação envolvida, de nulidade completa.

*Mister se faz esclarecer no tocante à autonomia da vontade que, se as partes envolvidas tivessem uma liberdade total e irrestrita para a escolha de Sistemas Legais, ou seja, se a autonomia da vontade fosse total, concordaria que não poderia se falar em aplicar a exceção da fraude à lei, para tais casos, contudo, como não há esta autonomia de vontade absoluta, as partes têm que se moverem dentro dos limites imperativos e proibitivos estabelecidos pela lex fori. A fraude à lei vai incidir quando as partes passarem deste limite imperativo.

A vontade é protegida até quando esta é portadora de boa-fé e interesse lícito desde seu nascedouro, além de necessariamente ser mesclada outros elementos legais (limitativos ou permissivos), que têm que ser respeitados[237], ou nas palavras de **Ferrara**, "a proteção jurídica não se concede à vontade, como Estado psicológico do indivíduo, mas sim à vontade, como expressão e veículo das relações jurídicas com a comunidade"[238]. Se o interesse verificado,

---

chegar à conclusão de que a violação produzida por ato contra legem é a mesma que o é por ato in fraudem legis" (Op. cit., p. 18, grifei).

237. Liberdade total e irrestrita é a mesma coisa que "soltar o lobo no galinheiro".

238. Op. cit., p. 46. Anota **Ferrara** na mesma página, que: "A lei não exige a vontade humana em dominadora suprema, absoluta, despótica; não a converte em um fator onipotente de efeitos jurídicos; essa tirania da vontade seria ilógica

perverte agora ou no futuro o interesse jurídico ou a ordem jurídica, comandada pela *lex fori*, não podem as partes, ter o agasalho da mesma ordem jurídica em que está se praticando esta "autonomia de vontade", não sendo, portanto, esta protegida pelo Direito[239].

Interessante trazer à lume o *Protocolo de Buenos Aires* sobre a "jurisdição internacional em matéria contratual"[240], firmado entre os Estados signatários do *Mercosul*, onde a mobilidade de conexão ficou mais controlada para determinados tipos de contratos, pois, ficam de fora as relações jurídicas entre falidos e seus credores e/ou outros procedimentos semelhantes ao processo falitário, incluindo neste ponto a concordata (fato este que eu discordo, tendo em vista ser a concordata um favor legal e o empresário fica a cargo da gerência de seus negócios); são excluídos, outrossim, os contratos tratados no âmbito do Direito de Família e das Sucessões, os contratos de seguridade social, administrativos, trabalho, venda ao consumidor, transporte, seguro e aqueles contratados que tratam sobre direitos reais.

Ficou decidido que no âmbito do *Mercosul*, mais precisamente nos conflitos oriundos dos contratos internacionais em matéria civil ou comercial, é competente a Corte do Estado-Parte, eleita expressamente pelos contratantes, des-

---

e absurda porque a lei, desse modo abdicaria da sua função ordenadora das relações sociais, tornando-se escrava dos caprichos das partes. Isto é inadmissível. Certo é que a vontade humana é uma força que atua no conjunto do mecanismo social, mas que se entrelaça com outras forças, com outras energias, cujo supremo regulador é a ordem jurídica. O fundamento da proteção é, pois, o interesse do comércio humano, da generalidade, não uma homenagem incondicional e servil ao ato volitivo" (Op. cit., p. 46).

239. Citando, novamente, o ótimo **Francesco Ferrara**, que: "Existe, pois, um limite teórico na proteção da vontade: dentro de certo âmbito, o da boa fé e do interesse do comércio, a vontade produz efeitos jurídicos — fora dele, é somente um movimento irrelevante do espírito" (Op. cit., p. 47).

240. Anexo — Mercosul/CMC/Dec. n° 01/94 — Dec. Legislativo 129, de 5 de outubro de 1995, promulgado pelo Dec. 2.095, de 17/12/96 (entrou em vigor internacional e no Brasil em 6/6/96).

de que esta escolha não tenha sido realizada de forma abusiva, ou seja, que não haja fraude à lei[241]. Esta eleição de foro pode ser realizada em três ocasiões específicas: no ato da assinatura do contrato; durante a sua vigência; ou, enfim, quando for suscitado o litígio[242]. Os efeitos e a validade da eleição do foro são regidos pela *Lex fori* do Estado-Parte que teria jurisdição sobre tal instrumento.

Caso haja dúvidas a este respeito, o próprio *Protocolo de Buenos Aires* dita que será aplicado o Direito mais favorável de validade do acordo[243]. Esta possibilidade deixa uma grande brecha, ou seja, deve ser entendido que, caso o Direito do Estado-Parte não seja um *Bom Direito* a ser aplicado, pode o intérprete adotar *outro*, com um liame mesmo que tênue a algum elemento de conexão, que pode não ser relacionado com os Direitos dos Estados-Partes! Vai mais além tal *Protocolo*, ditando que em caso de ser verificada a não escolha expressa da jurisdição, esta pode ser subsidiária, ou seja, na ausência de acordo expresso[244] entre as partes o Autor da demanda *pode escolher* entre os seguintes Juízos: (a) do lugar do cumprimento contratual; (b) do domicílio do Réu; (c) ou do seu domicílio ou da sede social de sua empresa, quando demonstrar que cumpriu a sua prestação.

No tocante ao item (a) acima, será considerado *lugar do cumprimento contratual* o território do Estado-Parte onde tenha sido ou deva ser *cumprida a obrigação* que sirva de fundamento da contenda. O que o *Protocolo* entende por cumprida a obrigação? Ele entende que nos contratos sobre coisas *certas e individualizadas*, o local onde elas existam ao tempo da celebração contratual; ou nos contratos sobre

---

241. Artigo 4º do mencionado Protocolo de Buenos Aires.
242. "Caput", do artigo 5º do Protocolo de Buenos Aires.
243. Inciso 3, mencionado art. 5º.
244. Para eleição de foro, para este Protocolo, a escolha tem que ser sempre expressa nunca tácita.

coisas determinadas por gênero, o local do domicílio do devedor ao tempo em que foi celebrado o contrato; ou nos contratos sobre *coisas fungíveis*, o local do domicílio do devedor ao tempo da celebração contratual.

Já nos contratos de *prestação de serviços* que recaiam sobre *coisas*, o lugar onde elas existiam ao tempo da sua celebração; ou se sua eficácia se relacionar com algum lugar especial, o lugar onde haverá de se produzir os seus efeitos; ou se tais casos acima, sobre prestação de serviços não se configurarem, no lugar do domicílio do devedor, ao tempo da celebração contratual.

É forçoso notar que um elemento forte é o *tempo da celebração contratual*, caso haja algum elemento fora deste tempo, tais indicações de foro competente ficam prejudicadas a não ser que se utilize a mencionada fórmula convencional, de que vai se utilizar o melhor Direito para o contrato.

Tal *Protocolo* também tenta resolver a questão do que se entende por *domicílio do Réu*, ou seja se tratar de *pessoa física*, ou é a sua *residência habitual*, ou *subsidiariamente*, o *centro principal de seus negócios*, ou somente na *ausência* destes elementos de localização de foro, o *lugar* onde se encontrar a *simples residência*.

Já se tratando de *pessoa jurídica* a *sede principal* da administração [o mencionado *Protocolo* não esclarece o que vem a ser sede principal, tendo em vista que sede só pode ser uma, contudo, entendo que sede principal deva ser o principal estabelecimento ou o lugar de onde emanam as decisões empresariais, com a guarda (não necessariamente), dos livros sociais]. Tal Protocolo estabelece, ainda, que caso ocorra que uma pessoa jurídica, com sede principal num determinado Estado-Parte (por exemplo, Brasil), contratar-se com outra ou outros, em outro Estado-Parte (por exemplo, Argentina), pode o Autor da demanda escolher o foro deste último Estado-Parte. Se a pessoa jurídica tiver sucursais, agências, filiais, ou qualquer espécie de representação, será considerada domiciliada no lugar onde funcionarem tais entidades.

Se por acaso forem muitos os demandados (pessoas jurídicas ou não), a jurisdição para o competente aparelhamento de demanda judicial será o domicílio de qualquer um deles. Ou seja, o que quis demonstrar é que hoje em dia há tanto na *Lex fori* como em normas convencionais uma tendência de se resolver, desde logo, que jurisdição e leis serão aplicadas, tentando, com isso, limitar a aplicação de lei estrangeira ou, até mesmo, de tentar refrear a utilização da fraude à lei, em âmbito de Direito Internacional Privado.

Este é um exemplo convencional limitativo, com o fito de "cercar" ou "prever" a não utilização da fraude à lei, mas nem sempre isso ocorre. Os meios lícitos utilizados para chegar ao fim aparentemente lícito desejado maculam e colocam uma eiva de vício em *todo o procedimento* (causa), tendo em vista a intenção formadora da causa e o ataque ao espírito da lei fraudada, que por certo tem um liame muito forte com todo o procedimento lícito praticado para atingir o fim desejado e proibido por uma determinada norma imperativa. A causa pode ser considerada ilícita ou contaminada pelo intuito final, quando tem como escopo buscar fraudar, burlar ou iludir uma norma imperativa ou proibitiva[245]. Como dizia **Ascarelli**, "...lo scopo al quale

---

245. **Pugliatti**, doutrinava que: "considerada em si, a causa do negócio principal é lícita e por isto deveria o negócio ser válido. Mas ao contrário, a causa do negócio adquire uma função ilícita, quando o negócio, que sobre ela se baseia, se torna instrumento do ilícito" (Op. cit., p. 386, apud **Alvino Lima**, Op. cit., p. 300). **Henri Batiffol**, doutrinava sobre este aspecto que: "o valor de um ato é inseparável de seu fim e se este é ilícito, o ato, embora intrinsecamente lícito, será também ilícito" (In: "Traité Élémentaire de Droit International Privé", Paris, 1949, n° 376). Já **Tullio Ascarelli** ditava que: "existem normas que não se limitam a disciplinar um determinado ato, mas se referem a um determinado escopo prático, qualquer que seja o instrumento jurídico através do qual ele se realiza, qualquer que seja a via escolhida pelas partes para sua obtenção, por isto na aplicação destas normas se deve tomar em consideração o fim que almejam as partes e não somente a causa. Só se pode falar em *fraus legis*

mirano le parti può essere illecito: il negozio indiretto sarà allora illecito e perciò nullo ... la valità del negozio, rispetto ai suoi fini indiretti, deve esser presa in esame di fronte alle norme della prima categoria"[246]. Portanto, a *fraus legi* se divorcia do entendimento da questão *contra legem*, tornando-se uma figura autônoma, em especial em se tratando de casos relacionados com matérias tratadas em Direito Internacional Privado.

Repita-se, o intérprete tem que ter em mira ou procurar a todo o custo, através de fatos notórios ou indícios contidos nos atos/fatos ou no negócio jurídico em si, qual foi o objetivo da lei, pois, em muitos dos casos ocorridos na prática, se verifica que não houve uma violação do espírito da lei. Já doutrinava **Ferrara** sobre a questão interpretativa da fraude à lei que "nesse exame o juiz deve proceder cautelosamente, não tanto se embrenhando em investigações psicológicas, quando examinando objetivamente se o resultado que se quis alcançar por meios indiretos coincide com o resultado proibido"[247].

Outros doutrinadores que escreveram especificamente sobre o assunto, apesar de serem partidários da *Teoria Objetiva* (aqui já mencionada), fazem ressalva como **Ligeropoulo**, que dita que o elemento psíquico ou intelectual, como o da intenção, é indispensável em alguns casos[248]. Realmente, não se pode renegar o elemento intelectual da intenção, mesmo porque se fosse apenas aplicar a *Teoria Objetiva*, que tem como mérito apenas a simplificação em matéria de processual, ficaria limitada a sua aplicação a certas áreas de atuação, deixando de fora grande parte dos

---

relativamente a estas normas, atuando através de um negócio instrumental diverso do direito, tomado em consideração à norma" (in: "Saggi Giuridice", Ed. Giuffrè, Milão, 1949, p. 170, n° 11 e nota 59).
246. Op. cit., p. 170.
247. Op. cit., p. 98.
248. Na clássica obra: "Le Problème de la Fraude à la Loi", Paris, 1928, pp. 59 e ss. e p. 115.

casos relatados, por exemplo, em Direito Internacional Privado.

Como doutrinava **Pugliatti**, todo o mecanismo de fraude (inclusive a fraude à lei) se apóia numa determinação volitiva[249]. Ao iniciar os atos/fatos ou negócios lícitos, para se contornar a *lex fori*, o fato gerador era a intenção de se burlar a lei, ou melhor, a de fraudar a lei. Portanto, tal elemento teleológico é de suma importância para a caracterização da fraude à lei. O estudo especulativo, pelo nobre magistrado, da causa, da essência, do alcance ou do fim que se pretendeu chegar, será a chave para se chegar ao elemento de conexão e catalisador da má conduta denominada fraude à lei.

Já para os adeptos da *Teoria Objetiva* é de cunho negativista, ou seja, é avessa a qualquer resquício intelectual (psíquico) ou volitivo (intenção) na prática da fraude à lei. Esta é cometida sem se levar em conta a intenção, sendo assim mais fácil de provar tal fraude, bastando somente o ato de fraudar com a obtenção do resultado, vedado ou obstado por uma determinada *lex fori*. Então, para a *Teoria Objetiva*, contrariou ou frustrou a lei, de maneira indireta ou por outros meios que não seja um mero ato de ataque direto, pois senão seria apenas um ato *contrário à lei*[250], comete-se *fraus legi* (para que fique bem claro, ato *in fraudis legis* difere do ato *contra legem*, apenas e tão-somente por ser o primeiro um ato contrário à lei, com efeitos e intensidade menor do que o segundo).

Ainda para os adeptos desta Teoria Objetiva, o que se condena é o ato praticado e não um elemento que compõe este ato, que seria a sua intenção; porquanto, este é mero

---

249. **Salvatore Pugliatti**, in: "Instituzione di Diritto Civile", p. 376.
250. Como doutrinava **Alvino Lima**, seguindo o pensar de **Giovanni Pacchioni** (in: "Delle Obligazioni in Generale", 2ª ed. Pádua, 1935): "o ato in fraudis leis, outra coisa não é senão uma forma especial de violação da lei", Op. cit., p. 294.

coadjuvante. Combate-se primeiro um determinado elemento isolado, ou seja, a frustração legislativa. Só este elemento é auto-suficiente para a caracterização da fraude à lei, não se fazendo mister qualquer outro elemento informativo ou coadjuvante. Só por aquele elemento inicial haverá sanção contra quem o praticar, sem necessidade de se provar qualquer intenção ou elemento volitivo. Esta intenção é englobada pelo ato inicial de fraudar.

Talvez o Direito Internacional Privado tenha proporcionado a quem o estuda a oportunidade de focar a questão da fraude à lei, sem os estrabismos e paixões que são peculiares, quando se trata de Direito Interno. A questão é vista com mais vagar e imparcialidade regional. Encastela-se no Direito Internacional Privado os verdadeiros guardiões da lei, para questões como a fraude à lei, Ordem Pública, dentre outras. **Ihering** dá uma noção figurada exata do problema: "Toda a arte que se emprega para proteger a lei pode ceder ante as astúcias que a vida emprega para miná-la e desmoroná-la. Não basta alcançar um fim almejado, ordenar uma coisa; não basta que a lei tenha uma lâmina bem afiada, para que o golpe atinja o coração; o golpe mais terrível, se o adversário o evita, torna-se um golpe de espada na água"[251]. O efeito da fraude à lei é a cristalização do golpe da espada na água.

As leis imperativas não teriam sentido de existir se fossem burladas, portanto, há que se restaurar, caso isso ocorra, o império da lei frustrada, dando-se por nulo (com efeito *erga omnes*) os atos/fatos ou negócios jurídicos praticados com este intuito, mesmo que não haja se verificado dano a direito subjetivo[252]. Como bem observa **Alvino Lima**,

---

251. **Rudolf von Ihering**, in: "L'Esprit de Droit Romain", vol. IV, trad. realizada por **O. de Meulenaere**, 2ª ed., Paris, 1880, p. 255.
252. Não existindo um interesse particular a ser abrigado, tal nulidade tem como conseqüência o restauro do império da lei iludida, pelo interesse social que isso acarreta.

"a fraude à lei constitui inegavelmente, em virtude das astúcias empregadas, o mais sério processo de violação da lei. Não é possível tolerar que o caráter obrigatório de uma regra jurídica possa ser posto em cheque pelo embuste, pela velhacaria, lesando interesses legítimos de terceiros e perturbando a ordem social. Prevenir e impedir estes processos odiosos, calcando aos pés as prescrições legais, constitui a razão de ser das sanções contra as fraudes à lei. Trancada a fraude, a regra jurídica prolonga a sua sanção"[253].

Da Conseqüência da Fraude à Lei

A conseqüência maior de quem pratica tal fraude é a *sanção, que *geralmente consiste em fazer valer o preceito imperativo que se buscou burlar (retorno ao território de aplicação da lex fori), declarando nulos os atos ou fatos cometidos para tal fim, ou seja, os atos/fatos praticados ou o negócio jurídico entabulado estão eivados de nulidade absoluta, devendo, assim, ser declarados, pois só assim agindo, poderão ser restaurados os efeitos da lei fraudada.* A nulidade é a mais utilizada do que a inoponibilidade no ordenamento defraudado do Direito subjetivo adquirido em outro Estado, mediante fraude. Na palavra bem posta de **Louis-Lucas**, este tipo de sanção é a "consagração pelo Direito de um mínimo de moralidade, no comportamento dos homens"[254].

Apesar de que nem todos os atos/fatos ou negócios jurídicos praticados sejam passíveis de nulidade, por serem irrelevantes à fraude praticada (por exemplo: um súdito pode trocar de domicílio a qualquer momento, sem se justificar perante as autoridades de seu Estado), entendo

---

253. Op. cit., p. 312.
254. In: "La Fraude à la Loi Étrangère", in: Revue Critique de DIP, 1962, p. 9.

que todos que tenham um liame no conjunto fraudatório sejam considerados nulos por contaminação pela intenção fraudatória[255]. Isto é, tais atos/fatos ou negócios jurídicos devem ser considerados nulos se praticados no foro de competência da lei fraudada, nunca se deve anular atos/fatos ou negócios jurídicos praticados no exterior, pois estão ao abrigo de lei alienígena, que não é obrigada a conhecer elementos proibitivos da *lex loci*.

Muitos doutrinadores já se referiram sobre a sanção que deve ser aplicada a quem frauda a lei em Direito Internacional Privado, lembrando da *solidariedade* existente entre os Estados; contudo, entendo que o instituto da fraude à lei em Direito Internacional Privado, diferentemente da *fraus legis domesticae*, contraria este pensamento, pois a fraude à lei em Direito Internacional Privado é a prova mais do que notória de que não existe uma solidariedade neste sentido, tendo em vista que os Estados toleram em seus respectivos territórios e/ou no seio de seus Sistemas, atos "desordenadores" dos Sistemas jurídicos de outros Estados. A sanção não deve reconhecer atos praticados no estrangeiro ou elementos de conexão eivados de vícios, com o intuito de burlar a *lex fori*, devendo as Cortes declararem a ineficácia ou os efeitos irradiantes dos atos alienígenas praticados, que interfiram direta ou indiretamente — ou se choquem — contra a *lex fori*.

*Mister se faz lembrar que o instituto da fraude à lei em Direito Internacional Privado tem por sua natureza o reconhecimento de Direitos e o não-discutir a Criação de Direitos, ou seja, deve-se negar o reconhecimento de um

---

255. **Yanguas Messía**, erroneamente, dita que: "si la finalidad del fraude realizado en el extranjero hubiere sido sencillamente eludir el pago de impuestos, no habría por qué declarar la nulidad del acto. Sería suficiente la sanción fiscal" (Op. cit., p.379). Tal entendimento não pode prosperar, tendo em vista que, se todo o ato não for anulado, impondo apenas multa fiscal, no futuro tal fraude pode prosperar em outro segmento ou dar base para um direito adquirido eivado de vício.

Direito estrangeiro, mas nunca discutir se tal Direito é correto ou não, principalmente dentro do Sistema de seu nascedouro (este deve ser válido dentro do Estado que o criou, apenas seu efeito deve ser barrado pela lex fori), sob pena de uma interferência em soberania alheia.

Das Diferenças entre Abuso do Direito, Abuso de Função Instrumental e da Simulação com a Fraude à Lei

Doutrinadores[256] de Direito Internacional Privado, na sua minoria, ao longo de seus manuais, cursos e tratados, ditam que pode haver um *abuso de direito,* ao se reconhecer a fraude à lei, ou que no mínimo estes institutos se confundem. A ligação mais forte é que o Judiciário exerce este abuso de poder, tendo em vista ser de grande dificuldade para o magistrado, saber a real intenção das partes em burlar ou não a legislação local. No ato de sentenciar sobre a questão de "fundo", o magistrado agiria dentro de conceito individualista e não como uma visão mais ampla e arejada da questão. Realmente isto acontece, contudo, a sentença exarada pelo magistrado pode sofrer recurso a tribunais superiores, onde prevalece a orientação de várias cabeças.

Por outro lado, alguns doutrinadores entendem que a efetiva utilização da fraude à lei é considerada um verdadeiro abuso de direito, por serem utilizados legislação, atos ou fatos lícitos, contudo, para atingir um objetivo ilícito. Mais uma vez deve ser detectada a real intenção de querer atingir este alvo, ou seja, este abuso de direito deve aflorar cristalina e objetivamente. Como doutrinava **Emilio Betti**, abuso do direito refere-se a uma norma que se aplica servindo de

---

256. **Jules Valéry** dita que "or, quelles difficultés cette recherche des intentions véritables des parties ne soulèverait-elle pas?", in: "Manual de Droit International Privé", Ed. Fontemoing, Paris, 1914, p. 556.

meio para um fim diverso do seu, enquanto a *"fraus"* se refere a uma norma que é contornada, ou seja, evitada e colocada fora de aplicação, colocando-se em seu lugar outra norma, pelo menos na medida em que aquela deixa de ser aplicada[257].

Werner Goldschmidt[258] doutrinou certa feita que a *simulação* é uma espécie de fraude à lei, mas exatamente aquela fraude em que meio e fim são contraditórios, além do que a fraude à lei pode, a seu entender, ser realizada de maneira unilateral, enquanto a simulação sempre será realizada de forma bilateral. **Discordo desta posição, porquanto, a simulação age sobre base falsa e ilícita, enquanto a fraude à lei, age sobre uma base lícita; contudo, o seu fim é burlar a lei ou ferir o sentimento da lex fori de forma indireta. Já a simulação fere diretamente a lei e não dá nenhuma volta, para iludir a lei, ou se utiliza de meios legais para tal, como faz aquele que quer fraudar a lei. Aquele que defrauda não ataca o conteúdo literal da lei (mas sim o espírito dela), ao contrário, ele até mesmo chega a utilizar, em alguns casos, aspectos da própria lei a ser fraudada como trampolim para alcançar o fim ilícito.*

---

257. Na clássica obra: "Teoria Generale del Negozio Giuridico", pp. 393 e ss.
258. **Werner Goldschmidt**: "Sistema y Filosofia del Derecho Internacional Privado", Ed. EJEA, Buenos Aires, 1952, p. 173.

Capítulo Nono

Da Norma de Reciprocidade

As normas de reciprocidade advêm da *Teoria da Cortesia Internacional*, mais conhecida por *comitas*, que em linhas gerais consiste em conceder às leis alienígenas a mesma eficácia das leis internas de um determinado Estado, onde se pretende aplicá-las; ou seja, ocorre a incidência da regra alienígena, quando a lei local de Direito Internacional Privado concede tal prática aplicável e que na maioria esmagadora dos casos a norma alienígena tem os mesmos efeitos da norma interna já existente. Esta prática é negada pela doutrina clássica do Direito Internacional Privado, como faz sentir da leitura do texto de ***Arregui***[259].

Geralmente, estas leis ou normas de reciprocidade são aplicadas para interpretar cláusulas convencionais; para a

---

259. "encuentra su fundamento no en razones jurídicas, descansando en egoísticas móviles de conveniencia; no cabe negar su odioso aspecto, al fundarse en criterio puramente personal que opone a la aplicación de las leys extranjeras, gastadas posturas de orgulho soberano", Op. cit., p. 467.

extensão de privilégios diplomáticos; para casos processuais ou para casos concernentes aos estrangeiros, etc. Os casos processuais são os que mais utilizam tal preceito. O Direito Internacional Privado nacional não conhece os limites da reciprocidade ou da retorsão (houve reciprocidade em curto período, de 1878 a 1895, respectivamente através do Decreto inaugural 6.982 e pela Lei de função extintiva de nº 221).

Em alguns Estados se admite a reciprocidade e, para alguns autores, principalmente os europeus, existe na reciprocidade elementos de *lex mercatoria* que validariam a sua aplicação, no sentido do magistrado que irá aplicar elementos oriundos do estrangeiro[260] ser sabedor de que no Estado de que advém tais elementos, também se recepcionaria tais elementos oriundos do seu (do magistrado) Estado. *Apesar do Sistema Legal brasileiro ignorar (e não vedar) totalmente a cláusula de reciprocidade, esta pode ser aplicada somente sob a forma expressa, em diversas situações, mais comumente no Direito Convencional; ou ser admitida não pelo magistrado, mas pelo Poder Executivo, que pode autorizar a sua utilização, com reflexo direto nas questões discutidas no Judiciário. A única hipótese fora destas questões realizadas necessariamente de forma expressa que consigo enxergar, realmente, seria o magistrado local aplicar tal norma de reciprocidade, na formação do seu livre convencimento, tendo em vista que, para a reciprocidade ser aceita, esta necessariamente tem que ser expressa e não ser vista apenas como uma lex mercatoria de aplicação tácita.* Caso contrário, tal Direito estrangeiro seria barrado, não se aceitando, por conseguinte, tal reciprocidade.

---

260. Lei/Direito estrangeiros, ou validar atos ou fatos praticados no exterior, ou fazer valer os efeitos irradiantes de um negócio jurídico realizado no estrangeiro, ou homologar ou fazer valer uma sentença estrangeira.

Capítulo Décimo

Da Sucessão de Herdeiro Nacional e do Princípio da Lei mais Favorável

Existe um limite pouco utilizado e/ou de utilização restrita, que é o encontrado no Direito Sucessório envolvendo estrangeiro em solo pátrio (ou fora dele). O Direito Internacional Privado brasileiro da sucessão protege seu súdito em defesa da legítima e do respectivo cônjuge, no tocante aos bens móveis ou imóveis, situados em território brasileiro. Este procedimento já era adotado no Império, sendo colocado na Introdução (antiga) ao Código Civil brasileiro (artigo 14), alterado mais tarde pela reforma realizada pela Lei de Introdução ao Código Civil brasileiro (artigo 10, § 1º), sobrevivendo, hoje, em texto constitucional (Constituição Federal, art. 5º, inciso XXXI[261]), onde se lê: "A

---

261. Vide os reflexos contidos nos artigos 17 ("à brasileira, casada com estrangeiro sob o regime que exclua a comunhão universal, caberá, por morte do marido, o usufruto vitalício de quarta parte dos bens deste, se houver filhos brasileiros do casal ou do marido, e de metade, se não os houver") e 18 (os

sucessão de bens de estrangeiros situados no país será regulada pela lei brasileira em benefício do cônjuge ou dos filhos brasileiros, sempre que não lhes seja mais favorável a lei pessoal do *de cujus*"[262].

Como pode ser depreendido, a lei brasileira remete à lei mais favorável, dando sustentação do já defendido neste trabalho, quanto à aplicação da lei mais benéfica. **Deve haver no meu entender uma proteção, também, do súdito nacional (herdeiro), no concurso com a lei estrangeira do domicílio, posição esta defendida primeiramente por **Valladão**[263].*

*O que acontece, neste caso, nada mais é do que uma exceção ao princípio da universalidade sucessória, que vem sendo adotada pelo Direito brasileiro desde há muito tempo, atendendo, com esta exceção, aos interesses de súditos brasileiros (genitora e prole), quanto aos bens: móveis e imóveis; corpóreos ou incorpóreos; bem como os créditos, pertencentes a de cujus alienígena. A Introdução (antiga) ao Código Civil brasileiro já havia disciplinado tal preceito no seu artigo 14. **Clóvis Beviláqua** alegava que tal matéria foi tratada na referida "Introdução", tendo em vista que o legislador da época "esqueceu" as regras do Direito Internacional Privado

---

brasileiros filhos de casal sob regime que exclua a comunhão universal, receberão, em partilha por morte de qualquer dos cônjuges, metade dos bens do cônjuge sobrevivente, adquiridos na constância da sociedade conjugal), do Decreto-lei 3.200, de 19/4/41 (alterado pelo Decreto-lei 5.187/43) e § 1º, do artigo 1.611, do Diploma Civil.

262. O Código Bustamante, no seu artigo 144, estipula que: "As sucessões legítimas e testamentárias, inclusive a ordem de sucessão, a quota dos direitos sucessórios e a validade intrínseca das disposições, reger-se-ão, salvo as exceções adiante estabelecidas, pela lei pessoal do de cujus, qualquer que seja a natureza dos bens e o lugar em que se encontram" [nos seguintes artigos da mesma Convenção de Havana, é dito que: (154) "a instituição e a substituição de herdeiros ajustar-se-ão à lei pessoal do testador" e (163) "subordina-se a essa mesma lei o pagamento das dívidas hereditárias"].

263. Op. cit., p. 499.

que incidem dentro do Diploma Civil[264], cujo Código ele foi o arquiteto. Ou seja, a norma de que a sucessão faz parte do Estatuto Pessoal deu lugar para casos *determinados* e, em *especiais condições*, à lei territorial.

Se a lei territorial (brasileira) for melhor do que a lei pessoal do *de cujus*, esta prevalecerá, mesmo que aquela (lei pessoal estrangeira) seja competente, caso, é claro, não seja tal lei pessoal estrangeira melhor que a *lex fori* dos herdeiros [mãe e/ou filho(s)]; neste caso, aplica-se esta última, em detrimento da lei territorial, porque o interesse e filosofia principal deste dispositivo é a proteção dos interesses do súdito nacional, em razão dos bens deixados pelo estrangeiro (ou seja, *de cujus* não residente em território brasileiro), rompendo, assim, com a *universalidade da sucessão*[265]. Há que se lembrar que o Direito brasileiro consagra, como doutrina **Oscar Tenório**, a igualdade de vocação sucessória dos filhos, ou seja, excluí-se o *critério de primogenitura* e de qualquer outro capaz de estabelecer a desigualdade dos quinhões (não se considera benéfico este sistema, a ponto de excluir a aplicação da lei brasileira[266]).

Um limite pouco explorado de aplicação de lei alienígena (aliás, como visto acima) reside no fato de se aplicar o princípio da lei mais favorável. Este princípio foi noticiado

---

264. Essa matéria, aliás, deu muita confusão tanto na doutrina, como na jurisprudência da época, tendo em vista as sucessivas mudanças no texto constitucional (lei nacional, lei brasileira, etc.), que repetia, em termos, o contido no mencionado artigo 14, da Introdução (antiga) ao Código Civil brasileiro. Entendia-se que, a expressão antiga "lei nacional do de cujus" traduzia um equívoco, porquanto, a incidência na verdade era ao estatuto do de cujus, que nem sempre se regia pela lei nacional (pensavam assim, **Pontes de Miranda**, Op. cit., p. 145; **Themístocles Brandão Cavalcanti**, in: "Constituição Federal Comentada", Rio de Janeiro, 1949, vol. IV, p. 79; e **Oscar Tenório**, in: "Lei de Introdução ao Código Civil Brasileiro", 2ª ed., 1955, Rio de Janeiro, Ed. Borsoi, p. 353).
265. O sistema adotado pelo Brasil é um reflexo do "Droit de Prélevement" do Código Civil francês.
266. Op. cit., p. 356.

por **Teixeira de Freitas**, no artigo 5º, do seu *Esboço*, de 1865. Tal idéia era excluir a lei estrangeira, quando as leis daquele Código entrassem em colisão com ditas leis estrangeiras. Neste caso (no conflito), se fosse verificado que a lei daquele Código era mais favorável do que a lei estrangeira, aquela iria ser aplicada, mesmo que esta última fosse a competente. Esta disposição abrangeria o súdito nacional ou o estrangeiro que estivesse no território do Estado aplicador de tal teoria. Vários diplomas de que adotaram o *Esboço*, adotam tal teoria, assim como outros diplomas assim o fazem[267].

---

267. Entre nós, tal Teoria, ou Princípio, aparece no artigo 3º, parte final do inciso 1, do Reg. 737, de 1850 e no artigo 42, da Lei Cambial 2.044/08.

Capítulo Décimo Primeiro

Da Ordem Pública

O tripé formado pela questão de reenvio, que por sinal não é aplicada no Brasil, e pela questão da qualificação. A ordem pública representa o terceiro pé da construção positivista. A Sociedade Internacional é complexa e cheia de idéias e nuanças sociopolítico-legais, que por vezes chegam a tocar ou ser similares em alguns pontos entre os Estados-Partes (há em muitos dos casos vistos um mínimo de valores *standards* entre a lei nacional e a lei alienígena) contudo, as diferenças no modo de vida, na cultura, na língua, na tradição, na política e nos sentimentos (dentre outros) fazem com que toda esta estrutura mantenha um Sistema Legal quase que territorial (apesar da Globalização quase que obrigatória ou do Direito Comunitário mais atuante nos dias hodiernos). **Daí surge a ordem pública como um elemento limitativo ou uma exceção ou reserva (vorbehaltsklausel) à aplicação do Direito estrangeiro, designado como competente pelo Direito Internacional Privado local.*

Alguns doutrinadores já chegaram a radicalizar no tocante à ordem pública, como por exemplo **Portalis** que dizia que "suprimir as regras de ordem pública internacional equivale a dissolver o Estado"[268], já *Aubry* dizia que a ordem pública tem no Direito Internacional Privado o mesmo papel que os nervos na medicina[269]; **Bartin** arremata dizendo que o motivo da aplicação da ordem pública pode equiparar-se com a exclusão da legislação de um país que não faz parte da comunidade das nações[270]. Outros mais moderados, como o Professor belga *Paul Graulich*, chegam a afirmar que a ordem pública não é na realidade senão um meio utilizado pelo método de atribuição para realizar seu fim. Ela serviria para adaptar a lei estrangeira no ordenamento em se seria aplicada, além de servir de instrumento de defesa da homogeneidade da *lex fori* e não um *enfant terrible* ou um elemento perturbador do funcionamento das regras de conflito[271]. *Na verdade o que verifiquei é que a ordem pública coincide com os primeiros passos do Direito Internacional Privado, com a denominação dada pelos estatutários de "estatutos odiosos", e ela carrega consigo, desde os seus primórdios, o elemento excepcional*[272].

---

268. Apud, **Julian G. Verplaetse**, in: "Derecho Internacional Privado", Ed. Estates, Madri, 1954, p. 300.
269. Op. cit., "Clunet de 1902", p. 217.
270. Op. cit., "Études", pp. 189-284.
271. In: "Principes de Droit International Privé", Ed. Sirey, Paris, 1961, pp. 151 e ss., em especial pp. 163-164.
272. O caráter excepcional é aceito pela quase totalidade da doutrina, mais especificamente vide **Rigaux**, Op. cit., p. 381; **Paul Lagarde** in: "Recherche sur L'Ordre Public en Droit International Privé", Ed. LGDJ, vol. 15, Paris, nº 459, p. 130; **P. H. Neuhaus**, in: "Abschied von Savigny?", Rabels Z., 1981, § 50; **Jean Kosters** e **C. Dubbink**, in: "Algemeen deel van het Nederlandse Internationaal Privaatrecht", Ed. Haarlem, Bohn, 1962, pp. 327-393; **Wilhelm Wengler** in: "The General Principles of Private International Law", artigo estampado no Recueil des Cours, 1961, tomo III, vol. 104, p. 273-465 (em especial pp. 440-441); e, **Istvan Szaszy** em artigo estampado no Recueil de Cours, 1964, vol. 111, pp. 243-244.

Como dizia **Oscar Tenório**, "os valores morais diversificam com a latitude"[273]. Contudo, não se presta este estudo, em falar de forma profunda, sobre *todos* os aspectos da ordem pública e sim o seu ponto prático, ou seja, quando alegada, chega a vetar ou limitar a utilização do Direito estrangeiro. No tocante ao tema, os ordenamentos jurídicos cobrem com um manto a ordem pública, invocando para isso altos interesses sociais e morais, que em muitos dos casos são imprecisos e de grande subjetividade, deixando de aplicar o Direito estrangeiro competente pela regra do Direito Internacional Privado. Ao meu entender, **Thomas Henry Healy** foi o mais brilhante dos jusinternacionalistas ao se referir sobre a questão da ordem pública, doutrinando que: "Comme on l'a expliqué plus haut, tout le droit international privé présente, en pratique, un caractère national et l'ordre public a le même caractère. L'ordre public n'est pas commun à toutes les nations: il est particulier à chaque nation, bien que naturellement, les situations similaires existant dans la plupart des pays civilisés conduisent souvent à des principes semblables convernant l'ordre public"[274]. Realmente o que se nota é a participação forte do elemento político, que exclui a matéria de um segmento simplesmente jurídico.

Como a *lex fori* é o critério mais antigo empregado e o de maior utilização, esta é sempre comparada ao Direito estrangeiro, tendo em vista a sua iminente aplicação. Claro que tal comparação pode ser realizada com outros institutos, até mesmo não previstos pela *lex fori* com fortes elementos de Direito Natural, formando um verdadeiro *ius cogens internacional*,

---

[273]. Op. cit., "Lei de Introdução", p. 447. Aliás, sobre o tema, ele dita na página seguinte que: "O problema que os autores exprimem sob o nome de ordem pública é dos mais tormentosos do Direito Internacional Privado". Eu diria que "foi", "é" e "sempre será" tormentoso!

[274]. No famoso curso denominado: "Théorie Générale de L'Ordre Public", publicado no Recueil des Cours, de 1925, Tomo 9/IV, publicado em 1926, p. 469.

como é o caso da proibição de casamentos inter-raciais[275]; ações de pirataria; pactos para a prática de genocídio; tráfego internacional de entorpecentes; atos de terrorismo; ou, no caso de contratos de escravos, etc., que são contrários ao Direito Comum Universal, como já alertava **Batiffol**[276] (até mesmo há quem diga que o contrabando é um ato que é contrário à filosofia do *ius cogens internacional*, como foi o caso de *Niboyet*[277]). Aliás, como já doutrinava o Professor **Yassen**[278], o *ius cogens internacional* faz parte da ordem pública de todos os Estados. Este tipo de ordem pública é considerada uma *ius cogens* internacional, tendo em vista que abrange fundamentos e princípios comuns a toda a humanidade. Há expressamente no Direito Convencional estes preceitos, como a *Convenção da Organização das Nações Unidas sobre Prevenção e Repressão de Crimes de Genocídio*, posta em prática em 1948; assim como a *Convenção sobre a Exploração de Prostituição*, posta em prática em 1950; ou a Convenção Genebrina sobre o fim da escravatura e pela não prática desta atividade, disposta em 1926 (modificada pelo Protocolo de New York de 1953); ou da Convenção firmada com intuito de acabar com todas as práticas de discriminação racial (1965), dentre outros exemplos.

O resumo da ópera é simples: a-) há um conflito de lei; b-) a norma conflitual determina a aplicabilidade de um Direito estrangeiro; c-) tal Direito estrangeiro não é aplicado,

---

275. Vide por exemplo o Prohibition of Mixed Marriages Act de 1949, praticado até o início dos anos 90, pela África do Sul.
276. In: "Aspects Philosophiques du Droit International Privé", Ed. Dalloz, Paris, Col. Philosophie du Droit, n° 4, 1956, p. 161.
277. Vide também, neste sentido **H. Rolin** ("Vers un Ordre Public Réellement International", Mélanges Jules Basdevant — Hommage d'une génération de juristes au Président, Ed. A. Pedone, Paris, pp. 441-462), e **J. E. S. Fawcett** ("Trade and Finance in International Law", artigo estampado no Recueil des Cours, 1968, vol. 123, p. 305).
278. **Mustafha K. Yassen**, no artigo estampado no Recueil des Cours, "Principies Généraux du Droit International Privé", 1965, III, vol. 116, pp. 387-470 (em especial p. 459).

tendo em vista que o intérprete do foro entendeu que tal Direito estrangeiro fere a ordem pública, quase sempre utilizando artifícios inseguros, imprecisos e subjetivos, diante da quase sempre certeza de um Direito estrangeiro competente ao caso em questão; d-) portanto, a ordem pública é o elemento que barra a aplicação de Direito competente para a questão de fundo, determinado pelo Direito Internacional Privado do foro de aplicação. Como já assinalava **Luis Pérez Verdía**, a noção de ordem pública internacional "es contingente y variable y sufre las influencias del tiempo y del médio en que existe, estando sometida a una amplia interpretación judicial"[279].

Num conflito de leis, pode surgir o fato de que leis estrangeiras declaradamente competentes (em abstrato, porquanto, em concreto, não são sempre competentes ou aplicáveis), se aplicadas no foro tragam um elemento de perturbação ou disfunção da ordem jurídica, dando lugar a uma solução injusta[280], portanto, quem aplica ou interpreta dita lei será o árbitro ou, mais comumente, o magistrado do território onde será sentido os efeitos deste Direito[281], que poderá afastar tal Direito estrangeiro ou restringi-lo, direta ou indiretamente, tudo sob o comando

---

279. In: "Tratado Elemental de Derecho Internacional Privado", Ed. Martins, Guadalajara, México, 1908, p. 53.
280. Neste sentido, **Pierre Arminjon**, num artigo: "Règles de Droit International Privé", publicado na Revue de Droit International Privé et de Droit Pénal International, vol. XVI, p. 1 e ss.
281. Aliás, desde o século XIX, os italianos delegaram tal missão para a magistratura resolver tais problemas, porquanto, seria muito custoso elencar ou enumerar quais as leis de ordem pública, ou cristalizar tal conceito que por si só é mutável de tempos em tempos. Um dos primeiros a ir contra esta idéia de enumerar leis de ordem pública foi **Bartin**, na p. 236, do seu clássico artigo Les Dispositions D'Ordre Public, la Théorie de la Fraude de la Loi, et L'Idée de Communauté Internationale, publicado na Revue de Droit International et de Législation Comparée, 1897, pp. 385-613 (Este artigo é reproduzido nos "Études de Droit International Privé", 1899, pp. 189-284), tornando sua idéia mais clara e precisa na sua obra posterior, Principes, p. 259.

e em respeito à *lex fori*, com elementos norteadores de ordem pública (**portanto, não será qualquer lex fori que acionará a incidência da ordem pública*). A atitude do magistrado ou do árbitro tem base na defesa fundamental das conveniências do Estado e dos seus súditos, porquanto, é no seu território (do magistrado), que vai ser aplicada tal lei estrangeira[282], ou Direito estrangeiro, ou efeito de algum fato/ato ou negócio jurídico oriundos do estrangeiro, ou efeito da autonomia da vontade estampada em contrato internacional com execução no foro. **Importante notar que a ordem pública depende integralmente do sistema jurídico praticado pelo Estado dentro de seu território, onde se reduz e se esgota, dando o Estado a exata medida de sua profundidade, extensão e limite de aplicação, conforme a necessidade estatal de proteção da sua soberania. A questão de ordem pública é uma questão de soberania, não podendo uma ser sinônimo da outra.*

*Tecnicamente, chego mesmo a crer que não exista ou existe uma lei de ordem pública[283] pura (mesmo porque, se houvesse, tal norma não seria permanente e poderia ser suprimida ou ab-rogada por outra norma do mesmo quilate ou superior), mas apenas leis imperativas e obrigatórias atuantes no foro que pretende dar validade ao Direito estrangeiro, leis essas que estão sob o manto da ordem pública, instituição que irradia seus efeitos, ou como dizem os ingleses, quando as concepções fundamentais de Justiça são

---

282. **Valladão** chamava tal sistema de "controle externo da entrada das leis", Op. cit., p. 472.

283. Para **Irineu Strenger**, a ordem pública "é o conjunto de princípios incorporados implícita ou explicitamente na ordenação jurídica nacional, que por serem consideradas para sobrevivência do Estado e salvaguarda de seu caráter próprio, impedem a aplicação do direito estrangeiro que os contradiga, ainda que determinado pela regra de conflitos" (in: Op. cit., p. 511). Portanto, não existe lei de ordem pública, como erroneamente tal jusinternacionalista se expressou anteriormente na p. 510 (Op. cit.).

desatendidas, ofendendo os princípios de justiça natura (**Cheshire**) *ou que ultraja seu sentido de justiça ou decência* (**Morris**).

*Ou seja, fazem parte do conceito de ordem pública normas imperativas, territoriais e nacionais (em alguns casos normas convencionais), variando com o tempo e com o lugar, assim como pode variar no terreno moral (jura gentium). Logo concluí-se que a ordem pública pode variar ou sofrer uma gradação de Estado para Estado, de momento a momento, podendo ser uma ordem pública direta ou indireta, com uma gradação mais ou menos forte[284], contudo, eficaz, caracterizando-se como uma verdadeira exceção ao ponto de conexão. Há que se frisar sempre que a questão de ordem pública antes de tudo é uma exceção à aplicação do Direito estrangeiro de um modo geral.

Nesta seqüência de idéias, a *ordem pública, defensora que é dos direitos sociais e dos princípios fundamentais dos Estados modernos, não pode aceitar um choque ou conflito com normas estrangeiras em seu território de aplicação, sob pena de ferir algo tão forte quanto ela mesma, que é a soberania inerente em cada Estado.* Aliás, o conceito de ordem pública surge sempre depois ou contemporaneamente no surgimento do conflito, afastando ou admitindo[285] a lei estrangeira. A ordem pública talvez seja um princípio de Direito interno adotado por todos os Estados, como princípio de Direito Internacional Privado. Uma idéia que foi muito difundida, também

---

284. **Niboyet** chamava de "effet atténué de l'ordre public".
285. A ordem pública, também, tem a força de admitir a aplicação de lei/Direito estrangeiros, ato/fato praticados no exterior, negócio jurídico e sentença estrangeira, que querem valer seus efeitos irradiantes em solo pátrio, pois uma lei imperativa que admite expressamente tal aplicação, é porque a ordem pública assim o deixa. Se a ordem pública não é expressa para barrar a aplicação de elementos alienígenas, também não pode ser expressa para aceitar tal tolerância.

entre os Estados modernos, é que a ordem pública está contida em toda norma proibitiva, constante no corpo legislativo de cada Estado (fórmula esta proposta por **Mancini** no século XIX, que tomou força durante os dois últimos quartéis do século XX[286]), ou seja, globalizaram e generalizaram o conceito de ordem pública, conseqüência direta dos doutrinadores e legisladores do passado, não terem cristalizado tal princípio.

Nota-se que alguns Estados utilizam sempre a ordem pública como uma *desculpa* para a utilização da *lex fori*, tendo em vista ser de difícil cristalização o seu escopo. **Nota-se, sem sombra de dúvida, que há uma banalização do preceito. Este uso abusivo da ordem pública, contestado por mim veementemente, não pode e não deve prosperar, tendo em vista que, apesar de não se poder cristalizar o escopo principal deste Instituto, sua excepcionalidade veda a sua utilização indiscriminada, chegando a ponto de alguns Estados estarem cometendo uma denegação de justiça ou de direito, que seria o correto a ser aplicado a determinada situação.* Além do mais, uma simples discrepância entre a disposição estrangeira e o conteúdo imperativo da *lex fori*, não é motivo, em *prima facie*, justificador para se alegar e aplicar os efeitos irradiantes da ordem pública. **Mister se faz que haja uma grave manifestação contrária e que se verifique uma inaplicação do Direito estrangeiro de um modo geral, para que possa ser alegado tal Instituto, que deve ser entendido como um instrumento ao serviço da homogeneidade*[287] da lex fori.

Há mais de um século que tal problema foi levantado pela doutrina de **Despagnet** em 1889, quando este Professor

---

286. Vide neste sentido, **Pasquale Fiore**, in: Op. cit., p. 313.
287. Quem primeiro difundiu a idéia de homogenidade, perante este Instituto da Ordem Pública, foi **Paul Lagarde**, in: "Recherches sur L'Ordre Public en Droit International Privé", Ed. Sirey, Paris, 1959.

publicou seu artigo sobre a ordem pública no *Clunet*, onde ele se queixava das Cortes dos Estados anglo-saxões, por se recusarem sistematicamente a aplicação da lei estrangeira com base na arma da ordem pública, tendo em vista a *comitas gentium*: "Cette manière a le double défaut ... de donner une portée exagéré à la notion d'ordre public, et de la fausser en y mêlant des considérations égoistes d'intérêt national, de nature à conduire aux plus fâcheuses conséquences"[288]. Tais críticas foram realizadas mais tarde, no início do século XX (1903), quando da publicação da obra de **Pillet** (*Principes*), que censurava o abuso no recurso à noção de ordem pública, dirigindo suas baterias para as Cortes francesas. Nos *Principes* o mestre jusinternacionalista dita que: "...si l'on se tourne du côte de la jurisprudence, on manque de tout principe d'une fixité quelconque, et l'on se pénètre de cette idée que l'invocation de l'ordre public n'est souvent qu'un détour pris par le juge pour donner compétence à sa propre loi ... la jurisprudence par l'élasticité vraiment excesive de ses décisions paraît confiner à l'arbitraire"[289].

Não foi só **Pillet** que criticou com veemência as decisões das Cortes francesas. Foi acompanhado mais tarde, no final do segundo quartel do século XX, por outro luminar do Direito Internacional Privado francês — Professor **Henri Batiffol**. Já na primeira edição do seu *Traité*, em 1949, doutrinava que a jurisprudência francesa tem tendência para abusar da noção de ordem pública, fazendo inclinar a balança mais no sentido do respeito à política legislativa francesa, do que no da aplicação da lei estrangeira, convocada pela norma de conflito[290]. Apesar de que a crítica de **Batiffol** foi ficando mais branda com o passar dos anos, tendo em

---

288. Clunet 1889, pp. 12-13.
289. **Pillet**, Op. cit. (Principes), p. 369 e p. 370.
290. Op. cit., "Traité", p. 380-301 da 1ª ed. de 1949 e na p. 416, da 3ª ed., de 1959.

vista que ele afirmou, em 1973, que em França o abuso no passado era realizado em demasia, contudo, os Tribunais depois da Segunda Grande Guerra se mostravam mais tolerantes e compreensivos[291]. Este Professor francês chegou a ditar que a ordem pública tinha sido já suficientemente denunciada como perturbadora, pela iniciativa imprevisível que deixa ao juiz[292]. Em artigo publicado em 1978, o jusinternacionalista francês comenta que as Cortes francesas tiveram a reputação, não imerecida, de se dispensarem facilmente em nome da ordem pública da aplicação das leis estrangeiras[293].

Outros autores de renome e peso, em Direito Internacional Privado, também ficaram indignados com algumas das decisões jurisprudenciais que aplicavam somente a *lex fori* com base na ordem pública, sem se esforçarem na aplicação legal do Direito estrangeiro, que, por conseguinte, era exigido pelo Direito Internacional Privado local. Pode-se citar **Martin Wolff**[294], que, além de falar da jurisprudência francesa, também fala da italiana, onde ambas utilizam indiscriminadamente a utilização da *lex fori*, em detrimento do Direito estrangeiro, como justificativa de um ataque

---

291. Vide "Choix d'articles rassemblés par ses amis — L'État du Droit International Privé en France et dans L'Europe Continentale de L'Ouest", Paris, Ed. LGDJ, 1976 (o artigo foi publicado originalmente em 1973), p. 14. No mesmo sentido foi o estampado na obra dele com **Lagarde**, Op. cit., p. 452, vol. I, 6ª ed., 1974, ditando que tal evolução se deve ao incremento das relações internacionais após a II Guerra. Vide, ainda, na 7ª edição de 1981, p. 418 o mesmo pensar.
292. In: "Le Pluralisme des Méthodes en Droit International Privé", no curso dado em Haia e estampado no Recueil des Cours, tomo 139, 1973, II, pp. 75-147, mais precisamente na p. 139.
293. In: "Studi in Onore di Giorgio Balladore Pallieri", p. 34, com o artigo denominado: "Quelques Précisions sur le Domaine de L'Exception d'Ordre Public", vol. II, Milão, Ed. Vita e Pensiro, Università Cattolica del Sacro Cuore, 1978.
294. In: "Private International Law", Oxford, Ed. Clarendon Press, 2ª ed., 1950, pp. 18 e 169-170.

direto ou indireto à ordem pública. O mesmo ocorreu com ***Neuhaus***[295], Quadri[296], Juaneda,[297] M*iaja de la Muela*[298].
*Esta tendência intolerante de comodismo dos magistrados é sentida, também, no Brasil, não sendo as Cortes brasileiras sensíveis ao enorme comércio internacional praticado há décadas ou a uma globalização crescente no último quartel do Século XX, isso sem contar com a pretensão do Estado brasileiro que faz parte de um bloco comunitário, como o Mercosul. Mas se a França, a Espanha, a Itália já abusaram tanto da ordem pública, porque um Estado latino-americano não podia fazê-lo?!

*A ordem pública tem o **caráter territorial**, tendo em vista a aplicação na maioria dos casos da lex fori e é ditada pelas regras, costumes e política do Estado que irá recepcionar, ou não, o Direito estrangeiro; tem o **caráter de relatividade**, tendo em vista a conservação da ordem social de um Estado, numa determinada época; tem o **caráter de elasticidade**, tendo em vista a sua vasta gama de acomodação dentro do seu campo de aplicação; e tem o **caráter de excepcionalidade**, tendo em vista ser aplicada de forma restritiva e absolutamente necessária, para a defesa do ordenamento de justiça e soberania do foro de um determinado Estado. *Não se quer tirar o elemento de força obrigatória, mas, sim, deixar de aplicar uma norma de Direito estrangeiro em caráter excepcional, entendo, até, que a exceção de ordem pública não é propriamente sobre o Direito estrangeiro, mas,

---

295. In: "Rechtsvergleichende Gedanken zur Funktion der Internationales Privatrecht", Regeln-RabelsZ, 1971, p. 321.
296. In: "Lezioni di Diritti Internazionale Privato", Nápoles, Ed. Liguori, 5ª ed., 1969, p. 365.
297. In: "La Responsaabilidad Civil por Accidente de Circulación en Derecho Internacional Privado — Estudio Metodológico, Madri, Universidad Autónoma de Madri, Falculdad de Derecho, 1975 (tese doutoramento), p. 232 e nº 6.
298. In: La Nueva Escuela Territorialista Francesa en Derecho Internacional Privado" (Glosas a unos artículos del Profesor (**Vallindas**), artigo estampado na Revista Española de Derecho Internacional, 1950, pp. 442-443.

sim sobre os efeitos que este pode irradiar se aceito em outro foro, mesmo porque Tribunal algum tem o Direito de censurar o legislador alienígena[299].

Portanto, a natureza da ordem pública pode ser relativa, variável e complexa que será posta diante do magistrado para que esse possa julgar o caso, aplicando-á ou não. Diante deste fato, **Yanguas Messía**[300], e por ser a questão eminentemente judicial, elaborou o seguinte pensamento justificativo: "1-) porque su naturaleza no permite que se suministren al juez normas precisas; 2-) porque la necesidad específica de definirlo surge ante el caso concreto sometido a la decisión del juez; 3-) porque el criterio de aplicación del orden público internacional puede variar". *Diante disso, deve o magistrado interpretar o Direito estrangeiro de modo restritivo e, ao barrá-lo, deve fazê-lo tendo em mente ser este procedimento um ato de exceção, ao princípio da* comunidade de direito[301].

---

299. **Carrilo Salcedo**, já alertava que "...pero en realidad lo que hace es defendernos de instituciones jurídicas extranjeras desconocidas en el ordenamiento del foro, de leyes extranjeras contrarias a la seguridad y armonía interna del Derecho del foro, o de las perturbaciones y desequilibrios que podrían dereivarse en el Derecho del foro de la aplicación de determinadas normas extranjeras, y de ahí que no sea más que un instrumento destinado a proteger la homogeneidad interna del Derecho del foro" (Op. cit., p. 277). Vide, também, as idéias de **N. Palaia**, no artigo "L'Ordine Pubblico Internazionale", publicado na obra coordenada pelo Professor **E. Ruiloba Santana**: "Anuario de Derecho Internacional", vol. I, 1974, pp. 556 e ss. (este último Professor tem um ótimo artigo — "Sobre el Concepto y Delimitaciones del Orden Público en Derecho Internacional Privado" — publicado na Revista General de Legislación y Jurisprudencia, 1974, pp. 635 e ss.).
300. In: "Derecho Internacional Privado — Parte General", 3ª ed., Ed. Reus, Madri, 1971, p. 358.
301. Dita, ainda, o Professor **Yanguas Messía**, que: "Su propria índole excepcional hace que el orden público tenga una función limitada y negativa. Limitada, porque no entra en juego sino cuando un interés esencial lo reclama, y una regla prohibitiva y rigurosamente obligatoria lo impone. Negativa, porque consiste en cerrar el paso a la ley extranjera normalmente aplicable, siempre que aquella cominidad se interrumpa o, en frase de Niboyet (Manuel de DIP,

A doutrina de um modo geral tem a tendência de dividir a ordem pública em três níveis de aplicação, ou seja: um *primeiro nível*, onde ela só funcionaria internamente, garantindo e limitando a aplicação da norma alienígena, no território nacional; um *segundo nível*, onde tal ordem pública agiria como limitadora da aplicação da norma estrangeira diante dos elementos de conexão ditados pelo Direito Internacional Privado nacional; e num *terceiro nível* onde ela reconheceria os direitos adquiridos alienígenas. *Eu colocaria mais um "quarto" nível: A ordem pública seria utilizada para limitar ou embasar com maior força a aplicação de costumes internacionais e a lex mercatoria (ambas ainda não cristalizadas); os contratos, mais especificamente a autonomia da vontade incidente sobre a aplicação destes institutos (costumes, lex mercatoria e contratos).*

Gostaria, apenas a título ilustrativo, de contradizer aqueles doutrinadores que ditam que em Estados como o Reino Unido ou os Estados Unidos da América, não há a tradição de aceitarem a ordem pública ou se a aceitam o fazem com várias restrições. Isto não é verdade de forma alguma, pois o que acontece é que geralmente (mais no Reino Unido) se utiliza quase que exclusivamente a *lex fori* para tratar questões de Direito de Família, onde se localizam a maioria das questões de aplicação de lei estrangeira, contudo, recepcionam normas alienígenas, nas questões contratuais, mais do que nos Estados onde prevalece a tradição romanista. Não quer dizer com isso que não aceitam a questão da ordem pública como inibidora de aplicação de norma alienígena.

1928, p. 532), cuando falte un mínimo de equivalencia jurídica entre las legislaciones y, más abajo del cual, es como si se diese la vuelta a un conmutador eléctrico que cortara la corriente y apagase la luz".

A *public policy*, como é chamada a ordem pública no Reino Unido[302] e em quase a totalidade dos Estados norte-americanos, é bem aceita e respeitada como elemento de *exclusion of foreign law*. **Morris** doutrina que "in any system of the conflict of laws, and the English system is no exception, the courts retain an overriding power to refuse to enforce, and sometimes even to refuse to recognise, rights acquired under foreign law on grounds of public policy. In the English conflict of laws we need to consider first the general doctrine of public policy, which is necessarily somewhat vague; and secondly, some more specific applications of it"[303]. Já em território norte-americano, diante do *Caso Loucks v. Standard Oil Co.*[304], aquela Corte resolveu que: "...the courts are not free to refuse to enforce a foreign right at the pleasure of the judges, to suit the individual notion of expediency or fairnees. They do not close their doors unless help would violate some fundamental principle of justice, some prevalent conception of good morals, some deep-rooted tradition of the common weal".

A formatação da definição da expressão anglo-saxã de *public policy* como um dos elementos da ordem pública é

---

302. **Dicey**, já doutrinava desde a sua primeira edição em 1896 da sua obra "Conflict of Laws", que "It is a general principle of the conflict of laws that the courts of a State will not apply any foreign law, if and in so far as its application would lead to results contrary to the fundamental principles of public policy of the lex fori", p. 605. Neste mesmo sentido, **Collier** na sua obra: "Conflict of Laws", p. 359.
303. Op. cit., p. 41. Ele é ainda mais incisivo, quando dita que: "The English courts will not enforce or recognise any right arising under foreign law its enforcement or recognition would be inconsistent with the fundamental policy of English law. An English court will refuse to apply a law which outrages its sense of justice or decency. But before it exercises such power it must consider the relevant foreign law a whole". Idem, p. 41.
304. 1918, 224 N.Y. 99, 111; 120 N.E. 198, 202, apud **Morris**, Op. cit., p. 41, nota 4.

a negativa das Cortes de aprovar uma transação contrária ao interesse geral. Esta definição é aplicada geralmente em casos de obrigações (contratos) e no âmbito do Direito de Família, em especial no que tange ao casamento, além de suavizar a aplicação da *Teoria da Comity* e/ou de evitar um reconhecimento de direitos adquiridos[305] em outros Estados. Geralmente as Cortes dos Estados colocam alguns pré-requisitos para aplicar esta *public policy*, como os atos/fatos contra o moral social; ou todos os atos/fatos contrários à ordem pública; ou diante de um real prejuízo para o Estado ou para seus súditos; seguindo, assim, uma orientação *Savigniana*.

---

305. **Goodrich** fala sobre os direitos adquiridos, ditando que: "A right acquired under the law of another state will not be enforced if it is of such nature that its enforcement would contravene the public policy of the state where enforcement is sought. No general statement can be made defining the scope of such public policy. It is not enough to deny recognition of the foreign acquired right that the local law on the same point differs. Instances of the application of the public policy rule will be considered as they arise. There are a few situations where a right acquired under foreign law is not enforced in a second jurisdiction, despite a general rule to the contrary. It is a well-settled principle, to state one instance, that if the enforcement of the foreign right is contrary to the public policy of the forum, or place where enforcement is sought, the person claiming under the foreign law will lose. ...This dificulty is not peculiar to the enforcement of claims for foreign torts, but appears in settling questions of recognition of nearly all foreign acquired rights", in: "Conflict of Laws", 1938, pp. 14 e 231. Já **Miaja de la Muela** dita que "...cuando la inaplicabilidad del Derecho extranjero sea absolutamente necesaria, es preciso graduar los efectos del orden público dejando a salvo siempre que se pueda los derechos adquiridos", in: "Derecho Internacional Privado", vol. I, 7ª ed., E. Atlas, Madri, 1976, p. 400. Eu particularmente, concordo com o Professor da Universidade de Valencia.

Das Correntes Doutrinárias

Várias correntes doutrinárias deram impulso à ordem pública dentro da visão do Direito Internacional Privado, umas negando tal preceito, outras aceitando-as e outras, ainda, as aceitando-as não de forma plena. Temos vários exemplos que não iremos tratara a "fundo", mesmo porque iria gerar mais confusão do que uma elucidação doutrinária e científica. Contudo, podemos citar que nos Estados Unidos, **Lorenzen** separou tal preceito da territoriedade limitando os *"grounds of public policy"*; **Beale** a tratou no *Restatement* como *"strong public policy of the forum"*. Na Alemanha, seguindo o que havia plantado **Savigny**, os doutrinadores **von Bar, Niemeyer, Zitelmann, Raape** e **Nussbaum** tratavam a ordem pública como uma válvula de escape ou de segurança, ou como eles afirmavam uma *cláusula de reserva*[306]. Na França houve uma batalha campal, entre **Bartin, Niboyet, Maury, Lagarde** e **Lerebours-Pigeonnière**, que discordavam e concordavam quase que ao mesmo tempo com **Pillet** (era uma reação de amor e ódio). Já na Itália o mesmo aconteceu, com menor intensidade, com as figuras de **Diena, Monaco, Cavaglieri, Quadri** e **Gemma**.

---

306. Aliás, quase todos os doutrinadores alemães são defensores da não utilização da expressão "ordem pública", dando maior relevo ao que se denominou de "cláusula de reserva", por tratar-se de uma medida de exceção, ou seja, tal cláusula expressamente disposta no artigo 30, da Lei de Introdução ao Código Civil alemão, dá a exata noção de que o Direito estrangeiro, apesar de competente pela regra do Direito Internacional Privado, não é aplicado, pois, atentaria a ordem pública alemã. Eu também entendo que o caminho é o correto, contudo, o mencionado artigo 30 dita que "a aplicação de uma lei estrangeira não procede nos casos em que fere os bons costumes ou a finalidade de uma lei alemã". Mister se faz estabelecer precisamente o que vem a ser uma "finalidade de uma lei alemã", o que levou à alguns autores, como **Martin Wolff** a criticarem tal texto (In: "Derecho Internacional Privado", Ed. Bosch, Barcelona, 1958, p. 165 e ss.).

Contudo, três grandes correntes deram à ordem pública uma conotação diversa, por vezes a restringindo, por vezes alargando seu horizonte. A doutrina ficou dividida entre as propostas de **Story**, **Savigny** e **Mancini**, sendo tais luminares seguidos por uma plêiade de ilustres jusinternacionalistas.

Doutrina de Story

Na sua obra escrita em 1834, o jurista norte-americano dedicou-se a estudar os precedentes da matéria, evitando com isso ser influenciado na época pelos juristas europeus na questão da interpretação e métodos aplicados naquele continente, relatando em sua obra vários e vários exemplos de casos jurisprudenciais, buscando sempre dar uma orientação técnica e específica (fugindo, então, da generalidade dominante na época), como fugiu, outrossim, da doutrina e passou a demonstrar a prática adotada em solo norte-americano. Seu método foi mais indutivo do que dedutivo. **Cheshire** chegou a afirmar que a obra de **Story** representou o renascimento do Direito Internacional Privado[307], chegando sua obra a influenciar grandes juristas que atuavam na área, como **Foelix**[308], que baseou sua obra escrita em 1843

---

307. In: "Private International Law", 4ª ed., Oxford, Clarendon Press, 1956. Ele ditava que: "It is no exaggeration to say that he produced order out of almost unimaginable chaos. His only sources of inspiration were the confusing and conflicting disquisitions with the Continental statutists had darkened counsel. Nevertheless his book is such these Continental writes, that uninviting materials. But the real service that Story rendered to the science of private international law was that, by the elaboration of a connected series of principles consistent with the spirit of the common law, he brought about what can only be described as the renaissance of the subject. He gave a new impulse to its study"; pp. 44-45.
308. **Foelix, Jean-Jaques Gaspard**, in: "Traité de Droit International Privé ou du Conflit des Lois de Différentes Nations", 1ª ed. 1843, 4ª ed. 1866, Ed. Marescq Ainé, Paris.

nas doutrinas de *Story* e, mais tarde, também na doutrina de *Savigny*.

O sistema territorialista, ou seja, aquele que abraça a lei estrangeira em caráter excepcional, adotado por *Story* na sua obra *Conflicts of Law*[309] expõe a ordem pública[310] nos §§ 25[311] e 32[312], como um sistema de *autodefesa*, afastando o reconhecimento de leis estrangeiras que fossem atentatórias à moral[313], justiça, política do foro, direitos do Estado ou direito de seus súditos. Cabe ressaltar e dar o devido mérito a quem o merece[314], que apesar da maioria

---

309. A obra consultada foi uma tradução para o espanhol (Comentarios sobre el Conflicto de las Leys, da 8ª edição norte-americana, realizada por **Clodomiro Quiroga**, em dois volumes, Buenos Aires, Ed. Felix Lajouane, 1891. Os §§ 1º ao 373, estão localizados no primeiro volume.
310. "...no nation can be justly required to yield up its own fundamental policy and institutions, in favor of those of another nation. Much less can any nation be required to sacrifice its own interests in favor of those of another; or to enforce doctrines, which, in a moral or political view, are incompatible with its own safety, or happiness, or conscientious regard to justice and duty", publicado no § 25, dos "Commentaries on the Conflict of Laws, Foreign and Domestic, in regard to Contracts, Rights, and Remedies, and especially in regard to marriages, Divorces, Wills, Successions and Juldgments", 8ª ed., 1883.
311. Onde ele fala sobre a dificuldade de se estabelecer princípios de reconhecimento de leis estrangeiras. Op. cit., pp. 32 e 33.
312. "Leyes perjudiciales á otras Naciones — Difícil es concebir en qué razon puede fundarse un derecho para dar á leys municipales efecto estra-territorial, cuando esas leyes son perjudiciales á los derechos de otras naciones, ó á soberaniá é igualdad de toda nacion que fuese llamada á reconocerlos y ejecutarlos; ó la obligaria á abandonar sus proprios intereses y deberes para com sus súbditos en favor de estranjeros, que serian indiferentes á unos y otros. Un derecho tan destituido de un principio ó justa autoridad que lo apoye, es completamente inadmisible", Op. cit., p. 39.
313. **Schmitthoff**, no seu "Textbook", doutrina que: "Foreign rights are further not recognised in the English courts if those rights are repugnant to English political, moral or judicial institutions", p. 60.
314. Entre nossos estudiosos de Direito Internacional Privado, somente **Valladão** (Op. cit., vol. I, p. 474) e **Dolinger** (Op. cit., "A Evolução", pp. 63-65), dão o devido crédito à **Story**. Um dos poucos estrangeiros a dar o devido crédito foi **Verplaetse**, Op. cit., p. 301, ditando que "Story fué el primero en dar una

da doutrina em Direito Internacional Privado, dar crédito à obra de *Savigny*, pois, seria sua doutrina a primeira a definir com clareza a questão da ordem pública, coube a *Story* realizar tal proeza 15 anos antes, tendo em vista que sua obra foi publicada em 1834 e a de *Savigny* em 1849[315]. *Story* não utilizava a expressão *ordem pública*, mas apenas o seu conceito, contudo, *Savigny* também não a utilizava[316]. O mérito é referente à obra de *Savigny*, contudo, pela metodologia empregada por ambos, quem deu o toque inicial sobre a questão de ordem pública foi ***Bártolo*** (portanto, antes de *Story* e *Savigny*).

Lembra ***Arthur K. Kuhn***[317], passagem de *Story* neste sentido: "...The doctrine of public policy was described by Story as one of self-defense, because to recognize foreign laws prejudicial to the rights of the nation or its subject would 'annihilate the sovereignty and equality of every nation, which should be called upon to recognize and enforce them; or compel it to desert its own subjects in favor of strangers, who were regardless of both'"[318]. Ele tratava a

---

definición de la public policy, equivalente angloamericano del orden público continental".

315. É claro que têm alguns doutrinadores um pouco mais extremados, como foi o caso de **Francescakis** (in: "Y a-t-il du Nouveau en Matière d'ordre public?", Paris, Ed. Dalloz, 1970, p. 150), que afirmara que o nascimento da ordem pública clássica ocorrera em 1930, que é a data da publicação dos Principies de E. Bartin.

316. Segundo **Knapp** (in: "Notion de L'Ordre Public", p. 119), foi **Mancini** o primeiro a utilizar a expressão ordem pública em Direito Internacional Privado, tendo este Professor e Estadista italiano ajudado sobremaneira a difusão da ordem pública em Direito Internacional Privado, perante as reuniões do Instituto de Direito Internacional, nas sessões de Genebra, em 1874; Haia, em 1875; Zurique, em 1877 e Oxford, em 1880 (a 8ª regra de Oxford ditava que: "em nenhum caso as leis de um Estado poderão ser reconhecidas e produzir efeito no território de outro Estado, se estiverem em oposição ao direito público ou à ordem pública").

317. In: "Comparative Commentaries on Private International Law of Conflict of Laws", Ed. MacMillian, New York, 1937, p. 34.

318. Op. cit., "Conflict", § 32.

ordem pública de aplicação excepcional. Há em sua mencionada obra aplicações restritivas da ordem pública nos §§ 113[319], 255[320], 258[321] e 259[322].

---

319. "Las más prominentes, si no las únicas escepciones conocidas á la regla, son los matrimonios que envuelven poligamia é incesto, los positivamente prohibidos por la ley pública de un País por motivos de polícia, y los celebrados en países estranjeros por súbditos que se habilitan á sí mismos, bajo circunstancias especiales, á los beneficios de las leys de su País", Op. cit., p. 225.
320. Ele aborda o tema, quando trata da distinção dos contratos firmados por um súdito e por um estrangeiro: "Hay actualmente una fuerte inclinación en las Cortes de derecho á sostener que si se hace un contrato en partes estrañas por un ciudadano é súbdito de un País, para la venta de mercaderías que él sabe al tiempo de hacerlo que se destinan al contrabando com violacion de las leyes de su País, no debe permitírsele que exija su cumplimiento en las cortes de su País, aunque el contrato de venta sea completo, y pueda compelerse su cumplimiento en el caso igual de un estrajero. La verdadera doctrina parece ser que no debe hacerse distincion de ningum jénero entre el caso de una venta entre ciudadanos ó súbditos, y el caso de una venta entre estranjeros, sinó sostener en cada caso que el contrato es completamente incapaz de hacerse cumplir, á lo menos en las Cortes de un País cuyas leyes se trata así de intento violar. La sana moral y el respeto debido á la justicia internacional parecen igualmente aprobar tal conclusion" Op. cit., pp. 403 e 404.
321. "Contratos opuestos á la Moral: La segunda clase de contratos esceptuados comprende los que son contrarios á la buena moral, ó á la relijion, ó á los derechos públicos. Tales son los contratos hechos en un País estranjero para la cohabitacion ilícita y prostitucion futura; los contratos para la impresion ó circulacion de publicaciones irrelijiosas y obcenas; los contratos para promover ó premiar la perpetracion de crímenes; los contratos para corromper ó evadir la justa administracion de justicia; los contratos para engañar á los ajentes públicos, ó para frustar los derechos públicos; y, en una palabra, todos los contratos que por su naturaleza se fundan en turqitud moral y son inconsistentes con el buen órden y sólidos intereses de la sociedad. Todos estos contratos, aun cuando fueran tenidos por válidos en el País en donde se hacen, serian tenidos po nulos en outra parte, ó á lo menos, deben serlo, si los dictados de la moral cristiana, ó aun de la justicia natrual, han de tener su debida fuerza é influencia en la administracion de la jurisprudencia internacional" Op. cit., pp. 407-408.
322. "Contratos opuestos á la Política Nacional — La siguiente clase de contratos esceptuados, comprende los que son opuestos á la política é instituciones nacionales. Por ejemplo, los contratos hechos en un País estrajero para procurar empréstitos en nuestro País, á fin de ayudar á los súbditos de un Estado

Na verdade *Story* descrevia o que seria a ordem pública, sem citar nominal ou expressamente tal preceito. Doutrinou que nenhuma Nação pode ser obrigada a renunciar a sua própria política fundamental e as suas instituições a favor das de outra Nação. Muito menos, pode uma Nação estar obrigada a sacrificar seus próprios interesses a favor dos de outra, ou a dar força a doutrinas que, desde um ponto de vista moral e político, são incompatíveis com a própria segurança ou felicidade.

O mérito inicial no tocante à jurisprudência, sem dúvida alguma, tem que ser dirigido às decisões anglo-saxônicas. A jurisprudência anglo-saxônica foi a primeira a barrar o Direito estrangeiro, por motivo de ordem pública. Esta jurisprudência inicial foi estampada no decorrer de toda a obra de *Story*. A doutrina local que se seguiu, do final do século XIX e do primeiro quartel do século XX, não deixava por menos. *Healy* afirmava que a ordem pública constituía uma doutrina absolutamente essencial para todos os Estados e de forma definitiva[323]; já *Dicey* considerava a ordem pública

---

estranjero en la prosecucion de la guerra contra una nación con la cual estamos en paz; porque tal conducta es inconsistente com una justa é imparcial neutralidad; los contratos celebrados con un gobierno estranjero ó sus ajentes, tales como para un empréstito de dinero, siendo tal gobierno un gobierno nuevo, no reconocido por nuestro gobierno, á quien la parte que celebra el contrato pertenece, pues una regla semejante de política pública se aplica á tales casos; los contratos celebrados por nuestros ciudadanos ú otros con violacion de un monopolio concedido por nuestro País á súditos particulares del mismo; los contratos hechos por nuestros ciudadanos ú otros para hacer comercio con el enemigo, ó para cubrir la propiedad enemiga, ó para trasportar mercaderías en contrabando de guerra; los contratos para llevar á efecto el tráfico de esclavos africanos, ó los derechos de esclavitut, en países que se niegan á reconocer su legalidad, al menos cuando se celebran por súbditos ó residentes en tales países. En todos estos casos los contratos serian, ó podrian ser tenidos por completamente nulos, cualquiera que fuese su validéz en el País donde se hicieron, como inconsitentes con los deberes, la política, ó las instituciones de otros países donde se trata de hacerlos cumplir" Op. cit., pp. 408-410.

323. Vide curso (Théorie Générale de L'Ordre Publique), dado em Haia, estampado no Recueil des Cours, 1925, tomo IV, p. 546.

como uma reserva de princípios de reconhecimento de todo Direito, devidamente adquirido, sob uma lei estrangeira[324]. **Kuhn**, no entanto, citava vários e vários "cases" onde não ocorria a incidência do Direito estrangeiro, por fato da aplicação da ordem pública[325].

Da Doutrina de Savigny

Em 1849, **Savigny** publicou o seu último volume (VIII), da sua famosa obra: *Sistema do Moderno Direito Romano*, que tratava sobre questões voltadas ao Direito Internacional Privado. Há que se lembrar que outro alemão, **Wächter**, havia posto a pique a chamada *Teoria dos Estatutos*, eliminando todos os seus resquícios[326]. Este autor teve uma grande influência na obra savigniana, quando se notou que **Savigny** não usara em seu sistema o caminho traçado pelo *Direito Natural*, apesar de que se notava, também, pontos discordantes da doutrina de **Story** e do próprio **Wächter**. O ponto principal de choque reside no fato de **Wächter** ter dito que, quando houvesse uma lacuna ou que as regras de conflito estivessem incompletas, poderia o Tribunal aplicar a *lex fori*; edo fato de **Story** difundir a concepção da cortesia entre os Estados. **Savigny** era radicalmente contra estas duas aplicações, rebatendo-as com o que sustentou como a Comunidade Internacional de Nações que tem relações entre si. **Savigny** parte da idéia da *Comunidade de Direito*, onde havia um respeito à soberania e legislações de Estados

---

324. In: "A Digest of the Law of England with Referent to the Conflict of Laws", 5ª ed., Londres, Ed. Stevens & Sons, 1932, pp. 652 e ss.; 749 e ss.; 801 e ss.
325. Vide curso dado em Haia ("La Conception du Droit International Privé D'Après la Doctrine et la Pratique aux Etats-Unis"), estampado no Recueil des Cours, 1928, I, pp. 215 e ss.
326. Numa série de quatro artigos, estampados nos Archiv. für Civilistische Práxis, vols. 24 e 25 (1841 e 1842).

diversos. A função da *ordem pública* (apesar de não expressar tal nomenclatura) seria a de excluir uma lei estrangeira mesmo que tal lei fosse competente para reger o caso pois, seus pressupostos eram contrários a determinadas normas imperativas do foro.

A questão ou a concepção da ordem pública figura na obra de **Savigny**, diante do disposto no § 349, do oitavo volume do *System*, depois de afirmar (p. 32) que o princípio da paridade de tratamento entre a *lex fori* e a lei estrangeira, nos termos do qual o juiz deve aplicar, nos casos em contato com várias ordens jurídicas autônomas, o direito local a que pertence a relação jurídica, sem distinguir-se se trata de direito do foro ou de direito estrangeiro[327]. Ainda, na mesma página, refere-se a uma série de casos excepcionais importantes[328], e volta a utilizar, na próxima página (p.33), os termos *"exceções" (Ausnahmen)* e *"casos excepcionais" (Ausnahmefälle)*. Segundo **Savigny**, a questão trata de leis que, dada a sua natureza especial *(besondere Natur)*, escapam à comunidade do direito *(Rechtsgemeinschaft)* e relativamente às quais o juiz tem que aplicar exclusivamente a *lex fori*, deixando conseqüentemente de aplicar o direito estrangeiro, mesmo no caso em que o princípio da paridade de tratamento entre uma e outro deveria conduzir à aplicação de leis estrangeiras[329].

O próprio **Savigny** já afirmava[330] que a determinação de tais casos é talvez a tarefa mais difícil nesta disciplina.

---

327. "...bei der Entscheidung über solche Rechtsverhältnisse, welche mit verschiedenen unabhängigen Staaten in Berührung kommen, der Richter das jenige örtliche Recht anzuwenden hat, dem das streitige Rechtsverhältsnis angehört, ohne Unterschied, ob dieses örtliche Recht das einheimische Recht dieses Richters, oder das Recht eines fremden Staates sein mag...".
328. "...eine Reihe von Ausnahmefällen wichtiger Art".
329. "...Bei solchen Gesetzen wird der Richter das einheimische Recht ausschliender anzuwenden haben, als es jener Grundsatz gestattet, das fremde Recht dagegen unangewendet lassen müssen, auch wo jener Grundsatz die Anwendung rechtfertigen würde" Op. cit., p. 32.
330. Op. cit., p. 32 in fine.

A doutrina de **Savigny**, neste aspecto de ordem pública, promoveu uma verdadeira difusão e acatamento da lei estrangeira, por meio da chamada "*comunidade de direito entre os povos*", ou seja, a aplicação da lei nacional ou estrangeira deveria ser realizada em harmonia com a natureza da relação jurídica, contudo, mister se fazia estabelecer um limite à *comunidade de direito* aplicando-se a *lex fori* (há uma certa obrigação de aplicar o direito estrangeiro — a aplicação não era embasada na cortesia, porquanto, entendida ele que tal aplicação seria de direito). Neste ponto, como acima noticiado, ele entendia que deveria haver uma *exceção* ou *exceções* a leis estrangeiras, não suportadas suas aplicações pela *comunidade*, fazendo-se mister segundo esta teoria, no caso do magistrado aplicar a lei nacional (*lex fori*). Esta *lex fori*, por seu turno, era dividida em *dois segmentos*:

a) *Leis Imperativas*[331], ou seja, aquelas que eram obrigatórias para todos, pois defendiam a moral, a política e o interesse moral ou interesse geral (*publica utilitas*). Interessante notar que a questão de ordem pública muda de tempos em tempos, não devendo, portanto, **Savigny** colocar como *lei imperativa* aquela que vedava que os judeus adquirissem imóveis (engessar o conceito de ordem pública com exemplos, sem alertar para o seu elemento temporal, é incorrer em erro). Ele as denominava em seu tão decantado capítulo (Cap. 349), também as leis imperativas, de *leis de natureza positiva* ou de *rigorosamente obrigatórias*[332] (há

---

331. Leis de natureza fortemente positivas e imperativas (Gesetze von streng positiver, zwingender Natur).
332. As normas cogentes ditadas por **Waechter**, doutrinava **Despagnet**, num artigo publicado no Clunet de 1889 — "Étude sur l'Ordre Public en Droit International Privé" — (p. 5 e 207), mais precisamente na p. 17 (repetindo-se depois, na sua obra: "Précis de Droit International Privé", de 1904, pp. 231-233), têm a mesma natureza positiva rigorosamente obrigatórias divulgadas por **Savigny**, ou o mesmo significado de leis proibitivas, alardeadas por **Bar**. **Valéry**, na sua obra Manuel de Droit International Privé, p. 574, tinha o mesmo pensamento, tratando a ordem pública como sendo o conjunto de leis imperativas e proibitivas.

que se recordar que *Pillet* foi mais radical, afirmando que as leis consideradas como de ordem pública teriam que ter um liame muito forte com tal instituto, ou seja, que fossem de tal maneira indispensável para tal instituto que, na sua falta, ocorreria a destruição deste instituto chamado de ordem pública[333]); e b) *Instituições Desconhecidas*[334] ou Instituições praticadas num determinado Estado estrangeiro, ou seja, Instituições desconhecidas ou não reconhecidas pelo Estado, que iria aplicar ou deixar de aplicar tais preceitos.

Da Doutrina de Mancini

O napolitano *Mancini*, que estava exilado em Piamonte, realizou a sua famosa palestra na Universidade de Turim, em 1851, sobre a nacionalidade como fundamento do Direito das Nações, defendendo a tese de que a base racional do Direito Internacional Público não residia no Estado, mas sim na nação e na nacionalidade (ele queria unir a Itália, que na época era fragmentada em vários "Estados"). Os componentes da nacionalidade eram os seguintes: as paisagens do país, o seu clima, a sua religião, os seus costumes, a sua língua, a sua raça, as suas tradições históricas; criando, assim, uma unidade espiritual por intermédio da "consciência comum de nacionalidade", sendo que a personalidade do súdito se determinaria, também, pela nacionalidade.

---

333. "...En d'autres termes, il ne suffira pas qu'une loi soit conforme à l'ordre public, ou même propre à assuret son maintien, pour qu'elle soit réellement d'ordre public, que l'absence de ses dispositions ait pour résultat de détruire l'ordre public", in: "De L'Ordre Public en Droit International Privé", publicado no tomo I, da obra Mélanges Antoine Pillet, Ed. Recueil Sirey, Paris, 1929, p. 426 (estudo publicado primeiramente nos Annales de L'enseignement Supérieur de Grenoble, 1890, tomo II, pp. 94 e ss. e posteriormente tais idéias foram publicadas na sua obra, "Principes de Droit International Privé", 1903, números 182 a 222).
334. Instituições desconhecidas no Estado do foro e que, portanto, não podem ali pretender à proteção do Direito local.

Segundo sua teoria em todo o sistema jurídico dos Estados, há duas classes de regras: a-) as criadas no interesse dos indivíduos, ou seja, aquelas regras aplicadas a todos os súditos que estavam ligados pela nacionalidade a um determinado Estado (não havia interferência do item "domicílio"), onde quer que estejam; e b) as criadas para a proteção da ordem pública, ou seja, todo Estado não está obrigado por simples "cortesia" a recepcionar o Direito estrangeiro e sim a recepcionar por regras de Direito Internacional, respeitando e aplicando aos estrangeiros o Direito de seu próprio Estado.

A doutrina de **Mancini** e, por que não afirmar, de toda a escola ítalo-belga baseava-se na noção de *nacionalidade*, ampliando ainda mais o conceito estabelecido e também já ampliado em outrora, de **Savigny**. Afirma-se, com certa razão, que os limites à comunidade da *Teoria Savigniana* foram absorvidos pela Escola Italiana. O Direito alienígena estava sob o manto do princípio da soberania do Estado aplicador de tais regras. **Mancini** deu contornos próprios para a ordem pública, deixando-a numa posição insular, ou seja, a elevou à categoria autônoma, figurando, assim, como uma *regra autônoma* do Direito Internacional Privado[335] (então, entendo, que ele acreditava que a ordem pública era uma regra de Direito Internacional Privado e não uma exceção). Ditava **Mancini** que: "...nós consideramos como necessárias, também, as relações essenciais da ordem pública, as condições que a constituem, enfim, os sacrifícios individuais exigidos pelo estabelecimento de um poder público forte e tutela, que se chama soberania ou governo. E como a garantia e a proteção do Estado dizem respeito ao direito de todos aqueles que habitam o território, é justo que todos fiquem sujeitos a tais sacrifícios"[336]. A *Teoria*

---

335. Este preceito foi exposto em artigo seu, publicado no Clunet de 1874, pp. 296-297. Outros o seguiram neste pensar, como **Laurent, Lainé, Pillet** e **Weiss**.

336. Tradução livre, da Op. cit., Clunet, 1874, p. 296. Dizia, ainda, **Mancini**,

Manciniana não fazia aquela diferenciação de *Savigny*, incorporando o conceito de Instituição Desconhecida[337].

---

que "a ordem pública compreende, também, em todos os países, na larga acepção da palavra, os princípios superiores da moral humana e social, tais como eles são entendidos e professados nestes países, os bons costumes, os direitos primitivos inerentes à natureza humana, e as liberdades às quais nem as instituições positivas, nem qualquer governo, nem os atos da vontade humana poderiam opor derrogações obrigatórias para o Estado local. Se as leis positivas de um Estado, uma sentença estrangeira, ou os atos e contratos celebrados no estrangeiro violassem estes princípios ou estes direitos, o Estado local, longe de aceitar semelhantes ultrajes à natureza e à moralidade humana, poderia muito justamente recusar-lhes qualquer efeito no seu território. ... E daí resulta que, se, por um lado o indivíduo fora da sua pátria pode reclamar de qualquer soberania estrangeira, na sua qualidade de homem e em nome do princípio da nacionalidade, o reconhecimento e o respeito do seu direito privado nacional, o poder soberano dos Estados estrangeiros pode, por outro lado, em nome da independência política do Estado, proibir, dentro dos limites do seu território, toda a infração ao seu direito público e à ordem pública do país, tais como os constituiu a vontade nacional. É, pois, com todo o direito que o Estado recusa reconhecer ao estrangeiro qualquer qualidade ou faculdade que constitua uma lesão do direito público do país em que recebe hospitalidade e o obriga a observar todos os regulamentos e todas as disposições das leis de ordem pública e de política, meios de manter a ordem e a paz pública" (Op. cit., p. 296).
337. **Machado Villela** faz a seguinte observação: "E a comparação da doutrina de Savigny e da doutrina de Mancini com o texto da lei brasileira [*Introdução (antiga) ao Código Civil brasileiro*]. E com a sua história explicam o sentido do mesmo texto e fazem transparecer o critério por ele adoptado para determinar em geral as leis-limite da aplicação das leis estrangeiras ou da execução das sentenças e actos estrangeiros. O primeiro grupo de leis-limite é constituído pelas leis relativas à soberania nacional. Esta fórmula, que foi já empregada e exemplificada no decreto de 1878, da autoria do eminente Lafayette, compreende certamente as leis que para Savigny são rigorosamente obrigatórias por serem ditados por um motivo de interesse geral e revestirem carácter político, e que para Mancini constituem a ordem política como elemento da ordem pública, compreendendo as leis de direito público. Também nos parece que não pode haver dúvida de que a fórmula bons costumes do artigo 17º, compreende as leis de motivo moral, segundo Savigny, ou de ordem moral, segundo Mancini. Não só Mancini emprega a fórmula bons costumes, Beviláqua mostrou que o emprego das duas fórmulas era um pleonasmo, e as razões de Belviláqua decidiram a comissão dos vinte e um a suprimir a fórmula à moral, para apenas deixar a fórmula aos bons costumes, o que indica claramente que

Aliás, **Mancini** e **Asser**, na *Memória* apresentada perante a reunião do *Instituto de Direito Internacional*, formularam uma regra sobre a limitação da aplicação de lei estrangeira, quando esta ofendesse a ordem pública no seguinte sentido: As leis pessoais do estrangeiro não podem ser reconhecidas, nem ter efeitos em território submetido à outra soberania, se estão em oposição com o direito público e com a ordem pública deste mesmo território. Esta regra estabelecida no último quartel do século XIX foi seguida pela maioria esmagadora dos Estados.

A doutrina de **Mancini** estava eivada de um excesso de personalismo pelos acontecimentos históricos daquele momento. Ao meu ver o jurista não pode construir uma doutrina ou teoria, atendendo ao momento histórico que está passando. Reputo, teorias de momento e mediatas, sem uma visão concreta do futuro. Por estes motivos, dentre outros, a teoria de **Mancini** foi criticada por vários internacionalistas, até mesmo italianos, como foi o caso de **Diena** na sua obra: "*I Diritti Reali Considerati nel Diritto Internazionale Privato*"[338]. Por outro lado, também teve seus adeptos, a começar com **Bustamante**, que sofreu uma influência muito grande do estadista italiano, ao elaborar o *Código*

---

com esta fórmula se quis indicar as leis de ordem moral, isto é, de fim moral. A terceira fórmula ordem pública é de conteúdo mais indeterminado. Contudo, uma coisa se deve considerar certa, quanto às leis, actos e sentenças estrangeiras, únicos que nos interessam, e é que devem compreender leis fundadas, não no interesse pessoal dos indivíduos, mas no interesse da coletividade representada pelo Estado. Sendo assim, destacadas as leis de ordem política e as leis de ordem moral, a fórmula abrangeria, segundo Savigny, as lei de polícia e as leis de carácter económico e, segundo Mancini, as leis de ordem económicas. ... Dado o rigor desta, o texto poderia ter empregado simplesmente a fórmula ordem pública, e o seu significado será que as leis estranjeiras se não devem aplicar e as sententenças e os actos estrangeiros se não devem executar, quando contrários a uma lei local que protege um interesse vital do Estado, quer êsse interesse seja de ordem política, quer seja de ordem moral, quer seja de ordem económica" Op. cit., pp.395-396 (grifei).
338. Turim, Ed. Unione Tipografico, 1895, pp. 31 e ss.

Pan-americano de Direito Internacional Privado, terminando em *Pillet*. Este último englobou as leis de direito público, as de polícia, as de propriedade e as fiscais como as propriamente de ordem pública internacional, distinguindo leis territoriais e leis de ordem pública[339]. Como diz espantado *Méssia*: "El concepto de orden público internacional, tal como lo concibió Mancine, es una doctrina perinclitada ya en Europa pero que, por un fenómeno singular, se conserva en América y fue llevada al Código Interamericano de Derecho Internacional Privado por Bustamante."[340]

Das Outras Doutrinas

Doutrina de Bartin: Na verdade *Bartin* era um grande seguidor dos preceitos e dos caminhos trilhados por *Savigny*, adotando, também, a idéia sedutora da "Comunidade de Direito". Em sua obra, *Etienne Bartin* delimita a diferença entre as leis de ordem pública, fossem elas de caráter constitucional, penal, administrativa, processuais ou fiscais, porquanto essas são estritamente territoriais e têm uma competência normal em determinado Estado, não sendo, portanto, normalmente competente a lei estrangeira, naqueles casos em que a competência é ditada pelo Direito Internacional Privado e a ordem pública lhe impede tal aplicação. A Comunidade de Direito entre os Estados, obedece a seu mesmo grau de civilização. Pode haver neste mesmo grau de civilização uma penetração de normas jurídicas de um Estado para outro. Quando desaparece esta igualdade de civilização, não haverá mais a aplicação de normas jurídicas estranhas. Por exemplo, um Estado aceitar o casamento monogâmico e outro Direito estrangeiro aceitar

---

339. No artigo: "De L'Ordre Publique en Droit International", estampado na obra: "Mélanges Antoine Pillet", Ed. Sirey, Paris, 1929, vol. I, p. 407.
340. Op. cit., p. 363.

um casamento poligâmico. Há um grau diverso de civilização. **Doutrina de Pillet**: Para *Pillet* há uma identidade entre as leis gerais e as leis de ordem pública. A lei de ordem pública é a competente ou a lei normalmente competente. Há duas principais idéias em sua doutrina: a) ele considerava vital fazer uma distinção entre as questões de conflito de leis, que em sua opinião estão relacionadas com a aquisição de direitos e os problemas que se referem à proteção dos direitos adquiridos; b) ele faz uma distinção entre os grupos de regras jurídicas: as que são gerais e, por esta razão, aplicáveis sem distinção a qualquer indivíduo que está presente no território do Estado, e as que são permanentes, isto é, eficazes em todas as partes com respeito a todos os nacionais do Estado, mas que não afetam os súditos estrangeiros. **Doutrina de *Fiore* e *Weiss*: *Pasquale Fiore* e *Andrés Weiss*** são seguidores da doutrina italiana que homenageava a personalidade, sustentando que a lei nacional do indivíduo é a competente em termos gerais, salvo os casos de exceção. Estes casos de exceção são a autonomia da vontade, a forma dos atos e a ordem pública. É uma exceção a ordem pública que impede a aplicação da lei nacional do indivíduo, sendo uma exceção normal e geral, de forma que os imóveis se regem pela lei do lugar de sua localização, constituindo, assim, uma exceção de ordem pública. **Doutrina de Niboyet**: Este autor não aceita que a base da ordem pública se localize no que ficou estabelecido como "diverso grau de civilização", porque a ordem pública pode ocorrer em Estados com civilizações iguais. Para que se aplique um Direito estrangeiro é preciso que entre os Estados exista — não de uma maneira geral, mas, sim sobre cada ponto em questão (divórcio, alimentos, etc.) — um mínimo de equivalência de legislações. Se for aplicada uma norma abaixo desta equivalência, seria como um acionamento de um interruptor de luz, onde a corrente cessa, não havendo a interpenetração jurídica. Sem a equivalência legislativa, haverá necessariamente a aplicação da ordem pública, pois ao aplicar dito Direito estrangeiro, quebraria a ordem do Estado onde se invoca, apesar desta norma jurídica estrangeira ser a competente; e, **Doutrina da Cláusula de Reserva**: Adotada pela quase totalidade dos doutrinadores alemães liderada por *Ernst Zitelmann*[341], a tese da cláusula de reserva (*Vorbehaltsklausel*), pretende estabelecer um critério que oriente através da legislação o julgador, para que este possa determinar quando funciona a exceção de ordem pública. Este critério se estabelece numa cláusula geral e em várias cláusulas especializadas. Na cláusula geral, se fixariam os critérios elásticos para que o magistrado utilize a ordem pública nos casos não previstos especificamente, já nas cláusulas específicas ou especializadas, se estabeleceriam os pressupostos previstos de funcionamento da ordem pública.

Todas estas teorias (as principais e secundárias) serviram de base para uma construção do pensamento moderno do que seria a ordem pública, utilizada nos dias hodiernos somente como elemento limitador de apreciação ou aplicação do Direito estrangeiro. **Ao meu ver, a melhor teoria sobre o assunto em tela seria a da cláusula de reserva adotada pelos alemães (Vorbehaltsklausel), onde eu creio que a Justiça sempre será mais bem aplicada, se conviver neste ambiente.* Tal teoria segue o modelo clássico posto por **Savigny** e modernizado por **Zitelmann**. A *Vorbehaltsklausel* é uma espécie de válvula de segurança destinada a proteger os princípios jurídicos, sociais e morais do Estado. Sua natureza jurídica nada mais é do que ser uma exceção, ao que se entende hoje como *Comunidade de Direito*. Tal cláusula é acionada quando um Direito estrangeiro viola ou violará de maneira grave o ordenamento jurídico onde irá irradiar seus efeitos. Portanto, será acionada a cláusula de reserva, imbuída de preceitos de ordem pública, caso a caso, ou seja, será aplicada a exceção a cada caso concreto.

---

341. In: "Internationales Privatrecht", Ed. Duncker und Humboldt, Leipzig, Tomo I, 1897 e tomo II, 1912.

*Aquelas duas exceções ditadas por **Savigny** (instituição desconhecida e leis proibitivas rigorosamente obrigatórias) são fundidas em um só preceito, podendo subdividir tal cláusula em geral ou especial. Nesta última a limitação fica reservada a uma determinada matéria legal, enquanto na primeira, a limitação é estabelecida de forma genérica no que tange à aplicação do Direito estrangeiro. Os alemães têm como exemplo o artigo 30, da Lei de Introdução ao Código Civil alemã (*Einführungsgesetz zum Bürgerlichen Gesetzbuch*), como uma cláusula de reserva geral[342]; e o artigo 12, do mesmo Diploma, como cláusula de reserva especial[343]. **Frankenstein** ainda subdividia em cláusula de reserva absoluta e relativa, divisão essa que nos dias atuais perde a sua razão de ser. O importante notar é que há perante a jurisprudência, doutrina e legislação alemã, uma unanimidade quanto ser a cláusula de reserva algo de aplicação esporádica e excepcional, interpretada e utilizada através de um critério restritivo, justamente por ir ela contra o princípio da Comunidade de Direito.

O mais importante é o reflexo irradiante da aplicação da *Vorbehaltsklausel*: a exclusão ou a não aplicação do Direito estrangeiro, que era competente para ser aplicado, quando não o é em caráter excepcional, como acima noticiado, pode provocar uma lacuna ou uma falta de Direito aplicável à espécie. Geralmente a magistratura aplica sem o menor constrangimento e por comodidade a *lex fori*. *No caso da cláusula de reserva tal hipótese é remota. O critério

---

342. "La aplicación de una ley extranjera está excluída si dicha aplicación atentase contra las buenas costumbres o *contra el fin de una ley alemana*" (Tratado de Derecho Civil — **Enneccerus, Kipp, Wolff** — Código Civil Alemán, trad. **Carlos Melon Infante**, Ed. Bosch, Barcelona, 1981, p. 496 — grifei).
343. "A consecuencia de un acto ilícito cometido en el extranjero no pueden hacerse valer contra un alemán más amplias pretensiones que las que están establecidas según las leyes alemanas" (In: "Tratado de Derecho Civil" — **Enneccerus, Kipp, Wolff** — Código Civil Alemán, p. 491).

dominante na doutrina germânica, endossada por **Hans Lewald**, **Martin Wolff** *e* **Arthur Nussbaum**, *dentre outros, é a aplicação daquele Direito estrangeiro não afetado e não barrado pela lex fori, justamente porque a exclusão imposta pela cláusula de reserva é a excepcionalidade. Somente em último caso, ou seja, na real impossibilidade de se utilizar o Direito estrangeiro (ou sua doutrina, jurisprudência e/ou normas subsidiárias), é que irá se aplicar a lex fori. Esta posição é mais coerente com o Direito Internacional Privado e certamente a Justiça será mais bem distribuída e aplicada.*

Da Ordem Pública Interna e da Ordem Pública Internacional

A definição de ordem pública *internacional* é tão vasta quanto imprecisa e por ser cristalizada sob diversas formas pelas legislações, jurisprudência e doutrinas, ou seja, por ser um conceito impreciso, as diferenças de ordem pública interna e internacional campeiam soltas, sem um rigor científico. Alguns exageros foram sentidos, como **Lalive**, que fala em ordem pública nacional, internacional e transnacional[344]! *Na verdade acredito que a expressão "ordem pública internacional" tem o mesmo efeito e conteúdo de uma "ordem pública interna"*[345] (no máximo uma é reflexo da outra ou não existe tal separação, o que é mais correto pensar), já

---

344. **Pierre Lalive**, in: "Ordem Pública Transnacional e Arbitragem Internacional: Conteúdo e Realidade da Ordem Pública Transnacional na Prática Arbitral", artigo publicado na Revista do Direito do Comércio e das Relações Internacionais, Vol. I, 1989, p. 26.
345. Pode existir, como afirmava **Lerebours-Pigeonnière**, uma dupla função no conceito de ordem pública, ou seja, ela serviria de um meio de defesa contra leis estrangeiras, que agem contrariamente a uma convicção comum (escravatura, genocídio, em alguns casos poligamia, etc.), apresentando-se como sendo uma defesa do Direito Natural; e opondo-se a uma norma alienígena, quando a *lex fori* proibir a sua aplicação ou irradiar seus efeitos.

que não há como padronizar uma ordem pública de âmbito internacional para ser estabelecida para a Sociedade ou Comunidade Internacional[346].

Não cabe neste trabalho discutir profundamente sobre esta distinção infrutífera que tanto atormentou (sem razão ao meu ver) a doutrina nos séculos XIX e XX, pois *discordo plenamente desta distinção ou divisão realizada por alguns autores*[347]. Na verdade a dicotomia ficou restrita a uma parte

---

346. **Pillet** é contrário a esta dicotomia, como pode ser percebido no seu artigo "De L'Ordre Public", Op. cit., tomo II, p. 94, como em "Melanges", Op. cit., p. 449, repetindo-se em "Principes", Op. cit., p. 395. **Fiore**, também, é contrário a tal dicotomia, na sua obra "Le Droit International", Op. cit., tomo I, p. 274. O mesmo comboio é seguido por **Sommières**, em "La Synthèse du Droit International Privé", tomo I, pp. 103-104; assim como **Valéry**, em "Manuel de Droit International Privé", p. 576. O mesmo pensar povoa as idéias de **Savatier** ("Cours de Droit International Privé", p. 218) e **Arminjon** ("Précis de Droit International Privé", vol. I, cap. III). Quase todos os internacionalistas, a partir do segundo quartel do século XX, estampam opinião contrária à dicotomia, feita por **Louis-Lucas**, por ser mais clara do que as dos autores clássicos (artigo publicado na Revue de Droit International Privé, sob o título: "Remarques sur l'ordre public", 1933, pp. 392-442, em especial pp. 409-410). **Niboyet** é outro que engrossa a fila daqueles que não aceitam tal dicotomia ("Cours de Droit International", p. 488), não aceitando (o que eu concordo), até mesmo a divisão entre ordem pública absoluta e relativa, mesmo porque, entendo e ele também, que a ordem pública é sempre absoluta. **Batiffol** e **Lagarde**, então, fulminam esta questão, na obra: "Droit International Privé, Tomo I, p. 459.

347. Alguns Estados, como Portugal, por exemplo, adotam em sua legislação a diferença entre ordem pública interna (artigos 280 e 281, do Diploma Civil) e ordem púbica internacional (artigo 22, do Diploma Civil e alínea "f", do artigo 1.096, do Diploma Processual Civil). Em solo brasileiro, na contramão da história e tendência moderna do Direito Internacional Privado, encontramos opiniões que apóiam tal dicotomia, tais como a de **Rodrigo Octávio** ("Dicionário de Direito Internacional Privado", p. 249); **Beviláqua** ("Princípios", pp. 107-110); **Espínola** (pai), in: "Elementos", pp. 339-342 (repetindo-se em "Direito Internacional Privado", pp. 584-589; e, em "Lei de Introdução ao Código Civil brasileiro", pp. 504-507 e p. 521); e, **Strenger** na sua obra "Curso de Direito Internacional Privado", p. 515. Quem não apoiou, ao meu ver de forma correta, foram: **Batalha** ("Tratado Elementar", vol. II, pp. 439-440); **Tenório** ("Lei de Introdução ao Código Civil brasileiro", p. 452); **Amilcar de**

da obra doutrinária e menos ainda, na jurisprudência de alguns Estados.

Na essência, o que se chama de ordem pública interna são preceitos que abarcam a totalidade do Direito Civil, Comercial, etc. (sistema legal de um Estado), sob o brocardo "*jus cogens privatorum pactis mutari non potest*". Já a ordem pública internacional é mais restritiva, pois abarca tão-somente as normas proibitivas de importação de Direito/Lei/Sentenças estrangeiras. *Repita-se, a ordem pública é una e indivisível.* Alguns doutrinadores, para fugir de tal designação e confusão, ditam que é melhor designar para os preceitos de ordem pública interna o nome de "Direito Imperativo" e, para aquilo que tange ao Direito Internacional Privado, designar como ordem pública[348].

Basta lembrar, colocando uma pá de cal neste tema, que quem aplica a ordem pública é a Corte local (poucos e excepcionais casos são julgados no tocante a este tema por Cortes Internacionais e/ou arbitrais), que, na maioria esmagadora das vezes, aplica preceitos de ordem pública baseada na lex fori. Mesmo que seja aplicada por uma Corte Internacional, esta levará em conta a lex fori dos envolvidos, ou se insistirem em achar bonito o termo "internacional", façam como **Bartin** *que dizia que não se deve falar em ordem pública internacional sim em "ordem pública nacional operando na esfera internacional".*

Todos os jusinternacionalistas estudiosos apontam que quem iniciou esta distinção entre ordem pública interna e internacional foi o doutrinador suíço **Charles Brocher**[349],

---

Castro ("Direito Internacional Privado", p. 175); **Oliveira Filho** ("Do Conceito", p. 67); e, **Dolinger** ("A Evolução da Ordem Pública", pp. 40-42).
348. O primeiro que formulou tal "saída" foi **Verplaetse**, Op. cit., p. 305.
349. In: "Cours de Droit International Privé", Ed. Ernest Thorin, Paris, 1882, Tomo I, Introduction, seção 3ª, § 44, p. 106 "usque" 112. Curioso notar que para a civilista **Maria Helena Diniz**, que escreveu sobre Direito Internacional Privado, em sua obra: "Lei de Introdução ao Código Civil brasileiro comentada" (Ed. Saraiva, São Paulo, 1994), dita à p. 351, que "o termo ordem pública

seguido depois por **Weiss, Despagnet, Catellani e Beviláqua** dentre outros, tendo como seu defensor mais ferrenho e radical **Bustamante**. Sem entrar no mérito, ao meu ver este último autor, ao criar a sua *trilogia legal*, exagerou na dose, misturando preceitos que poderiam tranqüilamente ser enquadrados um nos outros. As subdivisões realizadas por **Bustamante** tornaram o significado da ordem pública mais confusa ainda. O instituto piora quando tal discussão sai da doutrina e passa para a legislação, ainda mais convencional, como ocorre com o *Código Bustamante*[350], que divide as leis e regras em 3 categorias:

---

internacional surgiu pela primeira vez no cenário jurídico com Boulay de la Meurthe" (sic)!!! Não nos dá qualquer indício de qual obra ela está falando (a não ser que ela tenha se aproveitado da informação ofertada por **Amilcar de Castro**, contudo, não há menção "apud"). Outras passagens foram encontradas em tal obra, como ditar que ordem social é sinônimo de ordem pública (p. 349); ou que "como todo direito adquirido de modo regular, em razão de lei internacionalmente competente, deve ser reconhecido e protegido por todos os países, embora haja limitação da ordem pública" (sic — p. 350). Qual seria esta tal lei internacionalmente competente?! Apesar de ter procurado a resposta, a civilista não explica ou se justifica, como fez de maneira culta **Paulo Lacerda** quando fala de "Lei Internacional", pelo aspecto da extraterritorialidade. Há um verdadeiro abismo entre os dois conceitos. Princípios internacionalmente aceitos ou Direito Estrangeiro de um modo geral, como aqui tratado, eu concordaria, mas "lei" é realmente impossível (contraria tal civilista, a decisão do Caso Boll — ICJ Reports, 1958), porquanto, seria uma afronta a soberania de qualquer Estado aceitar tais preceitos difundidos pela mencionada Professora de Direito Civil. Nem mesmo em se tratando de direito adquirido.

350. Sobre os artigos contidos no Código Bustamante, podemos citar como matéria meramente ilustrativa, já que não sou adepto da teoria que existam normas tipicamente de ordem pública, aqueles que falam sobre a questão da ordem pública "internacional" e/ou "nacional", como exceção para aplicação da lei estrangeira, ao meu ver de forma inconveniente: 3°- classifica as leis de ordem pública; 8°- a ordem pública se opõe contra os direitos adquiridos; 30- restrições sobre a capacidade civil; 40- reconhecimento de casamento; 53- reconhecimento de divórcio; 68- dever de prestar alimentos; 72- efeitos do pátrio poder; 76 e 78- alimentos do filho adotivo; 117- da propriedade; 145- sucessão; 148 a 150- testamento; 160- herança; 175- contratos; 179- causa ilícita dos contratos; 188- modificação de contrato nupcial; 190- doação; 192-

a) *Ordem Pública Interna*, ou seja, aquela incidente sobre súditos em razão do seu domicílio ou da sua nacionalidade, não deixando de perder tal princípio, mesmo que se desloquem para outro Estado;

b) *Ordem Pública Internacional*, ou seja, aquela regra que obriga a todos os súditos e aqueles que estão sob as leis do território do Estado-Parte. São denominadas regras locais ou territoriais;

c) *Ordem Privada*, ou seja, aquela regra que se aplica exclusivamente mediante a expressão, a interpretação ou a presunção da vontade das partes. São regras voluntárias, supletivas de ordem privada, conforme se depreende do artigo 3º, da mencionada Convenção Pan-americana (Código Bustamante).

Este é um Diploma (*Código Bustamante*), que é válido somente entre os seus poucos signatários, contudo, foi um Diploma moderno para a época em que foi concebido, como um marco de tentativa ("eficaz"?) de solução de conflitos, contudo, esta distinção de ordem pública confunde e foge da simplificação e do sentido de solução de conflitos de leis. Este Diploma, também chamado de *Codificação de Havana*, vai mais longe, pois no seu art. 5º considera lei de ordem pública "internacional" toda a regra que protege o súdito de forma individual ou coletiva, estabelecida pelo "Direito Político" e pelo "Direito Administrativo".

Isto sem falar em várias e várias passagens, em tal *Código Bustamante*, que se referem à ordem pública de forma direta ou indireta, de forma perfeita ou imperfeita, nos ramos do Direito das Coisas, arts. 117, 120, 129, 136 e 138; Direito das Sucessões, arts. 145 e 148; Direito das Obrigações, arts. 175, 179, 188, 189, 190, 192 a 194, 212, 213, 246, 254

---

dote; 193- comunhão no matrimônio; 194- alimentação por utilidade pública; 195- da posse; 197- contratação eterna; 198- acidentes de trabalho; 212 e 213- fiança; 254- da comissão; 272- falsificação e roubo; e, 284- nacionalidade de navios.

e 272; Direito Marítimo e Aéreo, arts. 283 e 284. *Repito o que disse em nota (350), tais artigos contidos no Código Bustamante trazem uma tremenda confusão entre normas territoriais e normas de ordem pública (isso para quem aceita tal divisão), já que não sou adepto da teoria que existam normas tipicamente de ordem pública (mas sim normas que são revestidas de efeitos de ordem pública), não posso aceitar a divisão bustamantiana que fala sobre a questão da ordem pública "internacional" e "nacional", como exceção para aplicação da lei estrangeira, ao meu ver colocada em tal Código de forma inconveniente e antiproducente.

Para quem já leu as "*calmas*" lições de **Francisco Cavalcanti Pontes de Miranda**, estranha a revolta deste jurisconsulto brasileiro com tal Diploma, afirmando que: "o Código da Havana é a mais completa prova de que os casos de ordem pública não devem, sem clareza de conhecimento, ser taxados pelas Convenções, ou porque deixem de fora certos casos, ou porque vão além do que devem. Porém, além dessa prova, deu outra: a da mais desabusada falta de técnica. Para se ver a que ponto foi a balbúrdia do Código da Havana, em matéria de testamento, basta ler o art. 150, onde 'os preceitos sobre a forma dos testamentos são de ordem pública internacional, com excepção dos relativos ao testamento outorgado no estrangeiro e ao militar e ao marítimo, nos casos em que se outorguem fora do País'. Ora, são de ordem pública todos os preceitos, exceto todos! O legislador esqueceu-se de que estava a escrever Convenção e primeiro disse que os preceitos de forma se aplicariam 'a todos' indistintamente (nacionais e estrangeiros, art. 3, II), e depois que se ressalvavam os outorgados fora do país!"

Pillet, contrariando os autores acima mencionados, em especial **Bustamante**, rejeitou esta questão de menor importância de dividir a ordem pública em interna e internacional. Entendia ele que a ordem pública só pode ser nacional, porquanto, não poderia um Estado em nome da bandeira da ordem pública internacional fincá-la em outro

Estado[351], ferindo, assim, a sua soberania. O Estado que irá aplicar a lei estrangeira, ou não, é o único competente para ditar se tal lei fere ou não a sua ordem pública, que tem um conceito formado pela *lex fori*, que ao meu ver pode ter elementos de Direito Internacional Privado ou de normas imperativas internacionalmente aceitas e tidas como tal, sem que com isso tenhamos que subdividir a ordem pública em interna e internacional. **Repita-se, o Estado é o único competente para definir o seu próprio conceito de ordem pública sem que sofra qualquer interferência de Estado alienígena ou Organização Internacional, como também não poderá intervir nesta questão em outro Estado[352]. Um julgado oriundo de Corte Internacional pode apontar ferimentos à ordem pública de um determinado Estado, contudo, a última palavra sobre o que vem a ser ordem pública, para aquele determinado Estado, é emanada por este e não pela Corte.*

Machado Villela doutrina erroneamente ao meu entender, que a Introdução (antiga) ao Código Civil brasileiro, no seu artigo 17, confundiu ordem pública interna com internacional, ditando que o Projeto primitivo e o revisto, aceitavam claramente a distinção (arts. 15 e 18), marcando o limite da aplicação das leis estrangeiras. Apesar de **Clóvis**

---

351. Vide neste sentido, suas lições em "Principes de Droit International Privé", Pedone, 1903, Paris, números 185 e 200 (o Capítulo XIII — Les Lois D'Ordre Public, está disposto entre os números 182 a 201). **Fiore**, também, era avesso à tal divisão, doutrinando que: "...entendemos nosotros que para determinar los límites de la autoridad de la ley extranjera en el territorio sujeto á outra soberanía, conviene colocar la cuestión bajo su justo punto de vista. No podemos aceptar la distinción que quiere establecerse entre las leyes de orden público interior y las de orden público internaiconal, porque esto complicaría la solución del asunto..." (Op. cit., pp. 314-315).

352. **Catellani**, ao tentar minimizar tal celeuma, ditou que a distinção se refere, não à territorialidade ou extraterritorialidade do preceito, mas à generalidade da sua aplicação tanto a nacionais como a estrangeiros (In: "Il Diritto Internazionale Privato e sui Recenti Progressi", Vol. II, p. 403, apud **Machado Villela**, Op. cit., p. 399). Mesmo com tal tentativa, ao meu entender nos dias hodiernos, quase no final do século XX, esta distinção não tem o menor cabimento.

Beviláqua concordar com ***Villela***[353], eu acredito que a proposta de **Azevedo Marques** de fundir as duas idéias não chegou a confundir, pelo contrário, entendia ele que a ordem pública era uma só, vindo a provar com o tempo que ele estava correto[354]. Más línguas ditam que na época houve um certo *ciúme de* ***Beviláqua*** para com **Azevedo Marques**, porque este lapidou seu Projeto. Não se tratava de uma *"fogueira de vaidade"*, mas sim de um verdadeiro *"maçarico de vaidade"*.

*Com esta divisão inútil ao meu ver gerou-se o que a doutrina chamou de leis de ordem pública[355], *fazendo aparecer mais confusão*. Alguns autores não aceitam terminantemente a existência de leis específicas de ordem pública, como é o caso de **Cardini**[356], **muito menos falam em leis*

---

353. O autor português ditava que "as leis de ordem pública interna são imperativas, mas podem ser substituídas por leis imperativas estrangeiras segundo as regras de conflitos aceitas pelo direito local, ao passo que as leis de ordem pública internacional são obrigatórias para nacionais e estrangeiros e por isso afastam a aplicação das leis normalmente competentes, segundo as regras de conflitos do direito local, para regular as relações jurídicas. Rigorosamente, a distinção está, pois, nisto: as leis de ordem pública interna estão subordinadas às regras gerais de conflitos; as leis de ordem pública internacional paralizam a aplicação das regras de conflitos" (Op. cit., p. 401). Citei, mas não concordo.
354. **Beviláqua** entendia que "por duas faces se manifesta a ordem pública, a interna e a externa. A ambas se refere o artigo 17, porque, além das leis, actos e sentenças de outro País, considera as disposições particulares e os contratos, abrangendo não sómente os actos jurídicos que os indivíduos pratiquem no estrangeiro, como os que se passarem no País. A ordem pública externa é considerada quando o artigo afasta a eficácia das leis, actos e sentenças de outro País" (sic). Pelo sentido, nota-se que ele está falando, na prática, da mesma coisa. Bem o fez **Azevedo Marques** de ter fundido as fórmulas.
355. A doutrina chama estas leis de ordem pública com alguma diversidade, como "lois de police", utilizada por **Francescakis**, **Mayer** e **Batiffol**; "leis de aplicação necessária", utilizada por **Marín López** e **Cassoni**; "peremptory norms", utilizada por **Eek**; "mandatory rules", utilizada por **Dicey** e **Morris**; "overrinding statutes", utilizada por **Drobnig**; "ordem pública positiva", utilizada por **Wengler**.
356. In: "El Orden Público", pp. 23 e 91.

de ordem pública interna e outra externa ou internacional, como é o meu pensar. Na verdade não creio (como fizeram em solo pátrio **Clóvis Beviláqua**[357], **Gama e Silva**[358] e **Eduardo Espínola**[359]), *que haja leis categoricamente consideradas de ordem pública* (como entendem acertadamente **Batalha**[360], Oliveira Filho[361], Pilla Ribeiro[362] e **Valladão**[363]), *tampouco, aquelas leis que ditam expressamente ser de ordem pública, pois pode acontecer de não possuírem tal característica num determinado momento futuro ou em certas ocasiões determinadas, além de se verificar em muitos casos o erro do próprio legislador quanto ao tema.*

*A ordem pública una e indivisível e que tem a sua fonte sempre da lex fori ou nos usos e costumes do foro, seria realmente algo como um entendimento jurídico excepcional, que envolve a norma externamente, ou seja, não pertence a sua natureza num determinado momento, mas pertence em outros momentos, pois deve-se levar em conta o caráter temporal do que se entende por ordem pública (a lex alienígena e a lex fori convivem bélica ou pacificamente, dependendo da mutação social ou legislativa sobre o tema). Aliás, como profetiza com maestria e dignidade **Miguel Reali**,* "...o tempo do Direito é o que a razão concretiza e não o dos temerosos devaneios"[364].

Portanto, caso a caso será resolvido e analisado pelo aplicador da lei estrangeira, que vem a ser o mesmo que

---

357. In: "Princípios Elementares de Direito Internacional Privado", pp. 112-113.
358. In: "A Ordem Pública em Direito Internacional Privado", (Tese), p. 209, contradizendo o que havia dito na p. 203.
359. In: "Elementos de Direito Internacional Privado", p. 342 e pp. 344-345.
360. In: "Tratado Elementar de Direito Internacional Privado", vol. II, p. 435.
361. In: "Do Conceito da Ordem Pública", p. 67.
362. In: "O Princípio da Ordem Pública", apud. **Dolinger**, p. 22, da Op. cit.
363. Op. cit., vol. I, p. 482.
364. In: "O Direito e o Tempo", artigo publicado no jornal O *Estado de S. Paulo*, edição do dia 3/4/99, p. A2.

irá aplicar os efeitos irradiantes ou não, do conceito da ordem pública, para aquele determinado caso. Como diz curiosamente o Professor de origem judaica **Jacob Dolinger**, "a ordem pública seria como um *anjo da guarda* do sistema jurídico de determinada sociedade. Sua aplicação varia de acordo com os graus de intensidade em que os princípios fundamentais do sistema venham a ser feridos"[365].

Há um perigo latente em determinar expressamente leis de ordem pública, que influencia diretamente o tema aqui tratado, em matéria de Direito Internacional Privado. Pegue-se o exemplo brasileiro: Há exemplos múltiplos de legislações nacionais que trazem em seu bojo, expressamente, portanto, menção que aquela determinada lei é de ordem pública. Um exemplo claro disso é a *Lei do Consumidor*[366], que, logo no seu artigo 1º, dita que tal legislação é de ordem pública. Pois bem, em se tratando de legislação processual brasileira, podemos encontrar outros exemplos, tais como

---

365. (Tese) Op. cit., p. 41. Ele segue brilhantemente na p. 42, ditando que: "...sendo assim, não há como falar em ordem pública interna e ordem pública internacional. A ordem pública é una, indivisível e indefinível, abstrata, espiritual e anônima, que flutua sobre o sistema jurídico nacional como um anjo protetor, que aplica critérios diferentes dentro de uma tolerância graduada, e que, apesar de toda esta incerteza, é entendida pelos juristas e aplicada pelos julgadores com uma constância e uniformidade que supera, às vezes, a interpretação de normas jurídicas concretas, sujeitas à intermináveis divergências da doutrina e da jurisprudência".

366. Lei 8.078/90. Outras disposições legislativas foram incorporando a expressão ordem pública, o que dá mais força para o meu receio, tais como: o antigo art. 792 do Diploma Processual Civil de 1939; o artigo 216 do Regimento Interno do Supremo Tribunal Federal; o artigo 271, do Regimento Interno do Superior Tribunal de Justiça. Já o artigo 7º do antigo Código Brasileiro do Ar (CBA), de 1966, que trazia expressamente a menção sobre ordem pública internacional, substituído hoje em dia pelo art. 10, do Código Brasileiro de Aeronáutica, assim como o Dec. 20.704/31 e art. 9º, do CBA de 1938, não dizem nada a respeito.

a suspensão da execução de liminar concedida, para evitar grave lesão à ordem pública[367].

Ora, não é muito difícil imaginar que dentro do pensar da magistratura nacional e de membros do Ministério Público, certas tendências formalistas[368] e pseudo-kelsenianas[369], onde conclui-se que ao se interpretar a *lex fori*, deve-se aplicar o que está dentro do Direito, ou seja, deve-se compreender normas de ordem pública, somente aquelas que trazem expressamente em seu bojo tal designação. *Há que se lembrar que pela sistemática processual brasileira, não cabe a nenhum magistrado deixar de julgar uma pendência, alegando lacuna ou obscuridade de lei*[370], podendo

---

367. Artigo 4º, da Lei 4.348/64 (que estabelece normas processuais relativas a mandado de segurança). O mesmo entendimento é encontrado no Regimento Interno do Supremo Tribunal Federal, artigo 297; e, no artigo 4º, da Lei 8.437/92 (que dispõe sobre a concessão de medidas cautelares contra atos do Poder Público).
368. O próprio Supremo Tribunal Federal brasileiro manda que o juiz deve mitigar o rigor da lei, aplicando-a com eqüidade e equanimidade, não devendo substituí-la pelo seu critério (Supremo Tribunal Federal-RBDP 50/159 e Amagis 8/363). Contudo, vários casos podem ser observados onde os Tribunais legislaram, como foi verificado no último quartel do século XX, no Estado do Rio Grande do Sul. Ora, a figura do *judge made law* é dentro do Brasil, incompatível com a tripartição do Poder, pois geraria (ou gera), lamentavelmente, o arbítrio do Judiciário, além de invadir a esfera legiferante de outro Poder (Neste sentido, vide jurisprudência estampada na RT 604/43). O Superior Tribunal de Justiça brasileiro já afirmara que a "...interpretação da lei não deve ser formal, mas sim, antes de tudo, real, humana, socialmente útil..." (in: RSTJ 26/378). Aliás, o art. 4º combinado com o art. 5º, ambos da Lei de Introdução ao Código Civil brasileira, ditam que na aplicação da lei (seja ele interna ou internacional), o magistrado atenderá aos fins sociais a que ela se dirige e às exigências do bem comum e se a lei for omissa, este decidirá conforme preceitos de analogia, costumes e princípios gerais do Direito. Estes são elementos formativos da ordem pública.
369. Hoje em dia, a interpretação meramente literal deve ceder passo quando colidente com outros métodos exegéticos, de maior robustez e cientificidade (vide neste sentido, julgado do Superior Tribunal de Justiça, publicado na RSTJ 56/152).
370. Art. 126, do Diploma Processual Civil.

utilizar, até mesmo a lei estrangeira[371] competente. Além do mais, não se admite pela sistemática de Direito Internacional Privado nacional o instituto do reenvio, remissão ou retorno a Direito estrangeiro[372].

O reflexo no Direito Internacional Privado é encontrado (neste exemplo), quando uma determinada lei estrangeira, competente para ser aplicada no Brasil (mesmo ferindo a ordem pública), é aplicada, porque a norma de *lex fori* que se choca com a *lex alienígena* não traz expressamente em seu corpo menção de que é de ordem pública.

Este exemplo absurdo, que de forma alguma deve ser seguido, pode ocorrer, em especial, em Estados onde o Direito é por demais formalista, tornando a visão do interprete míope ou estrábica, quanto ao entendimento do que seja realmente não leis de ordem pública, mas leis com características exteriores do que se entende por ordem pública. O legislador por sua vez não precisa mencionar que esta ou aquela lei é de ordem pública, como também, não se faz mister tal procedimento, colocando no corpo legislativo que tal norma segue os princípios gerais do direito, etc.

Resumidamente, a ordem pública é um conjunto de relações reguladas, segundo sua natureza jurídica, pela lei territorial, que dá um limite ao foro ou à manifestação de vontade, barrando, limitando ou admitindo a lei estrangeira, assim como atos e sentenças alienígenas. Ou seja, seria a base fundamental do Estado e proteção para seus súditos e não súditos ali residentes e/ou domiciliados, que deve ser defendida pela lei interna (lex fori) a qualquer custo (esta defesa seria uma questão de soberania). Faz-se mister que em cada Estado haja uma certa equivalência legislativa, para que não haja choques entre legislações nacionais e alienígenas. Ao se afastar a aplicação de uma lei estrangeira,

---

371. Art. 16, da Lei de Introdução ao Código Civil brasileira.
372. Vide o citado artigo 16, da Lei de Introdução ao Código Civil brasileira.

mesmo que competente, o que está se buscando é a defesa dos interesses fundamentais do Estado do foro e de forma indireta ou direta, dos seus súditos.

Quanto a normas permissivas serem tratadas como normas que não são afeitas aos reflexos irradiantes da ordem pública, tenho que discordar. Esta questão, também, gerou grandes discussões na doutrina especializada em Direito Internacional Privado. **Despagnet**[373] dizia que toda lei que fosse permissiva, não imperativa ou não proibitiva, não poderia ser considerada lei de ordem pública. **Eu discordo dele no seguinte ponto: mesmo que a lei estrangeira seja permissiva, ela pode ferir a ordem pública, como por exemplo, as leis permissivas islâmicas sobre casamento com mais de uma mulher, algo que contraria as normas de ordem pública de vários Estados, ou em casos mais comuns que abrangem o casamento e sua dissolução*[374]. Lembro, outrossim, que Bartin[375] foi contra o pensar de **Despagnet**. A proposição de Despagnet nem mesmo pode ser aceita, em se tratando de *lex fori* permissiva, em choque com um Direito estrangeiro que iria irradiar, se aceito no foro, efeitos contrários à soberania e/ou abalar de forma negativa e perniciosa o sistema jurídico do Estado e/ou efeitos semelhantes.

---

373. No seu artigo publicado no Clunet de 1889, p. 214, doutrinou que: "...nous croyons pouvoir affirmer, sans hésitation, que toute loi permissive et non impérative ou prohibitive ne peut être d'ordre public".
374. Neste sentido, vide **Asser**, na obra: "Éléments de Droit International Privé, p. 118.
375. Na sua obra "Études", p. 237, ele foi categórico: "...une disposition purement permissive n'est jamais une disposition d'ordre public en droit civil international". Sendo definitivo na p. 239: "...en resumé, la disposition permissive de la loi du juge contrairement à l'opinion générale, n'a rien en elle même qui empêche qu'on la considère au besion comme une disposition d'ordre public. Ce juge est libre, là comme ailleurs, d'arrêter les conséquences de la notion de communauté internationale, et d'exclure du bénéfice des règles de conflit qui s'y rattachent la disposition prohibitive de la loi étrangère".

Dos Precedentes Históricos e Doutrinários da Ordem Pública

Resquício histórico de aplicação de ordem pública foi encontrado em um papiro egípcio confeccionado no século II (a.C.), onde um juiz romano não aplicou um preceito egípcio sobre o dote, por entender ser tal aplicação desumana. Na época romana a ordem pública (no seu significado mais arcaico e não moderno — o *jus publicum* representava a lei que não poderia ser derrogada pela vontade particular) era aplicada, quando se realizava a oposição entre o *jus gentium* e o *jus civile*, dando preferência a este último[376].

Dolinger traz a notícia de que a ordem pública como fator impeditivo de derrogação de normas por meio de convenções está consagrada em várias fontes: *"nullum pactum, nullam conventionem, nullum contractum inter eos volumnus videre subsecutum, qui contrahunt lege contrahere prohibente, pacta quoe contra leges constitutionesque vel contra bonos mores fiunt, nulam vim habere indubitati juris est, privatorum conventio juri publico non derogat"*[377]. Ou em outras fontes, como *"jus publicum privatorum pactis mutari non potest"* e *"privatorum conventio juri publico non derogat"*[378].

---

376. A ordem pública interna, ou chamada de ordem pública simples, já se apresentava no Direito Romano (*Privatorum conventio juri publico non derogat — a convenção de particulares não derroga o Direito Público*), em **Upiano**, Dig. 50, 17, 45, 1; depois, sendo expressa no Código Napoleônico, cristalizado no artigo 6º.

377. Apud, Op. cit., p. 60, que foram transcritas por **Pierro Esperson** do L. 5, Cod. de Legibus; L. 6, Cod. de Pactis; L. 45, Dig. de regulis juris (no artigo: "Le Droit International Privé dans la Législation Italienne", publicado no Clunet de 1880, p. 255). Há outra expressão latina usada, em lugar desta, que tem o mesmo núcleo: *"nullum pactum, nullan conventionem, nullum contractum inter eos volumes subsecutum qui contrahunt lege prohibente contrahere"* — queremos que não se efetue nenhum contrato, convenção alguma, entre aqueles que a lei proíbe contratar (in: **Donaldo J. Felippe**, Op. cit., p. 431)

378. **Bulhões de Carvalho**, in: "Incapacidade Civil e Restrições de Direito",

Há variações. Aliás, **Papiniano** deu como característica do *jus publicum* (mesmo quando fizesse parte do Direito Privado), a sua força imperativa, não admitindo, como visto, transação com os interesses particulares (D. 2, 14, 38): *"jus publicum privatorum mutari non potest"* (o Direito Público não pode ser alterado pelos pactos dos particulares); depois haveria algumas variações tais como: *"privatis pactionibus jus aliorum non laedi extra dubitationem positum est"* (está posto fora de dúvida que o direito alheio não pode ser lesado por pactos privados); *"privatorum conventio juri publico non derrogat"* (a convenção dos particulares não derroga o Direito Público); e, *"privatum conventionibus jus publicum infringi non potest"* (o Direito Público não pode ser infringido pelas convenções privadas).

O internacionalista italiano e Professor da Universidade de Nápoles, **Pasquale Fiori**, em famoso artigo denominado *"De la Limitation de L'Autorité des Lois Étrangères et de la Détermination des Lois D'Ordre Public"*[379], na p. 354, dita que os romanos não poderiam se contratar ofendendo a ordem pública, afirmando que: "En effet l'idée de l'ordre public international n'est pas elle même déterminée d'une façon claire et précise. Les jurisconsultes romains avaient établi en principe que les particuliers ne pouvaient pas stipuler en violation des lois et des principes d'ordre public et des bonnes moeurs: 'facta quae contra leges constitutionesque, vel contra bonos mores fiunt nullam vim habere indubitati juris est'. Cette règle a été ensuite reproduite dans les Codes modernes et notamment dans l'art. 6 du Code Civil français. Toutefois il n'est pas toujours facile de décider si une disposition donnée doit ou non être comprise parmi celles d'ordre public; et il est encore plus

---

1957, p. 445, citando o D., 2, 14, fr. 38 e o D., 50, 17, de reg. Juris, fr. 45, 81 — apud, **Dolinger**, op. cit. p. 60.
379. Clunet de 1908, pp. 351-366.

difficile de dire si une loi donnée doit être réputée d'ordre public interne ou d'ordre public international".

Alguns autores, como é o caso de **Carrascosa** e **Caravaca**[380], ditam que o que se entende hoje sobre exceção de *ordem pública internacional* (expressão deles) se encontra na Baixa Idade Média. Nessa época a ordem pública internacional se identificava com os princípios da eqüidade deduzidos do *ius commune* do Direito Romano. Se tratava, pois, de um conjunto de princípios extraídos de um ordenamento comum a dos distintos Estados, que por sua vez dispunham de *Direitos Particulares*[381]. Desse modo, nenhum de tais Direitos Particulares (*Statuta*), vigentes na Europa, resutaria aplicável extraterritorialmente se contrariasse o *ius commune*, por ser considerado odioso. No fundo a idéia motriz do instituto era a mesma: impedir a aplicação do Direito estrangeiro, de outras comunidades políticas, cujo contraste com o Direito do Estado, onde deveria ser aplicado era exceção. Considerava-se que ele sucedia quando o Direito estrangeiro vulnerava os princípios básicos do Direito do foro (*lex fori*), contidos no Direito Romano ou seja, num Direito de validade universal.

No tocante aos *estatutários*, quem primeiro notou que havia traços de ordem pública na obra de **Bártolo** foi **Armand Lainé**[382]. Por constituir a aplicação de Direito estrangeiro uma exceção para os estatutários, estes não citavam

---

380. **Caravaca, Alfonso-Luis Calvo** e **González, Javier Carrascosa**, in: "Introducción al Derecho Internacional Privado", Ed. Comares, Granada, 1997, p. 448.
381. Aliás, neste sentido, quem afirmou isso antes foi **G. Braile**, in: "I Principi Fondamentali della Communità Statale e il Coordinamento tra Sistemi (L'ordine pubblico internazionele)", Ed. Cedan, Padua, 1968, repetindo-se no verbete "L'ordine pubblico (Diritto Internazionale Privato)", in: Enciclopedia del Diritto, vol. XXX, Ed. Giuffrè, Milano, 1980, pp. 1.106-1.109.
382. In: "Introduction au Droit International Privé — Étude Historique et Critique de la Théorie des Statuts", Tomo II, Paris, Ed. F. Pichon, 1888, pp. 196-197.

qualquer menção sobre a ordem pública. Aliás, **Bártolo** distinguia os *estatutos odiosos* dos *estatutos favoráveis*, não sendo permitido aos primeiros produzir qualquer efeito fora da cidade que os tenha estabelecido, ou seja, se buscava a exclusão ou não aplicação dos estatutos que fossem contrários ao Direito comum ou a determinados princípios morais e políticos dominantes em cada cidade. O exemplo desta proposição, dado em sua obra, era a falta de capacidade da mulher em herdar.

*Pode-se, interpretar, como outros doutrinadores fizeram com **Story** *ou* **Savigny***, que este conceito de não aplicar os Estatutos era uma questão de ordem pública (sempre lembrando que tanto o doutrinador norte-americano e o alemão, também, não citavam expressamente a ordem pública em suas obras), supondo que havia na época medieval uma diversidade de soberanias entre as cidades (as cidades italianas tinham cada uma delas o seu Estatuto). Apesar da diversidade de Estatutos, tais cidades viviam sob o manto do Direito Romano e do Direito Canônico, contudo, se for aplicada a analogia, pode-se enxergar o conceito de ordem pública, no seu nascedouro, como se fosse um diamante bruto, sem a devida lapidação. Esta pedra foi posteriormente lapidada por* **Story***, complementada depois por* **Savigny** *e* **Mancini***, tendo o polimento final dado por* **Pillet***. A idéia geral de ordem pública começou a ser traçada no século XVIII, onde* **Bouhier** *doutrinava no sentido de que havia leis exorbitantes do direito comum ou leis manifestamente injustas, tendo tal manifestação pouca aceitação, levando-se em conta o caráter interprovincial dominante na Europa*[383].

A questão foi evoluindo, sendo que a jurisprudência foi se firmando nos conflitos existentes entre os Estatutos e os costumes, nas relações entre os Estados. **Pillet**[384], que foi

---

383. Vide neste sentido, obra do embaixador **Carlos Fernandes**, in: "Teoria Geral do Direito Internacional Privado", p. 291.
384. Op. cit., "Melanges", p. 416.

um profundo estudioso dos estatutários, afirmou que nenhum deles soube trazer com precisão algo material ou teórico, sobre a questão da ordem pública, deixando tal instituto por quarto séculos no ostracismo ou por realizar algum progresso entre o que se entendia e/ou se distinguia entre estatutos odiosos e favoráveis. Não há um doutrinador que a definisse como a conhecemos atualmente, provando que até neste sentido a ordem pública é diferente. Várias foram as pedras, colocadas inicialmente entre os séculos XVII e XVIII (com elementos do segundo quartel do século XIX e meados do século XX), que moldaram o mosaico do que se entende hodiernamente como ordem pública (sou da opinião, que este mosaico ainda está se formando).

Contudo, nas obras de *Savigny* e *Mancini*, a ordem pública retorna com a força devida e merecida, para sofrer durante o último quartel do século XIX até o segundo quartel do século XX críticas, divisões, subdivisões e preconceitos de toda a sorte de doutrinadores de Direito Internacional Privado de peso. Apenas para se ter uma idéia, a surrada ordem pública já foi chamada de *lei cogente* por **Waechter**; leis rigorosamente obrigatórias por **Savigny**; leis estrangeiras ilegítimas e imorais por **Martens**; leis proibitivas por **Bar**; direitos da sociedade por **Laurent**; normas imutáveis de justiça por **Fernández Prida**; cláusula de reserva[385] por **Zitelmann** e **Wolff**; dentre outras denominações (dentre nossos internacionalistas, **Jacob Dolinger** trata a ordem pública como um *anjo da guarda*).

O *Tratado de Lima* confeccionado no século XIX (1879) ditava no seu artigo 54 que não deveriam ser acatadas lei

---

385. A chamada cláusula de reserva advém da teoria da Vorbehaltsklausel, difundida por **Zitelmann**, onde o Direito estrangeiro seria aplicável num determinado Estado, em virtude das regras gerais estabelecidas pelo Direito Internacional Privado, não podendo ser aplicado, portanto, quando atentar contra a ordem pública daquele Estado. A cláusula de reserva desempenha uma função tutelar dos princípios básicos existentes em todos os Estados, onde há leis proibitivas e rigorosamente obrigatórias.

ou atos oriundos do estrangeiro, que contrariassem normas constitucionais ou de ordem pública, do Estado receptor[386]. Já o Direito Convencional, posto em prática diante do Continente europeu, expressava a ordem pública nas seguintes Convenções: Benelux, art. 26; Haia, na Lei Nacional e Lei do Domicílio de 1955; Haia, na Compra e Venda Internacional de Bens Móveis de 1955 e 1958; dentre outras.

Histórico Brasileiro da Ordem Pública e o Artigo 17 da Lei de Introdução ao Código Civil

Porém, antes de se comentar propriamente a questão de fundo, tenho a obrigação de tecer algumas considerações sobre a denominação da Lei de Introdução ao Código Civil brasileiro, sem que com isso se pretenda esgotar o tema tão vasto. A denominada *Lei de Introdução ao Código Civil* (LICC) não deveria ser chamada por este nome pomposo, pois, não é uma *"lei de introdução ao Diploma civil"* propriamente dita, assemelha-se mais a um *"pequeno código"* que abriga, também, normas de *direito internacional*. É uma lei especial, com caráter introdutório, mas com uma abrangência muito maior do que o "título" lhe confere. Não se restringe seus efeitos e aplicação, apenas, ao *Código Civil*, pois os seus efeitos podem ser estendidos a todas as disposições legislativas referentes ao *Direito Civil, Comercial, Internacional*, etc.[387]. Sabemos que o legislador da *Introdução* antiga[388] tinha uma influência grande dos códigos civis

---

[386]. O Tratado Adicional ao Tratado de Montevidéu, de 1889, manteve o mesmo ideal.
[387]. No dizer de **Oscar Tenório** e por mim esposada: "Uma lei de introdução ao Código Civil deveria conter apenas regras de direito privado comum, ou então, para justificativa dos que a consideram lei introdutória às leis, princípios gerais sobre leis" (in: "Lei de Introdução ao Código Civil Brasileiro", Ed. Borsoi, Rio de Janeiro, segunda edição, 1955, p. 18).
[388]. Esta denominação foi um vício que os legisladores da época tentaram

francês de 1804, alemão de 1900 e italiano de 1865, seguindo mais a orientação deste último, ou seja, adotando-se uma legislação de codificação introdutória autônoma. Por tradição, ficou esta *Introdução* e a atual Lei de Introdução ao Código Civil brasileiro, ligada intimamente ao *Código Civil*, apesar do alerta de *Clóvis* que dizia textualmente que a *Introdução* não fazia parte do *Código Civil*[389]. Realmente, utilizar o nome de Introdução ou Lei de Introdução, não é o termo exato para ser tratado no bojo da Lei de Introdução ao Código Civil. Ou seja, desde 1916, é designada uma lei com nome *errado*, para tratar de assuntos diversos. Apesar de ser "adotada" a sistemática da lei italiana, que se denomina: *"disposizioni sulla legge in generale"*, com 31 artigos, o *"Projeto Beviláqua"*, concernente ao tema, foi batizado de *"Introdução"*. Mais tarde, com sua revisão em 4/9/42, seguiu-se a orientação, com o intuito de que se

---

copiar de outros Códigos Civis, em especial da legislação francesa, italiana e alemã. A Introdução está intimamente ligada à formação do Código Civil. A Constituição do Império de 1824, no inciso XVIII, do artigo 179, ditava que deveria ser organizado "quanto antes, um Código Civil...". Por ocasião da entrega ao Instituto da Ordem dos Advogados Brasileiros, em 1845, da "Revisão Geral e Codificação das Leis Civis e do Processo, no Brasil", realizado pelo **Barão de Penedo, Dr. Francisco Inácio de Carvalho Moreira**, teve início um movimento para se realizar uma codificação civil própria, aglutinando e reformando a legislação já existente, desprezando a utilização do Digesto Português, de **Correa Teles**. Passando pela "Consolidação" e pelo "Esboço" de **Teixeira de Freitas**; passando pelo "Projeto" de **Coelho Rodrigues e Felicio dos Santos**, até o convite de **Epitácio Pessoa** a **Clovis Beviláqua**, em 25 de janeiro de 1899, para a elaboração do "Projeto de Código Civil", que efetivou-se só em 1916, muito se ganhou e se perdeu. A maior lástima foi não ter se adotado as idéias de **Teixeira de Freitas**, em especial a sistemática adotada pelos franceses em 1804, inserida no seu "Esboço", no tocante à Lei Introdutória.
389. "A Introdução do Código Civil não é uma parte componente do mesmo; é, por assim dizer, uma lei anexa, que se publica, juntamente como o Código, para facilitar a sua aplicação. Os seus dispositivos compreendem matéria de direito público, de hermenêutica e de direito internacional privado", in: "Código Civil dos Estados Unidos do Brasil", Ed. Oficinas Gráficas da Livraria Francisco Alves, Rio de Janeiro, 1917, vol. 1, pág. 69.

adota para "título" a denominação parecida com a adotada pela lei alemã: *"einführungsgesetz zum bürgerlichn gesetzbuche"* (Lei de Introdução ao Código Civil — lei com 218 artigos).

Esta Lei de Introdução ao Código Civil era primitivamente dividida em duas partes: I) Disposições Gerais e II-) Disposições Relativas ao Direito Internacional Privado. A Comissão Revisora substituiu toda esta designação e subdivisão por *"Título Preliminar"*, sendo depois tal denominação impugnada pela *Comissão dos Vinte e Um* (como era chamada), na Câmara dos Deputados, comandada por **Coelho Rodrigues**, oferecendo uma emenda, substituindo tal expressão por *"Lei Preliminar"*, contudo no Senado[390] tal "Lei Preliminar" passou a ter a designação de *"Introdução"*, com a devida aprovação da Câmara[391]. Na verdade eles se recusaram a colocar *"Introdução ao Código Civil"*, ou seja, não colocaram a expressão *"Código Civil"*, tendo em vista que esta lei não fazia parte do corpo do Diploma Civil. O erro aconteceu na revisão de 1942. Os projetos primitivos desta lei eram mais liberais e modernos para a época, mas sofreram várias restrições e reformas, pela mencionada Comissão dos Vinte-Um, onde **Andrade Figueira**, que era um oponente[392]

---

390. A Comissão revisora seguiu a orientação do "Esboço" de **Teixeira de Freitas** e do "Projeto" de **Felício dos Santos**, orientação essa trazida do Código Napoleônico. Já no Congresso, os deputados adotaram a designação de "lei preliminar", como estava publicado no "Projeto" de **Coelho Rodrigues**. Mas foi no Senado, onde ocorreu a separação em lei autônoma e com o título final de "Introdução".

391. Vide "Diário do Congresso", de 10 de abril de 1913, 3º suplemento, p. 15.

392. Até mesmo **Clóvis Beviláqua** reconhecia tal fato, ao fazer este comentário quando se estava tratando justamente do art. 17 da "Introdução": "Sr. Presidente, tenho diante de mim um adversário formidável! Engrandecido pelo prestígio, que lhe dá o caráter de representante, e o mais enérgico e o mais vibrante, de uma raça de políticos, que supõe possuir cabedais de experiência dos quais nós nem siquer podemos suspeitar; enriquecido pelas lutas parlamen-

de peso contra algumas idéias de **Clovis Beviláqua**, apresentou um projeto de 14 artigos; e sobre este projeto foi apresentado outro de lavra de **Azevedo Marques**, com 17 artigos, que sepultaram os moldes amplos concebidos por **Beviláqua**, que originalmente apresentou uma "Introdução", com 42 artigos[393].

Infelizmente não se adotou a orientação mais moderna, para efeitos do contido nas leis de introdução ao código civil, como o estabelecido no *"Esboço Teixeira de Freitas"*. O que se predominou nos *"Projetos"* de **Coelho Rodrigues, Felício dos Santos** e **Clóvis Beviláqua**, foi a adoção do sistema italiano. Aliás, a *"ata de reunião inaugural"*, de 13

---

tares e jornalísticas, onde a sua palavra tem sido sempre uma clave terrível a cair esmagadoramente sobre as coisas e as pessoas de nosso país; aureolado por uma ilustração, que passa por ser das mais vastas, profundas e sólidas do Brasil; é, em verdade, o Exmo. Sr. Dr. Andrade Figueira um adversário formidável, e eu não tenho para opor aos rudes golpes de sua crítica implacável mais do que ligeiras observações que ocorrem ao espírito timorato de quem é o primeiro a reconhecer a sua própria insuficiência. Felizmente, as nuvens que se acastelharam, tenebrosas, no horizonte se formam esgarçando, através delas coou-se um raio de sol, e pude verificar que o adversário impiedoso, que a minha timidez havia já vislumbrado, não era mais do que um aliado que nos vinha trazer conselhos, que podiam revestir fórma um tanto áspera às vezes, mas se que isso, todavia, viesse prejudicar o mérito dos conselhos" (In: "Código Civil Brasileiro — Trabalhos Relativos à sua Elaboração", vol. III, Rio de Janeiro, Imprensa Nacional, 1919, pp. 75 e 76). Na verdade **Andrade Figueira** e **Azevedo Marques** eram profundos conhecedores do Direito Internacional Privado, representando o Brasil em alguns encontros no exterior e firmando atos internacionais como plenipotenciários, apesar de que **Clóvis Beviláqua**, ter sido consultor jurídico do Ministério das Relações Exteriores e membro da Corte Permanente de Arbitragem. **Andrade Figueira**, inclusive era um profundo conhecedor da obra de **Savigny** e amigo de muitos jusinternacionalistas europeus.

393. Era sem dúvida um projeto completo e sistemático, contudo a Comissão houve por bem refundir alguns artigos, retirar outros, dando assim uma melhor forma com tal lapidação, que respeitou a idéia central do projeto de "Introdução". Considerando o tempo/benefício, ou seja 16 anos para discutir um projeto de Diploma Civil, ora apressando os legisladores ora ocorrendo períodos de completo abandono, poderia ser realizada uma "Introdução" melhor.

de abril de 1940, da *Comissão Revisora do Código Civil*, composta pelos então professores **Philadélpho Azevedo, Hehnemann Guimarães** e **Orozimbo Nonato**, mestres estes, que modificaram a antiga *Introdução* de 1916, trazia publicado no seu terceiro e quarto parágrafos que não eram favoráveis em ligar a LICC ao Código Civil[394].

Ouso divergir da afirmação de **Serpa Lopes**[395], pois nem todos os códigos trazem este tipo de lei. Podem trazer uma exposição de motivos, mas não é uma regra a adoção de leis introdutórias[396]. Além do quê, tal introdução ou mesmo outras leis similares não são "absolutamente necessárias", como afirma o brilhante mestre, porquanto o *Código Civil*, no caso, poderia sobreviver sem estar ligado à atual LICC. O próprio **Clóvis Beviláqua** comenta que a *Introdução* tem numeração distinta, para indicar a diversidade da matéria e "acentuar quem se a ele está ligada e se o domina, com ele não forma um todo homogêneo, podendo ser modificada, permanecendo íntegro o articulado do código, do mesmo modo que as alterações deste se não refletem sobre ela"[397].

---

394. "Das reuniões anteriores resultou a elaboração de um anteprojeto já entregue ao Excelentíssimo Senhor Ministro da Justiça relativo à Lei de Introdução ao Código Civil, que, aliás, no entender da Comissão, não deve continuar a fazer parte do mesmo Código, com o qual não guarda ligação necessária."
395. O brilhante **Miguel Maria de Serpa Lopes** afirma que: "Embora sob denominações diversas, todos os Códigos são, geralmente, acompanhados de um aglomerado de regras preliminares que, sem constituírem parte integrante do seu organismo, contudo formam uma espécie de cobertura, absolutamente necessária para a sua própria aplicação e que lhes ficam apensadas como um mecanismo regulador de todos os seus movimentos", in: "Lei de Introdução ao Código Civil", Ed. Livraria Editora Freitas Bastos, São Paulo, 1943, vol. 1, p. 7.
396. O legislador da década de quarenta estava predisposto a dar o nome de "Lei de Introdução", a tudo que tinha que revisar, vide o exemplo da "Lei de Introdução ao Código de Processo Penal" (Dec.-Lei 3.931, de 11/12/41), sendo esta, contudo, uma verdadeira Introdução.
397. Op. cit., p. 69.

Mesmo com designação *errada* e/ou com deformidade e vício legislativo, a LICC está aí para ser utilizada, mas estranhamente ela é pouco discutida ou aplicada. Tal LICC trata sobre a publicação, aplicação e interpretação de lei em geral, não referindo especialmente ao *Código Civil*, pois trata de normas de direito público e privado. Apenas para se ter uma idéia, dos 19 artigos da atual LICC, os seis primeiros trazem normas de *Direito Público* e não matéria de *Direito Civil*, propriamente dita. Já os artigos 7° ao 19°, tratam de normas concernentes ao *Direito Internacional Privado*, com alguns apontamentos sobre competência processual e solução dos conflitos de leis no espaço. Mais uma vez, trata-se de matéria diversa ao *Direito Civil*. Para o mestre italiano **Ferrara**, o título de *"vestibolo del codice"* é *"quasi un corpo di leggi della leggi"*[398].

Voltando ao tema da ordem pública, o Decreto 6.892, de 27 de julho de 1878[399], ao tratar da sentença estrangeira[400], já mencionava a ordem pública nas decisões contrárias

---

398. In: "Trattato di Diritto Civile Italiano", vol. 1, 1921, p. 173.
399. Elaborado pelo então Conselheiro **Lafayette Rodrigues Pereira** (que mais tarde escreveu dois volumes de Direito Internacional). A limitação foi expressamente formulada em dois Diplomas: Pelo Decreto 6.892, de 27 de julho de 1878 e pela Lei 221, de 20 de novembro de 1894. Pelo Decreto citado, o seu artigo 2° dita que "Não obstante concorrerem os requisitos do artigo antecedente, as ditas sentenças não serão executadas se contiverem decisão contrária: § 1° à soberania nacional, como se, por exemplo, subtraírem algum brasileiro à competência dos tribunais do Império; § 2° às leis rigorosamente obrigatórias, fundadas em motivos de ordem pública, como são as que vedam a instituição da alma e das corporações de mão morta por herdeiros; § 3° às que regulam a organização da propriedade territorial, como são as que proíbem o estabelecimento de morgados e vínculos, a inalienabilidade perpétua; § 4° às leis da moral, como se a sentença consagrar a poligamia, ou convenções reprovadas". Pela Lei mencionada, ficou estabelecido na alínea "2", item "b", do artigo 12, que: "Pode servir de fundamento para oposição: ... 5°: conter a sentença disposição contrária à ordem pública ou ao direito público interno da União".
400. No que tange à aplicação indireta de leis alienígenas a Consolidação das Leis Civis, de **Carlos de Carvalho**, em seu artigo 25 ditou uma obrigação de aplicação de forma direta, a saber: "Em todo o caso, nenhuma disposição

à soberania nacional[401], leis em geral, religião, ordem política, econômica e a ela mesma (ordem pública[402]). Contudo, foi no artigo 5º (que mais tarde veio a se tornar o artigo 14, do Diploma Civil argentino) do *Esboço de Teixeira de Freitas* apresentado em 1860, que a ordem pública apareceu com mais relevo e com sentido novel. O pioneiro **José Antônio Pimenta Bueno** (outrossim, conhecido como *Marquês de São Vicente*) também já fazia suas alusões quanto à aplicação de leis estrangeiras[403], influenciado por *Foelix* e *Story*, ve-

---

prevalecerá contra as leis rigorosamente obrigatórias fundadas em motivos de ordem pública, as proibitivas e as da moral" (grifei).

401. Aliás deve ser ressaltado que tanto os bons costumes como a soberania são elementos formadores da ordem pública, ou seja, a soberania nacional não é um elemento independente da ordem pública, assim como os bons costumes também não os são. A ordem pública é um guarda-chuva (mais para guarda-sol), que abriga e protege todo um sistema legal. **Despagnet** ditava em seu famoso artigo publicado no Clunet de 1889, Op. cit., p. 246, que "...la notion même de l'ordre public international, quoique basée dans tous les Etats sur une même considération, le respecte de la Souveraineté territoriale...". O artigo 17 da Lei de Introdução ao Código Civil brasileiro nos dá a idéia de que a soberania nacional é um elemento que dá força motriz à ordem pública, fato esse não tão sentido quando se fala em "bons costumes". Aliás concordo com **Charles Knapp**, quando ele fala que os bons costumes para questão de ordem pública é inútil e insuficiente (a primeira, porque o conceito de ordem pública abrange o de bons costumes; e a segunda, porque a ordem pública abrange uma multitude de princípios, dos quais os bons costumes constituem apenas um deles — in: "La Notion de L'Ordre Public dans les Conflits de Lois", p. 83).

402. No seu § 2º, ditava que tais sentenças não poderiam ser homologadas ou executadas em território brasileiro se contivessem decisão "contrária às leis rigorosamente obrigatórias, fundadas em motivos de ordem pública, como são as que vedam a instituição da alma e das corporações de mão-morta, por herdeiras" (sic).

403. Em sua obra: "Direito Internacional Privado e Applicação de seus Princípios com referencia às Leis Particulares do Brazil", Rio de Janeiro, Ed. J. Villeneuve, 1893, p. 24, item 29, números 6 e 7, dispunha que: "O Systema dos estatutos, posto que favoreça muito as relações internacionaes do direito privado, em nada prejudica as instituições ou segurança do paiz. Elle respeita os attributos de todas as soberanias, e consequentemente delle se deduzem as seguintes normas: ... Desde que a applicação da lei estrangeira é expressamente prohibida, seria um crime attendê-la ... Ella é virutalmente prohibida, desde

dando sua aplicação quando era proibida *expressamente* ou *"virtualmente"* proibida. Já o *Projeto Nabuco*, influenciado por **Mancini**, ditava que as leis estrangeiras eram proibidas se contrárias às leis de ordem pública[404]. O *Projeto Coelho Rodrigues*, adotando a filosofia de **Savigny**, ditava em seu artigo 17 que a lei estrangeira poderia ser barrada, se fosse contrária aos "princípios constitutivos da unidade da família e da igualdade civil ou da lei federal, positiva e absoluta" (sic).

No Código Comercial brasileiro de 1850, o artigo 129, inciso II, considerava nulo todo contrato que recaísse sobre objeto proibido por lei, ou cujo uso ou fim fosse manifestamente contrário à moral e bons costumes (para alguns, esta interpretação representaria a ordem pública interna). Outros textos dispunham sobre a questão da ordem pública no Direito Internacional Privado, como para a questão de homologação de sentenças estrangeiras a Lei 2.615 de 1875, dispunha que não se homologaria sentença estrangeira contrária à lei (*lex fori*) rigorosamente obrigatória, fundada em motivo de ordem pública. No mesmo sentido e teor similar, encontrava-se a Lei 221, de 20 de novembro de 1894 (que

---

que offende as leis do Estado, suas instituições, sua moral, ou os direitos ou interesses legitimos dos seus subditos" (sic). Vide nesta obra, também, o contido nos números 142 e 145.

404. Texto completo do art. 61: "As leis, os julgamentos, os atos e contratos havidos em País estrangeiro, em nenhum caso valerão no Império, sendo contrários às leis de ordem pública, ou ao direito público do Brasil, ou às suas leis proibitivas". Acredito que na verdade a doutrina de **Mancini** influenciou esta questão de ordem pública, ainda mais quando ele e **Asser** apresentaram o seu já festejado "Relatório Preliminar" diante do Instituto de Direito Internacional, em 1874, em Genova ("as leis pessoais do estrangeiro não podem ser reconhecidas, nem ter efeito no território submetido a outras soberanias, se elas estão em oposição com o direito público e a ordem pública"). **Clóvis Beviláqua** considerava tal relatório o "catecismo da escola italiana" (vide nota de rodapé 403, p. 417, do vol. I, da obra "Manual do Código Civil Brasileiro — Introdução — Parte Segunda — Direito Internacional Privado", escrito por **Rodrigo Octavio**.

completou a organização da Justiça Federal), que dispunha que não seria executada sentença estrangeira que contivesse decisão contrária à lei rigorosamente obrigatória, fundada em motivo de ordem pública[405]. Não se tratou na época, nem mesmo agora, sobre as sentenças oriundas de um Tribunal Arbitral ou de uma Corte Internacional de Arbitragem, que fossem contrárias a ordem pública. *Eu entendo que se tais sentenças ou laudos arbitrais ferirem a ordem pública do local onde serão executadas e/ou exaradas (se ferirem leis rigorosamente obrigatórias, por exemplo), não podem surtir efeitos na prática.* Há autores que doutrinam que o árbitro deveria declarar-se impedido, quando a matéria que lhe é submetida afete a ordem pública. Um exemplo claro disso foi o exarado pelo árbitro **Panchaud**, que ditou que na medida em que depende da ordem pública um litígio, este não é suscetível de arbitragem, escapando da competência de qualquer árbitro[406]. A oposição veio com **Goldman**[407], que afirmou que os árbitros estão impedidos de elaborar laudos ou sentenças ferindo a ordem pública, como em casos de genocídio, *ius cogens* internacional, Direito Natural, etc. *Ou seja, ao meu pensar, o árbitro pode atuar em casos que surja a ordem pública, contudo, deve afastar a utilização de Direito estrangeiro quando este está relacionado diretamente com a questão de ordem pública, e vou mais longe, com qualquer questão que fira uma lei de caráter imperativo.*

Estes textos e tentativas de elaborar um Diploma refletiram no trabalho elaborado por **Clóvis Beviláqua**. O *Projeto*

---

405. Na verdade em seu artigo 12, § 4°, alínea "b", n° 5, ela apenas mencionava "da disposição contrária á ordem publica ou ao direito publico interno da União" (sic).

406. Caso Majzesz Lubelski v. Etat du Burundi, com sentença arbitral exarada em 30/10/68, com extrato publicado no Clunet de 1974, p. 915.

407. Vide outros exemplos no curso dado em Haia por **B. Goldman**, estampado no Recueil des Cours, 1963, vol. 109, p. 436 e na obra de **J. Lew** ("Le Contrat Économique International"), p. 166.

Felício dos Santos já se referia à ordem pública no seu artigo 45[408], onde dizia expressamente em caráter geral "...*contrárias às leis proibitivas do Império ou de interesse e ordem pública*"; e igualmente no artigo 60, repetindo o mesmo texto; contudo, para questões de convenções particulares. No *Projeto Beviláqua*, encontramos menção sobre a ordem pública nos artigos 6, 17 e 18. Como já dito, os legisladores[409] interferiram sobre maneira e fundiram os textos separados por **Beviláqua**, com o intuito de evitar repetições da expressão ordem pública, como ocorrera na Itália, tendo como exemplo o artigo 12, da lei italiana[410]. Sobre este artigo e tema, vale a pena transcrever parte da "alta discussão", mantida no Congresso Nacional brasileiro, na época da aprovação do Diploma Civil, mais precisamente sobre a questão

---

408. Texto completo: "Não obstante as disposições dos artigos precedentes, as leis, os julgamentos, os atos e contratos, havidos em País estrangeiro, em nenhum caso valerão no Brasil, sendo contrários às leis proibitivas do império ou interesse e ordem pública".
409. Comissão Especial da Câmara (chamada de Comissão dos 21) seguiu a orientação e sugestão dada pelo Professor **Azevedo Marques**. O parecer de tal Professor, que tornava quase que impossível a aplicação da lei estrangeira no Brasil, ditava que: "A regra de não procederem as convenções das partes derrogar as leis que regulam a constituição da família, ou as que interessam à ordem pública e aos bons costumes, deve ser mais genérica e consignada em um só artigo, que também compreenda as outras hipóteses previstas nos arts. 15, 16 e 34, letra "a" evitar-se-ão desse modo as repetições notadas nos citados artigos em detrimento da clareza e da estética. Foi como procedeu o Código Italiano, que no artigo 12 das disposições preliminares, disse tudo. Proponho, pois, que se adote, como último artigo deste título, o seguinte: Não obstante as disposições dos artigos precedentes, em nenhum caso aos atos, os direitos, as convenções particulares e as sentenças ocorridas ou adquiridos no Brasil ou nos países estrangeiros, bem como as leis destes últimos, poderão derrogar as leis proibitivas, ou quaisquer outras, brasileiras, concernentes à soberania nacional, às pessoas, à constituição da família, aos bens, à ordem pública, e aos bons costumes" (grifei), in: "Código Civil Brasileiro — Trabalhos Relativos à sua Elaboração", vol. III, Rio de Janeiro, Imprensa Nacional, 1918, p. 765.
410. Este era o intuito contido na revisão feita por **Azevedo Marques**, que foi posteriormente revista e abrandada por **Andrade Figueira**.

da ordem pública, no intuito de descobrir qual era o verdadeiro sentido do legislador. Resolvi trazer trechos dos debates, em anexo, apesar de longos; servem como meio ilustratório e com um valor sem igual, tendo em vista que toda a discussão não foi lida e sim falada de supetão. Este texto é pouco conhecido no meio jurídico em especial nos livros de Direito Internacional Privado[411].

Valladão lembra que, "apesar de justamente combatida por *Beviláqua*, essa confusão de ordem pública interna e no Direito Internacional Privado vingou afinal emenda de *Andrade Figueira*, mais radical, pois praticamente traduziu o art. 12 da lei italiana com ligeira alteração para prever ainda, ali, as duas ordens públicas, dando à ordem pública função limitadora das leis, atos, sentenças de um país estrangeiro e das disposições e convenções particulares. E passou a ser texto do art. 17 da Introdução. E da atual Lei de Introdução"[412].

Cabe ressaltar que como era de costume copiar leis/direito, o legislador brasileiro copiou o artigo 12 da lei italiana, sem se questionar mais atentamente do que estava sendo proposto. Um dos doutrinadores mais célebres da Itália, *Pasquale Fiore*[413], lembra que tal artigo 12 era uma lástima e que só foi redigido intencionalmente daquela forma vaga,

---

411. Há passagens memoráveis e altas citações de grandes doutrinadores da época (1900). Tratam **Pillet** como um dotrinador jovem, simpático e de idéias revigorantes; há discussões acaloradas, como por exemplo na parte da discussão sobre domicílio, a saber: **Andrade Figueira**: "Teixeira de Freitas seguiu o princípio do domicílio. Esta lei do domicílio confunde-se muitas vezes com a da nacionalidade". Ao que **Clóvis Beviláqua** respondeu: "Digo a Vossa Excelência e muitos outros brasileiros notáveis, com exceção de Teixeira de Freitas e de alguns outros". Que rancor!
412. Op. cit., p. 480.
413. In: "Derecho Internacional Privado u Princípios para Resolver los Conflictos entre las Leyes Civiles, Comerciales, Judiciales y Penales de los Diversos Estados", tradução do italiano para o espanhol, realizada por **Alejo Garcia Moreno**, com prólogo de **Vicente Romero y Giron**, 2ª ed., Ed. F. Góngora, Madri, 1889, p. 314, vol. 1.

tendo em vista a reforma legislativa realizada na época. Aliás, o legislador da época deixava à magistratura a missão que lhe cabia. Ditava aquele internacionalista que: "La regla sancionada por el legislador italiano no es en realidad más precisa ni está mejor determinada... Esta forma en que está redactado el art. 12 de las disposiciones generales, ha sido considerada como vaga é inserta por todos los jurisconsultos italianos. Lo único que se puede decir para explicar la cosa es que, habiendo el legislador italiano sancionado la más atrevida reforma legislativa, y no pudiendo el mismo prever las consecuencias que debían derivarse de ellas en la práctica, sancionó de propósito la excepción de un modo amplio y no bien determinado, para dejar así á la magistratura ancho campo para salvar y proteger nuestras instituciones, el derecho social y todo lo que interesaba conservar, y no debía derogarse mediante la aplicación de leyes extranjeras".

Este texto acima é do século XIX. Será que o legislador brasileiro, tampouco, **Clóvis Beviláqua** se ateve a tal alerta?! Ou será que o tema é tão espinhoso, que era melhor copiar mesmo?! Pela leitura atenta do Anexo acostado ao final deste trabalho, chega-se à conclusão de que foi comodismo mesmo, porquanto, eles eram sabedores das críticas oriundas da doutrina italiana, quanto ao texto do mencionado artigo 12, mesmo assim, veio a cópia sem nenhum aprimoramento.

Nota-se, enfim, que a ordem pública brasileira, que faz parte da base da pirâmide com mais duas outras fontes (soberania nacional e bons costumes), institutos esses que foram instituídos por **Lafayette** na mencionada legislação sobre execução de sentença estrangeira, pode ser modificada, alterada e acomodada a princípios coesos, ou seja, princípios contemporâneos, no tocante ao que se entende por ordem pública, ditados pelo Poder Judiciário, mais especificamente pela Jurisprudência; ou até mesmo pelo Poder Legislativo e em certos casos escassos, pelo costume, ou ainda, em menor escala, pela *lex mercatoria*.

A ordem pública contida expressamente no artigo 17, da Lei de Introdução ao Código Civil brasileiro, tem um caráter de barrar a aplicação de forma direta ou indireta, ou seja, a aplicação direta refere-se a leis estrangeiras, enquanto a aplicação de forma indireta refere-se a sentenças e/ou atos alienígenas. Esta aplicação indireta traz uma conseqüência estampada em vários julgados (verificados no Direito Comparado e no Nacional), que flexibiliza a matéria tratada, ou seja, vamos utilizar o exemplo clássico: Quando o divórcio é proibido pela *lex fori*, a ordem pública barra qualquer intuito de se aplicar tal legislação estrangeira que o admita, contudo, ela não barra os efeitos oriundos deste mesmo divórcio, como também não se nega alimentos para prole oriunda de casamento poligâmico (de cunho religioso, geralmente muçulmano), ou mesmo incestuoso, realizado em outro Estado que aceita legalmente tal situação[414]. Estes exemplos ilustram ainda mais o caráter de excepcionalidade da ordem pública (se ela fosse rígida, não poderia ser mais branda, aceitando tais efeitos). Além do mais, ela aceita a questão dos direitos adquiridos no exterior, como forma de aplicação do sentimento de Justiça e eqüidade. Nossa jurisprudência, assim como faz a jurisprudência comparada, reconhece até mesmo efeitos parciais do ato ou fato praticado ou até mesmo da lei alienígena, desde que tais efeitos sejam próximos aos aplicados já anteriormente no foro.

*Eu entendo que o mencionado artigo 17 não fala expressamente da ordem pública interna e internacional. A confusão foi gerada com a cópia e fusão de preceitos contidos em legislação estrangeira (imagine só), não tendo havido uma reflexão mais apurada tecnicamente sobre a questão. Tanto o texto anterior (disposições e convenções particulares) assim como o atual (quaisquer declarações de vontade) dizem respeito a avenças realizadas fora do território brasileiro, com algum elemento de conexão que suporte a aplicação do Direito Internacional Privado nacional. Apesar desta observação não ter nada de especial, levando-se em

---

[414]. Vide neste sentido, **Haroldo Valladão**, Op. cit., p. 483.

conta que regras de Direito Internacional Privado são aplicadas pelo artigo 7º em diante, da Lei de Introdução ao Código Civil brasileiro, a doutrina pátria ainda faz confusão[415].

Como já assinalado neste trabalho, a ordem pública não pode ser considerada em dois segmentos distintos, quais sejam: ordem pública interna e ordem pública internacional. Como já ressaltado, só existe uma ordem pública. Porém, esta ordem pública tem um certo padrão reconhecido pela Sociedade Internacional, com características nacionais, de mobilidade e excepcionalidade, que podem variar de Estado para Estado ou de época para época, contudo, ficam sempre dentro destas três grandes áreas, a saber: I) **Nacionalidade** e sua **Intensidade de Conexão** (p.259-261); II) **Temporariedade** (p.262-266) e III) **Caráter Excepcional** (p.266-267). Estes temas serão abordados isoladamente mais adiante, antes disso tecerei comentários breves sobre a sua **natureza jurídica**, sua **definição** e sua **contemporaneidade**.

Da Natureza Jurídica da Ordem Pública

Muitos autores clássicos, como **Savigny**, **Mancini**, **von Bar**, **Surville** e **Diena**, doutrinavam que a ordem pública é uma limitação ou exceção ao princípio geral da eficácia das leis estrangeiras dentro de um determinado Estado, aliás, como doutrinavam outros autores clássicos, é a constatação da falta de comunidade jurídica entre dois ou vários países interessados, em relação a tal ou qual Direito[416]. *Entendo que é um conjunto mixado de posturas jurídicas (normais ou de exceção) e posturas morais*[417] (nem sempre

---

415. Com exceção do atento **Dolinger** em sua tese, Op. cit., p. 86.
416. **Pillet-Niboyet**, in: "Manuel", Op. cit., p. 409.
417. Ou seja, posturas que assegurem o respeito de uma exigência social fundamental, para o Estado que irá aplicar um Direito de outro foro alienígena.

nesta mesma ordem), adotadas por um Estado, com função negativa, ou seja, este conjunto[418] serve de filtro, restrição e até mesmo como um impedimento à aplicação do Direito de outro foro alienígena, neste Estado, que se socorre do instituto da ordem pública, mesmo que este Direito alienígena seja competente e esteja em vigor, segundo o seu Direito Internacional Privado.

Há de se reconhecer o caráter imperativo das leis de ordem pública. No dizer de **Frankenstein**, este conjunto representa disposições de ordem pública absoluta (*Absolute Vorbehalte*). Esta minha ótica é mais abrangente do que a difundida por **Laurent**, que para este eminente jurista a ordem pública representa não um simples limite, mas, sim, um conjunto de normas em simultânea competência com as restantes. *Mister que se tenha em relevo que quando um Estado entende ser uma determinada lei estrangeira, competente para ser aplicada a um determinado fato ou um negócio jurídico, contudo, em nome da ordem pública determina a não aplicação daquela norma alienígena, não quer dizer que esta norma perde o seu elemento de conexão. O que acontece, que naquele momento a ordem pública entende que tal norma entra em choque direto com uma norma imperativa oriunda da lex fori, porém, esta determinação pode mudar com o decorrer do tempo, podendo tal lei alienígena ser aplicada num futuro (os valores éticos-jurídicos em princípio, não são imutáveis, como demonstra na prática).* Barrar pela exceção da ordem pública a eficácia ou efeitos irradiantes de uma norma alienígena pela *lex fori* não quer dizer que tal norma seja nula, ou que a magistratura do Estado que iria recepcionar tal norma possa anular tal efeito

---

418. Em certas ocasiões, é bom ressaltar que o juiz ao aplicar norma de ordem pública para afastar norma de Direito Internacional Privado ou Público o faz valorando comparativamente o Direito Interno com o Direito Internacional, mas nem sempre consegue fazer justiça, pela pouca prática neste tipo de conflito, cabendo ao advogado a responsabilidade de mostrar a ele qual o caminho justo e correto a seguir.

que ela produz. O que se busca é impedir (no todo ou em parte) a sua eficácia naquele momento processual.

Apenas a título de exemplo, entende o *Supremo Tribunal Federal* brasileiro em quatro de seus arestos, que fere a ordem pública: I-) Sentença Estrangeira (SE-2520), relator: Ministro **Antonio Neder**, julgamento: 20/6/1980, Primeira Turma, publicação: SE vol. 4-01, pg-00082, Diário da Justiça da União de 5-8-80, pg-05.575, RTJ 94/1022, ementa: 1 Sentença que, proferida em 1971 no Chile, anulou o casamento de argentino com chilena, celebrado naquele país em 1945. Caso em que o varão tem domicílio no Brasil, a mulher se acha em lugar ignorado e em que o fundamento da sentença é o da incompetência do oficial do registro civil que funcionou no procedimento de habilitação dos nubentes. Ofensa manifesta da ordem pública brasileira, que não permite se anule casamento pela referida causa. 2 Direito internacional privado brasileiro sobre a matéria. 3 Ação homologatória improcedente;

II-) Sentença Estrangeira, relator: Ministro **Antonio Neder**, julgamento: 26/1/1981, publicação: SE vol. 6-01, pg-131, *Diário da Justiça da União* de 5-2-81, pg-00462, RTJ 98/44, ementa: 1 Sentença estrangeira proferida contra demandado que tem seu domicílio no Brasil. 2 Caso em que não se procedeu a citação do réu na jurisdição brasileira por meio de rogatória e sim por meio de um expediente produzido no consulado que o país estrangeiro mantém no Brasil. 3 Inadmissibilidade, na espécie, de tal expediente. 4 Ofensa manifesta a ordem pública brasileira. 5 Ação homologatória improcedente. Resultado: Improcedente. Veja SE-2227, RTJ 74/336 e SE-2476, RTJ 92/1077;

III-) Sentença Estrangeira (SE-4125), relator: Ministro **Célio Borja**, julgamento: 12/9/1990, Tribunal Pleno, publicação: *Diário da Justiça da União* de 9-11-90, pg-12.755, ementa: Sentença Estrangeira. Divórcio. Irregularidade da revelia decretada pelo juízo estrangeiro. Matéria de direito e de ordem pública, o que torna ocioso discutir eventual intempestividade da contestação apresentada ao pedido de homologação. Inadmissibilidade de proceder-se a citação da ré — residente no Brasil — por meio outro que não a carta rogatória, segundo resulta das normas jurídicas em vigor no nosso país. Precedentes do *Supremo Tribunal Federal*. Indeferimento do pedido de homologação da sentença estrangeira, comunicando-se, ao órgão disciplinar competente, os fatos relacionados ao procedimento de citação. Votação unânime. Resultado: indeferida e,

IV-) Sentença Estrangeira 2912 (RTJ 109/30), Min. *Néri da Silveira*. Ementa: Sentença Estrangeira. Homologação. Sentença Estrangeira que teve por exeqüível decisão arbitral. Sua homologabilidade, em princípio, no Brasil. Precedente na Sentença Estrangeira nº 2178 (RTJ 92/515 e 91/48). Regimento Interno do *Supremo Tribunal Federal*, art. 217. Requisitos a homologação de Sentença Estrangeira. Sentença que se há de ter por suficientemente motivada. Requerido domiciliado no Brasil. Lei de Introdução ao Código Civil, art. 12. Competência relativa. Se as partes acordaram solver, por meio de arbitragem, em praça estrangeira, as questões que se apresentassem na execução do contrato, não cabe alegar o Requerido, incompetência do *Tribunal Estrangeiro* competente, que homologou a decisão arbitral. É, entretanto, princípio de ordem pública, no Brasil, seja o réu, conhecida sua residência, diretamente, citado no país, para responder a ação, perante a justiça estrangeira, constituindo a citação valida, dessa sorte, requisito indispensável à homologação da sentença alienígena. A citação deve ser feita, mediante carta rogatória, após obtido o *exequatur* do presidente do *Supremo Tribunal Federal*. No caso, não houve citação da requerida, mediante carta rogatória, nem compareceu ela, voluntariamente, ao juízo estrangeiro. Não afastaria o vício da falta de citação, sequer, o fato alegado, pela requerente, segundo o qual a requerida não ignorava a existência da decisão arbitral. Transito em julgado da decisão estrangeira homologada, não regularmente comprovado. Sentença Estrangeira, cujo pedido de homologação se indefere, por falta de citação regular da requerida, mediante carta rogatória, e porque não comprovado, suficientemente, seu trânsito em julgado (Regimento Interno do *Supremo Tribunal Federal*, art. 217, II e III). Votação unânime. Resultado indeferido[419].

Há que se recordar que a não aplicação de Direito estrangeiro está intimamente vinculada a questão temporal, ou seja, pode no caso o *Supremo Tribunal Federal* entender de uma forma numa determinada época e em outra ser mais flexível, sem que a questão de fundo tenha sofrido qualquer alteração ou influência externa. Exemplifica-se: Entendia aquela mais alta Corte que havia uma competência absoluta, portanto, questão de ordem pública (entendeu-se que havia o ferimento dos artigos 89, inciso II, 121 e 1.124 do Diploma Processual Civil; além dos artigos 7º, 31 e 40, da Lei 6.515/77), no tocante à partilha de bens situados no Brasil, fosse por *"causa mortis"* ou por *"inter vivos"*. Diante deste fato, negava-se a homologação de Sentença Estrangeira[420]. Este Acórdão foi exarado em 1980, contudo, em 1984 dita Corte dá entendimento mais elástico, no sentido de reconhecer que não seria de se estender, à partilha *inter vivos* de bens situados no Brasil, o princípio da competência exclusiva previsto na legislação processual, relativamente à partilha por causa de morte[421]. Conforme o exarado na Sentença Estrangeira 2.885-Israel, de 1987, estampada na RTJ 121/459, não haverá nenhum óbice por parte do *Supremo Tribunal Federal* em homologar Sentença Estrangeira que cuida de imóvel sito no Brasil, devendo os requerentes, finda a devida ação de homologatória, submetê-la ao R. Juízo brasileiro competente, com o fito de produzir os efeitos legais pertinentes.

---

419. Veja neste sentido SE-2178, in RTJ 92/515; e, SE-2178, in RTJ 91/48.
420. Vide neste sentido, Acórdão estampado na RTJ 97/69.
421. Neste sentido vide obra de **Hermes Marcelo Huck**, "Sentença Estrangeira e Lex mercatoria — Horizontes e Fronteiras do Comércio Internacional", Ed. Saraiva, São Paulo, 1994, pp. 16-17.

Como acima exemplificado, a citação deveria ocorrer por carta rogatória, contudo, hoje no Brasil em matéria de arbitragem com o advento da Lei 9.307/96 a coisa mudou. Entende, agora, que a sentença arbitral estrangeira será reconhecida ou executada em solo brasileiro, de conformidade com os tratados internacionais com eficácia no ordenamento interno, não explicando bem o termo eficácia, ou seja, a Convenção de Viena sobre Direito dos Tratados não foi ratificada pelo governo brasileiro; contudo, ela é aceita e utilizada no dia-a-dia diplomático. Será que por não ser ratificada ou ser recepcionada em nossa legislação deixa de ser eficaz? Acredito que não. Na ausência de ato internacional, lembrando sempre que o Brasil, depois de um longo e tenebroso inverno, ratificou a *Convenção Interamericana sobre Arbitragem Comercial Internacional* (Panamá-1974), pelo Decreto Legislativo 90, de 6.6.95, será aplicado o entendimento da *lex fori* especial (Lei de Arbitragem brasileira). Além disso, ainda exige-se a homologação pelo *Supremo Tribunal Federal*[422].

Mais especificamente sobre a citação com reflexo direto da ordem pública, dita tal lei que será denegada a homologação para o reconhecimento ou execução da sentença

---

422. Ditou esta Corte Suprema que: "O Protocolo de Las Leñas (Protocolo de Cooperação e Assistência Jurisdicional em Matéria Civil, Comercial, Trabalhista, Administrativa entre os Estados do Mercosul) não afetou a exigência de que qualquer Sentença Estrangeira — à qual é de equivaler-se a decisão interlocutória concessiva de medida cautelar — para tornar-se exeqüível no Brasil, há de ser previamente submetida à homologação do STF, o que obsta à admissão de seu reconhecimento incidente no foro brasileiro, pelo Juízo a que se requeira a execução; inovou, entretanto, a convenção internacional referida, ao prescrever, no art. 19, que a homologação (dito reconhecimento) de sentença provinda dos Estados-partes se faça mediante rogatória o que importa admitir a iniciativa da autoridade judiciária competente do foro de origem e que o exequatur se defira independentemente da citação do requerido, sem prejuízo da posterior manifestação do requerido, por meio de agravo à decisão concessiva ou de embargos ao seu cumprimento" (STF-Pleno: RT 742/166).

arbitral estrangeira, se o *Supremo Tribunal Federal* constatar que segundo a lei brasileira, o objeto do litígio não é suscetível de ser resolvido por arbitragem ou se a decisão ofende a ordem pública nacional, não sendo considerada ofensa a tal ordem pública, a efetivação da citação da parte residente ou domiciliada no Brasil, nos moldes da convenção de arbitragem ou da lei processual do país onde se realizou a arbitragem, admitindo-se, inclusive, a citação postal com prova inequívoca de recebimento, desde que assegure à parte brasileira tempo hábil para o exercício do direito de defesa[423]. E vai mais longe ainda, tal dispositivo legislativo, ao ditar em seu art. 40 que a denegação da homologação por vícios formais não obsta, pelo menos para a questão arbitral, que o interessado renove o pedido homologatório, uma vez sanados tais vícios. Esta é uma prova expressa que a ordem pública varia de tempos em tempos, de Estado a Estado, com variação ocorrida até mesmo dentro de um só Estado.

Como, também, mudou a questão de ordem pública, quando para laudos arbitrais admitia-se que eles fossem oriundos de um Tribunal Arbitral não judicial; contudo, teriam que passar por uma Corte estatal, para ser devidamente homologado pelo *Supremo Tribunal Federal*. Agora, pela mencionada lei brasileira de arbitragem, o laudo passou a ser sentença, mesmo exarada por Corte não estatal, sendo ainda uma não configuração de ofensa a ordem pública tal sentença arbitral, produzir entre as partes e seus sucessores, os mesmos efeitos da sentença proferida pelos órgãos do Poder Judiciário, sendo, inclusive, título executivo judicial se condenatória for[424]. Já decidiu a Suprema Corte brasileira

---

423. Referida lei arbitral, art. 39, incisos I, II e § único.
424. Art. 31 da Lei 9.307/95. Decidiu, ainda, o Superior Tribunal de Justiça que "a exemplo do que se dá em relação ao processo jurisdicionalizado, não se deve declarar a invalidade do juízo arbitral quando ele alcança o seu objetivo, não obstante a ocorrência de irregularidades formais" (RSTJ 29/544).

que "a equiparação da decisão judicial à sentença judicial, estabelecida pelo art. 31, da Lei da Arbitragem, bem como a disposição expressa contida no art. 35 autorizam a homologação, pelo *Supremo Tribunal*, do laudo arbitral estrangeiro, independentemente de prévia chancela do Poder Judiciário do país de origem"[425].

Há que se ressaltar, ainda sobre o tema de arbitragem, o contido no artigo 2º, §§ 1º e 2º, da Lei 9.307/96, que dita que se *pode* utilizar no processo arbitral qualquer Direito ou julgar pela forma da eqüidade, ou seja, *pode-se* afastar a *lex fori* aplicando regras específicas de arbitragem ou quaisquer formas de Direito estrangeiro, conquanto, não se firam os bons costumes e a ordem pública. Para que fique bem claro, antes a *lex fori* nacional utilizava a expressão *"por eqüidade"*, agora ela utiliza a expressão *"de eqüidade"*, isto quer dizer que, antes poderia ser afastada a norma vinculante, agora se pode escolher outras regras; contudo, têm que estar vinculadas à *lex fori* arbitral ou com reflexo sobre esta. Para alguns doutrinadores, esta diferença não existia anteriormente, indo contrariamente a várias decisões neste sentido contudo, hoje pouco importa.

Da Definição de Ordem Pública e sua Contemporaneidade

*Sou seguidor intransigente das sábias palavras de **A. Pillet**, que declarou certa feita que buscar a definição de ordem pública é aventurar-se sobre areia movediça[426] (já os jusinternacionalistas anglo-americanos falam que a ordem

---

425. Voto do Min. **Sepúlvida Pertence**, na Sentença Estrangeira-5.206, Espanha, AgRg conforme resumo constante do Informativo do *Supremo Tribunal Federal*, 71, de 12.5.97, p. 1.
426. Apud, **Arregui**, Op. cit., p. 477.

pública é um *"unruly horse"*[427]). O grande internacionalista e nobre Juiz da *Corte de Haia*, **Roberto Ago**, já profetizava que a ordem pública é indefinível[428], sendo impossível traduzir-se em normas, com um alcance exatamente determinado, sendo materialmente impossível que um legislador possa prever e fixar em normas particulares todas as hipóteses em que a aplicação de uma regra estrangeira em uma ordem jurídica produza um atentado indesejável aos princípios de ordem moral e social que estão afirmados. **Contudo, entendo que a ordem pública nunca assumiu, nas suas diversas matizes, uma negação*[429] do Direito Internacional em especial ao Direito Internacional Privado, justamente ao contrário, ela é uma guardiã da soberania de um Estado, instituição esta das mais preciosas para o Direito Internacional. A ordem pública não é a característica que corresponde a certas normas, senão uma noção que salvaguarda os interesses gerais dos súditos. A verdade é que realmente é materialmente impossível haver num sistema legal normas que possam prever e fixar todas as hipóteses em que há a inserção de uma regra estrangeira em uma ordem jurídica,

---

427. Apud **Verplaetse**, Op. cit., p. 306. É uma expressão meio grosseira, mas em se tratando de ordem pública, há um fundo de verdade.
428. Apesar de que muitos tentam uma definição deste verdadeiro elemento virtual, que é a ordem pública, como exemplo posso citar a definição de **Guido Fernando Silva Soares**: "... a ordem pública de um sistema jurídico, como o conjunto de normas e princípios de tal maneira inerentes a ele, que não permitem serem afastados por outros de outros sistemas. É a lei local, que se impõe de maneira absoluta, impedindo que a vontade das partes ou leis estranhas ao foro disponham sobre matéria por ela regulada de modo taxativo. Sua existência constitui princípio fundamental do sistema jurídico..." ("A Ordem Pública nos Contratos Internacionais", artigo publicado na Revista de Direito Mercantil, nº 55, Ed. Revista dos Tribunais, São Paulo, pp. 122-129). Eu só não concordo com o Professor **Guido Fernando Silva Soares**, no tocante a ele tratar a ordem pública como uma norma de ordem pública (p. 122), pois, entendo que ela não é uma norma mas sim uma instituição de exceção.
429. Trata-se de uma espécie de "negação", sem contudo, obstar o funcionamento por completo do Direito Internacional Privado.

produzindo, assim, um atentado aos princípios de ordem pública. Ora, a ordem pública, como dizia **Arellano García**[430], é um remédio que impede a aplicação da norma jurídica estrangeira competente, "pues de aplicarse, provocaría un malestar social, impediria la satisfación de una nescesidad colectiva o evitaría la obtención de un beneficio para el conglomerado".

Os ingleses são bem mais práticos e menos confusos sobre este tema, pois, como já foi doutrinado por **Dicey & Morris**, uma lei do foro que, em virtude de seu próprio texto ou de sua interpretação legal, regula os temas em questão, deve ser aplicada sem levar em conta, sequer, se o direito estrangeiro é aplicável ou não. Esta fórmula foi o que **Francescakis** chamou de *"normas de aplicação imediata"*, ou seja, existem algumas leis do foro tão importantes e imperativas e/ou com um forte princípio ou sentimento de ordem pública, que o aplicador e/ou intérprete irá aplicá-las sem discutir a questão de fundo das normas de conflito (esta aplicação foi chamada pela doutrina de "aspecto positivo da ordem pública como exceção *a priori*". *Contudo, entendo que a ordem pública apesar de ser indefinível*[431],

---

430. **Carlos Arellano García**, in: "Derecho Internacional Privado", 8ª ed., Editorial Porrúa, México, México, 1986, p. 721.
431. Até certo ponto, tendo em vista que muitos doutrinadores tentaram cristalizar aspectos de limitação à aplicação de lei estrangeira, pela ordem pública, como, aliás, faziam os autores norte-americanos e ingleses. Um exemplo claro disto reside no exemplo dado pelo Professor da Universidade da Virginia, **Minor**, que se baseia em casos já ocorridos neste sentido: There may be said to be five instances wherein it is generally considered that the municipal law of the State where the question is raised (lex fori), forbids the enforcement of a foreign law: (1) Where the enforcement of the foreign law would contravene some established and important policy of the State of the forum; (2) Where the enforcement of such foreign law would involve injustice and injury to the people of the forum; (3) Where such enforcement would contravene the canons of morality established by civilized society; (4) Where the foreign law is penal in its nature; e (5) Where the question relates to real property" (in: "Conflict of Laws", p. 9 — a cada situações iguais à estas são acompanhadas

pode-se chegar perto de um conceito (mesmo que superficial), ditando que ela não passa de um conjunto de regras com caráter principalmente de exceção de aplicação de lei alienígena, que atende às ideologias próprias de cada Estado (não se deve — em princípio — utilizar preceitos de ordem pública de outros Estados[432]), através do pensar e julgar do Judiciário, protegendo os interesses, instituições, bens e súditos do Estado em questão, afastando e não aplicando a lei estrangeira, que, em outra situação, poderia ser competente e aplicável no foro daquele Estado.

Estes interesses podem ser de ordem moral ou sóciomoral[433], que levem em conta os bons costumes de conveniência, política, econômica, etc. *Portanto, a ordem pública não pode ser engessada, pelo simples fato de que o Direito como ciência é dinâmico e sempre mutável, ajustando-se ao seu tempo.* Ao se estabelecer uma norma como de ordem pública, ou elencar várias situações como de ordem pública, tais preceitos correriam o risco de estarem velhos com o decorrer do tempo, corroendo o que se entendia como

---

de exemplos mais detalhados e casos práticos, que não se faz mister trazer à lume). Ou a relação posta por **North** e **Fawcett** e estampada na obra: "Private Internatinonal Law", pp. 145-146: (a) Where the fundamental conceptions of English justice are disregarded; (b) Where the English conceptions of marolity are infringed; (c) Where a transaction prejudices the interests of the United Kingdom or its good relations with foreign powers; e, (d) Where a foreign law or status offends the English conceptions of human liberty and freedom of action.

432. O magistrado fica obrigado no meu entender a utilizar normas, princípios e/ou preceitos de ordem pública, do seu foro e não de outro Estado, que não seja o seu. Portanto, o critério de utilização da ordem pública tem que ser restritivo e de natureza grave a ser denotada em *prima facie*.

433. **Graveson**, doutrinava que: "In conceptions of public policy and social morality obtaining within a particular community may be found the limits which are set on the principle of universal recognition, for no Court could be expected to uphold the validity of acts performed within the teriortorial limits of its jurisdiction which were presitively opposed to its own fundamental conceptions of right and wrong", (in: "Conflict of Laws", p. 90).

elemento constitutivo ou ato/fato ofensor à ordem pública.
Não entendo que a ordem pública atualmente carregue aquele estigma territorialista, onde não se aceita sequer discutir uma aplicação de qualquer norma, ato/fato ou negócio jurídico alienígena. A ordem pública coexiste em harmonia com as normas ou regras de conexão, estas funcionam como um "portal", que dá permissão de passagem para que, em outro Estado, haja a aplicação da lei estrangeira. Em geral o "porteiro" é o juiz, cuja função é interpretar e aplicar (ou não), tal norma alienígena, sendo que esta interpretação tem que ser necessariamente, coerente com o moderno e contemporâneo[434] entendimento do que deve ser a ordem pública, naquele momento específico, que na maioria das vezes é sempre mais progressista do que a *lex fori*, sem levar em conta com o que era o entendimento da ordem pública na época da ocorrência do fato/ato ou negócio jurídico, lembrando, sempre, que a ordem pública é uma exceção e não uma regra[435], pois se fosse regra seria muito

---

[434]. A contemporaneidade não é aceita por uma pequenina fatia da doutrina de Direito Internacional Privado. O cubano **Antonio Sanchez de Bustamante y Sirven** (in: "El Orden Publico", Havana, 1893, p. 84), dita que a ordem pública é uma regra e não uma exceção e, por ser regra, não depende de apreciação do Judiciário e conseqüentemente não é contemporânea, tendo em vista que a lei não pode ficar mudando de tempos em tempos. Já o francês **Christian Gavalda** (in: "Les Conflits dans le Temps en Droit International Privé", com prefácio de **Henri Batiffol**, Ed. Sirey, Paris, 1955, pp. 225/226) critica a doutrina do italiano **G. Diena**, que, segundo este último dita, deveria ser aplicada à ordem pública da época do evento e não à ordem pública hodierna.

[435]. **Dolinger**, sempre com exemplos saborosos, nos doutrina que o "...princípio da ordem pública deve ser visto como se fora um pára-raios, que protege a ordem jurídica local da aplicação de leis, atos ou sentenças estrangeiras que sejam chocantes aos princípios vigentes no foro. A proteção colimada por este sistema visa exclusivamente à sensibilidade local contemporânea. Se à época do ato, era ele contrário aos nossos princípios, mas no momento em que deva produzir efeitos no Brasil, já nada há nele de atentatório, deixou de ser um raio que pudesse fulminar nossa ordem, e o sistema de rejeição estabelecido pelo art. 17 não tem porque funcionar" (Op. cit., p. 120).

fácil estabelecer outra regra da mesma magnitude, revogando a que ditava a ordem pública, além do mais, como já ressaltado, a ordem pública se altera no tempo e no espaço, sendo um dos seus alicerces a contemporaneidade que se reflete tanto na questão de fundo tratada, como na sentença ou decisão de uma Corte (arbitral ou não) a ser prolatada.

Cabe ao magistrado, somente, aplicar a ordem pública contemporânea, nunca retroagindo ao tempo de um determinado entendimento, que a mesma ordem pública detinha, ou seja, ao se barrar a lei estrangeira o magistrado estará fazendo com base em entendimento contemporâneo, justo e adequado para a época. É como se fosse aplicar uma tendência atual da jurisprudência. Neste aspecto, o que se busca é analisar a eficácia do ato/fato ou negócio jurídico praticado ou a ser praticado e não a sua validade (como bem dita o art. 17, da Lei de Introdução ao Código Civil brasileiro), tendo em vista que não se discute a validade ou não de uma lei estrangeira ou uma determinação administrativa ou contratual, emanadas em Estado alienígena, pois tal situação jurídica foi construída sobre uma lei ou um Sistema Jurídico que aprovava tal formatação.

Além do mais, caso esta proibição da *Lex fori* de barrar esta lei estrangeira for modificada no futuro, passando a aceitar tal lei a ordem pública pode aceitar tal imposição, tendo em vista que tal situação não foi eivada anteriormente de nulidade, mas sim de ineficácia de ato/fato ou negócio jurídico. *A ordem pública não é um elemento ou uma regra de conexão, pois se caracteriza como uma situação excepcional, que é aplicada somente pelas Cortes. A exceção da ordem pública não pode ser manifestada por autoridade administrativa ou pela parte num contrato. Quem tem o poder para aplicar ou não os efeitos da ordem pública é o magistrado ou o árbitro (que não é magistrado, mas está magistrado) ou até mesmo uma Corte Internacional, como aconteceu no Caso Loginger; Caso Emprunts Serbes; Caso Emprunts Brésiliens; Caso Chemin de Fer Panevezys-Saldutikis; Caso Chorzón e Caso Oscar Chinn.*

Como bem ressaltou **Paul Lagarde**[436] a ordem pública sofre uma influência grande da jurisprudência, apontando que uma jurisprudência mais recente (nova) se aplica imediatamente podendo inclusive retroagir, ao passo que uma lei mais recente (nova) dificilmente retroage, cristalizando uma determinada situação. *Comungo plenamente com este pensar. Apenas faço um alerta para que os magistrados não cometam os abusos que freqüentemente se verifica pela leitura mais atenta da jurisprudência.* A doutrina sempre apontou o genebrino **Charles Brocher**, como o primeiro a reconhecer, no seu artigo publicado no último quartel do século XIX, na Revue de Droit Internationale, o papel do magistrado na aplicação dos efeitos da ordem pública, rejeitando ou aceitando as leis estrangeiras. *Talvez, este seja o maior perigo, pois não é raro de se ver um magistrado negar a aplicação de lei estrangeira, baseando-se numa determinada posição que "ele" entende ser de ordem pública.* É o risco que temos que correr, não nessa "fogueira de vaidade" mas neste "maçarico de vaidade". Como já definia o magistrado e internacionalista **Oscar Tenório**, "...o Direito Internacional Privado é submetido a duas forças contraditórias. De um lado a obstinação da magistratura em proferir, na solução de um problema de conflito de leis, a aplicação da lei do foro, através da exagerada aplicação da ordem pública, no entendimento de ser a lei do seu Estado a melhor..."[437].

A ordem pública é de certa forma perpétua (como Instituto Jurídico) e subjetivamente variável (no seu conteúdo e forma) e em muitos dos casos o livre-arbítrio do juiz não leva em conta a doutrina e/ou a vontade do legislador do

---

436. In: "Recherches sur L'Ordre Public en Droit International Privé", Ed. Sirey, Paris, 1959, p. 190.
437. No artigo "Problemas Jurídicos da Cooperação Internacional no Campo do Processo Penal e Civil", publicado na Revista de Jurisprudência do Tribunal de Justiça do Estado da Guanabara, vol. 11, Rio de Janeiro, 1965, p. 2.

foro, mas sim ele se deixa levar ao seu "gosto e sabor". Isto é permissivo, se abuso não for cometido. Neste ponto é que reside o perigo (como já ressaltado neste trabalho), que vem a ser uma conseqüência lógica da indefinição ou várias definições do tema (ordem pública). Ressalta-se que a qualificação da ordem pública é emanada ou é dependente da *Lex fori*, pois, para se deixar de aplicar uma determinada lei estrangeira, deve-se atender as regras territoriais, que, num final de linha, são aplicadas pelo magistrado do foro, que, em termos finais, é quem qualifica o conceito de ordem pública e sua aplicação (barrando no todo ou em parte ou não barrando a aplicação e os efeitos da lei estrangeira). A sentença do magistrado de Primeiro Grau ou o Acórdão em Grau Superior, do foro que restringe ou exclui a lei estrangeira, nada mais é do que o gatilho para aplicação ou não do conceito de ordem pública.

**Quem primeiro vai filtrar o conceito e decidir se aceita ou não a aplicação da lei estrangeira no foro competente e se esta vai colidir ou não com o que ele pensa sobre o que vem a ser ordem pública, é o magistrado (geralmente de Primeiro Grau)*. Claro que da sua decisão outros filtros virão, com os recursos legais. **Concluí-se, daí que a doutrina tem um papel de suma importância, porque é nela que o magistrado vai (ou deveria) buscar, sua inspiração, seguindo-se as normas de Direito Consuetudinário que já cristalizaram princípios universais e uniformes a serem observados e por último a legislação local (nem sempre nesta mesma ordem, mas todos estes elementos devem passar por uma leitura global, para que a exceção seja realizada com justeza). Na verdade ele deve, antes de exarar qualquer decisão, analisar e interpretar caso a caso, levando-se em conta todos estes aspectos. Quero lembrar, outrossim, que em certos casos e situações, o árbitro (ou árbitros), como julgador final de um conflito, pode ou não aplicar um determinado Direito estrangeiro, sempre respeitando a ordem pública do local da execução deste laudo ou sentença arbitral.*

Da Nacionalidade da Ordem Pública e a Intensidade de Conexão

*As normas de ordem pública têm uma característica e um feitio personalíssimo e territorial, porquanto suas exigências variam de Estado para Estado, conforme o que determina a lex fori e os ingredientes determinantes que influenciaram esta mesma lex fori, ingredientes esses, de ordem moral, social, política e econômica. Podem, até mesmo estes Estados, determinar leis expressamente de ordem pública, porém, o conceito sempre será genérico e abrangente, devendo o aplicador ou receptor da lei estrangeira, somente aceitar a norma de ordem pública estrangeira quando esta coincidir com a mesma norma do Estado que irá aplicar a lei estrangeira, caso contrário, cada Estado deve defender sua ordem pública interna[438]. Os primeiros a chamarem a atenção para esta característica foram **Pillet**[439] e **Aubry**[440] (ambos em 1901), que notaram que haviam alguns

---

438. **Cheshire** falava em internal policy: "...The particular rule of public policy that the defendant involkes may be of this overriding nature and therefore enforceable in all actions. Or it may be local in the sense that it represents some feature of internal policy. If so it must be confined to cases where the lex causae is English" (In: "Private International Law", p. 143).
439. Op. cit., Principes, n° 200, pp. 395-398.
440. Este chamou a atenção sobre a questão da característica nacional, num artigo publicado no Clunet de 1901, p. 267, entitulado "De la Notion de Territorialité en Droit International Privé" (aliás, é a continuação do mesmo artigo publicado no Clunet de 1900, p. 689 e ss., contudo, este aspecto só foi ventilado em 1901), ditava ele o seguinte: "la déviation n'en est pas moins certaine. Il reste à savoir si la théorie de l'ordre public, ainsi étendue hors de ses limites primitives, peut former en elle-même un tout logique, et ce qu'il faut en penser au point de vue rationnel. Son application paraît soulever d'abord une grave objecton. L'ordre public, comme l'a si bien remarqué M. Pillet, est une conception essentiellement subjective, variable selon les États et l'esprit de leurs législations. Même quand on l'appelle international, on ne change rien à cela. On est contraint d'avouer alors que chaque nation a son ordre public international, comme chaque homme a son coeur humain, selon le mot du poète. ... Il suffit, pour cela, de maintenir l'application des différentes lois

preceitos comuns em cada Estado e há preceitos de ordem pública próprios de cada Estado.

Mister se faz que o Direito estrangeiro tenha uma intensidade bem marcante com o foro onde irá ser aplicado. A Teoria da Intensidade de Conexão foi explorada originalmente por **Franz Khan** em seu famoso artigo "Die Lehre vom ordre public (prohibitivgesetze)", Jherings Jahrbücher (1898), 1-112, reproduzido em *Abhandlungen aus dem Internationalen Privatrecht* (Leipzig, 1ª ed. 1898, 2ª ed. 1928, 2 vols., revisado por **Otto Lenel** e **Hans Lewald**, tomo I, pp. 161-254). É o caso já clássico do liame de nacionalidade ou de domicílio do exportador de um determinado produto, que foi exportado a outro Estado estando estocado em depósito alfandegário. Num litígio posterior, quer impor o seu Direito sobre a *lex fori*. Ora, já se decidiu que a presença ocasional desta mercadoria em território de um determinado Estado não estabelecia um laço ou um liame suficiente para pôr em marcha a atuação da exceção de ordem pública[441].

A intensidade de conexão também é sentida quando se quer impor um Direito estrangeiro disposto em cláusula contratual, prevalecendo, assim, o acordo de vontades estipulado na época da contratação. A intensidade dependendo do caso apresentado não cria uma conexão para excluir a aplicação da *lex fori*. Há que se ter presente que dentro da prática internacional (portanto, uma questão consuetudinária e/ou até mesmo de *lex mercatoria*), haverá sempre uma proibição de atos jurídicos privados que violem a ordem

---

d'ordre public sur leurs territoires respectifs, en ne les appliquant qu'aux biens situés ou aux faits accomplis sur ceux-Comunidade Internacional. N'ayant aucun point de contact possible, elles pourront ainsi se contredire tout à leur aise, sans jamais se heurter" (sic).

441. Vide neste sentido LG de Hamburgo, 22/1/73, Sociedad Minera el Teniente S. A. x A.G. Norddeutsche Affinerie, I. LM., 1973, 251, apud **Rigaux**, op. cit., p. 390.

pública, ainda mais quando tal avença é levada a Juízo invocando um determinado Direito estrangeiro eleito em contrato, impondo assim a vontade dos contratantes. Há exemplos[442] de não aplicação do Direito estrangeiro, ou seja, não se executar determinada avença, tendo em vista a nulidade sentida, pois a força obrigatória de tal avença estava fundada em uma transgressão deliberada de uma norma de Direito estrangeiro. *O que se aplica para o mencionado ao Direito Convencional, se aplica ao Direito Contratual, no tocante à não aplicabilidade do Direito estrangeiro, ainda mais, se há indícios de simulação ou que a vontade dos contratantes seja deliberadamente a de contrariar uma disposição imperativa de um determinado Estado[443].*

---

442. Um destes exemplos é sobre uma seguradora alemã que foi acionada em seu território por um exportador nigeriano, por perdas e danos, durante o transporte de obras de arte ilegalmente exportadas da Nigéria. Houve por parte da Corte germânica a denegação da execução do contrato. A nulidade restou motivada pela ordem pública contratual (arts. 6º e 1.133 do Diploma Civil, c/c common law e § 138, do BGB-Bürgerliches Gesetztbuch), que proíbe que a lex fori reconheça força obrigatória a um contrato que tenha como objeto a transgressão deliberada de uma norma de Direito estrangeiro. Tal decisão teve como motivação a cooperação pacífica entre os Estados. A lei nigeriana proibia a exportação de obras de arte. O Bundesgerichtshof, em 22/7/72, se referia à Convenção concluída em Paris, em 14/11/70, de iniciativa da UNESCO, sobre a proteção de bens culturais. Mesmo que tal ato internacional não tenha entrado em vigor na Alemanha, tal ato expressa uma convicção fundamental da Comunidade Internacional, constituindo, assim, um obstáculo para que um contrato viole uma lei estrangeira, que incorpora os princípios da mencionada Convenção, podendo dar lugar a um Direito juridicamente protegido na Alemanha (Entscheidungen des Bundesgerichtshof in Zivilsachen 59, 83 — vide ainda sobre esta sentença artigo de **A. Bleckmann**, "Sittenwidrigkeit wegen Vertoszes gegen den ordre public", estampado na Zeitschrift für ausländisches öffentliches Recht und Völkerrecht, Berlin, 1974, pp. 112-132).
443. Claro que ninguém em sã consciência vai realizar um contrato de contrabando ou de entorpecente, como ingenuamente exemplifica **Rigaux** (Op. cit., p.396). Contudo, há casos de contratação lícita, porém, o fim pretendido pelos contratantes é ilícito. Um bom exemplo disso é a fraude à lei.

Da Temporalidade da Ordem Pública

Há, ainda, o caráter contemporâneo ou temporal da ordem pública, que alguns chamam de caráter de mobilidade, tendo em vista que as leis de um modo geral são mutáveis e ao mesmo tempo atuais enquanto válidas, ou seja, uma lei que era considerada de ordem pública numa determinada época pode deixar de sê-la no futuro. Este efeito temporal é resultante, também, do fato de que nem a jurisprudência, tampouco as legislações ou doutrinas, souberam precisar e estabelecer o conceito de ordem pública. Portanto, este conceito varia de Estado para Estado. O magistrado deve interpretar e aplicar ou não a lei estrangeira, no momento da apreciação e julgamento do fato, pois o comando da ordem pública de proibitivo pode passar a permissivo, no decorrer do processado, ou seja, depois, portanto, do ato praticado (a *lex fori* pode modificar neste meio tempo barrando, limitando ou liberando uma determinada aplicação de lei estrangeira).

Alguns autores[444] entendem que o contrário também pode ocorrer, ou seja, que uma lei que não tinha características de ordem pública pode no futuro apresentar tal característica marcante. *Neste ponto eu discordo, pois, se assim fosse não haveria uma segurança jurídica das relações, porquanto, poderia o aplicador da lex fori, alegar ser uma determinada norma (que de forma alguma tem qualquer característica de ordem pública, mesmo por ação reflexa), de interesse geral ou interesse do Estado, como um todo, transformando-se, assim, de uma hora para outra, com tal característica de ordem pública.*

Eu entendo que esta questão móbil deve ser levada em conta pelo magistrado, no seguinte sentido: *Deve o magistrado ater-se na lex fori e na lei estrangeira contemporâneas entre si e que estavam em vigor na época em que*

---

444. Como **Villela**, Op. cit., p. 407.

*foram suscitadas ou na época do evento, além de interpretar a questão da ordem pública, conforme era o seu entendimento na época da ocorrência dos fatos/atos ou negócio jurídico. Portanto, minha posição é discordante da de **Bartin**, que propugnava ao contrário.* Dizia ele o seguinte: "Resta-me dizer algumas palavras acerca da atualidade das disposições de ordem pública em Direito Internacional. É uma expressão que se deve a *Pillet* e que pode traduzir-se pela seguinte regra: Se, como vimos, o juiz só pode ir buscar na sua própria legislação as disposições de ordem pública, afastando, assim, a lei normalmente competente aplicável à relação jurídica submetida à sua apreciação, só pode, além disso, ir buscá-las na sua própria legislação, *na data em que decide*"[445].

**Como já foi dito a ordem pública não tem princípios fixos ou rígidos, sendo alterada conforme o tempo passa, amoldando-se a princípios contemporâneos. Isto é mais do que uma prova que a ordem pública não é uma regra fixa, mas uma norma*[446] ou um instituto de exceção. A ordem pública é aplicada pelo magistrado do foro, que se utiliza na maioria das vezes da *lex fori* para barrar ou limitar a aplicação da norma alienígena. É uma noção oriunda do foro, seguindo o que dispõe o Direito Intertemporal do mesmo foro. Acredito que aí reside a confusão, pois quando o magistrado aplica a norma ou instituto de exceção da ordem pública (por força da *lex fori*), baseado no que vem a ser ou se entende, naquela época, por ordem pública, ele está se utilizando de uma *regra passageira* (temporal) de

---

445. Tradução livre. Grifei. No artigo "Les Dispisitions D'Ordre Public — La Théorie de la Fraude à la Loi, et L'idée de Communauté Internationale", publicado na Revue de Droit International et de Législation Comparée, 1897, pp. 385-613. Este artigo é reproduzido por **Étienne Bartin** nos "Études de Droit International Privé", Ed. A. Chevalier-Marescq, Paris, 1899, pp. 189-284.
446. Se é que se pode afirmar que é uma "norma" em sua plenitude e nos seus efeitos clássicos.

Direito Internacional Privado. *Portanto, esta regra não é e não pode ser fixa, pois se engessarmos tal regra, encontraremos o mesmo efeito que se engessarmos o Direito como um todo. O conceito baseado em exemplos fixos ou não, de ordem pública, não deve ser utilizado. Como as horas, não podemos cristalizar o conceito de ordem pública.

*Ao meu ver, de pouca utilidade será o Direito Convencional ditar normas de ordem pública, quando sabemos que tal preceito pode ser alterado no tempo. Algumas legislações que surgiram para solucionar conflitos tentaram sem o devido êxito tal proeza. Acredito que um dos poucos textos que fugiram desta catástrofe legislativa comum foi a *Convenção de Havana (Código Bustamante)*. Mesmo assim, sofrível. Há uma tendência, em especial no que concerne ao Direito Comunitário, de ditar normas tidas como de *ordem pública* (porque trazem de forma expressa tal preceito), contudo, tais normas não podem ser aceitas como tal na maioria esmagadora dos casos. Vou tratar sobre a questão do Direito Comunitário em capítulo separado.

Em Haia no ano de 1894, foram abordados vários temas de Direito Internacional Privado, inclusive a questão da ordem pública, onde foi proposto pelos delegados alemães que os Estados enumerassem os casos incidentes em dita exceção, com o fito de se evitar o arbítrio judicial. Mas tal proposta não foi aceita, por entenderem ser demasiadamente ampla e insuficiente. Em 1900 na Segunda Conferência, o Estado da Holanda reconhecendo que não havia uma ordem pública comum a vários Estados, propôs que cada Estado elaborasse uma lei especial para determinar os casos de ordem pública. Na Conferência seguinte (1904), constatou-se que a proposta holandesa era por demais formalista e seria complicado cada legislativo elaborar uma lei específica listando casos de ordem pública. Propuseram que esta lista fosse preparada pelos Estados e colocada em um Protocolo Diplomático (ato internacional). Nas Conferências de 1925 e 1928, pela impossibilidade encontrada de se elaborar tal lista, tal idéia foi abandonada.

Contudo, em 1910[447] o *Instituto de Direito Internacional* punha fogo nesta questão (criticando expressamente **Savigny**), ditando que não se poderia confiar no Judiciário, porquanto, este traria a incerteza e um risco para o Estado, que deixou uma questão tão delicada nas mãos de um magistrado. Deveria para tal Instituto evitar o arbítrio do juiz, devendo o legislativo fazer leis mais precisas, que não sofressem a ação de afastamento, por uma lei alienígena, ou em seu relatório final assinado por **Pasquale Fiore** (apoiado por **Weiss**), onde dita expressamente que: "L'éminent jurisconsulte Savigny a omis de développer les règles concernant l'exception ... L'Institut exprime le voeu que, pour éviter l'incertitude qui prête à l'arbitraire du juge, et compromet, par cela même, l'intérêt des particuliers, chaque législation détermine avec la précision possible, celles de ses dispositions qui ne seront jamais écartées par une loi étrangère, quand même celle-ci semblerait compétente pour régler le rapport de droit envisagé". Primeiro, que tal orientação nunca foi tentada por nenhum legislador de bom juízo, segundo, *discordo plenamente a começar do pedido formulado ao legislador que indicasse com precisão quais as leis de ordem pública. Ora, se afirma neste trabalho, não existem leis de ordem pública.*

A realidade é que a ordem pública é formada pela amálgama de textos legais, jurisprudenciais e princípios básicos e gerais do Direito (muitos destes de Direito Natural ou como queiram de ordem jusnaturalista). Como dizia **Niboyet**[448], a ordem pública é essencialmente nacional, tendo cada Estado teoricamente, sua própria concepção de ordem pública. *Se fosse cristalizada só em textos legais, a reformulação legislativa ocorreria de forma lenta, já com*

---

447. Resolução de Paris, in: Annuaire de L'Institut de Droit International, vol. 23, 1910, p. 202
448. In: "Principios de Derecho Internacional Privado", pp. 400-402 e 405.

elementos de Direito Natural, princípios básicos e gerais do Direito e principalmente da jurisprudência a questão temporal é inevitável e reafirmo: é até salutar, pois o Direito é antes de tudo dinâmico, caso contrário não haveria Justiça.

Do Caráter Excepcional da Ordem Pública

Não cabe no presente trabalho, também, ficar cogitando **se a ordem pública é regra ou é exceção, se for a primeira, terá efeitos internacionais, se for a última, terá efeitos meramente territoriais*[449] (o que eu não concordo), pois sendo interpretada de uma forma ou de outra a ordem pública sempre irá produzir efeitos em Direito Internacional Privado ou fora dele. O problema central é o seguinte: Temos uma lei estrangeira que é em tese ou na prática competente para regular determinada situação ou relação jurídica, contudo, esta mesma lei esbarra na ordem pública que surge neste momento em caráter excepcional, fazendo-se aplicar a *lex fori imperativa*, pois, se assim não ocorresse, tal lei estrangeira seria na prática realmente competente.

Este caráter excepcional é empregado somente no território do Estado receptor, ou seja, somente no Estado em que a lei estrangeira seria normalmente aplicável e competente, sendo esta afastada pelo Juízo que administra a Justiça no Estado receptor. Uma alegação de ordem pública tem que se basear numa norma de competência determinada, competência essa determinada pelas regras de Direito Internacional Privado. Além do mais o Juízo de cada Estado defende a sua própria norma e/ou conceito

---

449. **Otávio Mendonça** (Op. cit., p. 65) levanta essa questão, que, ao meu ver é estéril mesmo, assim como, é a opinião de **Moldovan** (in: "L'Ordre Public", pp. 96 e 43).

de ordem pública, nunca defendendo norma e/ou conceito de ordem pública, de terceiros Estados. A competência, que é em linhas gerais de natureza substitutiva e não de organização processual, é um exemplo claro desta exceção, porquanto, as leis de ordem pública começam onde terminam as leis de competência normal, o que *Aubry* chama de *resíduo*[450].

Se é de caráter excepcional, então, pode-se alegar que a ordem pública pode tanto barrar ou limitar uma norma alienígena, substituindo-a pela *lex fori imperativa*, como, também, pode aceitar tal lei estrangeira. O entendimento e aplicação da ordem pública não podem ficar engessados, devendo ser flexível. **Não se deve impor que a ordem pública seja de aplicação meramente substitutiva (ou não), mas sempre e invariavelmente proibitiva*[451] de aplicação de norma alienígena. Este enfoque foi levantado nas *Conferências de Haia* sobre a validade do matrimônio. A *Conferência de 1893* ditava que a ordem pública era norma proibitiva, ou seja, a *lex fori* de um Estado que celebraria o matrimônio, deveria proibir sua celebração, quando a lei nacional de um dos nubentes levantar alguma barreira. Já a *Conferência de 1900* vai pelo lado oposto, pois estabelecia que se a lei nacional veda o casamento dos nubentes e a lei do local da celebração assim não entende, vale esta última (somente se a proibição fosse de caráter religioso).

---

450. Op. cit., Clunet, 1901, p. 267. Sobre este resíduo, lembra **Villela**, é o "que sempre aparece no fundo do cadinho onde se elaboram as regras de conflitos" (sic — Op. cit., p. 416). Ele vai mais longe, ao tratar desta competência, dita que "é uma espécie de espada de Democles que corta a eficácia da lei normalmente competente, quando a ordem pública assim o exige" (Op. cit., idem).
451. **Despagnet** e **Lainé** entendiam que somente as leis proibitivas poderiam ser de ordem pública. **Bartin, Aubry, Catellani** e **Pillet** entendem que tanto leis permissivas como as proibitivas podem ser de ordem pública. Apud **Villela**, Op. cit., p. 418.

Da Violação de Direito Comunitário por Estado-Membro e a Questão da Ordem Pública tida como Regional

Foi tocado num ponto acima, referente ao Direito Comunitário. Em quase todos os atos internacionais que procuram regular o Direito Comunitário, há referências expressas da aplicabilidade da ordem pública, ou como forma limitativa de aplicação de Direito estrangeiro ou como forma de se aplicar preceitos de uma forma específica de Ordem Pública Comunitária ou Regional, sob pena de ser imposto ao Estado infrator de tal ordem pública uma responsabilidade internacional, com a conseqüente sanção.

Num final de século que caminha para a formação de vários blocos econômicos, mister se faz lembrar a violação de Direito Comunitário por um dos Estados-Membros, que se mescla na afirmativa de que há fato gerador de responsabilidade internacional[452] quando, por exemplo, uma lei interna é aplicada em detrimento de uma lei comunitária, entre Estados signatários de tal comunidade regional; ou quando se emanam atos ou fatos do Poder Judiciário, Legislativo ou do Executivo, que firam direitos de outros Estados-Membros ou de seus súditos, ficando a incumbência do Estado infrator de reparar o prejuízo causado. Jurisprudência líder editada no início da década de 60, no famoso *Caso Humblet*, já ditava que: "...si la Cour constate dans un arrêt qu'un acte législatif ou administrtif émanant des autorités d'un Etat membre est contraire au droit communautaire, cet État est obligé, en vertu de l'article 86 du

---

452. Apesar de alguns Doutrinadores (poucos) fazerem uma distinção entre Direito Internacional Público com Direito Comunitário. Para mim, ambos fazem parte do Direito Internacional Geral, pois no caso do Direito Comunitário, trata-se de relação entre Estados e entre Estados e súditos alienígenas, não podendo este figurar no Direito Interno, como também ficar fora do Direito Internacional Geral.

traité CECA, aussi bien de rapporter l'acte dont il s'agit que de réparer les effets illicites qu'il a pu produire; cette obligation résulte du traité et du protocole qui ont force de loi dans les Etats membres à la suite de leur ratification et qui l'emportent sur le droit interne"[453].

Na prática comunitária européia, há a *prevalência* do Direito Comunitário sobre o direito nacional (mesmo nas questões de cunho constitucional), mesmo para questões legislativas posteriores, porquanto, o sentimento de se respeitar a responsabilidade internacional (comunitária), é mais intensa e mais séria, mesmo se comparando com a jurisprudência verificada de vários países e da Corte de Justiça da Comunidade Européia[454]. Há, também, uma cooperação de juízes nacionais[455] em aplicar o Direito Comunitário de

---

453. Arrêt du 16 décembre 1960, aff. 6/60, Humblet, Rec., 1.125-1.146.

454. **Vandersanden**, noticia que "...concernant la responsabilité de l'Etat, non seulement en cas d'absence de transposition d'une directive, dans le délai requis à cette fin, mais aussi en cas d'action de l'autorité publique, contraire au droit communautaire, que cette action émane du législateur ou de l'autorité ministérielle compétente", in: "La Responsabilité des Etats Membres en cas de Violation du Droit Communautaire", Bruxelas, Ed. Bruylant, 1997, p. 17. Neste mesmo sentido, encontra-se a jurisprudêcia da Corte Européia, nos seguintes julgados: Arrête du 5 mars 1996, aff. C-46-93 e C-48/93, Caso Brasserie du Pêcheur, Rec., p. I-1281, point 22; Arrêt du 26 mars 1996, aff. C-392/93, Caso British Telecommunications, Rec., p. I-1631; Arrêt du 23 mai 1996, aff. C-5/94, Caso Hedley Lomas, Rec., p. I-2553; e, Arrêt du 8 octobre 1996, C-178/94, C-179/94, C-188/94, C-189/94 e C-190/94, Caso E. Dillenkofer.

455. **Vandersanden** doutrina que no Caso Simmenthal, de 9/3/78, "précisé le rôle du juge national chargé de résoudre le conflit entre une norme de droit communautaire directement apllicable et une norme de droit national", in: "La Responsabilité des Etats Membres en cas de Violation du Droit Communautaire", Op. cit., p. 9. O julgado do Caso aqui mencionado dita que "...le juge national chargé d'appliquer, dans le cadre de sa compétence, les dispositions de droit communautaire, a l'obligation d'assurer le plein effet de ces normes en laissant au besoin inappliquée, de as propre autorité, toute disposition contraire de la législation nationale, même postérieure, sans qu'il ait à demander ou à attendre l'élimination préalable de celle-ci par voie législative ou par tout

maneira uniforme, utilizando os mecanismos legislativos, doutrinários e jurisprudenciais internos de cada Estado, como por exemplo, utilizar os mecanismos legislativos já existentes utilizados para a responsabilidade (interna) do Estado ou da sua ordem pública[456]. Neste particular a Europa Unida já tem uma vasta experiência, que poderia influenciar beneficamente o Mercosul (por exemplo), assim como outros blocos já formados ou em formação. Há pelo menos na Europa um reconhecimento do princípio da responsabilidade internacional (ou como querem alguns: responsabilidade *comunitária*), do Estado-Membro do bloco comunitário, como princípio *inerente* ao sistema do Tratado que instituiu tal bloco comunitário, ou seja, o princípio da responsabilidade estatal faz parte da *Ordem Jurídica Comunitária* dentro da sua essência, sendo aplicada em caso de violação dos direitos comunitários.

No caso do *Mercosul* em comparação com a *União Européia*, ainda há uma certa identidade de legislações internas ou uma existência de uma mesma raiz legislativa ou de modelo legislativo, com princípios gerais de ordem pública, semelhantes em cada Estado-Membro. Isso facilita as coisas na aplicação ou no entendimento de uma *Ordem Pública Regional*, por assim dizer. Esta identidade regional parte do pressuposto de que o *Tratado de Assunção* dita que mister se faz que haja uma harmonização legislativa. Tudo depende, então, do grau de harmonização ou de adaptação de decisões judiciais ou decisões do executivo e mesmo na feitura de legislações de cada Estado-Membro, no tocante

---

autre procédé constitutionel." (Arrêt du 9 mars 1978, aff. 106/77, Caso Simmenthal, Rec., p. 609-645. No mesmo sentido, Arrêt du 4 avril 1968, aff. 34/67, Caso Lück, Rec., p. 359).

456. "...dans le cas où un tel préjudice aurait été causé par d'en assumer, à l'égard de la persone lésée, les conséquences dans le cadre des dispositions de droit national relatives à la responsabilité de l'Etat", in: Arrêt du 22 janvier 1976, aff. 60/75, Russo, Rec.., p. 45, spéc. P. 56, points 8 e 9.

à aplicação do que vem a ser ordem pública[457], com o fito desta atravessar a fronteira territorial para integrar o Direito Comunitário. *Eu entendo que questões de ordem pública regional ou comunitária devem sair desta forma, ou seja, oriundas do Estado-Membro para a formação legislativa comunitária ou entendimento jurisprudencial comunitário. Só através desta cristalização pode-se aceitar elementos de ordem pública regional.*

O que se cria diante do Direito Comunitário é uma "*Nova Ordem Jurídica*". Não que exista um caráter novel em seu bojo, mas que tem que ser respeitado por todos os Estados-Membros, sob pena de ser imposta uma sanção por ferimento a uma responsabilidade tida e aceita como de Direito Internacional (ou Direito Comunitário ou Regional). A cooperação solidária e a harmonização são fundamentais no Direito Comunitário, diante do direito de igualdade predominante em Direito Comunitário ou seja, direitos iguais a todos os súditos dos Estados-Membros (claro, isso em se tratando de uma Comunidade já desenvolvida, inclusive com Tribunal para a resolução de casos deste porte). Portanto, flui deste direito de igualdade a fonte de se atender as normas ditadas por tal Direito Comunitário, levem elas, ou não, uma carga de ordem pública (agora regional).

Esta solidariedade deve em princípio obrigar a todos os súditos dos Estados-Membros a cumprirem as regras impostas pelo Direito Comunitário ou o processo de integração, evitando, assim, que um Estado-Membro possa alegar disposição legislativa ou consuetudinária interna, ou até mesmo decisão judicial interna, para deixar de cumprir determinado preceito comunitário, em especial de ordem pública regional, havendo, portanto, uma prevalência deste Direito sobre o Direito interno. Este princípio de igualdade e solidariedade é a base

---

457. Apesar de ser contrário a se ditar o que é de ordem pública ou o que não é, o que quero me referir é que tais elementos podem servir de base expressa para a formação de um entendimento claro, da ordem pública comunitária ou regional.

para a aplicação correta do Direito Comunitário, sendo um dos seus princípios fundamentais, como, aliás, já foi sedimentado por várias decisões exaradas da Corte Européia[458].

A jurisprudência do *Tribunal de Justiça da Comunidade Européia* foi fortemente influenciada por outras decisões que aplicavam normas comunitárias, como o *Tribunal de Luxemburgo*, que sempre primou pela *autonomia* do Direito Comunitário (nunca deixando de lado ou interligando este Direito com o Direito Internacional), e pela imposição de mecanismos de responsabilidade comunitária dos Estados-Membros, quando há violação do Direito Comunitário, *que ao meu ver não deixa de ser, também, uma violação à normas tidas e aceitas como de Direito Internacional Geral*. A jurisprudência do Tribunal de Justiça da Comunidade Européia dita no *Caso Francovich*[459] que "...le principe de la responsabilité de l'Etat pour des dommages causés aux particuliers par des violations du droit communautaire qui lui sont imputables est inhérent au système du traité"[460].

---

458. Caso G. M. Sotgiu v. Deutsche Bundespost (152/73, sent. 12-2-74); Caso R. Hochstrass v. Tribunal de Justiça da Comunidade Européia (147/79, sent. 16-10-80); Caso Bossac Saint-Frères S.A. v. Gerstenmeier (22/80, sent. 29-10-80); Caso Worringham e Humpreys v. Lloyds Bank Ltd. (69/80, sent. 11-3-81); e Caso Burton v. British Railways Board (19/81, sent. 16-2-82), dentre outros.

459. O Sr. Francovich reclamava perante o processo 6/90 que não havia recebido seus salários de uma empresa falida e que o Estado italiano não havia executado a Diretiva comunitária no seu Direito Interno, sendo imposto pelo Tribunal de Justiça da Comunidade Européia o dito incumprimento (Proc. 22/87 — Comissão v. Itália, 2/2/89). Portanto, ele queria uma indenização sobre estas bases.

460. Arrêt du 19 novembre 1991, aff. C-6/90 e C-9/90, Caso Francovich, Rec., p. I-5414, point 35. Para **Schockweiler**, "l'arrêt Francovich, en déclarant avec netteté que le droit communautaire impose le principe que les Etats membres sont obligés de réparer les dommages causés aux particuliers par les violations du droit communautaire qui leur sont imputables, a mis un point final aux divergences d'interprétation auxquelles la jurisprudence antérieure a pu donner lieu" (in: "La Responsabilité de l'Autorité Nationale en cas de Violation du Droit Communautaire", in: RTDE, 1992, n° 1, p. 40).

Aliás, este caso líder ocorrido em 19 de novembro de 1991, que movimentou grande parte dos juristas europeus, já dispunha que o Direito Comunitário impõe o princípio segundo o qual os Estados-Membros são obrigados a reparar os prejuízos causados aos particulares, pelas violações do Direito Comunitário, não podendo ser alegado que no Direito Interno do Estado-Membro impera norma da irresponsabilidade da autoridade pública, mais precisamente, do Poder Legislativo[461] ou uma questão de ordem pública. Pela primeira vez o Tribunal de Justiça da Comunidade Européia teve que enfrentar o problema de perto e dar uma solução condizente com a situação, ou seja, se estabeleceu a extensão e a existência da responsabilidade de um Estado infrator, derivado de uma violação de uma obrigação internacional, imposta pelo Direito Comunitário[462].

Há que se ressaltar que, no início, a responsabilidade do Estado-Membro pelos efeitos causados pelo evento danoso a particulares de outro Estado-Membro (dentro da Comunidade), ou mesmo a outro Estado-Membro (fora da Comunidade), não estava previsto em nenhum *Tratado da Convenção Européia* e até a entrada em vigor do *Tratado da União Européia* ou *Tratado de Roma* (1/11/93), a violação do Direito Comunitário por um Estado-Membro estava somente sujeita a uma *eventual Ação por Incumpri-*

---

461. Vide artigo de **Steiner**: "...since this is not always possible under national law, domestic courts have on occasions been obliged to adapt existing remedies and even provide new remedies to meet the demands of community law. This will certainly be the case in the field of the Member-States' non-contractual liability under Francovich", no artigo: "From Direct Effects to Francovich: Shifting Means of Enforcement of Community Law", in: ELR, 1993, p. 99.

462. Este Caso versava sobre o alcance da Diretiva 80/987/CEE do Conselho, sobre a aproximação das legislações dos Estados-Membros relativas à proteção dos trabalhadores assalariados em caso de insolvência do empregador. Vide comentários dos 5 maiores Casos (Francovich, Brasserie, British Telecomunications, Lomas e Dillenkofer), na obra "La Responsabilidad de los Estados Miembros por Infracción del Derecho Comunitario", Ed. Fundación Universidad Empresa e Civitas, 1997, Madri, de **Ricardo Alonso Garcia**.

mento[463] perante o *Tribunal de Justiça da Comunidade Européia*, portanto, não havia uma sanção direta e eficaz (se o Estado-Membro não cumprisse com o Acórdão, seria aparelhado uma *nova* Ação, baseada no desrespeito do cumprimento do primeiro Acórdão[464]). Contudo o *Tratado da Comunidade Européia do Carvão e do Aço* já disciplinava no seu art. 88 a aplicação de *medidas de caráter pecuniário* e *contramedidas*, contra o Estado-Membro que não cumprir com suas obrigações tidas como internacionais[465].

---

463. A Ação por Incumprimento estava prevista nos Tratados, com o fim de fiscalizar os Estados-Membros do fiel cumprimento da Ordem Jurídica Comunitária. O Acórdão que julgava tal Ação judicial tinha um sentido declarativo. Já o Tratado de Paris, que previa a possibilidade de aplicação de medidas mais eficazes e com um caráter de sanção ao Estado-Membro infrator, não teve uma aplicação prática e efetiva. Este impasse prático foi resolvido, em parte, com os efeitos verificados no aparelhamento da segunda Ação por Incumprimento, dentro do sistema do Tratado de Roma. O Tratado de Maastricht (dezembro de 91), ou Tratado da União Européia, trouxe novos rumos jurídicos à questão contida no Tratado de Roma, ou seja, pode-se, hoje, efetivamente adotar a possibilidade de aplicação (dentro do sistema do Tratado de Roma, seguindo-se a intenção contida no Tratado de Paris), de sanções ao Estado-Membro, como conseqüência do aparelhamento da segunda Ação por Incumprimento, sob a forma de indenização pecuniária (fixa ou progressiva).
464. Com a revisão do artigo 171, do Tratado da União Européia, foi inserido o seguinte conceito: "...2-) Se considerar que o Estado-Membro em causa não tomou as referidas medidas, e após ter dado a esse Estado a possibilidade de apresentar as suas observações, a Comissão formulará um parecer fundamentado especificando os pontos em que o Estado-Membro não executou o Acórdão do Tribunal de Justiça. Se o referido Estado-Membro não tomar as medidas necessárias para a execução do Acórdão do Tribunal de Justiça, dentro do prazo fixado pela Comissão, esta pode submeter o Caso ao Tribunal de Justiça. Ao fazê-lo indicará o montante da quantia fixa ou da sanção pecuniária temporária a pagar pelo Estado-Membro que considerar adequada às circunstâncias. Se o Tribunal de Justiça declarar verificado que o Estado-Membro em causa não deu cumprimento ao seu Acórdão, pode condená-lo ao pagamento de uma quantia fixa ou de uma sanção pecuniária temporária".
465. Neste sentido vide artigo de **R. Kovar**, "Le Droit des Personnes Privées a Obtenir Devant la Cour des Communautés le respect du Droit Communautaire par les États Membres", in: AFDI, 1966.

Como visto, a Comissão (que tem um caráter supranacional) *pode* (note que ela não está *obrigada*, ou seja não está disposto que ela *deve*) indicar uma indenização por *quantia fixa* ou *pode* optar que o Tribunal de Justiça aplique uma *sanção pecuniária temporária*. Apesar da indicação da Comissão e da sua vontade política em dar andamento ao processo, o Tribunal de Justiça da Comunidade Européia é o único competente para realizar tal façanha, podendo, neste sentido, o Estado que se sentir lesado, optar *concomitantemente*, pela contramedida, como a represália ou a retorsão (tais medidas podem ser aparelhadas contemporaneamente, com a decisão do Tribunal de Justiça da Comunidade Européia). Neste último caso, ou seja, na aplicação de contramedidas, tal prática é utilizada quando se trata de questões que envolvam dois ou mais Estados-Membros, contudo, para casos de particulares[466] (súditos que fazem queixa direta à Comissão), o mais aconselhável seria adotar o que o Tribunal de Justiça da Comunidade Européia decidir (cumprimento do Acórdão). Alguns Doutrinadores ditam que se deve adotar a indenização por quantia fixa, para casos de *inadim-*

---

466. Os súditos têm seus direitos garantidos no Direito Comunitário, para reclamar diretamente contra um Estado-Membro e receber a devida indenização, desde o Caso Salgoil seguido pelo Caso Bossetti [Proc. 179/84, Recueil des arrêts de la Cour (85), pp. 2.317-2.318], julgados pelo Tribunal de Justiça da Comunidade Européia. No Acórdão exarado no Caso Giorgio, o Tribunal ditou que o "direito de se obter reembolso de imposições cobradas por um Estado-Membro, em violação das regras do Direito Comunitário, é a conseqüência e o complemento dos direitos conferidos aos particulares pelas disposições comunitárias" [Proc. 199/82, Recueil des arrêts de la Cour (83), p. 3.612]. No Caso Rewe-Zentralfinanz (Proc. 33/76), e Caso Comet BV, o Tribunal de Justiça da Comunidade Européia baseando-se no art. 5°, do Tratado da Comunidade Européia, ditou que: "...na ausência de regulamentação comunitária sobre a matéria, pertence à ordem jurídica interna de cada Estado-Membro designar os órgãos jurisdicionais competentes e regulamentar as modalidades processuais das ações judiciais, destinadas a assegurar a salvaguarda dos direitos conferidos aos particulares, pelo efeito direto do Direito Comunitário, entendendo-se que aquelas modalidades não podem ser menos favoráveis do que as que dizem respeito a reclamações semelhantes de natureza interna".

plência e utilizar a sanção pecuniária, para *casos mais graves*, onde os Estados-Membros deverão modificar a sua legislação interna, no sentido de adaptá-la ao Direito Comunitário ou a Tratados oriundos do Bloco que fazem parte[467].

Doutrinam **Vandersanden** e **Dony** que "...le juge national sera, en réalité, dans une situation de liberté contrôlée, la Cour se réservant, en as qualité de gardienne du traité et en raison de as mission d'interprétation de l'ordre juridique communautaire auquel se rattache le régime de la responsabilié des Etats, le droit — et donc aussi la compétence — de corriger les effets des procédures et des régimes de responsabilité de la puissance publique tels qu'ils existent en droit interne lorsqu'ils ne permettent pas d'aboutir à une protection efficace des droits conférés aux particuliers par l'ordre juridique communautaire"[468].

A Europa utiliza até mesmo o mecanismo da *suspensão* de uma lei nacional, que é incompatível com o Direito Comunitário (mesmo que em tal lei seja imperativa ou tenha um cunho de ordem pública), como ocorreu no *Caso Factortame II*, onde a Corte de Justiça da Comunidade Européia, determinou que "le juge saisi d'un litige régi par le droit communautaire d'accorder les mesures provisoires en vue de garantir la pleine efficacité de la décision jurisdctionnelle à intervenir sur l'existence des droits invoqués sur la base du droit communautaire. Il en résulte que le juge qui, dans ces circonstances, accorderait des mesures provisoires s'il ne se heurtait pas à une règle de droit national, est obligé d'écartes l'application de cette règle"[469].

---

467. Vide artigo de **G. Tesauro**, entitulado "La Sanction des Infractions au Droit Communautaire"; e **Diez-Hochleitner**, no artigo "Le Traité de Maastrich et l'Inexécution des Arrêts de la Cour de Justice par les États Membres"; ambos relacionados na bibliografia final.
468. Op. cit., p. 20.
469. Arrêt du 19 du juin 1990, aff. C-213/89, Factortame II, Rec., p. I-2433, point 21.

Como ilustração, cito dois Casos com seus pedidos e o que o Tribunal de Justiça da comunidade Européia concedeu, para se ter uma idéia mais prática sobre o tema:

I-) *Caso Brasserie du Pêcheur S/A*[470], que foi submetido àquela Corte, através de um pedido de decisão prejudicial pelo *Bundesgerichtshof* (BGH — Supremo Tribunal Federal Alemão)[471], onde esta empresa questionava, junto ao Estado alemão, quais os requisitos para se configurar a responsabilidade de um Estado-Membro, por danos causados aos particulares por violações ao Direito Comunitário, mais especificamente o seguinte:

1) O princípio de Direito Comunitário de que os Estados-Membros têm o dever de ressarcir os danos sofridos por particulares, em conseqüência de violações do Direito Comunitário imputáveis ao Estado-Membro em causa, tam-

---

470. No processo 46/93, a sociedade francesa Brasserie du Pêcheur teve interrompida a sua exportação de cerveja à Alemanha, tendo em vista esta considerar que tal cerveja não atendia a disposição de pureza contida na Lei do Imposto sobre a Cerveja, de 1952, com a devida reforma em 1976. Por entender que dita Lei feria o art. 30 do Tratado da CEE (livre circulação de mercadorias), a Comissão aparelhou medida judical contra o Estado alemão (processo de 12/3/87, n° 178/84), com a exigência de uma indenização por prejuízos causados entre 1981 e 1987 de DM 1.800.000.

471. Na mesma época (como se verá a seguir), o Tribunal de Justiça da Comunidade Européia julgou o Caso Factortame, em processo de n° 48/93 (originário de dezembro de 1988), questionado originalmente na Suprema Corte Britânica (High Court of Justice, Divisional Court, Queen's Bench Division), onde esta empresa e outras queriam a impugnação da Lei da Marinha Mercante de 1988 (Merchant Shipping Act 1988, que provisoriamente entraria em vigor de 31/12/88 até 31/3/89), por incompatibilidade com o Direito Comunitário, em especial o art. 52, do Tratado da CEE (liberdade de estabelecimento). Tal Lei criara um novo registro de barcos de pesca, fazendo-se restrições à residência, nacionalidade e domicílio dos proprietários. O Tribunal de Justiça da Comunidade Européia decidiu em 25/6/91 (Processo 221/89) que o Direito Comunitário se opunha a requisitos de nacionalidade, residência e domicílio dos proprietários, fretadores e armadores de navios de pesca. Estava em questão a responsabilidade do Estado-Membro por atos e omissões do legislador local contrários ao Direito Comunitário.

bém é aplicável ao caso de uma violação daquele tipo, consistir na não adaptação a normas hierarquicamente superiores de Direito Comunitário, de uma lei formal de um parlamento nacional[472]?

2) A ordem jurídica nacional pode determinar que qualquer direito à indenização esteja sujeito às mesmas limitações que em caso de violação por lei interna de posição hierarquicamente superior, como por exemplo a violação da Constituição da República Federal da Alemanha, por uma simples lei federal alemã?

3) A ordem jurídica nacional pode sujeitar o direito à indenização à condição de os agentes estaduais, aos quais é imputável a não adaptação, poderem ser responsabilizados a título doloso ou culposo?

4) No caso da resposta à primeira questão ser positiva e a resposta à segunda ser negativa:

a) O dever de indenizar pode ser limitado à reparação de danos em determinados bens jurídicos individuais, como a propriedade, de acordo com os critérios da ordem jurídica nacional, ou impõe uma reparação global dos danos, em relação à qualquer perda patrimonial, incluindo-se aí os lucros cessantes?

b) O dever de indenizar impõe, também, o ressarcimento de danos surgidos antes do Acórdão exarado pelo Tribunal de Justiça da Comunidade Européia (12/3/87), que declarou a contrariedade ao Direito Comunitário, de posição hierarquicamente superior ao § 10º, da Lei do Imposto sobre a cerveja alemã?

Diante de tais questões, em 28 de novembro de 1995, o Advogado Geral **Giuseppe Tesauro**[473] elabora o seu parecer, respondendo aos itens formulados, na seguinte forma:

---

472. Questionava-se a não adaptação do art. 30, do Tratado da Comunidade Européia, com os §§ 9º e 10º, da Lei que cobrava um determinado imposto sobre a cerveja alemã.

473. Vide: "Actividades do Tribunal de Justiça e do Tribunal de 1ª Instância

1) Um Estado-Membro é obrigado a reparar os danos causados aos particulares por violações do Direito Comunitário que lhe são imputáveis, incluindo-se aí a violação resultante do fato de o legislador não ter alterado uma lei nacional para a tornar conforme ao Direito Comunitário, desde que a obrigação imposta ao Estado, onde deriva o direito do particular, seja precisa em todos os seus elementos ou tenha sido claramente definida pela jurisprudência na matéria;

2) Um Estado-Membro não pode submeter o direito à reparação dos danos derivados de violações do Direito Comunitário às mesmas restrições que as previstas em caso de violação de disposições constitucionais nacionais por acto do legislador, se essas restrições tiverem por efeito tornar praticamente impossível o direito à reparação;

3) A obrigação de reparação a cargo do Estado não pode estar subordinada à averiguação da existência de uma componente subjetiva (negligência ou dolo), que acompanhe a violação da disposição em causa, se esta violação é manifesta e grave no sentido indicado acima;

4) a) Compete à ordem jurídica nacional fixar as categorias de dano indenizáveis e os critérios de avaliação do dano, sob a condição de as exigências previstas para este efeito não serem menos favoráveis do que as que respeitam a reclamações semelhantes de natureza interna e que não sejam susceptíveis de tornar excessivamente difícil ou praticamente impossível para o particular a obtenção da reparação integral dos danos sofridos; tal seria o caso se o direito nacional limitasse o respectivo alcance aos bens protegidos por força da lei, tais como a propriedade, e excluísse, pelo contrário, qualquer possibilidade de reparação no que respeita aos lucros cessantes;

---

das Comunidades Européias", nº 33/95, pp. 14 e ss.; e, **Marta Ribeiro**, in: "Da Responsabilidade do Estado", pp. 165-168 e 170-172.

b) A obrigação a cargo do Estado de indenizar os danos causados aos particulares nasce a partir do momento em que intervém o fato gerador do dano se a disposição violada é clara no sentido indicado anteriormente ou, em caso de situação jurídica duvidosa, a partir do momento em que esta situação é clarificada por jurisprudência comunitária, quer seja por uma decisão a título prejudicial, ou por um Acórdão proferido em aplicação do art. 169, do Tratado.

II-) *Caso Factortame III*, foi submetido ao Tribunal de Justiça da Comunidade Européia por intermédio de um pedido de decisão prejudicial, enviado pela *Divisional Court of the Queen's Bench Division*, diante do processo havido entre *The Queen and the Secretary of State of Transport*, num pólo e do outro lado, *Factortame Limited* e outros, apresentando as seguintes questões:

1) a) A legislação de um Estado-Membro estabeleceu condições referentes à nacionalidade, domicílio e residência dos proprietários e exploradores de navios de pesca e dos acionistas e administradores das sociedades proprietárias ou exploradoras desses navios, e;

b) Tais condições foram consideradas pelo Tribunal de Justiça, nos processos C-221/89 e C-246/89, como violadores dos artigos 5º, 7º, 52º e 221º, do *Tratado da CEE*, têm essas pessoas, que eram proprietárias ou exploradoras de tais navios, ou administradores e/ou acionistas das sociedades proprietárias ou exploradoras desses navios, direito, ao abrigo do Direito Comunitário, à reparação por parte do Estado-Membro, dos danos que tenham sofrido, devido a todas ou quaisquer dessas violações ao *Tratado da CEE*, antes referidas?

2) Caso a questão 1 seja respondida pela afirmativa, que considerações exige o Direito Comunitário, que os tribunais apliquem para a decisão dos pedidos de indenização relativos:

a) Às despesas e/ou aos lucros cessantes e/ou à perda de rendimentos, durante o período após a entrada em vigor das referidas condições, durante o qual os navios foram forçados a ficar imobilizados, resultantes das medidas alternativas que tiveram que tomar, para o exercício da pesca e/ou para obter a matrícula dos navios em outros lugares;

b) Aos danos resultantes das vendas abaixo do seu valor, dos navios ou das suas participações nestes, ou das ações das sociedades proprietárias dos navios;

c) Aos danos resultantes da necessidade em que se viram de prestar cauções e pagar multas e despesas judiciais, por alegadas infrações relacionadas com a exclusão dos navios do registro nacional de matrículas;

d) Aos danos resultantes da impossibilidade, para tais pessoas, de serem proprietários ou de explorarem outros navios;

e) À perda das retribuições de administração;

f) Às despesas suportadas com a tentativa de minorar os danos acima referidos;

g) A uma indenização punitiva, tal como a pedida?

Diante de tais questões, conforme já salientado, em 28 de novembro de 1995 o advogado geral **Giuseppe Tesauro** dita em seu parecer a seguinte resposta às questões postas em juízo, na seguinte forma:

1) Um Estado-Membro é obrigado a reparar os danos causados aos particulares por violações do direito comunitário que lhe são imputáveis, incluindo-se aí a violação resultante do fato de o legislador não ter alterado uma lei nacional para a tornar conforme ao direito comunitário, na condição da obrigação imposta ao Estado, donde deriva o direito do particular, ser precisa em todos os seus elementos ou claramente definida pela jurisprudência na matéria;

2) Compete à ordem jurídica nacional fixar as categorias de dano indenizáveis e os critérios de avaliação do dano, sob a condição das exigências previstas para este efeito não serem menos favoráveis do que as que respeitam a reclamações semelhantes de natureza interna e que não sejam susceptíveis de tornar excessivamente difícil ou praticamente impossível para o particular a obtenção da reparação integral dos danos sofridos. No caso da ordem jurídica

nacional prever igualmente a concessão de indenização a título sancionatório, as disposições referentes a esta matéria devem assim ser aplicadas, sem a menor discriminação, igualmente em caso de violação de direitos conferidos aos particulares pelo Direito Comunitário.

Em 5 de março de 1996, o Tribunal de Justiça da Comunidade Européia decidiu as duas questões, tendo como base o parecer do advogado geral, seguindo na mesma linha[474]. Basicamente o Tribunal de Justiça da Comunidade Européia decidiu que não se pode deixar de garantir ao particular este desfrute dos direitos conferidos pelo Direito Comunitário, em especial que este venha a sofrer um prejuízo por violações ao Direito Comunitário, imputável a um Estado-Membro. Ocorrendo o dano, oriundo de tal prática, mister se faz a sua reparação integral e justa.

Para que tal indenização ocorra, o Direito Comunitário exige três requisitos: a) que a norma jurídica violada tenha por objeto conferir direitos aos particulares; b) que a violação esteja suficientemente caracterizada; e c) que exista uma relação de causalidade direta entre a infração de obrigação comunitária do Estado-Membro e o dano sofrido pela vítima.

É claro que muito se há de fazer neste sentido, em se tratando de blocos comunitários mais recentes, como o Mercosul, mas já há uma jurisprudência de um Tribunal Comunitário[475], neste sentido (as mais importantes são os

---

[474]. Vide: "Actividades do Tribunal de Justiça e do Tribunal de 1ª Instância das Comunidades Européias", nº 7/96, pp. 3 e ss.; e, **Marta Ribeiro**, Op. cit., p. 173.
[475]. Cito os seguintes Casos da Corte de Justiça da Comunidade Européia (coletânea), na questão da responsabilidade internacional (ou comunitária), dos Estados-Membros, em caso de violação de Direito Comunitário: 16/12/60, Caso 6/60, Humblet; 14/7/61, Caso 9/60 e 12/60, Vloeberghs; 5/2/63, Caso 26/62, Van Gend & Loos; 15/7/63, Caso 25/62, Plaumann; 15/7/64, Caso 6/64, Costa/ENEL; 14/7/67, Caso 5/66, 7/66 e 13-24/66, Kampffmeyer; 4/4/68, Caso 34/67, Lück; 18/12/68, Caso 13/68, Salgoil; 28/4/71, Caso 4/69,

Lütticke; 2/12/71, Caso 5/71, Zuckerfabrik Schöppenstedt; 14/12/71, Caso 43/71, Politi; 17/5/72, Caso 93/71, Leonesio; 13/6/72, Caso 9 e 11/71, Compagnie d'Approvisionnement; 7/2/73, Caso 39/72, Commission x Italie; 21/2/72, Caso 6/72, Continental Can; 11/12/73, Caso 120/73, Lorenz; 16/1/74, Caso 166/73, Rheinmühlen; 13/11/75, Caso 26/76, General Motors; 22/1/76, Caso 60/75, Russo; 16/12/76, Caso 33/76, Reve; 16/12/76, Caso 45/76, Comet; 16/3/77, Caso 68/76, Commission x France; 9/3/78, Caso 106/77, Simmenthal; 5/12/79, Caso 116 e 124/77, Amylum; 27/2/80, Caso 68/79, Just; 5/3/80, Caso 265/78, Ferwerda; 27/3/80, Caso 61/79, Denkavit Italiana; 10/7/80, Caso 811/79 e 826/79, Ariete e Mireco; 10/7/80, Caso 152/78, Commission x France; 17/12/81, Casos 197 à 200/80, 243/80, 245/80 e 247/80, Walzmühle; 1/4/82, Caso 11/81, Dürbeck, 15/7/82, Caso 40/82, Commission x Royaume-Uni; 15/9/82, Caso 106/81, Kind; 14/12/82, Caso 314/81 à 316/81 e 83/82, Waterkeyn; 23/3/83, Caso 42/82, Commission x France; 21/6/83, Caso 90/82, Commission x France; 9/11/83, Caso 199/82, Sangiorgio; 10/4/84, Caso 14/83, Von Colson e Kanann; 13/2/85, Caso 293/83, Gravier; 9/7/85, Caso 179/84, Bozzetti; 20/1/86, Caso 175/84, Krohn; 20/2/86, Caso 309/84, Commission x Italie; 20/2/86, Caso 152/84, Marshall I; 15/5/86, Caso 222/84, Johnston; 2/12/86, Caso 23/84, Commission x Royaume-Uni; 4/12/86, Caso 71/85, SNV; 12/3/87, Caso 178/84, Commission x RFA; 23/3/87, Caso 286/85, Mac Dermott e Cotter; 8/10/87, Caso 80/86, Koltinghuis Nijnegen; 15/10/87, Caso 222/86, Heylens; 2/2/88, Caso 24/86, Blaizot; 2/2/88, Caso 22/87, Commission x République Italienne; 24/3/88, Caso 240/86, Commission x Grèce; 13/7/88, Caso 169/87, Commission x France; 13/7/89, Caso 380/87, Enichem Base; 10/10/89, Caso 246/89, Commission x Royaume-Uni; 19/6/90, Caso C-213/89, Factortame II; 12/7/90, Caso C-188/89, Foster; 8/11/90 C-177/88, Dekker; 13/11/90, Caso C-106/89, Marlise Leasing; 5/2/91, Caso C-363/89, Roux; 21/2/91, Caso C-143/88 e C-92/89, Zuckerfabrik Süderdithmarschen e Soest; 3/7/91, Caso C-62/86, Akzo; 17/7/91, Caso C-87/90, C-88/90 e C-89/90, Verholen; 25/7/91, Caso C-208/90, Emmott; 4/10/91, Caso 246/89, Commission x Royaume-Uni; 19/11/91, Caso C-6/90 e C-9/90, Francovich; 3/12/92, Caso C-97-91, Oleificio Borelli; 16/12/92, Caso C-169/91, Stoke-on-trent City Council x B & C Plc.; 2/8/93, Caso C-271/91, Marshall II; 16/12/93, Caso C-334/92, Wagner Miret; 23/2/94, Caso C-236/92, Comitato per il coodinamento della difesa della Cava; 14/7/94, Caso C- 91/92, Faccini Dori; 9/11/95, Caso C-465/93, Atlanta Fruchtandelsgeselschagt; 9/11/95, Caso C-479/93, Francovich II; 14/12/95, Caso C-312/93, Peterbroeck; 14/12/95, Caso C-430 e 431/93, Van Schijndel et Van Veen; 5/3/96, Caso C-46/93 e C-48/93, Brasserie du Pêcheur S/A et Factortame III; 7/3/96, Caso C-192/94, El Corte Inglès S/A; 26/5/96, Caso C-392/93, British Telecommunications; 23/5/96, seguintes cinco casos: *Caso Francovich, Caso Brasserie, Caso British Telecommunications*[476], Caso Lomas[477] e *Caso Dillenkofer*[478], que pode ser aproveitada, além de uma jurisprudência interna de alguns Estados europeus (mais precisamente o de Luxemburgo), que podem servir de balizamento comparado, para as soluções de conflitos que por certo irão acontecer nestes blocos ainda em formação, ou aqueles já formados, mas que ainda, pelo verdume de seu funcionamento, não tenham encarado uma situação como a já vivida pelos europeus. **A questão da ordem pública regional, ao meu ver, só pode ser questionada por blocos que tenham em pleno funcionamento uma Corte com o fito de julgar tais casos, dentre outros.*

Da Ordem Pública e a Autonomia da Vontade nos Contratos

Este caráter excepcional da ordem pública é motivo para atingir, também, as convenções realizadas entre particulares.

Caso C-5/94, Hadley Lomas; 11/7/96, Caso C-39/94, SFEI x La Poste; e em 8/10/96, Caso C-178, 179, 188, 189 e 190/94, E. Dillenkofer.
476. Este Caso tem como data base 26/3/96 (Processo 392/93), onde se discutia a incorreta execução por parte do Reino Unido, da Diretiva 90/531/CEE. A sentença foi nebulosa e confusa, refletindo no próximo julgamento que seria o do Caso Lomas.
477. Trata-se de uma sociedade comercial denominada Hedley Lomas Ltd., que aparelhou medida judicial contra o Ministério da Agricultura, Pesca e Alimentação da Inglaterra e País de Gales, porque, este Ministério se recusou a emitir uma licença de exportação de rebanho ovino à Espanha, em outubro de 1992. O Ministério alegava que havia um ferimento a Diretiva 74/577/CEE de 18/11/74. Talvez, este seja o pior e mais confuso julgamento, apoiado na confusão havida no julgamento do Caso British Telecommunications.
478. Dillenkofer, Erdmann, Schulte, Heuer e Knor (8/out./96), processos 178-179 e 188-190/94. Este foi um Caso que trouxe para a realidade jurídica a justiça sobre a questão da responsabilidade, julgado pelo ótimo Tribunal de Luxemburgo, onde considero ser o melhor dos Tribunais europeus.

*Como acontece com a fraude à lei a autonomia da vontade é atingida pela exceção da ordem pública[479], pois as normas e princípios absolutamente imperativos não podem ser afastados pela vontade das partes, mesmo que um dos pólos seja o Estado como negociador. A estrutura ético-jurídica do Sistema Legal de um Estado, não pode ser perturbada e suportar tal choque entre norma imperativa oriunda da *lex fori*, com uma convenção estabelecida pelas partes. Aceitar tal proposta, dando uma força exagerada e ilegal à autonomia da vontade, seria dar um *salto para o desconhecido* (*sprung ins Dunkle*), como afirmava **Raape**.

Aliás, já doutrinava **Henri Batiffol** em obra[480] que não era muito a sua área, mas se sentia mais solto em criticar a autonomia da vontade, lembrando que: "já não se trata de ver no contrato um fenômeno de primeira importância, que seria obrigatório, só pela sua existência, ao qual a lei apenas trouxesse a ajuda do poder prestando às partes o serviço de distinguir as suas vontades não explicitadas, de maneira que até se pudesse conceber um contrato como não obedecendo à qualquer lei, como já foi sustentado em direito internacional privado. (...) uma verdade que nunca deveria ter sido desprezada, a do primado da lei sobre o contrato: ela sempre existiu, até mesmo na época em que as leis eram muito menos numerosas, leis imperativas a que os contratantes não podiam subtrair-se, e o esforço dos liberais para as restringir à consagração da liberdade não passava de um equívoco; uma vez que a ordem pública

---

479. Em algumas legislações, como a do Código de Obrigações Suíço (artigo 19), estabelece que: "L'objet d'un contrat peut être librement déterminé, dans les limites de la loi. La loi n'exclut les conventions des parties que lorsqu'elle édicte une règle de droit strict, ou qu'une dérogation 'son texte serait contratire aux moeurs, à l'ordre public ou aux droits attachés à la personnalité" (**F. Fick**, in: "Commentaire du Code Fédéral des Obligations", Ed. Delachaux & Niestlé, Neuchatel, 1911, pp. 53-54).
480. In: "A Filosofia do Direito", traduzido por **Eugénio Cavalheiro**, Ed. Notícias, Lisboa, s/d, pp. 87-88.

exprime, como eles disseram, as necessidades da coexistência das liberdades, estas são consagradas no estilo de **Rousseau** pela obrigação de obedecer à lei: mas já não estamos a falar da mesma liberdade, da que exprima o contrato debatido fora de qualquer quadro legal. As leis de ordem pública sempre manifestaram que cabia ao legislador determinar em que condições e dentro de que campo seria válido um determinado contrato, uma vez que é o legislador quem decide da promulgação das leis e do seu caráter imperativo ou supletivo".

*A autonomia da vontade não pode ser levada ao "pé da letra", nem mesmo num ambiente mais flexível, como é o caso do Direito Internacional Privado. Liberdade total e irrestrita, já dizia um político brasileiro (**Carlos Lacerda**), "é soltar o lobo no galinheiro". A autonomia da vontade, sem um limite legal que a regule, fere a ordem jurídica de qualquer Sistema Legal.* Esta liberdade inspirada em **Kant**, não pode ser aceita, ou seja, *a autonomia da vontade não pode se locomover fora dos parâmetros delineados pela norma imperativa, tendo em vista que a liberdade não é absoluta e sim relativa*[481]. Dentro do conceito de autonomia da vontade, há pelo menos dois elementos: um *voluntário*, representado pela vontade das partes contratantes e outro *imperativo*, representado pela legislação que necessariamente tal vontade tem que respeitar e seguir. Esta limitação é ditada geralmente pela melhor doutrina por três variantes, quais sejam: a) questões de *ordem internacional* ou com reflexos de estraneidade, como as limitações e/ou normas impostas pelo Direito Convencional ou preceitos aceitos internacionalmente, como a prática do genocídio, escravidão, tráfico de entorpecentes, etc; b) questões de *ordem territorial*, como o ferimento de normas morais, culturais, imperativas, sociais, econômicas, etc; e c) questões de *ordem*

---

[481]. Neste sentido vide **V. Caleb**, in: "Essai sur L'Autonomie de la Volonté", Estrasburgo, 1927, pp. 97 e ss.

pessoal, como atos ou fatos concernentes ao casamento e seu desfazimento, disposições testamentárias, etc. Nota-se em todas elas a interferência da *ordem pública*.

O *Instituto de Direito Internacional* chegou a tentar deliberar sobre o tema (Conflitos de leis em matéria contratual, especialmente a determinação da lei aplicável a título imperativo), na sua Reunião de Lausane, em 1927, sem chegar a qualquer consenso. Em 1937, na Reunião de Luxemburgo[482], o Instituto chegou a um consenso por via reflexa ao aprovar uma resolução a respeito dos conflitos de leis em matéria de contrato de trabalho, mas, mesmo assim, pouco sobre a autonomia da vontade foi discutido. As doutrinas que melhor ditaram sobre a questão da ordem pública na autonomia da vontade, representada pelo contrato, foram na maioria esmagadora os doutrinadores ingleses, sendo seguidos pelos doutrinadores norte-americanos. **Kuhn** dizia que: "...contracts made in a foreign country for future illicit cohabitation and prostitution; contracts for the printing or circulation of irreligious and obscene publications; contracts to promote or reward the commission of crimes; ... in short, all contracts, which in their own nature are founded in moral turpitude, and are inconsistent with the good order and solid interests of society"[483].

---

482. Vide "Annuaire", 1937, vol. 40, pp. 190-220, 248-257 e 273-275.

483. Op. cit., p. 34. Segue, ainda, **Kuhn**, doutrinando que: "...if the plaintiff had been suing for the enforcement of a contract deemed legal at the place of the contract but illegal in the forum, the case might have been stronger because the court might very well have said that the procedure of the forum would not lend its aid to a contract prohibited by the local lesilature. In the instant case, however, the plaintiff is asking for redress agpinst its own free undertaking to exempt the carrier, made under the laws of a foreign country where such undertaking was valid. Public policy should be deemed something stronger than the law or legislation of a particular state. If this be not so, there is grave danger of requiring all contracts consummated abroad to conform to the law of the forum. Beale has remarked with much force that, < There is, moreover, in the law of every jurisdiction a strong policy in favor of recognizing and enforcing rights and duties validly created by the foreign law. The Restatement

Por esta doutrina, nota-se que em questão de obscenidade na mídia a questão de ordem pública mudou radicalmente (entre 1937 e 2000), mesmo em se tratando dos Estados Unidos, um país tido como ultraconservador. O formador de opinião do Século XIX, **Westlake** já doutrinava que "Where a contract conflicts with what are deemed in England to be essential public or moral interests, it cannot be enforced here notwithstanding that it may have been valid by its proper law. The plaintiff in such a case encounters that reservation in favour of any stringent domestic policy, with which alone any maxims for giving effect to foreign laws can be received..."[484].

Outros, como **Schitthoff**, já apontavam que: "Foreign rights contrary to English public policy. It is the practice of the English courts to deny legal validity to English contracts infringing public policy, and it is not to be expected that they would accord more favourable treatment to contracts concluded abroad"[485]. Segue, ainda, ditando que: "The reason why English courts refuse to enforce foreign contracts of this type is that the doctrine of public policy forms an intrinsic part of the lex fori. It is, therefore, immaterial that the contract is good according to its proper law which governs its substance"[486].

---

provides: <<no action can be maintained upon a cause of action created in another state the enforcement of which is contrary to the strong public policy of the forum" (Op. cit., pp. 36-37).

[484]. In: "Private International Law", p. 307.

[485]. Op. cit., pp. 60-61. Cita, ainda, o Caso Rousillon v. Rousillon, onde ficou decidido que: "... it seems to me almost absurd to suppose that the courts of this country should enforce a contract which they consider to be against the public policy of this country simply because it happens to have been made somewhere else". A seguir ele comenta: "This obvious inference cannot be affected by the argument that the contract does not infringe the proper law of the contract, i.e. the law which according to the intention of parties is to govern the contract" (Op. cit., p. 61).

[486]. Op. cit., p. 61.

Seguindo as lições de **Dicey**, os doutrinadores **Burgin** e **Fletcher**, doutrinam que: "A contract (whether lawful by its proper law or not), is invalid in England if it is opposed to English interests of State, or to the policy of English law, or to the moral rules upheld by English law. It is an over-riding maxim that no contract which conflicts with public policy, justice or morality as understood in England will be enforced in English Court. This is a rule of the lex fori, which may be called into operation in limine to defeat a plaintiff who has a valid claim under some foreign system of law, which admittedly regulates his rights... The more obvious among the class of contracts, which are contrary to English ideas of morality, are those for future immorality, or for the supply of illicit intercourse. It is quite immaterial that such contracts are valid where made and where they are to be performed"[487].

Mais recentemente (anos 90) a doutrina inglesa aglutinou alguns exemplos do passado e fez uma adição de novos temas, referentes aos contratos que ferem diretamente a ordem pública (*public policy*), como nos elucida **Collier**[488]: The English Courts will not enforce a contract, whatever its applicable law, if it contravenes English public policy. This is a rule of English domestic law and is fully dealt with in standard works on the law of contract. Examples of such contracts are: a champertous contract[489], an agreement to stifle a prosecution[490], an agreement in restraint of trade[491] (trade in this country at any rate)[492], a contract

---

487. In: "Conflict of Laws", p. 141.
488. In: "Conflict of Laws", p. 373. Neste mesmo sentido e orientação moderna (apesar de ser a 12ª edição), vide a obra atualizada de **North** e **Fawcett**, "Private International Law", pp. 113, 128 e 129.
489. Baseado no Caso Grell v. Levy, de 1804.
490. Baseado no Caso Kaufman v. Gerson, de 1904.
491. Baseado no Caso Kaufman v. Gerson, de 1904.
492. Baseado no Caso Rousillon v. Rousillon, de 1880.

which involves trading with the enemy[493], or an agreement to defraud a foreign revenue authority[494]. One particular kind of contract which falls foul of this rule was dealt with earlier[495], that is, a contract the parties to which intend the doing or the procuring of the doing by a third party of an act in a foreign friendly state which is an offence by the law of that state. In the cases in which such a contract was refused enforcement[496], the applicable law was English law, but it is beyond doubt that the result would have been the same had it been another system of law[497].

O mesmo ocorreu na década de 90 com os norte-americanos, com preceitos semelhantes cristalizados nas lições de *Scoles* e *Hay*[498], que doutrinaram o seguinte: "However, the forum will not disregard the choice-of-law provision of a contract simply because the chosen law differs in some respects form forum law[499], but will do so only when the difference rises to the level of public policy... More recent cases undertake to determine which public policies are strong[500] or fundamental[501] enough to justify overinding the

---

493. Baseado no Caso Dynamit A/G v. Rio Tinto Co., de 1918.
494. Baseado no Caso Emery's Investment Trusts, de 1959.
495. Vide pp. 210 à 212 desta obra, onde são relatados vários Cases a este respeito.
496. Baseado no Caso De Wütz v. Hendricks, de 1824; Caso Foster v. Driscoll, de 1929; e, Caso Regazzoni v. K.C. Sethia, de 1944.
497. Pela Convenção de Roma de 1980, as Cortes Inglesas, não aceitam no tocante aos contratos, legislação estrangeira incidente, que vão de encontro com a sua ordem pública (public policy - art. 16).
498. In: "Conflict of Laws", pp. 663-664 e 666-669.
499. Neste sentido, vide Caso B.M. Heede Inc. v. West India Machinery and Supply Co. (NY), de 1967; Caso A.S. Rampell Inc. v. Hyster Co. (NY), de 1957; Caso Mittenthal v. Mascagni (Mass), de 1903; Caso Swann v. Swann (Ark), de 1884; e, Restatement (second), § 187.
500. Vide o Caso Fine v. Property Damage Appraisers Inc. (LA), de 1975; Caso National Surety Corp. v. Inland Properties Inc. (Ark), de 1968; e, Caso Bethlehem Steel Corp. v. G.C. Zarnas & Co., de 1985.
501. Vide o Caso Winer Motors Inc. v. Jaguar Rover Triumph Inc. (NJ), de 1985; e, Restatement (second), § 187.

parties' choice. Some courts measure the importance of a public policy by whether it is embodied in a statute or merely a common law rule[502], while others indicate that a contract must be immoral[503], inherently vicious, wicked or immoral[504], abhorrent to public policy[505], or offensive to justice or public welfare[506] before voiding a stipulation of law"[507].

Estes autores, ainda, colocam como exceção à aplicação da lei estrangeira, baseados na ordem pública, casos específicos de contratos de adesão[508], contratos de seguros[509], usura[510], contratos trabalhistas ou envolvendo relações de trabalho em especial a proteção de empregados[511] e contratos

---

502. Vide os Casos da Suprema Corte: Caso Davis v. Jointless Fire Brick Co., de 1924; e, Caso Forney Industries Inc. v. Andre, de 1965.
503. Vide o Caso Fonseca v. Cunard Steamship Co. Limited (Mass), de 1891.
504. Vide o Caso Intercontinental Hotels Corp. v. Golden (NY), de 1964.
505. Vide o Caso Naylor v. Conroy (NJ), de 1957.
506. Vide o Caso Loucks v. Standard Oil Co. (NY), de 1918.
507. Op. cit., pp. 663-664.
508. Com base no Caso Boase v. Lee Rubber & Tire Corp., de 1970; Caso McQuillan v. Italia SpA di Navegazione (NY), de 1974; Caso Johnston v. Commercial Travelers Mutual Accident Association of America (SC), de 1963; Caso Business Incentives Co. Inc. v. Sony Corp. of America (NY), de 1975; Caso Anderson v. First Commodity Corp. of Boston (WIS), de 1985; dentre outros.
509. Com base nos famosos cases do final do século XIX e início do século XX, além dos cases recentes como o Caso Nelson v. Aetna Life Insurance Co. (MO), de 1973; Caso Reger v. National Association of Bedding Manufacturers Group Ins. Turst Fund (NY), de 1975; e, Caso Humble Oil & Refining Co. (LA), de 1973. Vide ainda, Restatement (second), § 192
510. Com base no Restatement (second), § 192 c/c 203 e em *cases mais* recentes como o Caso Davis v. Humble Oil & Refining Co. (LA), de 1973; Caso Morgan Walton Properties Inc. v. International City Bank & Turst Co. (FLA), de 1981; Caso Woods-Tucker Leasing Corp. v. Hutcheson-Ingram Development Co., de 1980; e, Caso Bice CF. Co. Inc. v. CIT Corp. of South Inc., de 1983.
511. Vide o Caso Blalock v. Perfect Subscription Co. (ALA), de 1978; Caso Nasco Inc. v. Gimbert, de 1977; Caso Frame v. Merrill Lynch Pierce, Fenner & Smith Inc., de 1971; dentre outros.

que não atendem a certas formalidades e/ou que ferem o *Statute of Frauds*[512]. *Portanto, claro está que a autonomia da vontade pode ser aplicada, sempre que obedecer a uma determinação legal com caráter limitativo do seu âmbito de atuação. Recomenda-se, inclusive, utilizar para certos negócios jurídicos, legislações alienígenas, como regras de arbitragem, ou fazer uso das regras do porto de Hamburgo, ou da lex mercatoria, incoterms, etc., sempre respeitando os limites impostos pela legislação local de onde tal avença vai produzir efeitos. Da mesma forma deve agir a magistratura, quando tal avença for levada a Juízo, não deve ser aplicada de imediato a *lex fori*, mas sim, aplicar de maneira supletiva qual o melhor Direito para aquela avença, conforme a vontade das partes ao se contratarem. Já dizia **Taborda Ferreira**, no seu curso em Haia: "...a vontade das partes é o instrumento de que se serve o legislador para situar a relação jurídica"[513].

Ainda sobre a questão da autonomia da vontade e a aplicação da lei escolhida pelas partes, apenas a título ilustrativo o *Instituto de Direito Internacional*, na sua reunião de Florença de 1908, já havia estabelecido regras para se determinar qual a lei que deve reger as obrigações contratuais a título de *direito supletivo*. Entendeu tal Instituto que os efeitos da obrigação são regidos pela lei da qual as partes manifestaram a intenção de se submeter, na medida em que a validade da obrigação e seus efeitos não se choquem contra tais leis, que regem obrigatoriamente o contrato, especialmente no tocante à capacidade das partes, quanto à forma, à validade intrínseca do contrato ou à ordem pública. Como já doutrinou e radicalizou **Guido Fernando Silva Soares**, a ordem pública se apresenta como a nega-

---

512. Vide o Caso Nakhleh v. Chemical Construction Corp. (NY), de 1973 (contrato oral realizado sobre as leis da Arábia Saudita); Caso Swanson v. United-Greenfield Corp., de 1965; dentre outros.
513. In: Recueil des Cours, tomo 89, 1956, I, p. 672.

ção[514] do próprio Direito Internacional Privado, uma vez que anularia sua função de indicar o direito de regência[515]: se a questão envolve ordem pública, qualquer que seja a lei indicada pela norma de conflito, a única aplicável será a *lex fori*[516]. Mais adiante afirmou magistralmente que "... nos sistemas legislativos em que prepondera o liberalismo nos contratos, a ilha dos preceitos de ordem pública é restrita, ao passo que nos sistemas de maior intervenção estatal nos negócios privados, aqueles preceitos se transformam em inteiros continentes, nos quais a liberdade da vontade para criar normas entre as partes se constitui em lagoazinhas de exceções".

Ainda, como ressaltou **Guido Fernando Silva Soares**[517], pode acontecer que por um certo receio por parte dos atores contratantes, ou ainda, com uma brutal interferência do Estado ou de suas leis, nos contratos internacionais, a prática vem demonstrando verdadeiros *"contratos sem lei"* (tão criticados por **Batiffol**), ou seja, são contratos que trazem em seu bojo cláusulas e regras complexas de regência, que fazem tal instrumento seguir o seu curso, sem necessitar de men-

---

514. Entendo que há um limite à aplicação ao Direito ou lei estrangeira, e não uma negação ao Direito Internacional Privado dado por ele próprio. É o controle sobre si mesmo! Na grande maioria dos casos o que se nota é que se exclui a norma jurídica estrangeira, normalmente aplicável, segundo o próprio Sistema de Direito Internacional Privado do fórum. A mais citada formulação neste sentido foi elaborada pelo Reichtsgericht alemão, ou seja, a ordem pública alemã é violada quando uma diferença entre as concepções políticas e sociais sobre as quais estão assentados respectivamente o Direito Estrangeiro e o Direito Alemão, é tão substancial, que a aplicação do Direito Estrangeiro, ameaça as bases da vida política e social alemã. Este conceito jurisprudencial, está em conformidade do que estabelece o artigo 30, do EGBGB (Einführungsgesetz zum Bürgerlichen Gesetzbuch — Lei de Introdução ao Código Civil) e inciso 4°, do § 328, do ZPO (Zivilprozessordnung — Diploma Processual Civil).
515. Em p. posterior (124), o jusinternacionalista cita lição de **Valladão**, onde fica sacramentado que: "realmente, a ordem pública é um limite do foro à manifestação de vontade individual, às disposições e Convenções particulares".
516. Op. cit., p. 123.
517. Op. cit., p. 127.

cionar ou ser aplicada lei estatal alguma. Exemplos desta afirmação podem ser encontrados em contratos firmados por organizações internacionais, dentre elas os bancos internacionais, que tôm regras próprias, sem se aterem a regras legislativas estatais.

Com estes exemplos o Prof. **Guido Fernando Silva Soares** estabelece uma nova corrente, qual seja a da *ordem pública verdadeiramente internacional*[518]. Ele entende que esta ordem pública verdadeiramente internacional nasce exatamente destes contratos que não são atrelados a uma determinada lei, ou seja, "trata-se de tipificar a ordem pública naqueles contratos entre particulares, desligada de legislações locais, e igualmente, naqueles contratos entre particulares estrangeiros e Estados ou suas manifestações, neste último particular, regido nem por direitos internos, nem pelo Direito Internacional Público, mas pelo... Direito Transnacional, a meio caminho entre o Direito Internacional Público e os Direitos Internacionais Privados de todas as Nações, no que tem de comum".

Esta questão da ordem pública ser "verdadeiramente internacional" ou "universal", *ao meu ver não pode ser aceita na prática, senão teríamos duas ordens públicas e não uma. A unicidade da ordem pública é que lhe dá a força e lhe fornece a base, para ser aplicada e ter eficácia. Claro que a tendência é dar a tal força e eficácia um efeito extraterritorial, aplicando-se a ordem pública "universal", para questões onde há um consenso unânime entre os Estados, como em crimes internacionais, etc. Contudo, entendo que a ordem pública não pode ser fracionada em duas categorias.* Um exemplo claro nos dá o Direito Constitucional, onde há uma Constituição como um conjunto de normas a serem

---

[518]. Op. cit., pp. 128-129. É uma terceira opinião, diversa da questão de ordem pública interna e internacional. O Professor **Dolinger** também já expressara tal opinião anteriormente à do Professor **Guido Fernando Silva Soares**, em sua tese e em seu livro de *Direito Internacional Privado* (Op. cit., p. 355 e ss.).

seguidas e há uma "constitucionalidade" que representa os Institutos contidos na Constituição. *No presente caso, podemos utilizar os "Institutos" da ordem pública e nunca a ordem pública em si, porque esta não tem a eficácia extraterritorial. O respeito é tal, que mesmo diante do Direito Convencional, nota-se que em todo Tratado, Convenção, Protocolo, etc., que faz menção à ordem pública, tal menção é referente à ordem pública de cada Estado signatário e não uma ordem pública com força extraterritorial e oriunda da norma convencional a ser aplicada.*

Da *Lex Mercatoria* e do Costume na Ordem Pública

Outro aspecto, que pode ser realizado pelo Judiciário, reside no fato do magistrado local adotar uma determinada norma que não tem o menor vínculo ou elemento de conexão com a *lex fori* ou Direito estrangeiro, buscando auxílio no Direito Convencional (mesmo não ratificado pelo Estado onde se pretende aplicar tal Direito estrangeiro) e/ou na *Lex Mercatoria*, desde que estes elementos convencionais ou consuetudinários específicos (*lex mercatoria*) não firam a ordem pública ou sirvam de estribo para a prática de uma fraude à lei ou um atentado à soberania dos Estados. Reconheço que esta idéia é oriunda de pensamento semelhante, preconizada por **Kosters**[519], contudo, o internacionalista e magistrado holandês propunha a criação pelo intérprete de uma *regra nova*. *No presente caso, não estou buscando uma regra nova, mas utilizando regras disponíveis e aceitas internacionalmente, principalmente no tocante à lex mercatoria.*

---

519. **J. Kosters**, no artigo "Public Policy in Private International Law", publicado no Yale Law Journal, 1920, pp. 745-766.

A lex mercatoria nada mais é do que a construção progressiva de um Direito comercial internacional (ou seja um Direito Específico), que teve um desenvolvimento maior na cristalização e padronização de costumes internacionais (mais notadamente contratos-tipo e cláusulas específicas), assim como normas oriundas do Direito Convencional e por leis-modelo, com ajuda da prática da arbitragem comercial internacional neste sentido, formando o que se entende hoje de jus mercatorum ou como a nova lex mercatoria[520]. Este comércio internacional cristalizado ou não, embasado pelos usos e costumes, além de uma elaboração pretoriana, é geralmente desvinculado dos chamados direitos estaduais[521], sendo popularizada por **B. Goldman** no seu famoso artigo *"Frontières du Droit et Lex Mercatoria"*, estampado nos *Archives de Philosophie du Droit*[522] (apesar da expressão já ter sido utilizada na Idade Média, nos finais do século XIII,

---

520. Incluí-se dentro desta nova concepção de *lex mercatoria* até mesmo normas e jurisprudências internas de alguns Estados, que tratam sobre situações privadas internacionais, como doutrina **Paul Lagarde** na p. 128, do "Approche Critique de la Lex mercatoria" (artigo estampado no "Le Droit des Relations Économiques Internationales — Études Offertes à Berthold Goldman", Paris, Ed. Libraries Techniques, 1983, pp. 423-443); princípios gerais do Direito; Direito Internacional Público; Recomendações e Resoluções de Organismos Internacionais; e, Códigos de Conduta, como por exemplo, os confeccionados pela UNCTAD para transferência de tecnologia e para empresas multinacionais. Isso sem falar nas organizações privadas de um determinado Estado, como a Grain and Feed Trade Association Limited of London; ou a fomentadora de contrato-tipo e cláusulas standard, como a IATA; ou organismos como a Câmara de Comércio Internacional (emissora dos Incoterms e das normas sobre crédito documentário); a International Standar Organization (ISO), que já elaborou mais de 4.000 normas de qualidade dentre outros elementos.
521. Apesar de que há normas tidas como lex mercatoria, que são geradas pelo concurso das vontades dos Estados.
522. N° 9, 1964, pp. 177-192. A indicação vem dele mesmo, no seu artigo estampado no Clunet de 1979 ("La Lex Mercatoria dans les Contrats et L'Arbitrage Internationaux: Réalité et Perspectives", pp. 475-505, mais precisamente na p. 476).

em 1291[523], num *writ* dirigido ao *sheriff* de *Gloucester*, para que fosse realizada a Justiça num caso envolvendo um comerciante, *secundum legem mercatoriam*). Apesar da paternidade do uso moderno do termo ser reconhecida à **Goldman**, encontra-se no artigo[524] do jurista suíço **W. Niederer**, tal expressão anos antes do escrito de **Goldman** (1952 — data da primeira publicação de tal artigo de **Niederer**).

O *jus mercatorum* vem recebendo cada vez mais apoios do Direito Positivo, desde o início do século XX. Até mesmo a Organização das Nações Unidas nomeou uma Comissão de Direito Mercantil Internacional, com a finalidade de codificar, padronizar e harmonizar os usos e costumes em matéria de comércio internacional[525]. A *lex mercatoria* es-

---

523. Depois desse ocorrido, há notícia de que um comerciante inglês, chamado de **G. Malynes**, fez publicar no século XVII, mais precisamente em 1622, uma obra denominada "Consuetudo vel Lex Mercatoria or the Ancient Law Marchant". Tal obra teve uma terceira edição publicada em 1686, descrevendo a law marchant como "customary law approved by the authority of all Kingdoms and Commonwealths, and not a law established by the sovereignty of any prince". Daí vem a expressão Nova Lex Mercatoria, utilizada e popularizada inicialmente por **Clive M. Schmitthoff** ("The Law of International Trade, mais precisamente na p. 61 (Op. cit. a seguir). Este autor reconhece o caráter internacional do instituto, contudo, alerta que ao ser lançado qualquer corpo de regras neste sentido, há que se respeitar o conceito de soberania dos Estados, onde tais regras irão irradiar seus efeitos (in: "Commercial Law in a Changing Economic Climate", Ed. Sweet & Maxwell, Londres, 1981, p. 21).

524. "Centerum Quaero Legum Imperii Romani Conflictu", artigo publicado na Revue Critique de Droit International Privé, 1960, pp. 137-150, mais especificamente: "...les relations entre citoyens et pérégrins, ou entre pérégrins de cités différentes, se jugeaient selon le jus gentium, faute d'un droit personnel commun. Le jus gentium s'appliquait aussi aux hommes libres qui n'appartenaient à aucune cité ... Cet ensemble de normes n'était qu'une lex mercatoria, un droit relatif au commerce, aux affaires. Sur ce point l'accord est unanime" (pp. 142-143).

525. Neste sentido vide: **Clive M. Schmitthoff** no artigo: "International Trade and Private International Law", publicado in: "Vom Deutschen zum europäischen Recht, Festschrift für Hans Dölle", 1963, pp. 257-272; e no artigo: "The Law of International Trade, its Growth, Formulation and Operation", in: "The Sources of the Law of International Trade" (International Association of Legal

tabeleceu uma "nova" relação supranacional entre os lidadores do comércio internacional, harmonizando as regras costumeiras utilizadas por tais lidadores, padronizando contratos e legislações concernentes ao chamado sistema mercantil internacional. Além das entidades de caráter privado que emitem regras padronizadas para serem utilizadas transfronteiriçamente, tais como a *ICC, ISO, UNIDROIT, IATA*, a *lex mercatoria* recebe a ajuda de entes internacionais, dentre eles a Organização das Nações Unidas, que, através de atos internacionais (Convenções), harmoniza regras de comércio internacional.

Pelas palavras do culto Professor **Tavares Guerreiro**, tal "o Estado, enquanto titular do poder normativo e fonte de regras jurisdicionais, configura uma realidade, mas essa comunidade de comerciantes ou agentes do comércio internacional configura outra realidade, não conflitante com a primeira, por se referir a interesses diferentes, mas igualmente podendo ser capaz de ser dotada de poder normativo distinto, e podendo se converter, por igual forma, em fonte de regras jurídicas"[526]. Ora, quando falo de Direito estrangeiro me refiro, também, sobre a *lex mercatoria*, que pode ser cristalizada em ato internacional ou em simples regras editadas por pessoas jurídicas sem personalidade internacional, mas que detêm uma força igual ou maior do que muitos entes internacionais, com tal personalidade. A *lex mercatoria* influencia e dá voz de comando cogente, dentro do comércio internacional. Um exemplo claro disso é a atuação dos árbitros da Câmara de Comércio Internacional, que julgam conforme *les usages du commerce* sendo que seus laudos ou sentenças são homologados pelos Estados

---

Science — Colloque de Londres 24 a 27/9/62), Londres, 1964, pp. 3-38. Ainda, sobre o tema abordado vide o curso em Haia de **Gerhard Kegel**: "The Crisis of Conflict of Laws", in: Recueil des Cours, 1964-II, vol. 112, pp. 95-263, mais especificamente da p. 237 ao final.

526. **José Alexandre Tavares Guerreiro** (o "culto"), in: "Fundamentos da Arbitragem do Comércio Internacional", Ed. Saraiva, São Paulo, 1993, p. 71.

sem o menor problema[527], desde que não firam a soberania, sejam realizados sob fraude à lei ou ataquem a ordem pública. Se há este reconhecimento, como acontece no caso dos *incoterms* ou nos *contratos-tipo*, tal Direito estrangeiro pode muito bem ser aceito como, também, pode ser barrado pelo intérprete lotado no Estado onde irá irradiar tal efeito da *lex mercatoria*, que tem por cadeia genética o *ius mercatorum* do século XI, mas com uma força e independência que aquele jamais sonhou ter.

Eu particularmente entendo que a lex mercatoria possui hoje contornos de um Direito Supranacional setorizado, com maior amplitude do que o Direito Convencional, com a mesma especificidade, contudo, há autores de peso que pensam justamente o inverso, como é o caso de **Paul Lagarde**, que dita que a *lex mercatoria* não tem uma organização jurídica suficiente, mesmo no tocante à arbitragem, tendo em vista que os árbitros somente poderão utilizar as regras da *lex mercatoria* com autorização expressa das partes interessadas, caso esta autorização expressa não ocorra ou se verifique parcialmente ou com vício, os árbitros têm que utilizar a *lex fori* ou a um outro Direito nacional, para a solução da questão de fundo[528]. Claro que o árbitro tem

---

527. Antes da implantação da lei de arbitragem brasileira, tais Direitos, representados pelas sentenças ou laudos exarados "diretamente" da ICC, não eram aceitos, tendo em vista que tinham que passar "antes" por uma Corte e, só depois, poderiam ser aceitos, exigência essa que não acontece mais com a nova legislação arbitral. Aliás, o artigo 26 das regras da Câmara de Comércio Internacional é claro ao afirmar que "o árbitro deve envidar esforços para assegurar que o laudo seja executável", ou seja, desde que tais laudos ou sentenças não firam a soberania, sejam realizados sob fraude à lei ou ataquem a ordem pública do Estado que irá recepcioná-los.
528. No artigo "Approche Critique de la Lex Mercatoria", estampado na obra "Études Offertes a Berthold Goldman — Le Droit des Relations Économiques Internationales", Ed. Litec, Paris, 1982, p. 125. **Goldman** muda de sua idéia inicial difundida em 1964, não pela crítica de **Kassis** ou por outras críticas, como ele mesmo expõe, ou seja em 1986, em artigo denominado "The Applicable Law: General Principles of Law — The Lex Mercatoria", in: "Contem-

limites, pois ele pode julgar por eqüidade, utilizar outros "direitos" como ajuda indireta, etc., ou seja, ele tem uma maior mobilidade do que um magistrado comum além de ser um experto na questão de fundo discutida. Esta mobilidade toda realmente assusta aqueles mais puristas e mais apegados a sistemas internos de cada Estado[529], o que é compreensível, mas navegam estes contra a maré, tendo em vista ser a *lex mercatoria* a cada dia, mais atuante e mais rígida. Ao contrário deste "medo" sem razão de ser, a *lex mercatoria* se posiciona de forma firme e serena, não contendo em sua base ou em seu texto, de forma geral, elementos abusivos, atentatórios a qualquer Direito Natural e sempre que suas regras entram em choque com a soberania ou a ordem pública dos Estados, esta não é aplicada.

---

porary Ploblems in International Arbitration", by **Julian D. M. Lew** (Ed. Center for Commercial Law Studies", London, 1986, p. 116 — esta obra não está relacionada na bibliografia final), dita não ser mais a nova *lex mercatoria* um Direito Supranacional e independente, ou seja, a "*lex mercatoria* é um conjunto de princípios gerais e regras costumeiras dentro da estrutura do comércio internacional, sem referência a um sistema jurídico nacional em particular", ou seja, passa a ser um simples conjunto e princípios de regras e não mais um sistema de normas. Contudo, os anos 90 provaram, na prática, justamente o contrário.

529. **Antoine Kassis** confunde um pouco a aplicação e o liame naturalmente existente entre a lex mercatoria com o Direito Interno de cada Estado. Ele não reconhece a lex mercatoria como um sistema ou uma ordem jurídica independente, concordando com a crítica elaborada por **Kahn**, ditando ainda mais que, ela (lex mercatoria) é um fundo comum aos direitos nacionais e que as regras do comércio internacional encontram-se sempre vinculadas a um Direito Nacional (In: "Problèmes du Base de L'Arbitrage en Droit Comparé et en Droit International — Arbitrage Juridictionnel et Arbitrage Contractuel", Ed. LGDJ, Paris, 1987, p. itens 7 e 13 do vol. I e p. 578 do vol. II). Ora, se não há por que tais Direitos Internos de cada Estado aceitarem tais regras, pelo contrário, os incoterms, por exemplo, são inseridos em contratos e quando estes instrumentos são executados, a magistratura local faz valer tais obrigações contidas em cláusulas específicas (FOB, etc.), reconhecendo o seu devido valor, daí, então, eu ser contrário a tal vinculação com o Direito Interno. Este Direito Interno reconhece a lex mercatoria, contudo, ela não faz parte do Direito positivo local.

Ou seja, o que se verifica é a tentativa de eliminar os conflitos de leis por um Direito uniforme, oriundo ou de uma harmonização por via convencional ou por ação autônoma e espontânea da prática comercial internacional[530], evitando, assim, que tais regras comuns não venham as ser barradas pela *lex fori* ou por determinações do Estado em que ela irá irradiar seus efeitos. A *Law Merchant* (*lex mercatoria, jus mercatorum* ou *Direito Espontâneo*, como queiram), é mais utilizada na prática internacional, pelos árbitros, pois suas fontes quase sempre residem em vários sistemas legais, costumes internacionais e normas praticadas e aceitas pelo comércio internacional, além de preceitos oriundos do Direito Internacional Privado e Direito Internacional Público. Portanto, ela se torna um processo criativo e uma grande ferramenta, no que tange {a aplicação e interpretação de Lei, Direito ou Negócio Jurídico estrangeiro.

Pode sofrer, na prática, limitações na sua aplicação, seja em Juízo Estatal seja em Juízo Arbitral, contudo, tais limitações são bem menores do que as realizadas em outras Leis, Direitos, etc., por serem geralmente específicas (quase sempre tratam sobre o comércio internacional ou normas de proteção de valores e interesses econômicos da Comunidade Internacional), portanto, pouco codificadas no Sistema Legal interno de cada Estado, ficando, assim e em princípio, fora de normas imperativas da *lex fori*.

Deve ser reconhecida na *Lex Mercatoria* uma tendência de harmonização e unificação progressiva de normas e atos, oriundas de costumes internacionais, que fogem das normas tidas como estatais e internas. Hoje em dia, com a formação de blocos econômicos mais ativos, quase que gerando uma Federação, como ocorre hodiernamente na Europa Unida o

---

530. Espontânea no sentido de serem adotados contratos-tipo, termos padronizados como os incoterms ou até mesmo algo não tão espontâneo mas característico na lex mercatoria, que é a decisão por mediação ou por arbitragem comercial internacional.

fator comercial fica em alto relevo e tem uma grande importância para este final de século XX, como teve tal tema, no final do século XIX. *Entendo que Lex Mercatoria de hoje, não mais representa a New Law Merchant anteriormente difundida, mas sim está caminhando para uma formação de regras de uma Sociedade Supranacional de Comerciantes*[531], esta é uma tendência que está despontando. A aplicação destas normas, contudo, ainda é de difícil aceitação para a magistratura local de qualquer Estado, pois, depende de prova cabal de sua validade e vigência, enquanto norma a ser aplicada em solo alienígena ou aceita pela *lex fori*.[532]

Ao meu ver, tais normas ainda precisam passar por este crivo de prova, contudo, depois de provada tal *lex mercatoria*, seja esta designada por qualquer denominação, deve ser considerada uma norma interna, se não for barrada pela *lex fori*. Aliás a jurisprudência internacional, numa demonstração de ação direta do Direito Internacional Público no Direito Internacional Privado, decidiu pela então Corte Permanente de Justiça Internacional, em 12/7/29, reconhecer expressamente a existência de fontes internacionais em Direito Internacional Privado, ao afirmar que as regras deste podem ser comuns a vários Estados e inclusive ser estabelecidas por convênios internacionais ou costumes, devendo ser consideradas ditas regras como parte do Direito Interno[533]. Contudo, nota-se que os magistrados dos Estados

---

531. Vide interessante ponto sobre a societas mercatorum, discutita na obra de **Falali Osman**, "Les Principes Généraux de la Lex Mercatoria", Ed. LGDJ, Paris, 1992, p. 407 e ss.
532. **Loussouarn** e **Bredin** já alertavam que o Estado, inspirado por preocupações econômicas e políticas tanto dirige e organiza esforços para a unificação de leis comerciais em especial a lex mercatoria, como paralisa, combate ou pratica obstáculos em sentido oposto (In: "Droit du Commerce International", pp. 44 a 53).
533. Cour Permanente de Justice Internationale, Série A, n° 20/21. Recuel de Arrêts, Arrêt n° 14, Affaire concernant le paiement de divers emprunts serbes

mais conservadores, lutam em aceitar tal *lex mercatoria*, barrando e combatendo-a com os Princípios Gerais do Direito, forçando a aplicação da *lex fori*, o que é uma miopia por certo. O tradicionalismo em alguns Estados é daninho para o desenvolvimento cultural e comercial de um povo, como para o desenvolvimento dos Sistemas Jurídicos que visam a harmonizar certos usos e costumes, evitando, assim, engessar ou conflitar com as leis internas de cada Estado.

Dos Efeitos da Ordem Pública

*Quando o julgador ou árbitro, seja em que grau esteja, ou seja em que Corte atue (nacional ou internacionalmente falando), ao barrar a lei estrangeira que era competente para aquela situação verificada, deverá aplicar a lei certa e determinante para aquela situação, ou seja, geralmente ele substitui a Lex causae pela Lex fori, contudo, não deve tal intérprete, se possível, substituir por completo tal lei estrangeira, mas sim apenas o necessário para afastar um determinado ponto na lei estrangeira, que fere a ordem pública do foro. Ou seja, deve-se buscar o que há de bom e aproveitável na lei estrangeira competente para aquele determinado caso, que não se chocou contra a Lex fori, "jogando fora os frutos podres". Se tais "frutos podres" contaminaram toda a "caixa", aí sim, não se deve aplicar a lei estrangeira como um todo. Esta teoria da contaminação deve ser levada em conta pelo intérprete nacional.

émis en France, p. 41: "La question de savoir...quelle est cette loi fait objet de la partie du droit qu'aujourd'hui on désigne le plus souvent sous le nom de droit international privé ou de théorie du conflit des lois. Les règles en peuvent être communes à plusieurs Etats et même être établies par des conventions internationales ou des coutumes, et dans ce dernier cas avoir le caractère d'un vrai droit international, régissant les raports entre des Etats. Mair, à part cela, il y a lieu de considérer que les dites règles font partie du droit interne".

A doutrina mais autorizada dita que há *dois efeitos* oriundos da ordem pública, quais sejam: *Efeito Negativo* e *Efeito Positivo*. O *primeiro* ocorre, quando se afasta a lei estrangeira competente, por ser esta contra a ordem pública, contudo, tal lei fala de algo que é permitido no exterior, sendo tal afastamento estribado sobre normas oriundas da *Lex fori*. O *segundo* ocorre quando se tolera no território a ser aplicada a lei estrangeira, fatos/atos ou negócio jurídico vedados pela lei estrangeira em seu Estado. Como bem doutrina **Dolinger**, "a distinção dos dois efeitos reside entre a hipótese de se proibir no foro o que a lei estrangeira permite ou faculta (efeito negativo) e permitir ou determinar no *forum* atos que a lei estrangeira proíbe (efeito positivo). Em ambas hipóteses há substituição da lex causae pela lex fori"[534].

Não chamaria esta recusa de aceitar a lei estrangeira de efeito positivo ou de efeito negativo, mas sim de efeito permissivo e efeito defeso, respectivamente. Ao ser verificada a não aplicação da lei estrangeira quando esta última permite determinado ato/fato e a lei local (pelo efeito irradiante da ordem pública), é contrário a tal ato/fato, como por exemplo (clássico) a permissão da bigamia ou do aborto livre, pode-se considerar o efeito defeso da lei interna; já quando esta mesma lei interna permite a aplicação de determinado ato/fato ou negócio jurídico e a lei alienígena não (como por exemplo do divórcio ou o casamento inter-racial), o efeito pode ser chamado de permissivo. Como verificado o comando é sempre da lei interna, em contrapartida da lei estrangeira.

*****Niboyet** *fez esta distinção de forma equivocada no seu "Manuel"*[535]*, contudo, no seu "Traité"*[536] *(mais precisamente*

---

534. Op. cit., p. 136.
535. P. 445, da 2ª edição.
536. **J.-P. Niboyet**: "Traité de Droit International Privé Français" (tome III — Conflits de Lois, D'Autorités et de Juridictions — Théorie Générale), Ed. Sirey, Paris, 1944.

no item 1.044, nota de rodapé localizada na p. 565), fez questão de consertar. Porém, vários doutrinadores, se baseiam na fórmula errônea adotada por **Niboyet**, que na época dizia que somente no efeito positivo haveria a substituição da lex causae pela lex fori *(na verdade em ambos os efeitos há tal substituição).* **Gama e Silva** *foi um deles, na sua tese, seguido por* **Campos Batalha**, *em seu tratado*[537].

Para quem milita no dia-a-dia do Direito no Brasil, seja como advogado, promotor, juiz, etc. e exerce o magistério e não é apenas um professor profissional (em especial na área do Direito Internacional Privado), ou seja, não tem só a visão teórica, mas a possui juntamente com uma visão prática da labuta diária, é sabedor que a ordem pública *quase sempre* vai barrar ou limitar a lei alienígena, aplicando e/ou se baseando na *lex fori*. Os exemplos são claros e clássicos[538], pois, no efeito negativo/defeso, encontramos uma lei alienígena que permite a poligamia e a *lex fori* a proíbe; já no efeito positivo/permissivo, a lei alienígena proíbe o casamento inter-racial[539], e a *lex fori* a permite.

---

537. Aliás, como bem observou **Dolinger** (Op. cit., p. 136), o tratadista **Campos Batalha** cita outros autores, dentre eles **Eduardo Espinola** e **Correa de Brito**, como seguidores deste "equívoco"; contudo, bastou a simples comparação de textos, para constatar que nem um, nem outro, comungam da mesma idéia de **Campos Batalha**. Ao que tudo indica, até a presente data, tal advertência não foi levada a cabo.

538. Vide outros exemplos em E. Bartin, in: "Principes de Droit International Privé selon la Loi et la Jurisprudence Françaises", Ed. Domat-Montchrestien, Paris, 1930, § 90, p. 243; A. Pillet, in Op. cit., "Principes", p. 377, corpo do texto e nota de rodapé.

539. As chamadas Leis de Nuremberg do Terceiro Reich alemão, de 15/9 e 14/11 de 1935, não permitiam o casamento inter-racial entre alemães e judeus de qualquer nacionalidade, ou de empregar mulheres arianas menores de 35 anos como serventes domésticos. A maioria dos Estados na época se recusavam a aplicar tais regras, que demonstravam ser contrárias à ordem pública, apesar de existir em alguns estados norte-americanos proibição de casamento entre brancos e negros. Outros Estados como a Suíça e Holanda, por disposição de normas convencionais (Convenção de Haia sobre Conflitos de Leis em Matéria de Matrimônio, de 1902), deviam aplicar a lei nacional dos maridos, sem

Como se vê, em ambos os casos e *efeitos*[540] *há* a aplicação da *lex fori*, podendo, esta última, até mesmo aproveitar as partes não nocivas e atentatórias à ordem pública, da lei alienígena e aplicá-la, caso a *lex fori* assim permita (em Estados que isso ocorre, a ordem pública é tratada como uma *exceção* e não como uma *norma*). Mister se faz destacar tal distinção, tanto dos efeitos como dos resultados, tendo em vista que a doutrina nacional, vinha confundido os fatores, contudo, acredito que seja uma discussão estéril, já que se aplica para ambos os casos a *lex fori*, até mesmo para regular ou limitar a aplicação da lei alienígena filtrada, ou seja, sem os vícios que a eivavam, não ferindo, assim, a ordem pública do Estado onde se irá aplicar tal legislação, tendo-se em conta, que tal ordem pública é considerada para este aspecto particular (como em todos eles) um instituto de exceção e não como regra.

Da Aplicação da Ordem Pública Alienígena

Como já mencionado, caso haja um conflito entre a ordem pública de ambos os Estados, prevalecerá a ordem pública do local do foro do litígio. Esta hipótese abrange a formulada por **Pillet**[541], que fez noticiar o exemplo que no fundo trazia a seguinte questão: Deve o magistrado preocupar-se em permitir uma atividade ofensiva à ordem pú-

---

realizar qualquer barreira fundada em ordem pública, apenas poderiam barrar tal Direito estrangeiro por motivo religioso. Na Holanda rebateram as Leis de Nuremberg, tendo em vista que naquele território se desconhecia o instituto do casamento inter-racial ou qualquer impedimento de origem racial.

540. **Werner Godschmidt** dita que "no se debe, pues, hablar del efecto positivo o negativo del orden público, puesto que siempre posee ambos efectos a la vez. Se habla correctamente del resultado positivo o negativo de dicha institución", in: "Sistema y Filosofia del Derecho Internacional Privado", tomo I, 2ª ed., Ed. EJEA, Buenos Aires, 1952, p. 478 (vide, também, p. 477).

541. Op. cit., "Melanges", pp. 475 e 478-479.

blica, de outra soberania? *Claro que não, mesmo porque corre-se o risco de fazer uma ingerência na soberania alheia, fato este particularmente perigoso, em se tratando de questões ligadas ao Direito Comunitário.

*A soberania de qualquer Estado não pode ser questionada ou arranhada, com justificativa de aplicação desta ou aquela lei, sob o manto de se atender e preservar (ou não), a ordem pública. Contudo, há que se deixar claro que é salutar permitir ou reconhecer ambos os efeitos da ordem pública alienígena, quando esta não é conflitante[542] com a ordem pública do foro e é utilizada para barrar a aplicação da lei estrangeira, ainda mais quando esta última é contrária a sua própria ordem pública[543].

Da Ordem Pública e o Direito Convencional

O Direito Convencional nos traz vários exemplos de aplicação da ordem pública, tratando quase sempre como uma norma limitadora. Disposições convencionais, do terceiro quartel do Século XIX, como o Tratado de Lima de 1878, já dispunha sobre a questão, como pode ser depreendido da simples leitura do seu artigo 54 onde as leis, sentenças, contratos e demais atos jurídicos que hajam originado em país estrangeiro, somente se observarão na República quando não sejam incompatíveis com a Constituição Política, com as leis de ordem pública ou com os bons costumes. O mesmo princípio norteou o Protocolo Adicional de Montevidéu, sobre Aplicação de Leis Estrangeiras de 1889 e de 1940 (artigo 4º).

Outros dispositivos convencionais podem ser citados, como a *Convenção de Haia de 1955*, que regula os conflitos

---

542. Ao meu ver ou a ordem pública alienígena tem que ser neutra ou favorável à ordem pública do foro.
543. Não há regra de conexão mais forte do que esta.

entre lei nacional e lei de domicílio (art. 6°) ou da *Convenção de Roma sobre a Lei Aplicável às Obrigações Contratuais*, de 1980 (art. 16); além de quase todas as Convenções Interamericanas da CIDIP/Organização dos Estados Americanos (Panamá 1975; Montevidéu 1979 e 1989; La Paz 1984; e México 1994[544]), que trazem, também, restrições de aplicação convencional, quando tal norma depara com a ordem pública de cada Estado signatário. Ou seja, em quase toda a norma convencional, haverá ressalva de auto-aplicação, quando tal ato internacional (Tratado, Convenção, Concordata, Protocolo, etc.) for manifestamente contrário com a ordem pública do foro.

*O mesmo pode-se falar da exceção da ordem pública, no que concerne ao Direito Convencional, ou seja, caso uma norma alienígena for competente e aplicável em determinada situação, por força de um Tratado, Convenção, etc.[545], a exceção pode ser alegada, até mesmo para uma proteção

---

[544]. Alguns exemplos: Convenção sobre Conflitos de Leis em Matéria de Letras de Câmbio, Notas Promissórias e Faturas (Panamá 1975), art. 11; Convenção sobre Cartas Rogatórias (Panamá 1975), art. 17; Convenção sobre Obtenção de Provas no Exterior (Panamá 1975), art. 16; Convenção sobre Regime Legal das Procurações para serem Utilizadas no Exterior (Panamá 1975), art. 12; Convenção sobre Normas Gerais de Direito Internacional Privado (Montevidéu 1979), art. 7; Convenção sobre Cumprimento de Medidas Cautelares (Montevidéu 1979), art. 12; Convenção sobre Conflitos de Leis em Matéria de Sociedades Mercantis (Montevidéu 1979), art. 7; Convenção sobre Eficácia Extraterritorial das Sentenças e Laudos Arbitrais Estrangeiros (Montevidéu 1979), art. 2, alínea h; Convenção sobre Conflitos de Leis em Matéria de Cheques (Montevidéu 1979), art. 9; Convenção sobre Personalidade e Capacidade de Pessoas Jurídicas no Direito Internacional Privado (La Paz 1984), art. 9; Convenção sobre Conflitos de Leis em Matéria de Adoção de Menores (La Paz 1984), art. 18 e Convenção sobre Obrigação de Prestar Alimentos (Montevidéu 1989), art. 22.

[545]. Entendo que até normas cristalizadas de Lex Mercatoria podem sofrer os efeitos da ordem pública, mesmo sendo esta aplicada por um árbitro, que, como **Ole Lando** já lembrara, "um árbitro aplicando a lex mercatoria atuará como um inventor mais freqüentemente do que um outro aplicando o direito interno".

da soberania nacional, mesmo que haja expressamente no corpo do texto convencional uma renúncia à invocação da ordem pública. O *Caso Boll* foi um marco neste sentido, com sentença da Corte de Justiça Internacional exarada pelo juiz **Hersch Lauterpacht**[546]. A questão da ordem pública em Direito Internacional Privado pode atingir questões de ordem pública em Direito Internacional Público. O mais interessante e grave é quando uma Convenção, que não trata sobre a questão da ordem pública, impõe ao Estado signatário que faça imperar aqueles preceitos em seu ordenamento, chocando-se, assim, algumas disposições com a ordem pública daquele Estado.

Alguns doutrinadores são radicais em não aceitar tal hipótese. Dentre eles encontramos **Oscar Tenório**, que não cogitou da exceção da ordem pública em face dos Tratados e Convenções celebrados entre o Brasil e outro Estado, porquanto, *"eles fazem parte do sistema jurídico brasileiro"*, não podendo existir colisão de normas com a ordem pública

---

[546]. **Lauterpacht** sentenciou no seguinte sentido: "...in the sphere of private international law the exception of ordre public, or public policy as a reason for the exclusion of foreign law in a particular case is generally — or rather universally — recognised. It is recognised in various forms, with various degrees of emphasis, and, occasionally, with substantial differences in the manner of its application. On the whole, the result is the same in most countries — so much so that the recognition of the part of ordre public must be regarded as a general principle of law in the field of private international law — If that is so, then it may not improperly be considered to be a general principle of law in the sense of article 38 of the Statute of the Court. For this reason, the correct interpretation of a convention on private international law must take that general recognition of public order (i.e. ordre public) fully into account..." (in: ICJ Reports, 1958, pp. 89 a 92, apud **Carlos Fernandes**, Op. cit., p. 308). Comentando tal decisão, doutrinou **Fitzmaurice** em artigo publicado no Annuaire de L' Institut de Droit International, tomo 60-II, 1983, p. 306): "...treaties dealing with undertakings relating to topics of private international law are to be read as subject to the implied condition or the exception of ordre public, i.e., that the parties are not obliged to implement the treaty in any case where to do so would be contrary to the judicial conceptions of ordre public applied by their courts".

nacional[547]. *Este entendimento pueril e ingênuo é falso e incorreto, porque pode acontecer que o Brasil não faça qualquer reserva à norma convencional, e esta traga em seu bojo uma questão colidente com normas brasileiras com efeitos de ordem pública.

Arminjon[548] e **Batiffol**[549], sobre o tema específico, doutrinaram que a ordem pública é presumível e não precisa fazer qualquer tipo de reserva, *devendo, ao meu entender, os Tribunais suspenderem a aplicação do dispositivo convencional, que é colidente com disposição de ordem pública contido na lex fori (não estariam, ao meu ver, cometendo um ato que gerasse uma responsabilidade internacional do Estado). As reservas ou troca de notas diplomáticas podem ser realizadas a qualquer momento.* Contudo, o Estado pode, diante do conflito, formular reserva a qualquer Tratado ou norma convencional (arts. 19 a 23, da *Convenção de Viena*), a menos que esta reserva esteja proibida ou haja ressalvas no Tratado. Mesmo, assim, ainda há a saída pela troca de notas diplomáticas.

Apesar da questão formalista, que se reveste a *Convenção de Viena*, tecnicamente o Estado só poderia formular reservas ao tratado, no ato de sua assinatura, na ratificação ou na adesão. Porém, pode o Estado notificar seus parceiros convencionais do conflito e tentar realizar uma reserva, o que eu acho de difícil aceite. *Contudo, pode o Estado emendar o tratado ratificado, se as partes signatárias estiverem de acordo (arts. 39, 40 e 41, da Convenção de Viena). Esta emenda deverá ser notificada a todos os signatários do tratado e seus tratados satélites, se for o caso.* A Corte Internacional de Justiça já julgou vários casos[550], tendo como

---

547. Op. cit., p. 455.
548. Op. cit., vol. I, p. 245.
549. Op. cit., vol I, p. 454.
550. Apesar do tema tratado em Cortes Internacionais dizer sobre questão que versava sobre Direito Internacional Público, vale a pena verificar o contido no Répertoire des Décisions et des Documents de la Procédure Écrite et Orale

um dos elementos formadores da decisão a ordem pública atacada, decidindo, inclusive em 1958, diante do *Affaire relative a l'application de la Convention de 1902 pour régler la tutelle des mineurs*[551], que deveria prevalecer a ordem pública sobre normas convencionais.

Outros pontos, por exemplo, contidos no Direito Convencional, podem ser elencados como relevantes, tais como a Conferência de Haia de 1986; a tendência da Common Law; a tendência da CIDIP; e a Convenção de Roma de 1980. Na *Conferência de Haia sobre Lei Aplicável na Compra e Venda de Mercadorias* de 1986, ficou estabelecido que somente as disposições da *lex fori* devem ser aplicadas, independente da lei escolhida ou aplicável ao contrato (art. 17), revelando, assim, uma limitação à autonomia da vontade e barrando um possível Direito ou Lei estrangeira. Por esta determinação, muitos dos Estados deixaram de aderir ou firmar tal Convenção, mesmo com a opção de fazer reservas. Aliás, este artigo tem que ser lido em conjunto com o artigo seguinte, onde dita que "The application of a law determined by the Convention may be refused only where such application would be manifestly incompatible with public policy (ordre public)".

Como já visto acima a *Common Law* é mais espartana e objetiva ao tratar sobre o assunto. O aceitamento do Direito ou da Lei estrangeira é encarado como um ato de cortesia. O *Restatement 2nd*, § 6°, leva em conta as políticas relevantes do foro (2, b) e de outros Estados interessados

---

de la Cour Permanente de Justice Internationale et de la Cour Internationale de Justice, Caso Losinger, pp. 141, 156, 162, 163, 165, 166, 918, 924, 937, 1.240, 1.241; Caso Emprunts Serbes, pp. 590 e 1549; Caso Emprunts Brésiliens, p. 596; Caso Chemin de Fer Panevezys-Saldutikis, p. 1.023; e, Caso Chorzów (Fond), p. 1.291. Já no A Digest of the Decisions of the International Court, vol. 1 (Permanent Court of International Justice), o Caso Oscar Chinn, p. 797.
551. Entre Holanda e Suécia, publicado na obra: "Petit Manuel de la Jurisprudence de la Cour Internationale de Justice", pp. 76-80.

(2, c), admitindo que podem ser vários Estados vinculados, cujas políticas devam ser levadas em conta, além da *lex fori*.

As seis *Convenções da CIDIP I* (Panamá, 1975) fazem alusão à ordem pública ao permitir que se deixe de aplicar o direito estrangeiro, se este fere expressamente a própria ordem pública[552]. O mesmo acontece para algumas *Convenções Interamericanas de 1979* — Montevidéu[553] (*CIDIP II*); para algumas *Convenções Interamericanas de 1984* — La Paz[554], e para algumas *Convenções Interamericanas de 1989* — Montevidéu[555]. *Ao meu ver, não se faz mister a colocação da restrição convencional, sob a ótica da ordem pública, tendo em vista que cada Estado-Parte barra naturalmente a uma pretensão contratual de acordo de vontades, ou uma Lei ou Direito estrangeiro, se estes ofenderem a ordem pública local.* Vide *rapport* do Professor **De Winter**[556] e a opinião

---

552. Artigo 11, da Convenção Interamericana sobre Conflitos de Leis em Matéria de Letras de Câmbio, Notas Promissórias e Faturas; artigo 12, § 1º, da Convenção Interamericana sobre Conflitos de Leis em Matéria de Cheques; artigo 5º, § 2º, inciso "b", da Convenção Interamericana sobre Arbitragem Comercial Internacional; artigo 17, da Convenção Interamericana sobre Cartas Rogatórias; artigo 16, da Convenção Interamericana sobre Obtenção de Provas no Exterior; e artigo 12, da Convenção Interamericana sobre o Regime Legal das Procurações para serem Utilizadas no Exterior.
553. Artigo 7º, da Convenção Interamericana sobre Normas Gerais de Direito Internacional Privado ("As situações jurídicas validamente constituídas em um Estado-Parte, de acordo com todas as leis com as quais tenham conexão no momento de sua constituição, serão reconhecidas nos demais Estados-Partes, desde que não sejam contrárias aos princípios da sua ordem pública"); artigo 12, da Convenção Interamericana sobre Cumprimento de Medidas Cautelares; artigo 7º, da Convenção Interamericana sobre Conflitos de Leis em Matéria de Sociedades Mercantis; e artigo 9º, da Convenção Interamericana sobre Conflitos de Leis em Matéria de Cheques.
554. Artigo 9º, da Convenção Interamericana sobre Personalidade e Capacidade de Pessoas Jurídicas no Direito Internacional Privado; e artigo 18, da Convenção Interamericana sobre Conflitos de Leis em Matéria de Adoções de Menores.
555. Artigo 22, da Convenção Interamericana sobre Obrigação de Prestar Alimentos.
556. Documents relatifs à la 8ª session, pp. 130-131.

individual dos dois membros da Corte Internacional de Justiça, expressada no aresto do *Caso Boll*, de 28/11/58, como também, ver as opiniões individuais de **Hersch Lauterpacht** e de **Moreno Quintana** estampados no *Recueil* da Corte Internacional de Justiça, de 1958, às pp. 91-92 e 103. Em todos os casos há menção expressa que, se houve ofensa à ordem pública, tal ato internacional não poderá ter o seu regular ou total efeito diante do Estado que quer aplicar tal Direito estrangeiro. Todos os atos internacionais, dentre eles as Convenções e os Tratados, oriundos do último quartel do século XX, já trazem tal ressalva.

Já a *Convenção da Comunidade Econômica Européia sobre Lei Aplicável às Obrigações Contratuais* (Roma 1980), admite a autonomia da vontade em matéria de eleição de foro (art. 3º), contudo, impõe certos limites, como atender as determinações de efeitos imperativos da *lex fori* e não ferir a ordem pública. *A questão de norma imperativa trata-se de norma interna de cada Estado, que não pode ser derrogada por um simples acordo de vontades.* Este artigo choca-se com o artigo 7º da mesma Convenção, pois qualquer que seja a *"proper law"*, o magistrado local pode aplicar a *lex fori* se esta for imperativa (no sentido doméstico ou internacional), ou como alguns doutrinadores chamam, normas de aplicação imediata e necessárias.

Capítulo Décimo Segundo

Da Instituição Desconhecida

Há uma ligação muito forte dentro do conceito de afastamento da lei estrangeira, no tocante à ordem pública e à instituição desconhecida, chegando-se ao ponto da maioria da doutrina moderna e boa parte da clássica colocar a instituição desconhecida dentro do conceito de ordem pública. **Savigny**, quando discorreu sobre a ordem pública, o fez bifurcando em dois segmentos, ou seja, afastava a lei estrangeira que era contrária à *ordem pública* (norma de natureza rigorosamente obrigatória), e afastava a lei estrangeira oriunda de uma *instituição desconhecida* pelo Estado alienígena, em que seria aplicada (por exemplo, a escravatura, a poligamia, etc.). Concluí-se, portanto, que **Savigny** entendia ser a ordem pública uma exceção e não uma regra a ser seguida. Aliás, sobre o tema *"instituição desconhecida"*, um dos maiores seguidores de **Savigny**, que foi *von Bar*, sempre o criticou neste ponto, tendo em vista que tais *instituições* geravam para ele muitas dúvidas e polêmicas, como, por exemplo, instituições com o mesmo nome, contudo, com fundo, significado e forma diversos[557]. Aliás, a doutrina alemã da *cláusula de reserva* engloba a instituição desconhecida com as leis positivas rigorosamente obrigatórias. **Garde Castillo** tentou elucidar a questão escrevendo uma monografia só sobre o tema[558]. Ditou o Professor **Castillo**, que: "... se una instituición extranjera cae dentre del concepto de orden público internacional, no es por ser institución desconocida, sino por considerársela — y los proprios ejemplos de Savigny lo corroboran — injusta o inmoral. Basta, pues, con el primero de los supuestos, que abarca todas las leyes positivas rigurosamente obligatorias".

*Ao meu ver, não são todas as instituições desconhecidas que podem ser barradas pela lex fori, pois entendo que só aquelas que atentem para a ordem pública, ou para uma lei imperativa do foro, é que podem ser barradas ou não terem a mesma ou nenhuma eficácia, mesmo porque, quando o intérprete se depara com uma instituição desconhecida, ele pode adaptar tal conceito ou pode aplicar preceitos de princípios gerais do direito. *Pode-se até mesmo o intérprete chegar a aproveitar uma parte de uma instituição desconhecida. Como também não acredito, como fez* **Machado Villela**[559]*, que a instituição desconhecida, se aceita no foro alienígena, vai dar mais direitos aos estrangeiros lá residentes e/ou domiciliados, do que aos nacionais. Ao se aceitar tal instituição desconhecida a jurisprudência formatada, além de levar em conta a equivalência do súdito estrangeiro ao súdito nacional, dá a este o mesmo direito de usufruir*

---

557. Vide: "Théorie und Praxis des Internationalen Privatrechts", 2ª ed., Hanover, Ed. Hahn'sche Buchhandlung, 1889 [tradução para o italiano realizada por **Giulio Cesare Buzzati**: Teoria e Pratica del Diritto Internazionale Privato (**Luigi Bar**), Turim, 1915, p. 107 e ss.].
558. "La Instituición Desconocida en Derecho Internacional Privado", Valladolid, 1947.
559. **Álvaro da Costa Machado Villela**, in: "Tratado Elementar (teórico e prático) de Direito Internacional Privado", Livro I — Princípios Gerais — Ed. Coimbra, 1921, Coimbra, pp. 594-596.

tal efeito da instituição desconhecida, que, com esta apreciação pelo Judiciário, passa a ser "conhecida".

**Outrossim, entendo que o termo instituição desconhecida não é muito adequado ao que se pretende, ou seja, anos passados o Brasil não reconhecia o divórcio, colocando-o como instituição desconhecida; contudo, o divórcio era amplamente "conhecido" tecnicamente, tanto pela doutrina como pela jurisprudência, assim como pode o Estado brasileiro recepcionar uma instituição real e tecnicamente desconhecida, mas que não fira uma norma interna imperativa, ou não fira a ordem pública, ou não sirva para um trampolim para uma fraude à lei, etc. Alguns tópicos da lex mercatoria podem ser considerados como uma instituição desconhecida, por não terem similares em solo pátrio ou aqui não serem definidos em lei, contudo, não podem ser enquadrados tecnicamente como instituição desconhecida. Mais precisamente a expressão "desconhecida" que me deixa incomodado deveria ser substituída por "instituição não aceita".* Há um exemplo no *Clunet* muito interessante, onde a instituição brasileira do "desquite" foi recepcionado em território europeu, mais precisamente na França, onde foi aceito mesmo sendo um instituto mais enérgico que a separação de corpos e menos radical que o divórcio[560]. Este é um bom exemplo, onde se recepcionou uma instituição desconhecida, aplicando-lhe efeitos similares aos conhecidos do foro. Outro exemplo é o *Trust* que, realmente até hoje, é de difícil inserção dentro de um Sistema Jurídico diverso do anglo-saxão, tornando-se um exemplo clássico de instituição desconhecida para certos Estados que não têm esta figura e que sentem uma enorme dificuldade em adaptar qualquer tipo de situação que encaixe a figura e o que representa o *Trust*.

Há instituições que para o Direito brasileiro deveriam soar como "desconhecidas", contudo, são aceitas caso sejam

---

560. Vide Clunet de 1978, p. 84 em aresto comentado da Corte de Cassação Francesa exarada em 1977.

cumpridos todos os procedimentos solicitados (no caso), para dita homologação de Sentença Estrangeira, como o divórcio realizado de forma administrativa praticado no Japão; ou o mesmo instituto praticado por Tribunal Rabínico, realizado pelo Estado de Israel; ou Sentença Canônica com efeitos civis na Itália[561]. Para a *lex fori* brasileira, mister se faz a separação ou divórcio por Juízo estatal, contudo, há vários precedentes admitindo práticas diversas, que não passam por este Juízo. O mesmo acontece com a questão do júri civil, praticado nos Estados Unidos, que difere completamente do que se entende de júri em território brasileiro. Estes são os precedentes exarados pelo *Supremo Tribunal Federal*:

1) Agravo Regimental 4.274, interposto no *Supremo Tribunal Federal*, estampado na RTJ 115/616 (Min. **Moreira Alves**), exarado em 1/7/85 pelo Tribunal Pleno. Ementa — Carta Rogatória. O sistema de *júri civil* adotado pela lei americana não fere princípio de ordem pública no Brasil. Em se tratando de lide, cuja competência da autoridade judiciária brasileira é meramente relativa, a possibilidade de o interessado não aceitar a jurisdição estrangeira não obsta a concessão do *exequatur* para citação, notificação ou intimação. Agravo Regimental a que se nega provimento. Votação unânime;

2) Sentença Estrangeira contestada (4.415), publicada no DJU de 3/4/98, p. 157. Tribunal Pleno (*Caso Naji Nahas*). Min. **Francisco Rezek**[562]. EMENTA: Sentença Es-

---

561. Neste sentido vide Sentença Estrangeira 2004, estampada na RTJ 59/638.
562. Aliás, noticia **Dolinger** (Op. cit., "DIP", p. 388 e nota de rodapé 12), que o próprio Ministro **Rezek** ao julgar a Sentença Estrangeira 3758 ditou que "só o fato de não conhecermos determinado instituto jurídico não impede a homologação de uma Sentença Estrangeira". A referência estaria contida na RTJ 134/611, contudo a SE 3758 é de lavra do Ministro **Célio Borja** e **não** do Ministro **Rezek**, e este número de Sentença Estrangeira não consta tal texto. Contudo, há texto do Ministro **Rezek** barrando o Direito estrangeiro, pelo seguinte motivo de **instituição desconhecida**: Sentença Estrangeira 3977, pu-

trangeira. Estados Unidos da América. Incompetência do Juízo. Ofensa à *Ordem Pública*. Júri Civil. Decisão não fundamentada. I) A competência internacional prevista no artigo 88 do CPC é concorrente. O réu domiciliado no Brasil pode ser demandado tanto aqui quanto no país onde deva ser cumprida a obrigação, tenha ocorrido o fato ou praticado o ato, desde que a respectiva legislação preveja a competência da justiça local. II) O *Supremo Tribunal Federal* já firmou entendimento no sentido de que o sistema do júri civil, adotado pela lei americana, não fere o princípio de *ordem pública* no Brasil. III) Sentença devidamente fundamentada com invocação da legislação norte-americana respectiva, do veredicto do júri, bem como das provas produzidas. Ação homologatória procedente. Observação Votação: Unânime e por maioria. Resultado: Deferido o pedido de homologação e condenado o requerido ao pagamento de honorários fixados em R$ 50.000,00[563]. Parte Reqte.: MINPECO S/A; Reqdo.: NAJI ROBERT NAHAS (Acórdãos no mesmo sentido Proc-Seced N° 4.415, 1998, EUA, DJU 04-06-99, p. 17, ement., vol. 01953-01, p. 79);

3) Sentença Estrangeira 2251, Min. *Moreira Alves*, estampada na RTJ 77/389 (Tribunal Pleno em 15/10/75). Sentença Estrangeira. Divórcio no Japão. Cônjuge Brasileiro.

---

blicada no Diário da Justiça da União em 26/8/88, p. 21.033, Tribunal Pleno, Min. **Francisco Rezek**. Ementa: Sentença Arbitral Estrangeira da República francesa. Ré não citada. Ausência de fundamentação. I- Ainda se alegue prescindir o exequatur de citação, eis que desvestido de caráter contraditório, não há como tornar o argumento oponível ao Brasil, cujo ordenamento jurídico desconhece tal prática. II- Decisão que se limita a revelar a sanção aplicada à ré, sem 'dizer das razões que orientaram o árbitro, não se qualifica como hábil a homologação. Votação unânime. Resultado: Indeferido. Veja neste sentido SE-2424, in: RTJ 92/1074 e SE-2476, in RTJ 92/1077. Acórdão no mesmo sentido: SECED 3977/96 (França), publicado no Diário da Justiça da União de 29/11/96, p. 47.175.

563. Veja neste sentido SE-2912, in: RTJ-109/30; SE-4125, in: RTJ-133/607; SE-2457, in: RTJ-87/779; SE-2521, in: RTJ-95/31; e, AGRCR-4274, in: RTJ-115/616.

Homologação com Restrições. Divórcio homologável no Brasil, por mútuo consentimento que, segundo o Sistema Jurídico japonês, se registra perante Autoridade Administrativa, independentemente de manifestação judicial. Precedente do *Supremo Tribunal Federal*. Homologação com restrições, em face da nacionalidade brasileira de uma das partes. Votação Unânime. Resultado: Homologada com Restrições[564];

4) Sentença Estrangeira 3.926, publicada no Diário da Justiça da União de 3/8/87, p. 14.907, Min. *Rafael Mayer* (18/7/87): Sentença Estrangeira de divórcio não contencioso, por *Tribunal Rabínico*. Sistema jurídico israelense (e de alguns Estados escandinavos). Homologação concedida[565];

5-) Sentença Estrangeira 4.440, Min. *Ilmar Galvão.* Tribunal Pleno, publicado no Diário da Justiça da União em 1/7/92, p. 10.555. Ementa: Sentença Estrangeira. Divórcio segundo o rito *rabínico*. Ausência dos requisitos indispensáveis à homologação. Se as partes, apesar de intimadas, não cumpriram as diligências que lhes foram determinadas no sentido de regularizar o pedido de homologação de Sentença Estrangeira, com observância do disposto no artigo 217 do Regimento Interno do *Supremo Tribunal Federal*, cabe o indeferimento do pedido. Votação Unânime. Resultado: indeferido.

Já o Direito Convencional traz elementos de instituição desconhecida, tentando solucionar ou prever tal evento. O *Tratado de Direito Comercial Terrestre Internacional — Montevidéu* (1940) é uma das poucas disposições legislativas

---

564. Acórdãos no mesmo sentido — Precedente(s) Proc-SE n° 1312, 1953, Japão, DJU de 17/09/53, p. 11266, ementa, vol. 143-01, p. 18.
565. Acórdãos no mesmo sentido sobre Sentença Estrangeira oriundas do Estado de Israel: SE 3992/88 (Livro sobre registro de Sentenças Estrangeiras arquivado na Seção de Jurisprudência do Supremo Tribunal Federal, vol. 12, p. 181); SE 3958/88 (vol. 13, p. 36); SE 3926/88 (vol. 12, p. 135); SE 4075/88 (vol. 13, p. 68); SE 4102/90 (vol. 13, p. 86); SE 4187/90 (vol. 13, p. 155); SE 4197/89 (vol. 13, p. 165); e, SE 4495/91 (vol. 13, p. 321).

que trata da instituição desconhecida, dispondo em seu artigo 9º, que "Las sociedades o corporaciones constituídas en un Estado, bajo una especie desconocida por las leyes de otro, pueden ejercer, en este último, actos de comercio, sujetándose a las prescripciones locales". Claro que há uma válvula de escape na expressão "pueden ejercer", não tornando obrigatória tal orientação. Já a *Convenção Interamericana sobre Normas Gerais de Direito Internacional Privado — Montevidéu* (CIDIP/OEA-1979), em seu artigo 3º dispõe que "Quando uma lei de um Estado-Parte previr instituições ou procedimentos essenciais para a sua aplicação adequada e que não sejam previstos na legislação de outro Estado-Parte, este poderá negar-se a aplicar a referida lei, desde que não tenha instituições ou procedimentos análogos". Aqui, novamente aparece a válvula estampada na expressão "poderá". Outros atos internacionais, contudo, dão uma saída ainda dentro do seu texto, como é o caso do art. 3º, da *Convenção Interamericana sobre Regime Legal das Procurações para Serem Utilizadas no Exterior — Panamá* (CIDIP/OEA-1975), onde ficou estabelecido que: "Quando, no Estado em que for outorgada a procuração for desconhecida a solenidade especial que se requer consoante a lei do Estado em que deva ser exercida, bastará que se cumpra o disposto no artigo 7 desta Convenção".

Capítulo Décimo Terceiro

Das Leis de Bloqueio na Constituição de Empresas Offshores; na Utilização do Direito Antitruste; nos Treaty e Forum Shopping

Uma das conseqüências da negação do Direito Internacional Privado pelo próprio Direito Internacional Privado, ou seja, é a criação de legislação específica, com o intuito de evitar a aplicação específica deste Direito alienígena, assim como a sua prevenção. Alguns temas específicos têm chamado atenção da doutrina, mais precisamente os que tratam sobre as *"blocking laws"*, incidentes sobre o Direito Antitruste e os efeitos dos acordos de bitributação (*treaty shopping*[566]), assim como as eleições de foro, mais conhecidas por *forum shopping*[567].

---

[566]. Para **Lamorlette** e **Rassat**, esta expressão quer dizer: "C'est l'utilisation abusive des conventions fiscales internationales, relevant de l'évasion fiscale, contraire aux intentions des États signataires. Ainsi une convention ne doit bénéficier directement qu'aux résidents des pays signataires" (in: "Stratégie Fiscale Internationale", 3ª ed., Ed. Maxima, Paris, 1997, p. 232).
[567]. Dita **Francescakis** (in: "Répertoire de Droit International", tomo II, p.

Para as questões do Direito Antitruste, nota-se que nem sempre há *lex fori* (no seu caráter mais estrito, ou seja, como lei), que veda a aplicação de normas estrangeiras, mas é sentido que há várias normas administrativas, oriundas de bancos centrais; administração direta ou indireta dos Estados; etc.

Ou seja, apesar de se utilizar a expressão "lei" (*law*) o que fica evidente é que, tal *lei* pode não passar de normas internas ou regras sem o cunho de lei no seu sentido mais estrito, vedando a aplicação de Direito estrangeiro. A própria jurisprudência pode se encarregar de vedar determinados atos, ou a se praticar determinados fatos, ou a se realizar determinados negócios jurídicos, sem ser uma lei no sentido exato e técnico da palavra.

Veja-se o exemplo do contido no *Regimento Interno do Supremo Tribunal Federal* brasileiro, mais precisamente no artigo 216, onde dita que tal órgão do Poder Judiciário, pode impedir a homologação de sentença estrangeira que ofenda a soberania nacional, a ordem pública e os bons

---

61, n° 117), que a idéia de *forum shopping* é uma forma de fraude "indireta" à lei aplicável. Aliás, a doutrina francesa não chega a uma conclusão se o *forum shopping* é um ato ilegal ou é legal, tendo em vista ser muito difícil caracterizar a intenção de fugir da aplicação da lex fori. Acredito que um dos mais lúcidos doutrinadores franceses, neste ponto, seja **Pierre Mayer** (in: "Droit International Privé", Ed. Montchrestien, Paris, 3ª ed., 1987, p. 170), ao ditar que: "Le droit international privé est le domaine d'élection de la fraude. La multiplicité des systèmes juridiques fournit aux individus le moyen d'échapper à la loi qui leur est normalement applicable, en se plaçant artificiellement sous l'empire d'une autre loi, dont la teneur convient mieux à leurs desseins. ... Cette manoeuvre, le nom de forum shopping suppose que plusieurs États sont prêts à retenir leur compétence juridictionnelle. Les parties font leur choix entre toutes celles qui s'offrent. Leur comportement est invoqué dans un autre pays, dont les tribunaux auraient refusé de faire droit à la demande s'ils en avaient été directement saisis. Le forum shopping se caractérise donc par une manipulation des critères de compétence juridictionnelle". Outrossim, ele nos dá elementos onde se pratica o *forum shopping* e tal prática não ser considerada fraude à lei em Direito Internacional Privado (Op. cit., pp. 240 usque 245).

costumes. Claro que o artigo acima mencionado baseou-se no artigo 17, da Lei de Introdução ao Código Civil brasileiro, mas nem por isso deixa de ser o *Supremo Tribunal Federal* um órgão interno que não pode (ou não deveria) legislar. *Este tipo de legislação indireta, que faz irradiar seus efeitos atingindo o Direito estrangeiro que será aplicado, denomino de lei de bloqueio reflexa.*

O mesmo pode se dizer do artigo 181, da Constituição Federal, que trata claramente que nenhuma requisição de documento ou informação comercial, realizada por autoridade alienígena (mais precisamente, autoridade administrativa judiciária), no tocante à pessoa física ou jurídica domiciliada ou residente no Brasil, pode ser dada sem uma autorização do Poder competente. Aqui, também, não se fala de lei propriamente dita. Estes são exemplos de *blocking laws* ou *lei de bloqueio reflexa.* Algumas leis de bloqueio têm a finalidade de impedir ou dificultar a obtenção de provas, como pode ser observado no acordo firmado com o Brasil e Estados Unidos da América, no tocante ao cumprimento de cartas rogatórias[568].

Geralmente, tais leis de bloqueio estão dispostas na legislação ordinária, assim como em vários regulamentos, regimentos, normas internas, jurisprudência, etc., com o fito de barrar o Direito estrangeiro, Direito esse que tem um alto valor agregado de extraterritorialidade (como já visto neste trabalho), como se verifica em algumas legislações norte-americanas, vide por exemplo a *Lei Helms-Burton*[569]

---

568. **Paula A. Forgioni** doutrina que: "as leis de bloqueio que têm por escopo impedir a constituição de provas destinadas a instruir processos estrangeiros acabam por negar a colaboração de autoridades judiciárias nacionais ou ainda por vedar a residentes ou domiciliados o cumprimento de ordens de autoridades estrangeiras..." (in: "Os Fundamentos do Antitruste", Ed. Revista dos Tribunais, São Paulo, 1998, p. 393).
569. Oficialmente esta Lei se chama "Lei sobre a Liberdade e a Solidariedade Democrática com Cuba", mas é conhecida pelos sobrenomes dos congressistas norte-americanos Jesse HELMS e Dan BURTON.

(aprovada pelo Congresso norte-americano no início de 1996⁵⁷⁰), criada nos Estados Unidos, onde tal Estado tem o direito de processar empresas estrangeiras que utilizam bens cubanos que no passado pertenceram a americanos (bens confiscados em Cuba, em 1959). Este tipo de represália pode ensejar que um Estado edite uma lei interna, com alcance extraterritorial, para atingir um súdito seu ou estrangeiro, em outra localidade. *No caso da Lei Helms-Burton, este é um exemplo que de forma alguma deve ser seguido por qualquer Estado, tendo em vista ser uma lei que fere qualquer soberania. Um país, como os EUA, que se vangloria de sua Democracia, não dá exemplos que a pratica com tal lei, envergonhando o nome de **Story**.*

A primeira etapa estipulada pela *Lei Helms-Burton* é o envio de uma notificação oficial de Washington às empresas, sendo a segunda etapa a proibição da entrada de executivos e acionistas, bem como seus familiares, nos Estados Unidos, gerando, assim, altos prejuízos comerciais e morais a tais súditos. Se não for desfeito tal negócio, será confiscado em território norte-americano, se houver bens desta empresa.[571].

A *União Européia* obteve da *Organização Mundial do Comércio* autorização para instalar um *Painel de Discussão* sobre tal Lei, para determinar se esta atenta contra normas do livre comércio[572]. Canadá e México editaram leis para

---

[570]. De uma certa forma, é um ferimento indireto dos Direitos Humanos, ao se restringir por tal motivo a entrada de súditos com extensão à sua família, ou limitar a autonomia da vontade no comércio com Cuba, realizada por terceiros.

[571]. Na verdade tal legislação serviu para agradar os nacionalistas na época da reeleição do Presidente **Bill Clinton**, apoiado pelo *lobby* anticastrista nos estados da Flórida e New Jersey e pela queda de um avião Cesna, pertencente ao grupo anticastrista *Irmãos para o Resgate*, pela Força Aérea cubana. Tal Presidente manteve tal lei, mas impôs uma suspensão de sua aplicação, diante de uma grande pressão da *União Européia*, que anunciava uma série de contra-sanções que aplicaria a empresas norte-americanas.

[572]. Tal Painel é recepcionado no Órgão de Resolução de Conflitos (DSB), da

contra-retaliar as disposições de tal Lei anti-Cuba. Por outro lado, Cuba editou em março de 1997 norma para anular tal Lei, ditando que (art. 8º) quem colaborar direta ou indiretamente com a *Lei Helms-Burton*, tal colaboração será considerada como um ato ilegal por Cuba. Tal colaboração pode incluir o fornecimento de informações às autoridades norte-americanas; distribuição de publicações governamentais norte-americanas, ou aceitação de qualquer ajuda dos Estados Unidos.

Por outro lado, em se tratando de Direitos Humanos, apesar da extraterritorialidade embutida em tal lei, tal efeito fez com que os países da Europa e da América Latina adotassem uma atitude mais militante, em favor da democratização política daquele Estado caribenho. Mesmo assim, legislações extraterritoriais[573] como esta são perigosas, pois atingem primeiro a soberania dos Estados e em segundo, os Direitos Humanos e o Comércio de uma forma geral. Nota-se que quase toda a lei de bloqueio surgiu para se proteger da extraterritorialidade norte-americana[574].

Na Europa, encontramos em vários Estados leis de bloqueio, em especial em certos paraísos fiscais europeus, Suíça (no tocante à questão de sigilo bancário e outros temas referentes ao mercado financeiro) e no Reino Unido, onde ficou famosa a lei editada no início dos anos 80, com endereço claro: era um antídoto contra leis extraterritoriais promulgadas pelos Estados Unidos da América. Esta lei coloca em relevo três tipos de proteção

---

Organização Mundial do Comércio, nomeando três especialistas, devendo apresentar suas conclusões até meados de 1997 (até a presente data — fevereiro de 2000 — não foi apresentada qualquer conclusão).
573. Em especial sobre leis antitrustes norte-americanas, com elementos de extraterritorialidade, vide **Kingman Brewster Jr.**, in: "Antitrust and American Business Abroad", Ed. McGraw-Hill, New York, 1958.
574. Vide neste sentido, **Michael Calabrese**, in: "Jurisdiction — Limitations on Concurrent Jurisdiction", artigo publicado no Virgínia Journal of International Law.

aos súditos do Reino Unido: 1) Tais súditos ficariam proibidos de atender qualquer tipo de ordem extraterritorial, emanada de autoridades estrangeiras, com o fim de prejudicar interesses do comércio do Reino Unido; 2) As Cortes do Reino Unido não poderiam acatar sentenças estrangeiras, que determinassem indenizações por perdas e danos e relacionadas ao Direito da Concorrência, e 3) Caso um súdito do Reino Unido fosse condenado a pagar uma determinada indenização pelo motivo acima exposto a ele estaria assegurado, discutir em Juízo do Reino Unido, para recuperar a quantia paga[575].

Ao se tentar limitar ou bloquear uma lei estrangeira, podemos nos deparar com o abuso[576] de utilização de *Treaty Shopping*, ou seja, abusos verificados em acordos que evitam a bitributação. Esta expressão teve sua origem em solo norte-americano, oriunda da expressão *"forum shopping"*. Na verdade o contribuinte vai tentar obter numa determinada Corte ou, numa determinada jurisdição, uma vantagem que ele não conseguiria num determinado Estado ou não estaria incluído entre os seus beneficiários, colocando entre si e a fonte de rendimentos uma pessoa jurídica ou física, que faz jus a tais benefícios fiscais.

Na maioria esmagadora dos casos, esta vantagem vem desembocar na fraude à lei, porquanto a intenção do contribuinte é não pagar determinados impostos, abusando, de forma irregular, de tratados de bitributação. No *forum shopping*, tenta-se comprar (por isso a expressão: *shopping*) uma jurisdição, "do mesmo modo, diz-se que, no *Teatry Shopping*,

---

575. Vide neste sentido, **Americo Beviglia Zampetti**, no artigo: "Applicazione della Legislazione Antitrust Statunitense in materia di Commercio Internazionale: Recenti Sviluppi", publicado na Revista di Diritto del Commercio Internazionale, abril/junho, 1993, pp. 312; e **Paula Forgioni**, Op. cit., p. 396.
576. Aliás, é empregado indistintamente, pelo Departamento de Economia Internacional e Assuntos Sociais da Organização das Nações Unidas, as expressões treaty abuse e treaty shopping, sendo uma sinônimo da outra.

o contribuinte compra os benefícios do acordo de bitributação, através da interposição de terceiros"[577].

No *treaty shopping*, os contribuintes com a finalidade de burlar a *lex fori* utilizam por vezes "empresas de fachada" (*conduit companies*), por outras "empresas ponte" (*stepping stone companies*). *Mister se faz, portanto, que se limite tal tratado, quando se verifica a intenção de lesar o fisco, por parte do contribuinte.* O relatório do Grupo de Expertos em Cooperação Internacional em Matéria Fiscal, do Departamento de Economia da Organização das Nações Unidas, já mencionado, fornece o seguinte exemplo esclarecedor, em matéria de comportamento *standard* de uma *conduit companie*: "O acordo de bitributação assinado entre o Estado A e o Estado B prevê a obrigação de o Estado A isentar do imposto os dividendos pagos por empresas ali sediadas a acionistas residentes no Estado B. O Estado C não possui acordo de bitributação em vigor com o Estado A, nem com o Estado B. Entretanto, uma empresa, sediada no Estado C, detém a totalidade das ações de uma empresa localizada no Estado A. A fim de se valer dos benefícios decorrentes do acordo assinado entre A e B, a empresa localizada no Estado C transfere a totalidade das ações que possui da empresa localizada no Estado A, para uma outra subsidiária integral, que é constituída no Estado B. Esta subsidiária integral, localizada no Estado B, por sua vez, está isenta, de acordo com as leis do Estado B, do imposto sobre os dividendos recebidos de uma subsidiária integral. Deste modo, os frutos do investimento efetuado pela empresa situada no Estado C são transferidos para empresa situada no Estado B, onde podem ser acumulados pela controladora (ou reinvestidos em outros Estados, ou "emprestados" à própria controladora)".

---

577. Neste sentido, **Luís Eduardo Schoueri**, in: "Planejamento Fiscal Através de Acordos de Bitributação: Treaty Shopping", Ed. Revista dos Tribunais, São Paulo, 1995, p. 22.

Já para o exemplo da *stepping stone companie*, tal Departamento dá a seguinte orientação: "Nos termos do acordo de bitributação assinado entre o Estado A e o Estado B, os juros oriundos do primeiro e pagos a residentes do Estado B são isentos. O Estado C não possui acordo em vigor com A ou com B. A fim de se valer dos benefícios do acordo, uma empresa localizada no Estado C transfere à sua subsidiária, no Estado B, o crédito decorrente de empréstimo efetuado a uma empresa localizada no Estado A. Em decorrência da transferência do crédito a subsidiária localizada no Estado B passa a ser credora da empresa situada em A e, ao mesmo tempo, devedora daquela situada no Estado C. Em princípio, a empresa localizada no Estado B estaria sujeita à tributação, em sua sede, sobre os rendimentos de juros recebidos do exterior. No entanto, tal tributação não se aplica já que seu rendimento é anulado pelos juros pagos à empresa localizada no Estado C, que lhe transferira os créditos. O Estado B não tributa, na fonte, os juros pagos ao exterior e o Estado C não tributa os juros recebidos do exterior. A empresa localizada no Estado C usa, pois, o acordo celebrado entre A e B como um "trampolim" para receber os juros devidos pela empresa localizada no Estado B, sem tributação."

Para **Schoueri**, as estruturas acima diferenciam-se basicamente, porque na canalização a empresa entreposta não está sujeita à tributação em sua sede, enquanto, no trampolim, prevê-se que a empresa interposta esteja sujeita à tributação e, por isso, os recursos obtidos com os benefícios do acordo de bitributação são transferidos, a título de despesas, que reduzem o seu lucro tributável[578]. Para **Vogel**, deve-se barrar ou limitar tal pretensão vinda através de tratados de bitributação, através do Direito Internacional Público. *Esta limitação vem mesmo do Direito Internacional Privado, por ser defeso à evasão fiscal*[579], além de outros

---

578. Op. cit., p. 25 (exemplos lá dispostos, pp. 24 e 25).
579. **Lamorlette** e **Rassat** fazem uma diferença entre evasão fiscal e fraude fiscal, esta seria "...l'adoption d'un comportement clairement délictuel, tandis

princípios de anti-abuso de normas convencionais já estruturadas pela jurisprudência e doutrina.

*Forçoso concluir ser defeso ao contribuinte fazer utilizar de expedientes abusivos, com o intuito de buscar benefícios fiscais oriundos de um acordo de bitributação, devendo este acordo ser interpretado primeiramente sob a luz do artigo 31, da Convenção de Viena sobre Tratados, não esquecendo que a utilização de acordos deste tipo, apesar de estarem em vigor nos dois Estados, podem ferir ordem pública e podem ser condutores de fraude à lei.

*A intenção é a mola-mestre da fraude à lei, como é, também, para as questões de forum shopping e treaty shopping. Não foge deste formato a questão da constituição de empresas *offshore* em paraísos fiscais, com o intuito de se fugir de determinada tributação, seja ela sobre lucros, etc. Há um crescente movimento neste último quartel do século XX, no sentido de se controlar mais tais paraísos fiscais, evitando a burla da *lex fori* e outras conseqüências, inclusive a evasão fiscal através de acordos de bitributação. Existem Estados[580] que já adotam medidas de adiar impostos ou conceder benefícios, proporcionada pelas empresas *offshore holding*, localizadas em certos paraísos fiscais. Este tipo de legislação é normalmente designada como regulamentação "*Subpart F*", seguindo-se um "modelo" norte-americano[581].

---

que l'évasion fiscale, se caractérise par une utilisation par le contribuable des failles du système fiscal à son profit sans vraiment en violer les règles. Or, on s'aperçoit qu'en droit international l'évasion fiscale est réprimée à partir du moment où le contribuable dépasse certaines limites" (Op. cit., p. 55). Para **Chambost**, há uma certa confusão entre as duas expressões: "Il convient de dire que, par un malheureux hasard de langage, la confusion est renforcée puisque, en anglais, Tax Evasion se traduit par fraude fiscale et qu'evasion fiscale se traduit par Tax Avoidance" (in: "Guide des Paradis Fiscaux", Ed. Sand, 1991, Paris, p. 33).

580. Austrália, Bélgica, Alemanha, França, Luxemburgo, Holanda, Suíça e Estados Unidos.

581. Algumas legislações já trazem a inversão do ônus da prova, ou seja, o contribuinte sob suspeita tem que produzir provas de sua inocência e/ou que sua intenção não era aquela (a de burlar).

O IRS (*Internal Revenue Service*), norte-americano, liderou uma campanha internacional, com o fito de se acabar com subsidiárias fictícias localizadas em paraísos fiscais, que se utilizavam de fraude à lei, para cometer determinados tipos de crimes fiscais e econômicos. Os norte-americanos, através do *Revenue Act* de 1962, incluíram na sua legislação a regulamentação da *Subpart F*. Conforme este ato, os acionistas norte-americanos, controladores de empresas no exterior, ficariam sujeitos a imposto sobre certos tipos de lucros dessas empresas, provenientes de atividades exercidas num paraíso fiscal e não distribuídos numa base *pro rata*.

Um exemplo do que vinha acontecendo reside na questão do "suborno". Nos Estados Unidos os subornos são ilegais (como no resto do mundo, acredita-se), mas as empresas norte-americanas, operadas do estrangeiro, *poderiam* incluir "*subornos realizados no estrangeiro*", entre as *despesas passíveis de dedução de impostos*, quando estes eram realizados por uma empresa controlada no estrangeiro ou por uma empresa nacional, com vendas voltadas ao comércio exterior norte-americano.

Outro exemplo era a utilização de acordos fiscais onde os Estados Unidos eram parte, para se evitar tributação sobre elementos de propriedade industrial (marcas, patentes, *know-how*, etc.). A estratégia seguida pelos agentes norte-americanos designados para descobrir se empresas norte-americanas estavam burlando a *lex fori*, ou para conseguir provas para uma Corte judicial barrar a aplicação de lei estrangeira, desembocou em dois Estados estrangeiros envolvidos: Suíça e Antilhas Holandesas. Resumidamente o caso era o seguinte: Empresas norte-americanas enviavam ao exterior direitos (*royaltys*) oriundos da propriedade industrial (na verdade estes "direitos" nada mais eram do que lucros disfarçados), evitando a tributação local de 30%, colocando tal importe num determinado paraíso fiscal. A fraude era construída da seguinte forma: 1) Cedia-se as patentes a uma sociedade holding localizada em Liechtenstein (*Anstalt*); 2) A *Anstalt* cedia a patente a uma empresa *offshore* suíça[582], que, por sua vez, licenciava a empresa norte-americana; 3) Esta última, por sua vez, pagava direitos à empresa suíça (tais direitos estavam isentos de retenção na fonte de imposto, devido a acordo de bitributação firmado entre EUA e Suíça); 4) Já a companhia suíça paga o equivalente à *Anstalt* (o Estado suíço não exige retenção na fonte de imposto e a sociedade holding suíça não paga imposto sobre os lucros); 5) A *Anstalt* não paga imposto sobre lucros (apenas 0,1% por ano sobre o patrimônio líquido), e não paga imposto sobre a distribuição de lucros.

Este desbaratamento do esquema levou o Estado suíço a firmar, em 14 de dezembro de 1962, um Decreto o qual não permitia aos não residentes beneficiar-se de acordos de impostos em território suíço. O Estado francês fez a mesma coisa[583]. Diante disto, o Estado norte-americano fez gestões vitoriosas nas Ilhas Virgens Britânicas, em 1972 e em 1982; e Antilhas Holandesas, em 1987. O Estado norte-americano joga pesado, tanto para impor legislações (risíveis até certo ponto) extraterritoriais como para sanar conflitos sobre questões de utilização de legislações estrangeiras, que podem causar prejuízos ao Estado, ou ferir regras imperativas, ou até mesmo a prática de fraude à lei ou ferimento da ordem pública.

Um exemplo disso foi a edição do *Foreign Bank Secrecy Act*, realizado pelos EUA, em 1979 (conhecido como "decreto do banco suíço). Este *"Act"* impõe penalidades severas, como uma multa superior a US$ 500.000 ou cinco anos de prisão, ou ambos, aos residentes norte-americanos que, para fugirem do fisco, utilizem contas em bancos estrangeiros[584],

---

582. Tecnicamente não existe offshore suíça.
583. Vide neste sentido, **Caroline Doggart** in: "Tax Havens", Ed. The Economist Intelligent Unit, Londres, 1994.
584. Os residentes norte-americanos têm que declarar anualmente se têm contas em bancos estrangeiros e se obtiveram lucros dentro do exercício fiscal, fora dos Estados Unidos, no importe de US$ 1.000. O "Comprehensive Crime Control Act" de 1984, por exemplo, permite às autoridades alfandegárias

com ajuda de legislações estrangeiras ou a utilização de *forum shopping*. *Ou seja, acredito que somente com multas severas e penas de prisão, aliadas com um controle mais eficaz da Administração Pública*[585] (e com o Poder Legislativo criando leis internas de bloqueio e inibição), é que a utilização de leis estrangeiras, para obter-se uma determinada vantagem, que possa ser considerada ilícita, funcione mais do que a fiscalização indireta do Judiciário.

O Brasil tem uma tímida lei[586], que tenta agir com uma lei de bloqueio, sem barrar o Direito estrangeiro, mas servindo de efeito, oriundo de um fato danoso, praticado no exterior. O artigo 8°, da chamada *Lei dos Crimes de Lavagem*, dita que o magistrado nacional determinará na hipótese de existência de Tratado ou Convenção Internacional e por solicitação de autoridade estrangeira competente a apreensão ou o seqüestro de bens direitos, ou valores oriundos de crimes descritos no art. 1°, praticados no estrangeiro. Mesmo que não houver qualquer documento convencional/diplomático ou qualquer tratado firmado, estes atos podem ser praticados, se o governo brasileiro prometer reciprocidade para o Estado estrangeiro contudo, neste caso, os frutos, direitos, bens e valores apreendidos ou seqüestrados por solicitação de autoridade estrangeira competente serão re-

---

norte-americanas efetuarem investigações sem mandatos a viajantes dos quais se suspeite levarem mais de US$ 10.000 em valores não declarados, incluindo jóias, obrigações ao portador ou outros títulos negociáveis.

585. No Canadá existe legislação interna (influenciada pela Subpart F), condenando operações *offshore* fictícias, incluindo regulamentos anti-*shopping* com acordos anteriormente firmados com Barbados, Chipre, Malta, Cingapura, Reino Unido, EUA e Alemanha. A Austrália e Nova Zelândia fizeram o mesmo, com as Ilhas Norfolk, Cocos, Christmas e Papua-Nova Giné. O Reino Unido fez o mesmo (secção 739 do Taxes Act de 1988 — limitando a atuação da Ilhas Virgens Britânicas, Ilhas do Canal e Ilha de Man). A Alemanha adotou medida similar com a edição da Lei Aussensteuergesetz (lei que regulamenta o imposto estrangeiro), de 1972 (Luxemburgo, vai no mesmo sentido da Alemanha).

586. Lei 9.613 de 3 de março de 1998.

partidos, em partes iguais, entre o Estado estrangeiro e o Brasil, ressalvado o direito do lesado ou de terceiro de boa fé.

No caso acima, o magistrado pode deferir ou não tal procedimento, ou seja, pode ou não barrar pretensão estrangeira, sem que tenha se provado que realmente ocorreu no exterior qualquer um dos crimes básicos elencados pela lei nacional[587]; que as medidas assecuratórias tenham por objeto principal resguardar a efetividade da tutela jurisdicional penal o ressarcimento legal[588]; que exista Tratado ou Convenção Internacional entre os Estados, ou promessa de reciprocidade entre eles; e que a autoridade estrangeira seja competente.

---

[587]. Mister se faz que sejam os elencados nos incisos I a VII, do art. 1º, da Lei 9.613/98. A legislação brasileira não se restringiu a crimes de lavagem de dinheiro, oriundo do narcotráfico.

[588]. Para que seja realizado o bloqueio dos bens, direitos e/ou valores, mister se faz que estejam presentes o *fumus boni iuris* e o *periculum in mora*, bem como provar o liame entre o crime com tais bens (móveis ou imóveis).

Capítulo Décimo Quarto

Da Hierarquia de Normas

Antes de falar sobre a primazia do Direito Internacional sobre o Direito Nacional (ou vice-versa), gostaria de tecer algumas considerações sobre a questão da hierarquia entre normas, dentro do tema abordado, que por certo traz uma dificuldade maior para a aplicação do Direito estrangeiro. Ao interpretar ou se deparar o magistrado com o Direito estrangeiro, deve atentar para o fato da hierarquia deste, ou seja, a hierarquia das normas deve ser analisada e interpretada conforme as regras do sistema jurídico oriundo do Estado do Direito estrangeiro a ser aplicado. Se dentro do sistema legal do Estado alienígena está bem disposta esta questão, então, a melhor indicação é a magistratura do foro, que irá aplicar tal Direito, seguir tal orientação, seja ela jurisprudencial ou legal.

Porém, se uma norma alienígena ordinária é contra a Constituição Federal em suas cláusulas pétreas, tal Direito estrangeiro não deve ser aplicado, nem mesmo se tal Direito estrangeiro tiver o mesmo patamar hierárquico, como, por exemplo, ser também uma norma constitucional. *Se uma *norma estrangeira for inconstitucional, contudo, não ferir no foro onde será aplicada a Constituição Federal, ordem pública e demais itens que podem barrar a sua atuação ou gerar seus efeitos, eu entendo que tal Direito estrangeiro deve ser barrado tendo em vista estar ele eivado de vício na origem, ou seja, não estar ele em seu estado original com plena capacidade para ser aplicado a qualquer súdito (nacional ou estrangeiro).* O mesmo se aplica se tal inconstitucionalidade não for declarada no Estado de origem, contudo, por ser demais óbvia, também não será aceita pelo foro onde se pretendida a sua aplicação, pois não cabe {a Corte local julgar esta inconstitucionalidade, substituindo, assim, o sistema legal estrangeiro, defendendo a Constituição alheia[589].

Da Questão da Prioridade do Ato Internacional

Antes de tratar propriamente da primazia de um Direito sobre o outro[590], ou seja se é lícito barrar um Direito ou

---

[589]. Neste sentido, vide texto de **Mariano Aguilar Navarro**, in: "Lecciones de Derecho Civil Internacional Español", Ed. Univ. Complutense, Madri, 2ª ed. 1983, p. 195.

[590]. Aliás, **Kelsen** nos três últimos parágrafos da obra "Princípios", Op. cit., p. 383 (repete tal posição, no item "3", do capítulo "i" — "A Significação filosófica e jurídica das duas hipóteses monistas", da obra: "Teoria Geral", pp. 375-376), não adota qualquer primazia, contudo, afirma que do ponto de vista da ciência do direito, é irrelevante qual das hipóteses seja eleita, e do ponto de vista da política, a eleição pode ser importante, posto que está unida a ideologia de uma soberania. Mesmo assim, a decisão entre as duas hipóteses está mais além da ciência, esta, todavia, tem a tarefa de mostrar as relações entre elas e certos sistemas de valores de um caráter ético ou político. A ciência pode fazer que o jurista seja consciente das razões em que baseia sua eleição e a natureza da hipótese que elegeu, impedindo-o, assim, de tirar conclusões que o direito positivo, tal como a experiência nos oferece, e que em modo algum autoriza. Por este entendimento expresso, cai por terra toda uma Doutrina do jurista, que afirma ser ele radicalmente favorável à primazia.

Lei estrangeira, quando esta se choca com a *lex fori*, o presente capítulo não tenta esgotar este outro tema polêmico, ou se aplicar o aforismo "*International Law is Part of the Law of the Land*"[591]. Portanto, se faz mister algumas considerações, pois muito se falou da *Teoria Monista* e da *Teoria Dualista*, no decorrer do século XX sobre tal questão. Também, cabem algumas pertinentes considerações de Direito Internacional; porquanto estas questões, quando postas diante da *Sociedade Internacional* (que no fundo é o caso), podem causar a chamada Responsabilidade Internacional do Estado, com graves conseqüências. Ou seja, há um liame muito claro e seguro entre os seguintes pontos: a) a aplicação ou não aplicação de um Direito estrangeiro; b) qual a primazia entre a *lex fori* e o Direito estrangeiro; e c) se a escolha de um Direito estrangeiro, ou da *lex fori*, pode gerar a chamada responsabilidade internacional do Estado.

A doutrina mais moderna e atualizada realmente entende que há uma superioridade hierárquica dos atos internacionais diante da *lex fori* e inclusive sobre texto constitucional, como já afirmado. Ora, a Constituição Federal brasileira adota a *Teoria Monista* expressamente no § 2º, do artigo 5º, **onde pode-se concluir que os atos internacionais são aceitos como Direito Convencional (ramo do Direito Internacional), e não como Direito Interno, haja vista os dois órgãos internos brasileiros, que lhe deram este enfoque, através de seu controle e pelo fato de que após o novo texto constitucional, os atos internacionais não são mais "trans-*

---

[591]. Ou cláusula da adoção global das regras de Direito Internacional pelo Direito Interno. A Constituição dos Estados Unidos da América incorpora tal cláusula em seu texto, diante do art. 6º, § 2º (a Constituição, as leis dos Estados Unidos e os Tratados concluídos, sob sua autoridade, constituem a lei suprema do país). **Boris Mirkini-Guetzévitch**, citando o exemplo norte-americano, dita que se o texto constitucional reconhece o Direito Internacional como parte integrante do Direito Interno, então o conflito entre a lei interna e o Tratado não pode ter senão uma solução: A primazia do Tratado (in: "Droit Constitutionnel International", Paris, Ed. Sirey, 1933, pp. 150, 151 e 154).

formados" em Direito interno. Como diz acertadamente **Alberto Xavier**, "a rejeição de uma necessidade de convivência entre ordem jurídica nacional e internacional condiziria à cisão da personalidade jurídica do Estado, que poderia apresentar uma 'cara' no exterior e outra no domínio interno, como uma bifronte cabeça de *Juno*, conforme melhor lhe conviesse. Esta situação constituiria não só um absurdo jurídico rejeitado pela consagração constitucional do Estado como ente uno..."[592].

Se fosse realmente sintetizar a solução para o problema proposto, no tocante à responsabilidade internacional ligada a um conflito de tratado e norma interna, um só texto afirmativo já colocaria a termo o presente trabalho, qual seja, caso um *sujeito* de Direito Internacional pratique, através de seus órgãos e/ou através de um outro Estado, um ato ilícito (ou como alguns ditam, um *delito* ou um *fato ilícito*), ou um ato e/ou fato lícito (geralmente baseado no Direito Interno), consciente do dano efetivamente causado, atos e/ou fatos esses (lícitos ou ilícitos provocadores de danos), realizados contra um dever estabelecido em qualquer *dispositivo* do Direito Internacional, e/ou contra uma *Norma Jurídico-internacional* (como um todo, ou o que eu chamo de *Direito Estrangeiro*), e/ou contra uma *obrigação* internacional (como dita a CDI — Comissão de Direito Internacional das Nações Unidas), afetando com isso um Estado alienígena ou súdito deste (pessoa jurídica ou física), estaria evidenciada a sua incursão na Responsabilidade Internacional.

Repita-se, mister se faz que haja o efetivo *dano* (apesar de que na concepção da CDI, a expressão *dano* foi retirada do Projeto de *Codificação sobre Responsabilidade Internacional do Estado*). Forçoso lembrar que a CDI entendeu ser o fato ilícito competente para produzir duas relações

---

592. In: "Direito Tributário Internacional do Brasil — Tributação das Operações Internacionais", 4ª ed., Ed. Forense, Rio de Janeiro, 1995, p. 100.

diversas, ou seja, uma que proporciona ao sujeito do evento danoso o direito de exigir uma justa reparação e outra de dar, como fato gerador, um motivo para a aplicação de uma sanção[593]. Dita **Celso Mello** que esta interpretação admite a responsabilidade internacional sem a existência de dano ou prejuízo. *Ao meu entender, se faz mister que haja na prática um dano efetivo, em sentido lato ou estrito, pois sem tal evento, não poderá haver uma sanção, portanto, sem incidência dos efeitos da responsabilidade internacional imputada ao Estado. Esta responsabilidade surge diretamente do "delito" por assim dizer, como ditara* **Cottereau**[594].

Cabe ressaltar que a responsabilidade internacional só é acionada, quando é atingido um Direito (que engloba a obrigação), e não simplesmente um *simples interesse*[595]. Claro que este ato ou fato ilícito (e as vezes até lícito), praticado pelo Estado (de um modo geral), pode ser entendido como:
a) Os atos ou fatos ilícitos praticados por órgãos públicos, funcionários públicos ou investidos na função de representar o Estado [estes atos podem ser praticados com a observância de uma Lei interna (mesmo que seja uma infraconstitucional), mas nem por isso deixam de ser considerados ilícitos para o Direito Internacional]; b) Os atos ou fatos ilícitos praticados por terceiros, em seu Território, que acarretem uma Responsabilidade Internacional do Estado, sem que o

---

593. Neste sentido, **ZEMANEK, Karl**: (artigo), "La Responsabilité des États pour faits Internationalement Ilicites, ainsi que pour Faits Internationalement Licites", in: "Responsabilité Internationale", Institut des Hautes Etudes Internationales de Paris (sob a coordenação de **Prosper Weil**), 1987/1988, A. Pedone, Paris.
594. **COTTEREAU, Gilles**: (artigo) "Système Juridique et Notion de Responsabilité", in: Société Française pour le Droit International. Coloque du Mans. La Responsabilité dans le Systeme International, 1991, p. 3-90, Ed. A. Pedone, Paris.
595. Neste sentido, **TOUSCOZ, Jean**, in: "Direito Internacional", tradução do francês (Droit International, Presses Universitaires de France, Paris, 1993), para o português, realizada por **Nuno Canas Mendes**, Publicações Europa-América, Lisboa, 1994, p. 378.

Estado hospedeiro tenha realizado qualquer ação para impedir essa prática; c) Os atos ou fatos ilícitos praticados pela Administração Direta ou Indireta, ou pelos Poderes Judiciário, Legislativo ou Executivo sem que haja interferência ou apuração do efeito culpa (imprudência, imperícia, negligência ou elementos afins); d) Atos contrários a uma obrigação e/ou dever assumido pelo Estado num comprometimento Internacional (atos internacionais ou Instituto equivalente), que seja norma interna equiparada à Lei nacional, ou não (apenas ratificado) ou, Atos ou fatos lícitos (consciente e efetivamente praticados), que tenham causado danos a terceiros (estrangeiros); poder-se-ia dizer que é incontestável a adoção da *Responsabilidade Internacional Objetiva do Estado* (mesmo que seja um Estado com um *Governo de fato*, instalado sob uma certa estabilidade em seu território; porquanto, os atos praticados por este *governo de fato* são na época de seu aparelhamento, atos legítimos e que geram ou causam uma obrigação ou uma quebra a uma obrigação internacional. *"Infatti il governo di fatto reppresenta lo Stato e per tale motivo è responsabile delle violazioni giuridiche alla stessa stregua di un governo legittimo"*[596]). Frente às disposições do Direito Internacional,

---

596. **MONACO, Riccardo**, in: "Manuale di Diritto Internazionale Pubblico", UTET, Turim, 2ª ed., 1989 (ristampa), p. 560. No tocante ao Governo de Fato, temos dentre outras obras: **CHKLAVER**, in: "Le Gouvernement de Facto", in: Rev. de Droit Int., I, 1927, p. 779; **WRIGHT**, in: "Suits Brought by Foreign States with Unrecognized Government", in: "American in their Territories to the Person or Property of Foreigners", 1926, pp. 738 e ss.; **BROWN**, in: "La Reconnaissance des Nouveaux États et des Nouveaux Gouverments", in: Rev. de Droit Int. et de Lég. Comp., 1932, pp. 11 e ss.;**WILLIANS Fischer**, in: "La Doctrine de la Reconnaissance en Droit International et ses Développements Récents", in: Recueil de Cours, 1933, II, pp. 253 e ss.; **GROSS**, in: "Zur Haftung des Staates für Akie einer Zwischenherrschaft", in: Zeit. für öff. Recht, 1933, pp. 375 e ss.; **SCHLUTER**, "De Facto Anerkennung im Völkerrecht", Würzburg 1936, p. 116; **MONACO**, in: "La Responsabilità Internazionale dello Stato per Fatti di Individui", in: Riv. Dir. Int., 1939, pp. 255 e ss.

por ser de difícil apuração da responsabilidade de quem praticou o ato ou fato ilícito/lícito (a não ser que seja oriundo de atos/fatos provocados pelo Judiciário por suas Sentenças, Despachos ou Acórdãos), se for adotada a *culpa*, como elemento de base para tal responsabilidade (na culpa, o elemento psicológico é de difícil apuração).

Alguns autores, como **Rousseau**, entendem que a Responsabilidade Internacional do Estado na questão legislativa se *estende* a atos constitucionais (*acates constitutionnels*)[597]. *Neste ponto tenho um pouco de cuidado e receio, porque entendo que na questão constitucional há cláusulas pétreas, questão de soberania nacional, ordem pública, etc., onde em princípio não deveria haver uma interferência internacional maior. Contudo, numa Constituição como a do Brasil, onde questões de caráter meramente de lei ordinária, estão encerradas em seu bojo, dentre outros exemplos, este princípio pode ser aplicado, com a devida cautela.* A Corte Permanente de Justiça Internacional, em 4/2/32, respondendo à *consulta* a ela realizada no tema em questão, ditou que um Estado não pode invocar frente a outro Estado, sua própria Constituição, para não se submeter às obrigações que lhe impõe o Direito Internacional ou os Tratados em vigor. Dita o mencionado Prof. **Rousseau** que "C'est là un principe dont on ne peut sous-estimer l'importance, car il consacre de manière saisissante la supériorité du droit international sur le droit interne"[598].

Apesar desta orientação estar nas *Bases de Discussão*, da antiga *Liga das Nações* e de ser bem criticada; para países como o Brasil, tal atitude deveria ser amplamente aplicada, apesar de que não basta ter um ótimo ordenamento legislativo se este ordenamento é cumprido em parte ou não é cumprido. *Não há que se falar em autonomia legislativa, que todo Estado democrático tem como justificativa*

---

[597]. Op. cit., "Droit", p. 373.
[598]. Idem.

para violar uma norma de caráter Internacional, porque os deveres e obrigações internacionais agem como um limite, para o exercício de tal autonomia[599]. Se o que for estabelecido num tratado (ou num comprometimento internacional), for contrário à ordem pública, bons costumes, moral, normas constitucionais (pétreas ou não); e, soberania do Estado que se comprometeu internacionalmente, este Estado deverá realizar as devidas reservas em tal tratado (ou denunciá-lo, ou realizar trocas de notas diplomáticas), para que não haja o inevitável choque de leis, ou, se tal providência não foi tomada, deve-se, então, declarar tal Norma Internacional e/ou Direito Estrangeiro inconstitucional, quando esta for colocada no Congresso para se transformar em lei interna (ou mesmo depois, se o Congresso já a tenha transformado em lei interna), ou tal Estado deverá denunciar tal tratado, com o fito de não incorrer na Responsabilidade Internacional.

Apesar da opinião do Prof. **Dolinger**, quando um Estado, através de qualquer de seus Poderes, inclusive do Legislativo, edite leis contrárias a um tratado[600] ou Convenção internacional, está violando norma de Direito Internacional; ou mesmo, não edite leis com o fito de se adaptar o contido em Tratado ou convenção ratificada; ou

---

599. "Ad una responsabilità internazionale lo Stato può andare incontro non solo se tralasci di porre in armonia la sua legislazione interna coi doveri che gli incombono verso gli altri Stati, ma anche se dopo aver assunto determinate obbligazioni internazionali adotti qualche provvedimento legislativo a queste contrario, senza che a tale proposito possa utilmente invocarsi il principio dell'autonomia legislativa spettante ad ogni Stato, perchè i doveri internazionali constituiscono un limite all'esercizio di tale autonomia". Op. cit. "Diritto Internazionale", **Diena, G.**, p. 444.

600. "La violación de normas del Derecho Internacional, que constituye siempre un hecho ilícito, puede tener lugar ya por el incumplimiento de las disposiciones contenidas en un Tratado, ya por la inobservancia de los preceptos que tienen fuerza obligatoria en las relaciones recíprocas de los Estados, en virtud de la costumbre", **DIENA, Julio**, in: "Derecho Internacional", Op. cit., p. 436.

ab-rogando uma lei interna em vigor, com o intuito de burlar uma Norma Internacional[601]. *Cabe lembrar que não se pode dar validade a uma norma interna anterior, quando um Tratado posterior a ela, que traz como questão de fundo diretriz diversa da norma interna anterior, porém, cuidando do mesmo tema, choca-se frontalmente com esta norma interna (anterior).

*Não se pode tirar a eficácia deste Tratado, pois assim agindo, iria se ferir uma obrigação internacional assumida perante a Sociedade Internacional, gerando uma Responsabilidade Internacional do Estado; também, porque este Tratado traz uma nova roupagem para a legislação ou norma interna já existente, isto sem se levar em conta que, quando o Tratado entra em vigor no Estado que o ratificou, depois de vários trâmites típicos de cada Estado, ele é tido, na maioria das vezes, como norma interna, ab-rogando norma anteriormente existente[602]. **Kelsen** assinala que "si la tesis de la nulidad del tratado posterior se basa en la regla ex injuria jus non oritur es necesario advertir que la conclusión de un tratado no compatible con otro anterior no es un acto ilícito si el tratado anterior no contiene una disposición expresa que prohiba a las partes concluir en lo futuro tratados incompatibles (como el articulo 20 del Pacto de la Sociedad de las Naciones). Quando la conclusión de un tratado incompatible con otro anterior no es expresamente prohibida por el ordenamiento jurídico o por un tratado especial, lo que constituye un acto ilícito relativamente al tratado no ejecutado, no es la celebración del tratado posterior, sino la ejecución del otro tratado, sea el que fuere.

---

601. Neste sentido, **SEPÚLVIDA**, in: Op. cit., pp. 237/238.
602. Para **KELSEN**, "Los autores que defienden otra solución, en particular la tesis de que el tratado posterior es nulo, no tienen base para apoyarse en el derecho positivo. Invocan reglas del derecho natural o principios generales del derecho que son — como ellos lo pretenden — generalmente reconocidos, pero que no tienen tal carácter, en derecho internacional al menos."; in: "El Contrato y el Tratado", pp. 108/109.

Incluso si la conclusión del tratado posterior tiene — por cualesquiera razones — el caractér de un acto ilícito, de ello no puede inferirse la nulidad de la norma creada por tal tratado. La nulidad de la norma no es la consecuencia lógica de la ilegalidad del acto creador de la misma. Es necesario que dicha consecuencia sea expresamente estatuída por el orden jurídico"[603].

Exemplo claro desta situação é a já clássica problemática sobre o que prevalece sobre o quê? Ou seja, a prevalência da Legislação interna já existente sobre o ato internacional (Tratado, Convenção, etc.), firmado, ou vice-versa. Ao meu ver, a questão é simples, há prevalência do ato internacional, entendido como Direito estrangeiro, sobre a legislação nacional, entendida como *lex fori*, se este evento internacional reformar por completo e sobre a mesma questão de fundo, as normas internas. *Não pode tal evento ou ato internacional prevalecer sobre normas constitucionais imperativas, principalmente se tal Direito estrangeiro alterar cláusulas pétreas, como, também, não pode um Estado se escusar de aplicar ou recepcionar o Direito estrangeiro, sendo este competente, alegando disposições constitucionais, que não tem o caráter imperativo. Contudo, se um Tratado (que nesta altura, pode até ser lei interna no Estado de sua aplicação) sofrer em sua questão de fundo, alteração de forma substancial, por uma lei interna nova, esta prevalece sobre o Tratado ou a Convenção. Vou mais longe, porque entendo que se o Estado se compromete ao firmar um ato internacional e mesmo que este não venha a ser incorporado na sua legislação interna, há um compromisso internacional perante a chamada Sociedade Internacional, seja ela (principalmente) composta por Estados signatários daquele ato e/ou compromisso internacional, ou até mesmo perante aqueles Estados que não foram signatários daquele Tratado/Convenção; porquanto os Esta-

---

603. Op. cit., "Contrato", pp. 110/111.

dos podem a qualquer momento aderirem a tal Tratado/Convenção ou utilizá-lo como fonte de Direito Internacional.
*Quando um Estado utiliza o ato internacional como fonte, mesmo que não tenha ratificado, firmado ou aderido a ele, quem o faz assume perante a Comunidade Internacional uma responsabilidade e/ou uma obrigação sobre o tema ali explanado. No moderno Direito Internacional, utiliza-se como fonte até mesmo os documentos preparatórios de uma Convenção Internacional o que não dizer de um Tratado realizado como um ato jurídico perfeito. Claro que há exceção: esta reside no fato do Tratado trazer vícios de natureza grave, que choquem contra normas de Direito Internacional Privado. Mais adiante voltarei a tratar sobre este tema[604].

---

604. **KELSEN** chama atenção em obra rara ("El Contrato y el Tratado", tradução de **MÁYNEZ, Eduardo García**, Imprenta Universitaria, México, México, 1943, pp. 83/84 — esta obra era originalmente uma palestra que seria dada na Universidad Naicformal Autónoma de México, mas **KELSEN** não pôde comparecer e enviou os originais em francês. É curioso notar que nas "Palabras Preliminares", o Prof. **Alfonso Noriega Jr**., deixa transparecer que tal obra teria um caráter novel, escrita unicamente para este curso, mas **KELSEN** já havia publicado tal artigo, sem mudar uma linha sequer, nos famosos "Archives de Philophie du Droit et de Sociologie Juridique", Sirey, Paris, dixièmè année, nº 1-4, 1940, pp. 33/76. Aliás, neste mesmo volume dos "Archives", existem mais dois outros brilhantes artigos: "La Force Obligatoire des Traités", de **Louis LE FUR**, pp. 85/109 e "Quelques Observations sur la Théorie du Traité International", de **R. A. METALL**, pp. 186/204), ditando que: "Hemos ya observado que en el caso en que dos convenciones concluídas por las mismas partes son incompatibles entre sí, la convención posterior abroga a la anterior, a menos de que el orden jurídico que sirve de base a las convenciones, o la misma convención anterior, estipulen expresamente lo contrario. Del caso de un conflicto entre dos convenciones celebradas por las mismas partes, hay que distinguir el de un conflicto entre dos convenciones concluídas por el mismo sujeto, pero con personas diferentes. El sujeito A concluye con el sujeito B una convención por la cual A queda obligado a realizar una conducta X; y más tarde el sujeto A concluye con el sujeto C otra convención por la cual A queda obligado a realizar la conducta no X. Cuál de las dos convenciones vale si el orden jurídico que les sirve de base nada estatuye sobre este punto? En el ámbito del Derecho Internacional algunos autores afirman, basándose en el

Kelsen, seguindo uma tendência mundial, adotava o princípio de que uma lei posterior derroga a anterior (*lex posterior derogat priori*), apesar de afirmar que era possível a ordem inversa (*Lex prior derogat porteriori*). Dita o jus-internacionalista que se uma norma se declara imodificável (tal como uma cláusula pétrea no Direito Interno, ou uma norma tida e aceita como de caráter Internacional, entendida como Direito estrangeiro, assumida diante da *Comunidade Internacional*), uma norma posterior cujo conteúdo seja incompatível com ditas normas pétreas ou obrigacionais, deve ser considerada nula ou anulável[605]. Dita ainda este doutrinador que: "Si una norma no puede ser modificada sono por otra cuya elaboración corresponda a condiciones especiales, cada norma posterior cuyo contenido sea incompatible con la anterior, es nula (o anulable) si la elaboración de la posterior no corresponde a los requisitos especiales previstos. Ello significa en los dos casos se aplica el principio lex prior derogat posteriori"[606]. Esta questão é por demais importante, para uma fundamentação de uma possível não aplicação do Direito Estrangeiro; contudo, não é tratada pela doutrina clássica, quando tal questão é posta em relevo.

Neste ponto, a doutrina *kelseniana* segue afirmando que para garantir a existência durável de uma norma, e protegê-la contra uma ab-rogação ou modificação da mesma, por outra posterior, ou para tornar mais difícil a ab-rogação ou a modificação, o legislador pode aplicar o princípio da *lex posterior derogat priori*, proibir a ab-rogação ou a modificação, fazendo pessoalmente responsável pela ab-rogação ou modificação proibidas, um órgão especial[607]. **Kelsen** sempre

---

principio "ex injuria jus non oritur", que el tratado posterior debe considerarse como nuo, porque su conclusión constituye un acto ilícito. Aquí se trata de un caso especial de un problema más amplio, el del conflicto de normas." Ele resolve este dilema no texto a seguir publicado.
605. Op. cit. "Contratos", p. 103.
606. Op. cit., "Contratos", pp. 103/104.
607. Op. cit., "Contratos", p. 104.

foi preciso (pelo menos em Direito Internacional), e neste ponto não poderia fugir das perguntas levantadas, ao afirmar que "En el derecho Internacional general no es posible encontrar una regla especial aplicable a los conflictos entre dos tratados concluídos por un Estado con Estados diferentes. El derecho internacional general sólo contiene la regla pacta sunt servanda. Por esta razón los dos tratados deben ser considerados como válidos. El cumprimiento de uno del ellos constituye la violación del otro y engendra, por tanto, la obligación de reparar el daño causado; en último análisis — se el Estado responsable del incumplimento de uno de los tratados no repara el daño — la no ejecución deste último tratado es un acto ilícito, que tiene como consecuencia las sanciones previstas por el derecho internacional general: guerra o represalias"[608].

Se o Estado aplicar sempre a *lex fori* ao Direito estrangeiro competente, sem que haja qualquer motivo relevante para tal bloqueio, tal ação pode gerar uma responsabilidade internacional[609]. Há posições radicais sobre esta questão de primazia e suas variantes, até mesmo de quem não é tradicionalmente radical, como é o caso de **Recasens Siches**[610], que afirma que "a explicação que antecede se refere ao propósito de construir ou de entender o Direito nacional ou estatal como uma ordem jurídica total e independente". Mas na verdade o Direito estatal não pode nem deve ser considerado como tal, ou seja, uma ordem jurídica total e independente, pelo contrário, deve ser considerada como uma espécie de ordem "provincial de un orden jurídico superior y más extenso, a saber, como parte del orden jurídico Internacional y como subordinado al Derecho Internacional. Según Kelsen, el Derecho Internacional general

---

608. Op. cit., "Contratos", pp. 107/108.
609. Como já explanado anteriormente.
610. **SICHES, Luis Recasens**, in: "Introducción al Estudio del Derecho", Ed. Porrúa, México, 4ª ed., 1970, pp. 177/178.

positivo contiene la norma de que un orden jurídico estatal, para ser considerado como válido debe ser eficaz, es decir, debe hallarse efectivamente realizado, en tanto que un orden en su conjunto. Desde el punto de vista del Derecho Internacional positivo, la Constitución de un Estado es válida solamente cuando ésta tiene efectividad, tiene facticidad".

A quase totalidade dos internacionalistas dita que Direito Internacional Privado é Direito Interno, e até mesmo o Direito Internacional Público "es derecho en el mismo sentido que el derecho nacional, porque es un orden coercitivo, un conjunto de normas que disponen sanciones socialmente organizadas para ser ejecutadas como reacción contra actos ilícitos. Pero el derecho internacional difiere del derecho nacional en muchos aspectos. Mientras las principales sanciones establecidas por el derecho internacional son las represalias y la guerra[611], las sanciones del derecho nacional son la pena y la ejecución civil"[612]. A questão de primazia sempre surge quando o Direito *Internacional*, depois de incorporado (ou não) e colocado no mesmo patamar do Direito *Interno* ou *Nacional*, choca-se contra disposições já existentes (por este motivo, muitas vezes tal Direito é barrado ou bloqueado). A questão só pode, na visão *kelseniana*, ser respondida pelo Direito Positivo. Por esta disposição (alguns entendem), as normas constitucionais podem dispor que o Direito Nacional será sempre aplicado, mesmo

---

611. Para **KELSEN**, as "represárias são violações limitadas, e a guerra, uma violação ilimitada, dos interesses do Estado contra o qual são dirigidas. Mas as represárias, assim como a guerra, consistem na privação imposta de vida, liberdade ou propriedade de seres humanos pertencentes ao Estado contra qual essas sanções são dirigidas. Esses indivíduos não cometeram o delito, nem estavam em posição de impedi-lo. Portanto, os indivíduos que formam a população do Estado são responsáveis pelo delito por ele cometido. A chamada responsabilidade do Estado pela sua violação do Direito Internacional é a responsabilidade coletiva dos seus sujeitos pelo não-cumprimeno dos deveres internacionais do Estado por parte dos seus órgãos". In: "Teoria Geral", Op. cit., p. 346.
612. **KELSEN**, in: "Principios", Op. cit., p. 343.

que esteja em conflito com o Direito Internacional, ou então que o conflito será solucionado em conformidade com o princípio de *"lex posterior derogat priori"*[613].

No Direito Internacional prevalece o que **Kelsen** determinou em chamar de *Responsabilidade Coletiva*[614], porquanto, no Direito Nacional há a prevalência da responsabilidade civil e/ou *individual*, muitas vezes baseada na culpa, enquanto a *Responsabilidade Internacional do Estado, ao meu entender, independe da culpa, ela é absoluta ou objetiva.* **Kelsen** observa que nem a responsabilidade individual, baseada na culpa, está excluída do Direito Internacional, nem a responsabilidade coletiva e absoluta está excluída do Direito Nacional.

Na visão *kelseniana*, isto significa que o Direito Internacional estabelece a responsabilidade coletiva pela violação das obrigações impostas para os Estados. Para tanto, a afirmação de que o Direito Internacional impõe obrigações aos Estados, ou que os Estados em sua qualidade de pessoas jurídicas são os sujeitos das obrigações estipuladas pelo Direito Internacional, significa que: 1-) O Direito Internacional impõe obrigações aos indivíduos como órgãos do Estado e que, os indivíduos, em sua qualidade de órgãos do Estado, são os sujeitos das obrigações internacionais. Mas o Direito Internacional só determina indiretamente esses indivíduos, os que por sua própria conduta devem cumprir as obrigações estipuladas pelo Direito Internacional e podem cometer o ato ilícito internacional imputado ao Estado; o Direito Internacional delega ao Direito Nacional a determi-

---

613. Neste sentido, **KELSEN**, in: "Teoria Geral", Op. ciot., p. 367. Mais uma vez **KELSEN,** no parágrafo seguinte, deixa de tomar uma posição firme, no tocante a este sentido.

614. "A responsabilidade coletiva é sempre responsabilidade absoluta, já que não pode ser baseada na culpa dos indivíduos responsáveis, isto é, dos indivíduos contra os quais são dirigidas as sanções. Mas pode-se fazer esses idivíduos responsáveis apenas se o delito foi cometido internacionalmente pelo delinqüente imediato." **KELSEN**, in: "Teoria Geral", Op. cit., p. 351.

nação destes indivíduos, e 2-) O Direito Internacional, ao dispor como sanções as represarias ou a guerra, estabelece a responsabilidade coletiva dos sujeitos do Estado ou dos membros das forças armadas, por violações deste Direito[615]. A este respeito, também, a diferença entre o Direito Internacional e o Direito Nacional é só uma diferença relativa[616].

A diferença mais importante na visão *kelseniana*, entre Direito Internacional e Direito Interno ou Nacional, reside no fato de que o Primeiro é uma ordem coercitiva relativamente descentralizada, e o Segundo é uma ordem coercitiva relativamente centralizada. Esta diferença se manifesta dentro dos métodos pelos quais as normas das duas ordens se criam e se aplicam. O Costume[617] e os Tratados, por exemplo, que são as principais fontes do Direito Internacional, são métodos descentralizados, já a principal fonte do Direito Nacional (interno) é a legislação, que é um método centralizado de criação do Direito[618].

Como finalização do tema acima noticiado, **Kelsen** numa de suas Conferências realizadas na *Faculdade de Direito de Harvard*, em março de 1941 (como conferencista *Oliver*

---

615. **KELSEN**, in: "Principios", Op. cit., pp. 100-101. Para ele, a responsabilidade coletiva, "es la responsabilidad del Estado en el Derecho Internacional general. Es una responsabilidad constituida por las sanciones específicas del Derecho Internacional — las represalias y la guerra — diferente de las responsabilidad establecida por el Derecho Nacional, la que por regla general, es una responsabilidad individual y que según la naturaleza de las acciones — ejecución civil o pena — es o bien una responsabilidad civil o una responsabilidad penal. La responsabilidad del Estado establecida por el Derecho Internacional general no es ni civil ni penal." Op. cit., p. 101.
616. **KELSEN**, in: "Principios", Op. cit., p. 344.
617. "Una violación de las normas nacidas de la costumbre, no puede tener lugar sino respecto de normas consuetudinarias que han adquirido valor positivo obligatorio de un modo cierto y preciso. Por tanto, no se puede afirmar que incurra en responsabilidad jurídica el Estado que no se atiene a las costumbres internacionales inciertas, contradictorias o que no resulten de hechos suficientemente repetidos". In: "Derecho Internacional", **DIENA, Julio**, Op. cit., p. 437.
618. **KELSEN**, in: "Principios", Op. cit., p. 344.

Wendell Holmes), concluiu que: "La presente conferencia se han expuesto todos los elementos esenciales de la técnica jurídica, por virtud de los que se puede distinguir entre el Derecho Internacional y el Nacional (o Estatal). Estos son los siguientes: el Derecho Internacional 1-) obliga y autoriza (esto es, impone deberes y concede derechos) a los individuos, no de modo directo, sino indirectamente; 2-) establece la responsabilidad colectiva y no la individual; 3-) no toma en cuenta la responsabilidad subjetiva (por dolo o por negligencia, culpabilidad) sino tan sólo la responsabilidad absoluta; 4-) no conoce en cuanto a la sanción la diferencia entre pena y ejecución; 5-) no estabelece una equivalencia entre el delito (o ilegalidad) y la sanción; 6-) se caracteriza por la descentralización en sentido estático, es decir, por el hecho de que las normas locales son de mayor volumen que las centralizadas, esto es, las reglas del Derecho Internacional particular son más numerosas que las del Derecho Internacional general; 7-) se caracteriza por la descentralización en sentido dinámico, es decir: a-) la creación del Derecho está descentralizada, ya que la costumbre y los tratados son las fuentes del Derecho Internacional; b-) la aplicación de la ley está descentralizada, es decir, no hay tribunales, y los supuestos o hechos condicionantes, especialmente el delito, son estabelecidos o confirmados por las partes mismas; c-) la ejecución de la sanción está descentralizada, pues rige el principio de la autoayuda (o justicia por propria mano)"[619].

*Há de se reconhecer que existem dois sistemas típicos: Um de Direito Internacional (Privado ou Público) e, outro,

---

619. In: "Derecho y Paz en las Relaciones Internacionales", Ed. Fondo de Cultura Economica, México, 1943, pp. 150-151, traduzido do inglês para o espanhol por **ACOSTA, Florencio**, com prólogo de **RECASÉNS SICHES, Luis** (aliás, um dos poucos livros que traz a história de **Kelsen** desde o seu nascimento em 1881, em Praga — e não em Viena com acreditam alguns, passando por sua fuga do nazismo, até sua ida — após lecionar em Havana/Cuba — para os Estados Unidos — Kelsen morreu em 1973).

de Direito Interno ou Nacional de cada Estado. Um deve necessariamente respeitar o outro, para que não gere como exemplo, uma Responsabilidade Internacional, ou uma desnecessária barreira do Direito estrangeiro. Repita-se, não existe um único Direito verdadeiro, para a solução de todas as questões, inclusive a de conflito de leis[620].

Portanto, se considera o Direito Internacional como parte e no mesmo patamar do Direito Interno, onde aquele vai ser aplicado pelos órgãos internos deste, aliás, como consta das Constituições da *França, Alemanha* e *Estados Unidos*, cabe saber se existe alguma primazia daquele sobre este, ou vice-versa. O Estado ao retificar alguma decisão de Direito Internacional, em atos internacionais como Tratados e Convenções, ou adotar uma *Lex mercatoria* (aqui, entendendo-se o Estado como ente negociador), ou um uso e costume internacionalmente reconhecido, o faz quase que transformando tal Direito Internacional em Direito Nacional, conforme o que dispõe a sua legislação interna, sem ferir a *ordem pública* e a *soberania*. Depois disto realizado, os órgãos do Estado absorvente deste Direito Internacional, por assim dizer transformado[621] (ou seja, agora de Direito

---

620. **KELSEN**, in: "Principios", Op. cit., p. 370, já ditava que "Reconocer el orden social de nuestro proprio grupo como el único derecho verdadero, es un punto de vista típicamente primitivo, compareble a la opinión de que sólo los miembros del propio grupo son verdaderos seres humanos".

621. Na visão de **KELSEN**, in: "Les Rapports de Système entre le Droit Interne et le Droit International Public", Académie de Droit International de la Haye, Recueil des Cours, 1926, IV, tomo 14 (pulicado em 1927), Lebrairie Hachette, Paris, p. 287; "A ces questions se rattache étroitement — de toute évidence — le problème de la transformation du droit international en droit interne. Une Théorie très répandue veut que les règles de droit international — qui en elles-mêmes obligeraient seulement l'État, et non ses organes ni ses sujets — n'aient force obligatoire à l'intérieur qu'une fois transformées en règles de droit interne — il n'y a pas là non plus un principe général, résultant de la nature même du droit international. Il n'est nullement impossible, spécialement en vertu d'un traité, qu'une règle internationale entre immédiatement en vigueur pour les États contractans...les traités internationaux qui dérogent aux lois étant

Nacional, com elementos Internacionais), "incorporam", por assim dizer, ao seu sistema legislativo, tendo que seguir tais normas, sob pena de praticar um ato ilícito, com reflexos na *Comunidade Internacional*, gerando uma sanção com base na Responsabilidade Internacional. Cabe noticiar mais uma vez que, quando se trata de aplicar um Direito estrangeiro, ele necessariamente não se "incorpora" ao Direito interno ou nacional. O Direito estrangeiro é aplicado como tal e entendido e/ou interpretado caso a caso. Por tal motivo, seu bloqueio é considerado uma *exceção* tendo em vista que uma norma interna ou externa (esta de Direito Internacional), lhe dá o *status* de competente.

*Entendo que, se este Direito Internacional ou Direito estrangeiro, ao ser incorporado no Direito Nacional ou Interno, não se atentar contra a ordem pública, soberania ou contra dispositivos constitucionais (inclusive sobre cláusulas pétreas), ele deve prevalecer, tendo primazia sobre qualquer legislação interna ou dispositivo legal (mesmo administrativo), ou jurisprudencial nacional, prevalecendo, até, sobre um possível Direito Adquirido. Por exemplo, se um Estado ratifica um Tratado, sendo as disposições deste ratificadas pela legislação interna do Estado, "transformado" tal Tratado em "lei interna", lhe é vedado, defeso, proibido, para este Estado, fazer uma lei interna posterior, ou até mesmo ser beneficiado por uma decisão judicial posterior, de qualquer grau de jurisdição, inclusive da Corte Suprema, que revogue tal ato internacional ou seus efeitos como lei interna.

*Deveria, sim, tal Estado denunciar o ato internacional anteriormente ratificado, fazendo cessar seus efeitos perante a Comunidade Internacional, e só depois, anular os efeitos da lei interna, que incorporou tal Tratado. Contudo, a incorporação de tal Tratado na legislação interna de um Estado

---

dans les États démocratiques soumis à l'approbation du Parlement et promulgués comme elles, une transformation — pourvu que les dispositions du traité soient suffisamment précisés — apparaît tout à fait superflue".

não tem o poder ou o escopo de retroagir, para atingir fatos ou atos passados. Se os órgãos do Estado que vai absorver tal Direito Internacional não o aplicam porque não estão "autorizados" para fazê-lo por disposição do Direito Interno ou Nacional, o Estado é segundo o Direito Internacional responsável por tal violação de Direito[622].

Sobre o tema acima noticiado e apesar de não ser *kelseniano* (e sim jusnaturalista), há de se concordar com certas posições adotadas por **Kelsen**. Neste sentido, trago à colação texto do seu primeiro *curso*[623] dado na *Académie de Droit International (Haia)*, tendo como subtítulo "Les conséquences et la valeur de la théorie de la reconnaissance du droit international — La force obligatoire des traités"; a saber: "Dans ce cas en effet, le traité international doit — nous l'avons dit — être assimilé à la loi en tant qu'acte générateur de droit; car, en acceptant la notions de traité, la Constituition manifeste la volonté que l'État ne puisse se libérer par un acte unilatéral des obligations qu'i la conventionnellement assumées, mais seulement (lors du moins que le traité n'a pas été conclu à temps) par un nouvel accord avec l'autre partie. La violation d'un traité est alors une violation du droit, tout comme le serait un violation de la Constitution. Malgré tout, il faut cependant bien reconnaître que, si le caractère obligatoire des traités internationaux repose uniquement sur la Constitution, il dépend d'elle qu'il cesse. De même pour le droit international en général, si l'on en fonde le caractère obligatorie sur la seule reconnaissance par les différents États. L'État pourrait alors, bien évidemment, se libérer à tout moment de ses obligations internationales en rétractant cette reconnaissance, par un procédé adéquant. Si on déclare cette rétraction impossible, on s'engage dans la voie de la fiction; on substitue, en réalité, à la théorie de la primauté de l'orde étatique une autre

---

622. **KELSEN**, in: "Principios", Op. cit., p. 374.
623. In: "Recueil", tomo 14, pp. 293-294.

théorie qui déclare de droit international obligatoire pour État indépendamment de sa volonté".

No tocante aos atos emanados do *Poder Judiciário*[624], apesar da independência dos Poderes (mais acentuadamente do Judiciário em vários países. Há uma tendência acentuada nos países da América Latina em dar ao Judiciário um injustificado privilégio), não podem tais atos praticados em nome, ou por este Poder, ferir normas internacionais, tentando solucionar uma questão interna (ou internacional), ou ferir direitos de outros Estados ou estrangeiros (pessoas físicas ou jurídicas) em seu Território, ou até mesmo ir contra uma obrigação do *"seu"* Estado, que vá de encontro com normas de Direito Internacional (público, privado ou consuetudinário). Discordo da opinião do Prof. **Monaco**, onde ele acha que esta fonte de responsabilidade é de análise mais complexa e de difícil caracterização, porquanto, "mentre gli organi legislativi ed amministrativi sono gerarchicamente collegati alla persona dello Stato, di regola gli organi giurisdizionali sono indipendenti anche di fronte alla persona dello Stato e svolgono una funzione interpretativa del diritto, più che un'attività direttamente esecutiva od imperativa come le altre due categorie di organi"[625].

---

624. Há bibliografia complementar básica: **OTKEN**, "De la Responsabilité Internationale des États en Raison des Décisions de Leurs Autorités Judiciaires", in: "Rev. de Droit Int. de Sciences Diplomatiques et Politiques", 1926; **EUSTATHIADES**, in: "La Responsabilité Internationale des États pour les Actes des Organes Judiciaires", II, Paris, 1936; **PAU**, in: "Responsabilità Internazionale dello Stato per Atti Giurisdizione", in: "Studi Economico-Giuridici della Facoltà di Giurisprudenza del L'Univ. di Cagliari", vol. XXXIII (1950); e, **URBANEK**, in: "Das Völkerrechtsverletzende Urteil", in: "Zeit. für öff. Recht", 1958-59, p. 213.

625. Op. cit., p. 558. Apesar do Prof. **MONACO** ver esta dificuldade reconhece, na mesma página, que "tuttavia, siccome essi pronunciano le loro decisioni in nome dello Stato e poiché le dicisioni medesime sono capaci di effetti dannosi nei confronti di soggetti e di interessi stranieri, non è esclusa in linea di massima la possibilità di un illecito e quindi di una conseguente responsabilità internazionale."

Pelo contrário, entendo que também na atividade do Judiciário, os seus atos são de fácil identificação no tocante a atos que gerem a Responsabilidade Internacional do Estado, justamente porque os atos ali emanados os são em nome do Estado e/ou sob sua tutela (apesar da independência de Poderes). A única ameaça a essa posição é a de aceitar uma interferência maior da "Diplomacia" em tais questões. Há que se ter em conta que fique bem evidente que o Judiciário agiu de má-fé; que tenha julgado com parcialidade; ou, que haja indícios fortes de fraude. Aí sim o Estado seria responsável internacionalmente, inclusive se adotar uma política sistemática de barrar o Direito estrangeiro, pelo uso constante e indiscriminado da lex fori.

Outrossim, não concordo com a opinião de **Diena**, *que exclui a Responsabilidade Internacional do Estado, por atos realizados por membros do Poder Judiciário. Entende o Professor italiano que, em todos os Estados civilizados, se admite o princípio da independência da magistratura, de maneira que, quando um Estado dita as disposições de Direito Interno, necessárias para fazer respeitar seus deveres internacionais próprios, não pode ser imputada a tal Estado a aplicação errônea feita em algum caso litigioso, pela magistratura de última instância*[626]. Seja tal funcionário, magistrado de qualquer instância; membro do Ministério Público (Federal ou Estadual); ou qualquer outro agente e/ou funcionário do Poder Judiciário, que ferir o Direito Internacional Privado ou qualquer obrigação ou Responsabilidade Internacional, assumida pelo Estado, este último tem que ser responsabilizado objetivamente por atos de seus funcionários sejam eles parte ou não do Poder Judiciário, porquanto, houve efetivamente uma violação.

*Esta responsabilidade ou esta violação imediata pode ser notada, mais comumente, quando o Judiciário aplica ou

---

626. Op. cit. "Derecho Internacional", pp. 439/440 e nota 81.

interpreta através de seus atos (despachos, sentenças e acórdãos) erroneamente um Tratado ou uma Norma Consuetudinária reconhecida internacionalmente; ou até mesmo quando aplica normas de Direito Internacional Privado de forma anormal e flagrantemente em desacordo com o verdadeiro espírito desta norma (DIP), criando, assim, um verdadeiro conflito. Estes atos emanados pelo Judiciário quebram a chamada obrigação internacional do Estado, assumida perante a Comunidade Internacional. O que se verifica é que quase sempre é barrado pelo Judiciário o Direito estrangeiro competente, por aplicação exclusiva da lex fori, sem que tal aplicação se justifique.

Todo ato internacional o é, na maioria esmagadora das vezes, a expressão singela da boa-fé e do princípio *pacta sunt servanda*. Estas são idéias consuetudinárias; contudo, o art. 35, da *Convenção de Viena*, que codificou o *Direito dos Tratados*, dita que estes criam obrigações para terceiros, e se estas obrigações forem descumpridas, gerará a responsabilidade internacional. Houve um comprometimento internacional do Estado para com outros Estados signatários, apesar de que, na prática diplomática, encontramos muitas vezes a tolerância dos Estados signatários, diante de um descumprimento de norma convencional, como se verifica no caso de se negar a aplicação do Direito estrangeiro oriundo de um ato internacional, mesmo que tal ato não seja incorporado ao Direito interno daquele determinado Estado, em que irá se irradiar o efeito de tal Direito estrangeiro. Claro que para as questões postas no início deste trabalho, estas podem ser enquadradas, *com muito esforço*, nas regras de interpretação dos Tratados contidos nos itens publicados nos artigos 31 e 32, da Convenção de Viena, numa tentativa de equalizar os conflitos de Leis. Contudo, outros instrumentos podem ser utilizados, para sanar tais conflitos.

Não se trata de uma questão de *lex posterior derogat priori*, talvez de aplicação da *lex specialis derogat generali*, como por exemplo o tema tributo (área fiscal), que é tão específico, que poderia em termos gerais e doutrinários prevalecer sobre a questão constitucional genérica. Mas mesmo assim, só pelo fato de se pensar em admitir que um Tratado derrogue uma norma constitucional, mesmo que geral, ainda mais sendo norma pétrea, a questão da soberania, também, é derrogada. Há que se lembrar que o instituto do *pacta sunt servanda*, para o Direito Internacional, é levado muito a sério e, por este motivo o Direito dos Tratados, estabeleceu algumas saídas, para que a obrigação internacional assumida não seja quebrada pura e simplesmente. Encontramos, em algumas Constituições, preceitos que ditam que quando um Tratado colidir com normas constitucionais, a única saída seria uma reforma constitucional (Constituição *francesa* de 1958, art. 54; Constituição *argelina* de 1976, art. 160 e Constituição *espanhola* de 1978, art. 95). Ou podemos encontrar texto que já soluciona a questão, como a Constituição *holandesa* de 1956 (data da reforma constitucional), onde aceita, sob certas situações, os efeitos oriundos de tratados derrogatórios do seu texto constitucional.

*Contudo, o Estado pode, diante do conflito constitucional, formular reserva ao Tratado (arts. 19 a 23, da Convenção de Viena), a menos que esta reserva esteja proibida ou haja ressalvas no Tratado. Apesar da questão formalista que se reveste a Convenção de Viena, tecnicamente o Estado só poderia formular reservas ao Tratado, no ato de sua assinatura, na ratificação ou na adesão. Porém, pode o Estado notificar seus parceiros convencionais do conflito, e tentar realizar uma reserva, o que eu acho de difícil aceite. Porém, pode o Estado emendar o Tratado ratificado, se as partes signatárias estiverem de acordo (arts. 39, 40 e 41, da Convenção de Viena).

Exemplos claros são os questionamentos que os juristas brasileiros fazem a respeito dos Acordos Internacionais firmados pelo Brasil, diante do *Mercosul*. Pelo menos duas perguntas caracterizam bem o conflito de leis: 1) Qual a eficácia do *Tratado de Assunção* à luz do art. 5°, § 2°, da Constituição Federal, que é cláusula pétrea, no que concerne a outros tratados tributários que o Brasil tenha assinado e que se mostrem conflitantes com a nova pactuação internacional, ou seja, tais efeitos podem ser barrados como Direito estrangeiro? 2) O *Tratado de Assunção*, bem como os acordos posteriores e complementares, podem disciplinar tributos estaduais e municipais, inclusive concedendo isenções nessas esferas (art. 151, III, da Constituição Federal brasileira)? A resposta é simples para as questões formuladas: **Ao meu ver, se normas constitucionais brasileiras forem atacadas ou forem conflitantes com disposições dispostas em Tratados ratificados e/ou promulgados pelo Brasil, os efeitos destes não modificarão normas constitucionais brasileiras, ainda mais em se tratando de cláusulas pétreas contudo, sofrerá o Brasil; as conseqüências da responsabilidade internacional diante de seus parceiros signatários e aderentes da Convenção de Assunção*[627]. *Repita-se, que em se tratando de norma de Direito Internacional Geral, esta tem primazia sobre a constituição, pois afeta a Comunidade Internacional como um todo. Por exemplo a constituição de qualquer Estado, não pode pactuar com um ato de genocídio.*

O *que resta é a denúncia ou a retirada do Brasil, do Tratado de Assunção a não ser que se faça uma emenda constitucional ou uma nova constituição para a questão da*

---

627. Dita **Carrión** que: "...las disposiciones internas de los Estados no pueden ser esgrimidas como excluyentes del ilícito internacional cuando, en virtud de su aplicación, dieran lugar a contradicciones con obligaciones internacionales. En consecuencia, si la incongruencia de las disposiciones internas llevara a la no aplicación de una norma internaiconal, las autoridades de un Estado pondrán en juego la responsabilidad de su Estado si, por el estricto cumplimiento de sus disposiciones internas, porcedieren a inclumplir sus obligaciones internacionales" (Op. cit., p. 268).

cláusula pétrea. Mesmo com a saída ou com a denúncia, o Brasil teria o dever de cumprir qualquer obrigação enunciada no Tratado à qual estaria sujeito, em virtude do Direito Internacional. Claro, também, que tal assunto pode ser levado ao Juízo arbitral entre Estados e lá ser resolvido, sem envolvimento direto das saídas diplomáticas ou a utilização da Convenção de Viena, para a questão. Alerta **Mirtô Fraga**[628] que "...só pode entrar em conflito com a lei o Tratado auto-executório, assim entendido aquele cujo objetivo é criar, imediatamente, direitos e obrigações em relação aos particulares. Nesse caso, o Tratado se endereça, também, aos Tribunais e deve ser por eles aplicado. Mas, se não é auto-exucutório, necessitando de norma interna que lhe dê condição de ser executado, não cria, direta e imediatamente, direito e obrigações para os particulares, e, dessa forma, não se endereça a eles".

Mesmo que se afaste para esta questão de primazia, às correntes doutrinárias monistas e dualistas fica a dura e triste prática brasileira, ditada pelo Supremo Tribunal Federal e acompanhada pelo menos por dois professores formadores de opinião (**Jacob Dolinger**, professor titular de Direito Internacional Privado da Universidade do Rio de Janeiro e **José Francisco Rezek**[629], ex-professor titular de

---

628. In: "O Conflito entre Tratado Internacional e Norma de Direito Interno" (estudo analítico da situação do Tratado na Ordem Jurídica Brasileira), Ed. Forense, Rio de Janeiro, 1997, p. 44.
629. Aliás, **Rezek** admitia a supremacia de norma convencional sobre a norma nacional interna, quando esta última traz em seu bojo, expressamente tal entendimento ou quando este entendimento pode ser lido nas intenções legislativas. Isto foi o que ocorreu com o artigo 1º, do Código Brasileiro de Aeronáutica (Lei 7.565/86), porquanto, entende aquele Juiz da Corte de Haia, que a ordem em que se redigiu o artigo mostra bem que a matéria se encontra submetida, em primeiro lugar, aos textos internacionais e, em seguida, ao Código!!! Aliás, como bem ressaltou o então Ministro do Supremo Tribunal brasileiro, **Leitão de Abreu**, firmando posição que: "Os tribunais podem ser autorizados a recusar aplicação a leis ou mesmo anular leis, quando, em conflito com um Tratado internacional ou uma norma de Direito Internacional. Nesses casos, as leis, que violem o Direito Internacional, são tratadas da mesma maneira

Direito Internacional Público da Universidade de Brasília, ex-ministro do STF e atual Juiz da Corte de Haia). No Brasil havia a tendência de se adotar o chamado monismo total, ou seja, que o Tratado deveria sempre prevalecer sobre a lei de ordem interna (pois estavam no mesmo plano), sendo tal princípio consagrado em lei interna pelo Código Tributário Nacional, no seu artigo 98[630], ainda em vigor. Seguem esta corrente juristas brasileiros (alguns luminares) do Direito Internacional[631].

Contudo, um famoso julgado da Suprema Corte brasileira sobre o *Recurso Extraordinário 80.004*, publicado na *RTJ 83/809-848*, decidiu pela validade de uma lei interna, contrária a uma Convenção firmada pelo Estado brasileiro[632],

---

como, de acordo com algumas Constituições, são tratadas as leis que violem a Constituição" (no voto exarado no REx. 80.004-SE, in: RTJ 83/830).

630. Dita tal artigo que os Tratados e as Convenções internacionais revogam ou modificam a legislação tributária interna, e serão observados pela que lhes sobrevenha.

631. O próprio Professor **Dolinger** cita: **Oscar Tenório**, in: "Direito Internacional Privado", 11ª ed., revista e atualizada pelo Professor **Dolinger**, Rio de Janeiro, Ed. Freitas Bastos, 1976, vol. I, p. 93; **Haroldo Valladão**, in: "Direito Internacional Privado", Rio de Janeiro, Ed. Freitas Bastos, 1983, vol. I, p. 96; **Hildebrando Accioly**, in: "Tratado", Op. cit., p. 18; **João Grandino Rodas**, no artigo: "A Constituição e os Tratados Internacionais", in: "Revista dos Tribunais", São Paulo, nº 624, p. 43; **Vicente Marota Rangel**, no já clássico artigo: "Os Conflitos entre Direito Interno e os Tratados Internacionais", in: "BSBDI", 1967, n°s 44/45, p. 29; e, **Celso Albuquerque Mello**, no artigo: "Constituição e Relações Internacionais", in: "A Nova Constituição e o Direito Internacional — Propostas e Sugestões", Ed. Freitas Bastos, Rio de Janeiro, 1987, p. 19 (apud **Jacob Dolinger**, in: "A Nova Constituição e o Direito Internacional — Propostas e Sugestões", Op. cit., pp. 85-86. Esta obra não está relacionada na bibliografia final).

632. Acórdão longo e retógrado, demonstrando mais do que uma "fogeira de vaidades" dos ministros do Supremo Tribunal Federal da época, pois se assemelhava mais a um "maçarico de vaidades", que começou com o voto brilhante do Ministro **Xavier de Albuquerque** em 3/9/75 e findou em 1/7/77, com o voto do Ministro **Eloy da Rocha**. Criticando sabiamente tal Acórdão nefasto, ditou o Professor **José Carlos de Magalhães** "...afastando-se da orientação anterior, não atentaram aqueles Ministros para a problemática da responsabi-

mudando os Ministros daquela Corte, com suas penadas, uma orientação ditada contrariamente pela Corte maior brasileira, que admitia a primazia do Tratado sobre lei interna, não aderindo à *Teoria Monista*[633].

Com tal fundamento, concorda o Professor **Dolinger**, pois, ele entende que a quebra de uma obrigação internacional, ou de uma norma tida e aceita de Direito Internacional, não pode gerar a responsabilidade internacional do Estado, justificando-se de maneira simplista que "não concordamos com estas críticas, pois não nos parece que o julgamento de uma cambial de circulação interna no país, em discordância com os ditames da lei uniforme, possa acarretar qualquer responsabilidade perante a comunidade internacional"[634]. Ele não está sozinho, além do Professor **Rezek,** que tem uma visão especial, outros de tendência tributarista entendiam que poderia uma legislação interna revogar ato internacional, tendo em vista que ambos tinham uma equivalência; dentre eles **Geraldo Ataliba**[635], **Antônio Roberto Sampaio Dória**[636], **Bernardo Ribeiro de Mo-**

---

lidade internacional do Estado na ordem internacional (...) as decisões judiciais são também atos do Estado que se refletem na ordem internacional e podem acarretar a responsabilidade de quem as proferiu, perante a comunidade internacional" (no artigo: "O Supremo Tribunal Federal e as Relações entre Direito Interno e Direito Internacional", in: "Boletim Brasileiro de Direito Internacional", n°s 61/66, pp. 53 e ss.).

633. Mais uma vez com sabedoria e indignação, doutrina a Consultora da União e ex-Professora de Direito Internacional, **Mirtô Fraga** que: "O Tratado é uma fonte do direito prevista na Constituição. A promulgação não o converte em direito interno, apenas lhe confere força executória, tal qual às outras fontes, também, previstas. A superioridade da norma convencional decorre do fato de que, na sua formação, se manifestam os órgãos encarregados da tarefa legislativa, ao passo que, na conclusão da norma legal, não intervém uma das partes, necessária à concretização do Tratado" (Op. cit., p. 113).

634. In: "Direito Internacional", Op. cit., p. 96.

635. In: "Apontamentos de Ciência das Finanças, Direito Financeiro e Tributário", ed. Própria, São Paulo, 1969, p. 110.

636. In: "Da Lei Tributária no Tempo", Ed. Saraiva, São Paulo, 1968, pp. 41 e ss.

raes⁶³⁷, *Vladimir Rossi Lourenço*⁶³⁸, *José Alfredo Borges*⁶³⁹ e ***Betina Treiger Grupenmacher***⁶⁴⁰. Isso porque, desde o segundo quartel do século XX há disposição diversa, qual seja, a de que "é princípio geralmente reconhecido, do Direito Internacional, que, nas relações entre potências contratantes de um Tratado, as disposições de uma lei interna não podem prevalecer sobre as do Tratado"⁶⁴¹. Tal posicionamento veio a ser fortalecido diante do já conhecido texto contido nos artigos 26 e 27, da *Convenção de Viena sobre Direito dos Tratados*.

O Recurso Extraordinário 80.004 de 1978 já foi superado pelo texto constitucional, tendo em vista que no próprio corpo de tal aresto do Supremo Tribunal Federal encontra-se o seguinte fundamento: "faltante na Constituição do Brasil de privilégio do tratado internacional sobre as leis do Congresso". Ora, a Constituição Federal dispõe em quatro passagens (§ 2º, do art. 5º; inciso I, do art. 49; inciso VII, do art. 84; e, inciso V, do art. 109), sobre a questão de atos internacionais, desmontando o argumento utilizado naquele Acórdão tão citado, principalmente o contido no mencionado § 2º, do art. 5º. Além do quê, o inciso III, do art. 109, do texto constitucional dita que cabem exclusivamente aos magistrados federais o julgamento de lides fundadas em

---

637. In: "Sistema Constitucional Tributário na Constituição de 1969", Ed. Revista dos Tribunais, São Paulo, 1973, p. 157.
638. In: "Tratados, Convenções Internacionais e Tributação", artigo estampado na Revista de Direito Tributário 37, 1986, p. 167.
639. In: "Tratado Internacional em Matéria Tributária como Fonte de Direito", artigo estampado na Revista de Direito Tributário 27/28, 1984, p. 162.
640. In: "Tratados Internacionais em Matéria Tributária e Ordem Interna", Ed. Dialética, São Paulo, 1999, pp. 138 e ss.
641. Parecer Consultivo da Corte Permanente de Justiça Internacional, exarado em 31/7/30, apud **Alberto Xavier**, Op. cit., pp. 106-107. Dita o mencionado Professor que tanto no tocante a este Parecer como na questão de fundo do Caso Dantzig, há o entendimento de que "todo o Direito Internacional, incluindo, pois, também todo o Direito Internacional Convencional, obriga o Estado e prevalece sobre a própria Constituição" (Op. cit., p. 107, nota 41).

tratados, em que a União se obrigou com outro Estado ou organismo internacional. Então tais atos internacionais não são equiparados a leis internas, ou, nas palavras de **Alberto Xavier**, são "direitos subjetivos emergentes diretamente de tratados internacionais. Ora, se os direitos decorrem diretamente dos tratados, isto significa que eles têm a sua origem em normas internacionais não previamente convertidas em leis internas"[642].

Isso é bem verdade, tendo em vista que a Constituição Federal não fala em atos internacionais firmados pelo Estado brasileiro e trazidos para seu Direito, através do Congresso Nacional. Pode ocorrer que o Estado brasileiro tenha firmado tal ato internacional, mas ainda tal ato ainda não tenha o seu decreto promulgativo. Pelo texto constitucional basta apenas que haja o compromisso expresso entre Estados, para prevalecer em território brasileiro. *Eu vou mais longe ainda. Várias Convenções são praticadas pelo Direito brasileiro, sem realmente terem o consentimento expresso do Estado brasileiro, como por exemplo a Convenção de Viena sobre o Direito dos Tratados e a Convenção sobre Compra e Venda Internacional, que são adotadas plenamente dentro de nosso território, sem que tenham sido firmadas ou ratificadas pelo Estado brasileiro. Entendo até que os estudos e preparativos para uma Convenção, ou até mesmo um ato internacional ainda não ratificado ou firmado, servem de fonte e subsídio de Direito estrangeiro (Direito Convencional), que pode ser aplicado em nosso território, sem ser barrado pelo intérprete, a não ser que sejam tais atos e preparativos atentatórios à ordem pública e à soberania.*

Ao meu ver, não se trata se os efeitos de uma determinada norma vão ser irradiados apenas dentro do Território (apesar de que, neste caso, possa ocorrer elemento de conexão vindo de fora do Estado), o problema central é o ferimento de uma

---

642. Op. cit., p. 110.

norma e uma obrigação internacional, anteriormente comprometidas perante a Sociedade Internacional. Julgar como julgou a Corte Suprema brasileira, ditando que está ferindo uma norma, ficando passível o Estado de uma punição e aguardá-la, além de demonstrar um desrespeito e uma afronta à Comunidade Internacional e outros Estados-partes, demonstra que tal julgamento não soluciona nada, pelo contrário, serve de base a um ferimento de uma obrigação internacional. Melhor julgamento fez a brilhante Magistrada e Professora (com "M" e "P" maiúsculos) da Pontifícia Universidade Católica/São Paulo, **Lúcia do Valle Figueiredo**, diante do Acórdão do Tribunal Federal da Terceira Região, dando a prevalência do *General Agreement on Tariffs and Trade* sobre norma interna[643]; ou como fez outro Magistrado **Tourinho Neto**, relativo à prevalência do Acordo de Alcance Parcial, n° 12 (Brasil/Peru)[644].

O mencionado Professor **Rezek**, que agora é Juiz da *Corte de Haia* (mas antes era Professor de Direito Internacional Público e Juiz da *Corte Permanente de Arbitragem*), sempre sustentou, como Ministro da Corte Suprema brasileira que: "o Supremo Tribunal Federal deve garantir prevalência à última palavra do Congresso Nacional, expressa no texto doméstico, não obstante isso importasse o reconhecimento da afronta pelo país de um compromisso internacional. Tal seria um fato resultante da culpa dos poderes políticos, a que o Judiciário não teria como dar remédio" (Vide julgados estampados nas RTJ 115/969-973 e RTJ 119/22-30). Só imagino o Professor **Rezek** dando este tipo de sustentação inconsistente diante de seus pares em Haia. Pode o mencionado Professor "amenizar" tal impacto durante a sua permanência no Estado holandês, ao mostrar

---

643. Acórdão de 6/11/91, exarado no Recurso de Apelação em Mandado de Segurança, 37.738-São Paulo (90.03.38037-6).
644. Acórdão do Tribunal Regional Federal da Primeira Região, de 25/12/92, remessa ex-officio 90.01.16334-3-BA.

que em sua doutrina[645], ele entende que: "...destarte, sem prejuízo de sua congênita e inafastável internacionalidade, deve o Tratado compor, desde quando vigente, a ordem jurídica nacional de cada Estado-parte. Assim poderão cumpri-lo os particulares, se for o caso; ou, nas mais das vezes, os governantes apenas, mas sob ciência e vigência daqueles, e de seus representantes. Assim poderão garantir-lhe vigência juízes e tribunais, qual fazem em relação aos diplomas normativos de produção interna". Isto quer dizer, se ele deixasse quando Ministro daquela Corte nacional, ou seja, em sua Doutrina adota uma orientação, em seus julgados no Brasil, outra orientação é adotada. A que título?

Doutrinava[646] o mesmo Professor, agora juiz internacional, que quando surgisse um conflito entre Tratados, ou seja, dois diplomas com o mesmo nível hierárquico, "prevalece o posterior sobre o anterior, à base da convicção de que o poder legiferante modificou seu alvitre. Não é necessário que no pacto superveniente as partes expressamente declarem revogado — ou apenas derrogado — o pacto anterior. A simples evidência da incompatibilidade total ou parcial entre o que dispõem os compromissos concorrentes trará à cena a regra *lex posterior derogat priori*". Ele vai mais longe em sua obra, dita que a regra da *lex posterior derogat priori* teria plena e total eficácia, mesmo que todas as partes do Tratado ou da Convenção anteriores fossem os mesmos do Tratado ou da Convenção posterior[647]. Depois, revela que o "certo é que não há remédio para o conflito real"[648], sendo que o Estado deixará de cumprir um dos Tratados, cometendo *ilícito internacional*. *É inconcebível que um jurista que tenha um traquejo

---

645. In: "Direito Internacional Público — Curso Elementar", Ed. Saraiva, São Paulo, 1989, p. 83, ao tratar da incorporação do Tratado no Direito Interno.
646. Op. cit., "Direito Internacional", pp. 100-101.
647. Op. cit., "Direito Internacional", p. 101.
648. Op. cit., "Direito Internacional", p. 102.

em julgamentos a nível superior seja Professor de Direito Internacional; seja árbitro e agora Juiz internacional e afirme que não existe uma forma de resolver um conflito de leis[649], mesmo que seja o de denunciar o Tratado (anterior) conflitante com outro (posterior); ou que se faça no mínimo um ajuste complementar ou um memorando de entendimento; ou até mesmo por meio de acordos em forma simplificada, como troca de notas diplomáticas (apesar de que pelo Manual de Procedimentos — Prática Diplomática[650], do Itamaraty, tais notas devem tratar de matérias secundárias e de natureza administrativa, o que na prática quase nunca acontece); tudo isso, no intuito de não haver uma colisão de normas[651]. E o que é mais grave, tal Professor é comentarista da *Convenção de Viena sobre o Direito dos Tratados* de 1969[652], além de ter sido Ministro

---

[649]. Lembro que o próprio **Rezek** apoiado na doutrina de **Claude Lombois** ("Droit Penal International", Paris, Ed. Dalloz, 1971, pp. 455-456 — esta obra não está relacionada na bibliografia final), dita contrariamente do que julga que: "Tudo conduz a uma conclusão que, dentro da área substancialmente penal, chega a ser desconcertante e incômoda, não obstante correta: em qualquer hipótese de conflito, entre Tratado externo e a lei de extradição, prevalecerá o dispositivo mais favorável ao Estado" (no artigo: "Perpectivas do Regime Jurídico da Extradição", in: Estudos de Direito Público em Homenagem a Aliomar Baleeiro", Brasília, obra coordenada por ele, Ed. UNB, 1976, pp. 233-264 — esta obra não está relacionada na bibliografia final). Dita com acerto, **Mirtô Fraga** que a "supremacia do Direito Internacional deve ser, em realidade, o único meio possível, de acordo com o sistema jurídico brasileiro, de solucionar o conflito entre as duas normas", Op. cit., p. 90.

[650]. Editado pelo Departamento Consular e Jurídico — Divisão de Atos Internacionais do Ministério das Relações Exteriores, Brasília, 1984, p. 5.

[651]. Será que os pareceres exarados pelos assessores do Ministério das Relações Exteriores alerta para tal evento ou responsabilidade, ou deixa para o Congresso tal oportunidade?

[652]. Vide sua obra: "Direito dos Tratados", Ed. Forense, Rio de Janeiro, 1984. Aliás, na mesma obra, às pp. 462-463, em se tratando de conflito de normas infraconstitucionais, dita o atual Juiz da Corte de Haia que "...não se coloca em dúvida, em parte alguma, a prevalência dos Tratados sobre leis internas anteriores à sua promulgação. Para primar, em tal contexto, não seria preciso

brasileiro das Relações Exteriores!!! Quando se trata de norma constitucional, o citado Professor **Rezek** sustenta nos seus comentários à *Convenção de Viena*, que deve ser preservada a Constituição, *"ainda que isto signifique a prática de um ilícito pelo qual, no plano externo, deve aquele responder"*[653]. Ou seja, em dito comentário a parte concernente ao artigo 27 foi estranhamente *"esquecida"* e/ou não comentada condignamente.

Mirtô Fraga, ao analisar este recurso (aliás a sua obra *disseca um a um o voto dos Ministros do Supremo Tribunal Federal no célebre RE 80.004*), ditava que o Tratado celebrado pelo Estado o foi para ser cumprido, e que é "um contra-senso afirmar-se que o Tribunal deve aplicar a lei posterior contrária ao Tratado e admitir-se, ao mesmo tempo, a responsabilidade do Estado"[654]. Segue ainda, a ex-consultora legislativa do Senado Federal que: "...e por ser o Tratado um ato internacional que obriga o Estado perante os co-contratantes, por significar, também, uma autolimitação ao seu poder soberano de dispor sobre normas internas, não se pode, evidentemente, após o compromisso assumido e na sua vigência, editar lei que lhe seja contrária"[655].

Em casos anteriores ao Recurso Extraordinário 80.004-SE-1/6/77 (por maioria[656]), como do Recurso Extraordiná-

---

que o Tratado recolhesse da ordem constitucional o benefício hierárquico. Sua simples introdução no complexo normativo estatal faria operar, em favor dele, a regra *lex posterior derogat priori*. A prevalência de que fala este tópico é a que tem indisfarçado valor hierárquico, garantido ao compromisso internacional plena vigência, sem embargo de leis posteriores que o contradigam". Repita-se, na prática, ele adota reiteradamente outra Corrente de pensamento. Neste ponto reside o perigo em nível internacional, diante do elevado "posto" que ele atualmente ocupa. É preocupante.

653. Op. cit., Direito dos Tratados, p. 462.
654. Op. cit., p. 83.
655. Idem.
656. Houve um voto contra o do Ministro **Cunha Peixoto**, admitindo-se como um todo a aplicação imediata da Convenção de Genebra, sem que houvesse uma lei específica tratando da questão de "Fundo". Os Ministros **Xavier de**

rio-PR 71.154/1971⁶⁵⁷ (unânime), o então relator Ministro *Oswaldo Trigueiro*, entendia que "...aprovada a Convenção pelo Congresso e regularmente promulgada, suas normas têm aplicação imediata, inclusive naquilo em que modificarem a legislação interna (...) a Constituição inclui, na competência do Supremo Tribunal, a atribuição de julgar, mediante recurso extraordinário, causa oriunda de decisão da instância inferior quando for contrária à letra do Tratado ou lei federal. A meu ver, essa norma consagra a vigência dos Tratados independentemente de lei especial. Porque, se essa vigência dependesse de lei, a preferência a Tratado, no dispositivo constitucional, seria de todo ociosa. Por outras palavras, a Constituição prevê a negativa de vigência da lei e a negativa da vigência do Tratado, exigindo, para a validade deste, a aprovação do Congresso Nacional, porém não sua reprodução formal em texto de legislação interna"⁶⁵⁸.

Albuquerque e **Eloy da Rocha** admitiam a supremacia da Lei Uniforme de Genebra. O princípio da *lex posterior derrogat priori* foi a tônica dos julgados dos Ministros Rodrigues de **Alkimin, Thompson Flores** e **Cordeiro Guerra**. O brilhante Ministro **Xavier de Albuquerque** negou provimento ao Recurso, pois entendia ser aplicável o Tratado (LUG), buscando exemplos de supremacia do Direito Internacional, nas Súmulas de cunho fiscal 130 e 131, do Supremo Tribunal Federal além dos julgados anteriores que levavam para este caminho.
657. RTJ 58/71.
658. Seguindo esta tendência, Doutrina **Tulio Rosembuj** que: "los Tratados internacionales no pueden derogarse, modificarse o suspenderse sino en la forma prevista en los propios Tratados, o de acuerdo com las normas generales del Derecho Internacional. Así, como afirma Santaolalla, un norma no puede prevalecer sobre lo dispuesto en un Tratado (...) los Tratados y convenios internacionales tienen primacía sobre las leyes y demás fuentes del Derecho Interno" (in: "Elementos de Derecho Tributario", Barcelona, Ed. Blume, 1982, p. 55).

Conclusão Final

Ficou claro que sou tendencioso a aplicar sempre o Direito estrangeiro quando ele é o competente; contudo, o Direito Internacional de um modo geral não pode se portar como um poste rígido, pois um dos pontos mais incríveis desta ciência é a sua elasticidade e sua contemporaneidade, sendo sempre uma norma moderna. De poste rígido não tem ou deverá ter qualquer relação, pois tal ciência é na verdade um bambu que se amolda ao vento, nunca se quebrando. Toda a sorte da aplicabilidade ou não do Direito estrangeiro está nas mãos do intérprete, que tem que ser necessariamente bem informado, por quem quer que tal Direito seja aplicado. Se há uma possibilidade pequena que seja de ser aplicado um Direito estrangeiro competente, excluindo-se os casos de *fraude à lei* e efeitos congêneres, o beneficiário desta medida tem que ser vigilante e cumpridor das exigências burocráticas, regimentais, legais, jurisprudenciais e doutrinárias, como se fosse um conjunto só, caso contrário, verá sua pretensão ser frustrada. Coloquei vários julgados e citações doutrinárias, além de orientações próprias, que admitiam a aplicação do Direito estrangeiro, no sentido de servir de contraponto a péssimos julgamentos, principalmente de Primeiro Grau de Jurisdição, e a opiniões discordantes e infundadas, essas realizadas por quem ou é jejuno(a) em Direito Internacional Privado ou Público e se apresenta como doutrinador do tema, ou até mesmo para contradizer alguns destes doutrinadores que nunca freqüentaram uma Corte ou sequer nunca atuaram na área, "doutrinando às avessas" e de forma estrábica. A luta é para dissuadir intérpretes ingênuos e crédulos em tais doutrinas daninhas.

O que mais me chama atenção é que, ainda nos anos 2000, o *Relatório Preliminar* apresentado em Genova por **Mancini** e por **Asser**, perante o *Instituto de Direito Internacional* em 1874 (!!!), ainda continua atual no tocante à não caracterização da ordem pública, mola mestre da não aplicabilidade do Direito estrangeiro. Lá ficou demonstrado que o conceito de ordem pública é mutável de Estado para Estado, sendo incerto e variável, ocorrendo mutações, inclusive, dentro de cada Estado de tempos em tempos, impossibilitando, assim, de fixar elementos característicos ou mesmo uma padronização ou harmonização de uma utópica *ordem pública internacional*. Em 1910, na *Reunião de Paris* do referido *Instituto*, sob a proposta de **Fiore**, esse entendeu que não se deveria procurar qualquer tipo de definição. Sob tal argumento, tal *Instituto* exarou o seguinte posicionamento: "Para evitar as incertezas que tal conceito traz ao arbítrio do juiz e comprometem, por isso mesmo, o interesse dos particulares, cada legislação determine, com toda a precisão possível aquelas de suas disposições que não poderão ser afastadas por uma lei estrangeira, ainda mesmo que esta parecesse a competente para reger a relação de Direito em causa"[659]. Como visto, tal orientação não foi seguida e para resolver a incerteza do magistrado, diante de uma falta de legislação interna que fosse precisa neste preceito, esse intérprete resolveu aplicar sempre e conti-

---

659. In: Annuaire de l'Institut, 1928, vol. V, p. 1.027.

nuamente (na maioria dos casos), a *lex fori*, comprometendo (na maioria dos casos), o interesse dos particulares e provocando (na minoria dos casos), uma responsabilidade internacional do Estado.

Quando se pretende falar sobre a questão da não aplicabilidade do Direito estrangeiro, deve-se ter em mente não uma só saída, ou seja, a aplicação automática e irrestrita da *lex fori*, mas sim, procurar aplicar tal Direito estrangeiro por todas as formas até mesmo buscando auxílio num "Terceiro Direito" (podendo até mesmo, neste caso, ser a *lex fori* — aliás, a questão do "Terceiro Direito" aqui posta é uma questão novel), a não ser que este Direito estrangeiro fira frontalmente uma situação que se configure como de ordem pública ou outros fatores que barre tal aplicação. A questão de ordem pública não é a única, como visto, pois, há questões relacionadas à fraude à lei, instituições desconhecidas, soberania (aliás, os conceitos de soberania e de ordem pública absorvem por completo a questão dos bons costumes, que não foi tratado aqui expressamente, mas de forma indireta), ou até mesmo os casos de inaplicabilidade material do Direito estrangeiro, como também não se pode barrar de forma sistemática e sem uma justificativa plausível, tal Direito estrangeiro só aplicando a *lex fori*, podendo gerar caso de responsabilidade internacional do Estado, por denegação de Justiça. Este último ponto foi tratado dentro do tema central como um elemento novel, pois os doutrinadores só se norteiam sobre uma base de Direito Internacional Privado, não misturando elementos de Direito Internacional (Público).

Questões como a extraterritorialidade, a denegação de Justiça acima mencionada, o esgotamento de recursos legais para concessão de proteção diplomática, o domínio reservado; a religião, a autonomia da vontade em contratos, a *lex mercatoria*, os *treaty* e o *forum shopping*, assim como a questão da incumbência de provar a intenção final de quem pratica uma corrente de atos/fatos, no tocante a fraude à lei, também foram elementos novos que foram introduzidos no trato da questão de fundo da presente obra. A doutrina nunca relacionou tais elementos numa só obra, com a questão da não aplicabilidade do Direito estrangeiro. Há uma interligação direta da não aplicabilidade ou de sua aplicabilidade com tais elementos, que, em alguns casos, como já disse, carregam traços de Direito Internacional Privado e/ou traços de Direito Internacional Público ou Geral (fazendo parte deste núcleo por forma direta ou indireta o Direito Convencional e o Comunitário).

A "Nova Ordem Jurídica" ditada pelas diretrizes e/ou diretivas oriundas do Direito Comunitário europeu e pela formação da "Ordem Pública Regional", vinda dos Blocos já formados, com a conseqüente primazia do Direito Comunitário sobre o Direito dos Estados-partes, também, é uma questão novel aqui tratada, tendo como pano de fundo o tema central deste trabalho. Ou seja, Cortes destas "comunidades" já estabeleceram que um Direito comunitário não pode ser barrado por questões constitucionais oriundas dos Estados-partes.

Quando o Direito estrangeiro é posto diante do intérprete, este deve lançar seu olhar a ele sem nenhum preconceito ou medo. Porém, quando tal fato lhe é posto, deve vir acompanhado de toda a sorte de prova, desde a sua vigência, até com complementos jurisprudenciais e doutrinários, tendo em vista que o Direito brasileiro, em especial o processual, é por demais formalista (esta foi outra novidade trazida à lume, como foi também em menor escala, é certo, o trato da interpretação quanto à questão nuclear tratada nesta obra). A questão da primazia e a questão constitucional foram outros pontos novéis no tocante ao trato da questão de fundo. Tais pontos têm que ser revistos pela prática judicante, com a ajuda inestimável da doutrina, ainda mais, em se tratando de aplicação ou não do Direito Convencional e/ou do Direito Comunitário. Ainda se entende erroneamente que há um ferimento da "soberania" ou da "ordem pública", se aplicarmos Direito estrangeiro em determinadas questões, e mais, que existe uma primazia do Direito interno sobre o Direito Internacional Privado ou Público, utilizando para isso até mesmos preceitos constitucionais que sequer são cláusulas pétreas. O mundo hoje em dia não pode ser composto por Estados isolados um dos outros, estando aí a globalização para afirmar tal preceito. O trânsito de informações, de atos e de fatos jurídicos, através das fronteiras dos Estados, deixa de existir por vários meios. Por tal razão, não adianta encastelar-nos em certas posições rígidas, com o fito de barrar o Direito estrangeiro. Este só pode ser barrado, quando atingir de forma letal ponto realmente importante e relevante para o sistema legal interno, caso contrário, servirá de escudo para o isolamento pernicioso e daninho.

Por mais incrível que pareça, ainda se discute se o Direito estrangeiro ao ser aplicado é um fato ou um Direito; ou se o Estado deve sempre utilizar a Constituição como espada ou como um escudo, para a proteção da *lex fori*?! Ora, por que se encastelar sob princípios vetustos? Sob este manto negro de preceitos daninhos, a questão da não aplicabilidade do Direito estrangeiro ainda está eivada de preconceitos. Uma paródia retirada de uma lenda celta nascida no *obscure past of dark-age Britain* pode ser estabelecida, no presente caso. No decorrer dos tempos, o intérprete do Direito estrangeiro se tornou uma espécie de *Sir Galahad* que vê mais especificamente a Ordem Pública como se fosse o *Holy Grail*. Alguns, por sorte, acham que estão em território de *Camelot*, mas outros, a maioria, se sentem como se estivessem no seio das brumas de *Avalon Island*. Na verdade alguns destes intérpretes estão mais para *Sir Lancelot*, que teve sua reputação arruinada por seu caso de amor com a rainha *Guinevere* (por causa disso ele não pode ver o *Holy Grail*, ao inverso do que aconteceu com *Galahad*, *Perceval*, *Gawain* e *Bors*), mas não deixou por isso de ser um cavaleiro da *Round Table*. Bloquear o Direito estrangeiro é um ato de exceção, que deveria ser utilizado como fazia o rei *Arthur* com sua *Excalibur*; aliás, não é qualquer intérprete que pode retirar a espada da pedra e da bigorna, como fez o jovem *Arthur*. Na maioria dos casos a espada representada pela *lex fori* é indigna, além do uso constante que lhe fez perder o fio. Para se fazer a devida Justiça, é preciso ter sabedoria e competência, anulando, por exemplo, a fraude à lei em Direito Internacional Privado, que nem sempre se socorre de truques da bruxa *Morgan Le Fay* ou das artes mágicas de *Merlin*, para conseguir o seu objetivo ilegal. A esperança reside naqueles intérpretes que utilizam desta exceção ou de outras, como uma arma dada pela *Lady of the Lake*, para abrir caminho nas trevas, cortando o preconceito, decepando o comodismo e ceifando a ignorância.

Para o devido fechamento deste trabalho, gostaria de citar um pensamento de **Savatore Satta**, que por sua vez já foi mencionado por **Amilcar de Castro**[660] e que reflete muito bem o final exaustivo de escrever uma obra jurídica. Ditou certa feita o mencionado Professor italiano que "*...o livro jurídico será sempre inacabado, porque jamais conterá a precisa elaboração dos dados concretos*". Sinto que a presente obra é uma obra inacabada dentro da inacabada crise em que o Direito de um modo geral vem passando neste final de milênio, ainda mais quando falo ou trato de matéria relacionada ao Direito Internacional Privado ou ao Direito Internacional Público. Nestes ramos o Direito é mutante, é dinâmico, é elástico, é apaixonante, e por tais razões o sentimento de obra inacabada sempre irá assolar o jurista, que tem a pretensão de escrever sobre esta Ciência. Nada mais fiz do que pretender colocar um pouco de luz sobre o tema, sabedor que tal luz (não importando a sua intensidade) poderá ser refletida, desviada ou até mesmo sofrer o impacto da obscuridade. Ainda citando **Satta**, *cada livro autêntico é filho do tempo que o criou*[661], ou como disse uma

---

660. In: "Direito Internacional Privado", 4ª ed., Ed. Forense, Rio de Janeiro, 1987, p. V.
661. Frase dita na abertura da 7ª ed., da obra "Direito Processual Civil", Trad. de **Luiz Autuori**, Ed. Borsoi, Rio de Janeiro, 1973, p. 8.

certa vez *André Gilde, tudo já foi dito uma vez, mas como ninguém escuta é preciso dizer de novo.* O fato se repetiu com a questão de fundo desta obra e certamente vai se repetir em outras ocasiões.

Anexo

Trago a lume texto sobre a discussão da formatação do artigo 17 da Introdução do Diploma Civil (atual artigo 17, da Lei de Introdução ao Código Civil), perante a Comissão Especial da Câmara dos Deputados. Parte deste texto foi reproduzida por **Eduardo Espínola** e **Eduardo Espínola Filho**, tanto na obra "*A Lei de Introdução ao Código Civil Brasileiro*"[662], como fizera na obra "*Tratado de Direito Civil Brasileiro*"[663]; e a outra parte foi complementada pela obra "*Direito Civil Brasileiro — Trabalhos Relativos à sua Elaboração*"[664]. Aliás, o texto publicado pelos *Espínolas* foi retirado desta última obra, em seus vários volumes, e trazidos com o vernáculo dos anos 40. Eu coloquei textos à mais, com o vernáculo do início do século XX (tais trabalhos foram realizados a partir de 1901 em diante).

---

662. Volume 3º, 1944, publicado pela Editora Freitas Bastos, Rio de Janeiro, entre as pp. 506 "usque" 520 em notas de rodapé.
663. Volume VIII, terceiro tomo "Do Direito Internacional Privado Brasileiro (Regras de Aplicação)", 1943, publicado pela Editora Freitas Bastos, Rio de Janeiro, pp. 1.650 "usque" 1666.
664. Volume III, Rio de Janeiro, Imprensa Nacional, 1919.

Sala das Comissões, 2 de outubro de 1901.
6ª Reunião

Sr. Clóvis Beviláqua — Sr. Presidente, as leis são emanações da soberania, necessariamente limitada, territorialmente limitada. É dentro dos limites do território, base physica do Estado, que se póde exercer a soberania da Nação. O território da Nação, a sua base physica, se compõe da região sobre a qual está assentada a Nação, dos mares territoriaes, dos navios nacionaes em alto mar, dos navios surtos nos portos nacionaes, dos vasos nacionaes de guerra onde quer que se achem. Além destas raias, a Nação encontra outras soberanias juridicamente iguaes, e não poderá absolutamente fazer sentir além das fronteiras dessa soberania as suas ordens, sem que os poderes competentes façam que se abram as fronteiras e com a penetração dos nacionaes vá o influxo das leis brasileiras.

As nações, porém, não vivem isoladas; a expansão do commercio, das artes, das industrias, das sciencias, faz que, dia a dia, se estreitem mais as relações entre os povos cultos, e os indivíduos, tangidos por motivos de ordens diversas, transpondo as fronteiras da sua propria nação, vão buscar meios de vida, modos de cultura, satisfação de mil necessidades em paizes estranhos. É, pois, de necessidade para os Estados acompanharem seus súbditos, por essas peregrinações, com a sua protecção e com a autoridade de suas leis; e como este interesse é commum a todas as nações, acontece que todas fazem entre si reciprocas concessões. É nisto que consiste a extraterritorialidade das leis de ordem privada — nessa condição reciproca que entre si fazem as nações; e si, para que o brasileiro leve atravez dos outros paizes, a influencia da lei patria, é necessária, em geral, a concessão das soberanias estranhas, é peccar contra a cortezia, quando não injurídico, affirmar que nessas nações, por autoridade brasileira, as leis brasileiras se tornarão obrigatórias.

Sr. Coelho Rodrigues — Além de indelicado, é injuridico.

Sr. Clóvis Beviláqua — Depois, Sr. Presidente, ha duas ordens de leis — ha leis pessoaes e ha leis territoriaes. Chamam-se pessoaes as leis que se referem ao individuo e que teem por fim, precipuamente, a garantia e procteção das pessoas em todos os casos occurrentes; a outra ordem de leis é a daquellas que não se dirigem directa ou immediatamente aos individuos, mas sim, tratam da collectividade, procurando cercar das necessarias garantias os principios sobre os quaes assenta a coexistencia humana por meio de organizações politicas. Estas leis são geralmente denominadas de ordem publica; applicam-se exclusivamente ao territorio da soberania que as promulgou; não se projectam fóra, mas applicam-se a todos, nacionaes e estrangeiros.

As leis pessoais, ao contrario, visam directamente aos nacionaes, acompanhando-os mesmo em suas peregrinações pelo estrangeiro.

Si é assim, parece que a expressão usada pelo relator viria trazer a confusão, a perturbação nos principios. Ainda mais, Sr. Presidente, convém considerar que as leis no mundo antigo eram preponderantemente territoriaes, ao passo que no mundo moderno tendem a se tornar dia a dia mais pessoaes. Em vez de ser o progresso marchar para a territorialidade exclusivamente das leis, é o progresso marchar para a sua pessoalidade, porque, o Estado, embora adstricto a um territorio, é um complexo de pessoas que não podem estar mais, como servos da gleba, adstrictas a um territorio unico.

E, sendo assim, ainda vejo uma razão contra a innovação introduzida pelo ilustre relator.

Parece-me que essas ponderações são de ordem a calar no espirito culto da illustrada Commissão, que me está ouvindo, e a fazer com que seja eliminada essa emenda additiva, apresentada pelo sympathico Sr. Dr. Azevedo Marques.

Uma outra emenda; Sr. Presidente, sobre a qual desejava externar-me um pouco, é aquella em que se faz a juncção de diversos artigos, os de ns. 14 e 15 e parte do 34.

Eu comprehendo o intuito do illustrado relator. A preocupacão de S. Ex. é mais de ordem esthetica do que de ordem juridica; e neste ponto dou-lhe razão.

Acho que devemos nos esforçar para termos, tanto quanto possivel, um Codigo expurgado de defeitos; parece-me, entretanto, que, tal como está, a emenda não é estheticamente superior ao artigo emendado.

Acceitando o seu pensammto, eliminaria da emenda certas palavras que, me parece prejudicarem a apreciação do dispositivo, sem darem maior nitidez á idéa.

Inspirando-se no art. 12 das disposições preliminares do Codigo Italiano, começa S. Ex., dizendo:

> "Não obstante as disposições dos artigos precedentes, em nenhum caso os actos, os direitos, as convenções particulares e as sentenças occorridos ou adquiridos no Brasil, ou nos paizes estrangeiros, bem como as leis destes últimos, poderão derogar as leis prohibitivas ou quaesquer outras brasileiras concernentes á soberania nacional, ás pessoas, á constituição da familia, aos bens, á ordem publica e aos bons costumes".

Creio que obteriamos o mesmo resultado se eliminassemos as palavras — acto — e os adjetivos — occorridos ou adquiridos no Brasil — e — bem como as leis destes ultimos — e a expressão *prohibitiva* como epitheto de lei. As outras suppressões são simplesmente de ordem redaccional; esta ultima acarreta um pouco de doutrina jurídica.

Sei que, desde os romanos, ha a celebre divisão das leis em imperativas, prohibitivas, permissivas e punitivas; mas sei tambem que a critica já sentenciou de modo definitivo que o criterio desta divisão não era digno de acatamento e que servia ela apenas para uma certa orientação em dados casos.

Como pondera Rousset, na sua *Siencia Nova das Leis*, todas as leis são prohibitivas, e todas as leis são imperativas; desde que a lei é uma ordem emanada do poder competente, ordem que a todos obriga, parece claro que todas as leis são em regra imperativas.

Na sociedade podemos distinguir duas cateagorias de homens, sob o ponto de vista juridico: os funccionários publicos e os particulares.

Quando a lei se dirige ao funccionario publico, é necessariamente imperativa; quando a lei se dirige aos particulares, é quasi sempre facultativa. E, sendo assim, vê-se que o critério romano é fugidio. Uma lei que, sob uma relação, nós poderemos considerar imperativa, será considerada, sob outro aspecto, uma lei prohibitiva.

Creio que devemos evitar mais este elemento de confusão.

....

Sr. Andrade Figueira — Está encerrada a discussão até o art. 14; mas, como há emenda mandando refundir os arts. 14 e 15 em um só, pode dizer que o artigo 14 também está em discussão, porque vai discutir a emenda a esse artigo, e, portanto, entrar na análise da aplicação da lei quanto ao espaço, mas o espaço fora do território do País, porque, quanto ao espaço dentro do território do País, já foi providenciado, é assunto encerrado no art. 10, se bem que mal colocado. A discussão elevou-se um pouco, não se limitando a uma caráter prático. A Comissão é constituída por legisladores e, entre outros, o orador é um curioso chamado para notar as virtudes e os defeitos de uma obra prática.

....

O orador faz esta observação de propósito, para responder à parte do projeto em que falta essa orientação, sendo que, por isso, o projeto nessa parte foi mal estudado, mal concebido e mal exposto. Há uma confusão extraordinária nas suas disposições e essa confusão provém de não ter o seu autor formado uma idéia nítida do assunto. Pelas explicações que ouviu dar a respeito de Direito Internacional Privado, vê que, com efeito, a obra acusa a confusão de idéias, não havendo segurança de vistas de um homem perfeitamente senhor da doutrina. No próprio relatório com que Sua Excelência apresentou o Projeto ao Governo, já revelou, aos olhos do bom observador, que não formava uma idéia nítida desta parte do Projeto.

....

Sala das Comissões, 4 de outubro de 1901.
7ª Reunião

Sr. Andrade Figueira — Passa a tratar do art. 14, e agora vae entender-se com o illustre relator.

Redigiu o artigo em substituição, tanto ao Projeto como á emenda do illustre relator, nos seguintes termos:

"Em nenhum caso as leis, os actos e as as sentenças de um paiz estrangeiro e as dispisições e convenções privadas poderão derogar as leis rigorosamente obrigatórias do Brasil, concernentes ás pessoas, aos bens, aos actos; nem as leis, por qualquer modo relativas á soberania nacional e á ordem publica, política, econômica ou religiosa, á moral e aos bons costumes".

Neste artigo reuniu as disposições de quatro ou cinco artigos do Projecto e substituiu a emenda do nobre relator; porque, tomada esta de certo modo, ella poderia annullar todas as disposições do Projecto a respeito do direito intemacional privado.

Primeiro que tudo, o nobre relator collocou a sua emenda no art. 14 e começa dizendo: "Não obstante tudo quando se tem dito até o art. 14...".

Sr. Azevedo Marques — Copiei do Código italiano.

Sr. Andrade Figueira — Mas ha uma differença: é que o Codigo Italiano incluiu essa disposição no fim do artigo, depois de largas concessões feitas a favor de legislações estrangeiras contra a lei italiana e, *não obstante* essas concessões, dispõe, etc. Mas S. Ex. não tinha feito concessão alguma á lei estrangeira, até o art. 14. Como é que diz — *não obstante* o que se fez?!

Sr. Azevedo Marques — Ha outra emenda minha mandando collocar no fim.

Sr. Andrade Figueira — Então annulla completamente as regras estabelecidas pelo direito internacional privado.

Mas o artigo diz isto — não obstante as disposições do artigo precedente; si for collocado no fim, ficará com sentido, mas inconveniente.

S. Ex. nega assim o direito internacional privado, porque nenhuma lei estrangeira poderá prejudicar as leis brasileiras sobre pessoas, cousas e bens, em sua integridade.

Não haverá concessão nenhuma.

Concretizaria tudo na fórma por que está redigido o artigo, com a diferença, porém, de que, em vez da expressão — leis prohibitivas — de que trata o Codigo italiano, empregaria as expressões — as leis rigorosamente obrigatorias do Brasil.

É uma phrase muito commum entre os jurisconsultos allemães quando querem referir-se a essa ordem de leis denominadas prohibitivas, preceptivas, que respeitavam á ordem publica e economica de um paiz, á soberania nacional e mesmo ao regimen dos bens; enfim, todas estas leis, em que não se permitia que as partes, por convenção, as alterassem.

Então eram de caracter permissivo ou não eram do dominio das leis de caracter suppletivo.

"... poderão derogar as *leis rigorosamente obrigatórias*".

Esta phrase diz o orador que não viu em lei nenhuma aqui, nem mesmo em lei estrangeira; mas é da doutrina geralmente observada e tem essa intelligencia na, sciencia. Quer dizer — leis sobre que não se póde transigir; são leis relativas á policia, á ordem publica, ao exercicio da soberania nacional.

Assim um contracto ou lei, pelo qual um cidadão brasileiro, renunciasse á jurisdicção e protecção de sua bandeira, não se toleraria; um acto pelo qual um estrangeiro ou brasileiro adquirisse uma propriedade, comprometendo-se a constituir um morgado, supponha-se, prohibindo que fosse alienada, sujeitando-a a um perpetuo *fidei-comisso,* **esse acto ou lei seria contrario á ordem economica, não se toleraria.**

Quanto á ordem politica, tomando para exemplo o regimen representativo, admita-se que houvesse um contracto que suppuzesse a abolição dêsse regimen, o estabelecimento de um governo absoluto, dictatorial, ou admita-se mesmo que houvesse um contracto ou lei que se referisse a isto, não podia absolutamente, evidentemente, ser executado no Brasil, porque era contrario á política universalmente acceita.

O Projecto falla muitas vezes em bons costumes, leis contrarias aos bons costumes; e diz o orador que acrescentou a essas palavras "á moral".

Diz, ainda, que tem visto classificar como bons costumes muitos que acha pessimos. (Riso)

No Brasil, sobretudo, ha muitos máos costumes. (Riso)

A moral já não é assim.

Esta, apesar das seitas philosophicas, tem certos principios geralmente adoptados e depois ha a moral christã, que não varia, é a moral de S. Tomaz de Aquino; de todo o espírito pensador.

Declara o orador que não duvidaria supprimir estas palavras "bons costumes", porque, a respeito de costumes, ha muitos costumes, nos paizes estrangeiros, melhores do que os nossos (Riso), assim como não duvidaria passar destes nossos costumes alguns que passam por bons, lá para elles (Riso).

Sala das Comissões, 7 de outubro de 1901.
8ª Reunião

Sr. Clóvis Beviláqua — Vou abreviar as minhas considerações Sr. Presidente, porque o tempo está quase esgotado.

O art. 14 consigna uma disposição que, feitas umas certas amputações, me agrada, e já tinha entrado em accordo com o illustre relator a este respeito.

Sr. Azevedo Marques — É verdade.

Sr. Clóvis Beviláqua — Diz a emenda: "Em nenhum caso, as leis, os actos e as sentenças de um paiz estrangeiro, e as disposições e convenções privadas poderão derogar as leis rigorosamente obrigatorias do Brasil...".

S. Ex. diz que introduziu na technica da nossa lei uma expressão que talvez não estivesse nella; mas supponho que na lei de 1878 sobre a execução de sentenças estrangeiras, o Sr. Conselheiro Lafayette usou desta expresão.

Sr. Andrade Figueira — Na lei, não; a lei é de 1875.

Sr. Clóvis Beviláqua — No decreto de 1878 se diz: "... concementes ás pessoas, aos bens e aos actos, nem as leis por qualquer modo relativas á soberania nacional e á ordem publica, politica, economica ou religiosa, á moral e aos bons costumes".

Sr. Presidente, leis relativas á ordem publica e aos bons costumes definiu bellamente uma sentença famosa da côrte de Veneza, em 1894, as leis destinadas a garantirem a organização social, sob o ponto de vista politico, economico e moral — firmando assim a noção, até então vaga, do que fossem leis de ordem publica e bons costumes.

E, si está fixado na doutrina qual é essa noção, parece-me demais accrescentar os epithetos — *politica, economica e reiligiosa.*

Politida e economica, porque esses predicados estão incluidos na propria noção; religiosa, porque se admite que haja uma ordem publica religiosa em um Estado que tenha uma religião, que tenha uma concordata com a Igreja, mas em um Estado fundamentalmente leigo, como é a Republica Brasileira, não é possível conceber uma lei de ordem publica religiosa. Parece que são expressões que se devem, neste caso, excluir, — a moral e os bons costumes — porque as duas noções coincidem. Os bons costumes não podem ser sinão aqueles que se podem aferir pelos preceitos da moral, aquelles que resultam da aplicação da moral segundo a comprehendem os povos cultos; e si assim é, e não póde deixar de ser, porque dizer — á moral e aos bons costumes? É um dos pleonasmos que S. E. diz serem necessarios, mas que a meu ver são mais que muito dispensaveis.

Sr. Andrade Figueira — Ahi não é pleonasmo.

Sr. Clóvis Beviláqua — São estas as considerações que me occorrem sobre a emenda em sua parte positiva.

Há, porém, na emenda uma parte negativa, que demandaria mais largo exame, que eu me inhibo de fazer, porque vejo que a hora se avança.

....

Sr. Clóvis Beviláqua — Tenho necessidade de abreviar as minhas observações, e passarei ao art. 14. A emenda a êste artigo propõe que se condensem matérias diferentes em uma só disposição. Não me posso conformar com a emenda, porque os assuntos de que tratam as duas disposições que se pretende fundir são diversos, e devem, por isto, por um preceito de lógica jurídica, apresentar-se destacados. É verdade que há uma idéia que aparece em ambas as disposições, mas, não sendo principal e sim acessória, a ideia que vem modificar a extensão da norma, não deve ser nosso guia, não deve ser o princípio determinante da fusão projetada e tanto isto é verdade, que a emenda teve necessidade de forçar os conceitos lógicos para reunir em uma mesma disposição ideias que se sentem mal por se verem aloujadas no mesmo posto.

Assim diz a emenda... (lê). Êstes epítetos com que o ilustrado relator procurou harmonizar idéias diferentes, idéias que dificilmente se podem reunir no mesmo conceito, estão, a meu ver, indicando a impossibilidade em que nos achamos de reunir as duas disposições em uma só.

Sr. Coelho Rodrigues — Adoto, em grande parte, as considerações aduzidas pelo Sr. Clóvis Beviláqua com relação ao art. 14. Não há inovação no direito; apenas amplia-se o texto romano, pondo-o de acôrdo com as necessidades atuais.

Sr. Azevedo Marques — Na emenda ao art. 14 o orador enfeixou todas as idéias do autor do Projeto, contidas nos artigos 14, 15 e 34-A, preferindo o critério do Código Italiano.

Na Câmara dos Deputados, Galdino Loreto apresentou esta emenda: art 17 da lei preliminar. Substitúa-se pelos seguintes: "Art... São nulas as disposições e convenções privadas contrárias às leis que regulam a constituição da família ou que interessam à ordem pública ou aos bons costumes. Art... São reconhecidos no Brasil os direitos adquiridos em virtude de um ato praticado no estrangeiro, segundo a lei estrangeira, contanto que o seu exercício não importe ofensa à soberania nacional, à ordem pública ou aos bons costumes. Artigo... Não será aplicada no Brasil lei estrangeira contrária à soberania nacional, ofensiva dos bons costumes ou diretamente incompatível com uma lei federal brasileira fundada em motivo de ordem pública", à qual déra parecer contrário a comissão especial.

Assim a justificára o autor: "Submetí à consideração da Câmara uma emenda substitutiva do art. 17 da lei preliminar. Fala-se nêsse artigo em sentenças. Quanto a estas, o artigo precedente já havia disposto. O artigo precedente é êste: "Art. 16. As sentenças dos tribunais estrangeiros serão exequíveis no Brasil, mediante as condições estabelecidas pela lei brasileira". Portanto, a palavra "sentenças" era suprimivel do art. 17; desde que, sôbre a exequibilidade das sentenças já se havia disposto e desde que a palavra "atos" empregada no art. 17 é bastante compreensiva para abrangê-las pois que, no dizer de Gabba, conquanto último ato do processo e objeto também do quási-contrato judicial — a sentença é ato em si mesma.

O que faz a minha emenda relativa ao art. 17 é substitui-lo por três artigos do projeto Clóvis, que a Comissão dos Vinte-Um entendeu consolidar nêste: "Art. 17. Em caso algum as leis, os atos e sentenças de um país estrangeiro e as disposições e convenções privadas poderão derrogar as leis rigorosamente obrigatórias do Brasil, concernentes às pessoas, aos bens e aos atos, nem as leis por qualquer modo relativas à soberania nacional, à ordem pública e aos bons costumes".

Ora, Sr. Presidente, qual a lei que não é relativa por algum modo à soberania nacional? Há pelo menos uma relação de efeito para causa. A lei é um ato de soberania. Sem soberania não há lei. Portanto, quando êste artigo fala em leis relativas por qualquer modo à saberania nacional tem compreendido todas as leis; mais simples seria dizer que "em caso algum as leis, os atos e as sentenças de um país estrangeiro e as disposições e convenções privadas poderão derrogar as leis brasileiras".

Demais, há no artigo uma coisa que me desagrada; é parecer que se entende que em alguma hipótese uma lei estrangeira passa derrogar a lei brasileira. Repugna o argumento que daquí se póde tirar a contrario sensu no sentido de que a lei estrangeira derrogue a brasileira. Em hipótese alguma isto pode ser admitido.

Se alguma vez a lei estrangeira é aplicada no Brasil, é em virtude de uma lei brasileira que isso autoriza; mas nunca para que a lei estrangeira venha derrogar a brasileira. Quando a lei estrangeira é aplicada pelos nossos tribunais em virtude de disposição de lei brasileira, claro está que esta não sofre uma derrogação. Pelo contrário, o que os tribunais fazem em casos tais, é cumprir a lei nacional que se declara inaplicavel a êsses casos, excetuando-os do seu império. Eu bem sei que o termo — *derroguar* — é empregado, no sentido em que a Comissão o emprega, por alguns autores e pelo Código Civil francês, quando dizem que não se pode derrogar em convenções particulares as leis que interessam a ordem pública e os bons costumes. E nêste caso tem-se em vista os direitos que são renunciaveis.

Bem sei que o Código Civil italiano incorre na mesma censura que venho de fazer, no art. 12 do título preliminar, que serviu de modelo a êste art. 17. Mas, Sr. Presidente, aprendi que revogar uma lei é anulá-la e que esta anulação póde ser total ou parcial; chamando-se no primeiro caso abrogação e no segundo — derrogação. E é por isso que eu não empregaria o termo — derrogar — mesmo na hipótese do artigo 6º do Código Civil francês, mesmo em referência a disposições e convenções privadas. Diversos escritores nacionais e estrangeiros empregam a expressão — leis rigorosamente obrivatórias — para designar certas leis. Entre os nacionais posso citar o Sr. Carlos de Carvalho na sua *Nova Consolidação das Leis Civis*. A expressão, admissivel em livros doutrinários, parce-me intoleravel em uma lei.

Creio que em lei é a primeira vez que se emprega. Ao menos essa expressão foi introduzida nêste artigo por proposta do Sr. Andrade Figueira, que na Comissão dos Vinte-Um declarou que nunca a viu empregada em lei alguma. No art. 2º se diz que a lei é obrigatória no território brasileiro; neste art. 17 fala-se em leis rigorosamente obrigatórias. Parece que a lei está a estabelecer gráus de obrigatoriedade. Se isso prevalece, já não haverá razão para extranhar que a Comissão nomeada pelo Govemo houvesse dito no art. 1.552 do projeto revisto: "é térmnantemente proibido".

E neste andar chegar-se-á a justificar aquele artigo da lei eleitoral que diz: "é expressamentre proibido". Todas essas expressões são muito para se empregar em sentenças, em razões finais, em livros de doutrina; onde elas não cabem é em uma lei. Em todo caso, parece-me que a expressão não é feliz.

Demais, foi o Sr. Andrade Figueira quem a propôs para substituir a palavra — *proibitiva* — que estava no substitutivo do Sr. Azevedo Marques.

E como é que o Sr. Andrade Figueira define leis rigorosamente obrigatórias?

Peço aos meus colegas licença para ler os Anais da Comissão dos Vinte-Um. Eis a definição que o Sr. Andrade Figueira dá, à pág. 38: *"Essa frase diz o orador que não viu em lei nenhuma aqui, nem mesmo em lei estrangeira; mas é da doutrina geralmente observada e tem essa inteligência na ciência. Quer dizer — leis sôbre que não se póde transigir; são leis relativas à polícia, à ordem pública, ao exercício da soberania nacional"*.

Pois se as leis rigorosamente obrigatórias são as relativas à polícia, à ordem pública, ao exercício da soberania nacional, porque, depois de se falar em "leis rigorosamente obrigatórias concernentes às pessoas, aos bens e aos atos", se há de acrescentar — nem as leis por qualquer modo relativas à soberania nacional e à ordem pública? Não é manifesta a redundância?

Além disto, êste art. 17 é antinômico com o art. 4º, que dispõe que "a lei só póde ser derrogada ou revogada por outra lei posterior em contrário".

Pois não é verdade que depois de se ter dito que a lei só póde ser derrogada ou revogada por outra lei posterior em contrário, não se está mais obrigado a dizer que em caso algum as leis, os atos e sentenças de um pais estrangeiro e as disposições e convenções privadas, poderão derrogar as leis rigorosamente obrigatórias?

E, se o que se quer significar é que poderão derrogar as leis, que não fôrem rigorosamente obrigatórias, nem relativas à soberania nacional, à ordem pública e aos bons costumes, se é que alguma escapa a essa quadrupla classificação, é então manifesta a antinomia. É certo que os Códigos francês e italiano empregam a palavra — derrogar — no sentido em que se a quís empregar neste art. 17; mas nêsses Códigos não se encontra a mesma palavra empregada em uma disposição como a do art. 4º. Aquí se diz que a lei só póde ser derrogada por outra.

Sr. Alfredo Pinto — A disposição que V. Ex. acha contraditória é justamente a que está no Código Italiano. Já disse que é a do art. 12 do título preliminar do Código Italiano.

Isso se faz para evitar que sentenças ou atos de países estrangeiros possam alterar disposições de nossa lei. Uma sentença, por exemplo, póde ter por objeto, não propriamente a revogação da nossa lei, mas uma derrogação, alteração de uma só disposição.

Sr. Azevedo Marques — Peço a atenção do nobre deputado para a emenda que apresentei a êste artigo. Mando substituí-lo por três outros; além de outras vantagens evitei a palavra — derrogar — para estar em harmonia com a técnica adotada pela Comissão no art. 4º. A mim repugna emprestar a palavra — derrogar — no sentido em que a emprega o art. 17, embora o exemplo do Código italiano.

Sr. Alfredo Pinto — V. Ex. desmembra a disposição, que no Código italiano é uma só, não?

Sr. Azevedo Marques — Sim, senhor; mas não é a mesma coisa; no Código italiano não se fala em "leis rigorosamente obrigatórias" nem em "leis relativas à soberania nacional" e sim em "leis proibitivas"; e já mostrei que, conforme a definição do Sr. Andrade Figueira, há aquí pelo menos uma redundância. Já se vê que êste artigo é pior que o do Código italiano, que aliás tem sofrido justas criticas.

Chironi diz que, tomada à letra, a restrição do art. 12 teria tal extensão, que tornaria ineficaz o direito dado ao estrangeiro de invocar a sua lei nacional nas relações de família. Mattirolo, depois de salientar a notavel diferença entre o número 4 do art. 941 do Código de Processo Civil e o art. 12 do título preliminar do Código Civil, diz que à primeira vista parecerá que uma sentença estrangeira ainda que não contrária à ordem ou ao direito público interno da Itália não deveria ter nunca execução no território italiano, sempre que o seu dispositivo importasse derrogação a uma lei qualquer proibitiva do Reino Italiano, concernente às pessoas, aos bens ou aos atos. Mas acrescenta logo que isso não é exato, porque o art. 12 do título preliminar do Código Civil deve ser conciliado com os outros artigos do mesmo título e com o sistema geral da legislação italiana.

Para Mattirolo as leis proibitivas do Reino concernentes às pessoas, aos bens e aos atos — se são de ordem pública se aplicam em todo o território italiano sem distinção entre cidadãos e estrangeiros; se se referem exclusivamente aos interesses privados dos cidadãos italianos se aplicam somente a êstes.

Pacifici Mazzoni diz que por exceção aos princípios assentados, as leis estrangeiras deixam de ser aplicaveis em Itália quando a sua aplicação não poderia fazer-se sem derrogar as leis italianas que dizem respeito à ordem pública e aos bons costumes, nada importando que estas sejam imperativas ou proibitivas. E acrescenta que, se a lei proibitiva não fôr relativa à ordem pública ou aos bons costumes, não tem lugar a exeção.

Parece, à primeira vista, diz Mazzoni, que a exceção deva ser extendida a todas as disposições proibitivas, pois que o art. 12 das Disposições para a publicação, interpretação e aplicação das leis em geral, em termos gerais e absolutos e com literal referência aos arts. 6º e 11, derrogar as leis proibitivas do Reino que concernem às pessoas, aos bens ou aos atos.

Mas é manifesto que o dito artigo contém duas espécies de proibição de derrogação, uma relativa aos cidadãos italianos, quer residam no Reino, quer sejam domiciliados em país estrangeiro, ou façam atos com cidadãos ou com estrangeiros; e esta é merecidamente geral e absoluta, porque é o legislador que sôbre eles exercíta o seu Império.

Mas a segunda espécie de proibição de derrogação, dirigida contra os estrangeiros, é necessariamente limitada pelo império deixado às suas leis pessoais; de outro modo êste seria ilusório em todas as partes em que estas e as nossas fôssem discordes. As incapacidades, por exemplo, são declaradas entre nós por disposições proibitivas; extendendo a estas a exceção, o art. 6º não teria mais sério valor; pois que ao estrangeiro não aproveitaria ser declarado capaz pela sua lei, se a nossa contivesse, para pessoa que se ache na sua mesma condição uma incapacidade.

São dêsse feitio as críticas a que presta o artigo do Código italiano, cuja aplicação literal não é admitida pelas sumidades que venho de citar.

....

Sr. Azevedo Marques — Sr. Presidente, esta emenda foi rejeitada na Comissão por um voto; ela vem substituir um artigo que está em antinomia com o art. 4º do projeto; e que faz supor que a lei estrangeira possa derrogar a brasileira em alguma hipótese. Demais disto, esta emenda adiciona quantidades heterogêneas, bastando dizer que as leis rigorosamente obrigatórias do Brasil não podem ser igualmente aplicadas a estrangeiros e nacionais. Se a Comissão pretendesse que a restrição dêste artigo pudesse ser aplicada igualmente a estrangeiros e nacionais, teria reduzido a nada as disposições anteriores, relativamente ao direito internacional privado.

Este artigo tomou para modelo o art. 12 das disposições preliminares do Código italiano, artigo que na Itália tem sofrido justa crítica. Basta dizer a V. Ex., que mais de um professor na Itália ensinam que a disposição do art. 12 do título preliminar daquêle Código não póde ser entendida como uma restrição, igualmente aplicavel aos estrangeiros e nacionais; e, para documentar a minha afirmação, não preciso mais do que lembrar os nomes respeitaveis de Mattirolo, Chironi e Pacifici Mazzoni.

Vê V. Ex., que a louvavel preocupação de consubstanciar da Comissão dos Vinte-Um levou-a a imitar um artigo do Código italiano que tem sofrido justas críticas e que, francamente, não é digno de imitação.

....

No seu substitutivo para votação, Azevedo Marques inseriu o seguinte: "Art. 17. — Em nenhum caso as leis, os atos e as sentenças de um país estrangeiro e as disposições e convenções privadas poderão derrogar as leis rigorosamente obrigatórias do Brasil, concernentes às pessoas, aos bens e aos atos, nem as leis por qualquer modo relativas à soberania nacional, à ordem pública e aos bons costumes"

Com a nota: "É o artigo 14 do substitutivo FIGUEIRA, que adulou a proposta da emenda do relator ao art. 14 do Projeto (inspirada pelo art. 12 do Código italiano) com modificação na redação do relator. Foram excluidas as palavras "política econômica ou religiosa, à moral", contidas no substitutivo, por óbvios motivos.

Aprovado, o artigo tomou o n. 16, na redação final, mas, após a revisão de Carneiro Ribeiro, voltou a ser o 17 da lei preliminar, com a modificação, somente, de "em nenhum caso", por "em caso algum". Assim teve aprovação da Câmara, para figurar no projeto n. 113 — 1902 — *Redação final do projeto n. 1 de 1902, do Código Civil*, como art. 17 da lei preliminar.

Proposta pelo senador Ruy Barbosa ligeira alteração de fórma ao art. 17 do Projeto da Câmara, a Comissão Especial do Senado, no seu parecer n. 269 — 1912, alterou, novamente, o artigo, assim se justificando:

"O art. 17, que fazia parte do substitutivo Azevedo Marques, aceito com a modificação da Comissão da Câmara, foi substituido pelo seguinte: — As leis, atos, sentenças de outro país, bem como as disposições e convenções particulares, não terão eficácia, quando ofenderem a soberania nacional, a ordem pública ou os bons costumes — Esta emenda parece evitar que o Código mantenha expressões dissonantes da bôa técnica, quais sejam — leis rigorosamente obrigatórias — estabelecendo-se na emenda o princípio com mais clareza e sem inuteis repetições. Com efeito, uma vez dispondo o Código que as leis, atos, sentenças, disposições e convenções particulares, não terão eficácia quando ofenderem a soberania nacional, a ordem pública e os bons costumes, fica *ipso facto* compreendida toda a matéria do artigo, referindo-se às pessoas, bens, atos, etc."

Num parecer, que enviou a essa Comissão fizéra Vieira Ferreira (*Projeto de Código Civil brasileiro*), várias considerações, que muito influiram no ânimo da mesma: *Leis rigorosamente obrigatórias*. A emenda oferecida pelo preclaro presidente da Comissão do Código Civil, no Senado, ao art. 17 da lei preliminar ao projeto aprovado pela Câmara dos Deputados, incita-me a chamar a atenção dos ilustres comissionários para o caráter das leis quanto ao modo por que dominam as relações de direito. Nêsse ponto de vista, Savigny, Dr. Rom., vol. I § 16, divide as regras jurídicas em absolutas e supletivas, como Warnkoenig as classifica em *cogentes* e *dipositivas*.

À classe das absolutas pertencem aquelas que dominam a relação de direito de um modo necessário, sem deixar espaço às variações da vontade individual. São as regras que os jurisconsultos romanos, em sentido especial, chamavam *jus publicum, jus commune, juris forma*, quer fossem concebidas de modo imperativo, quer proibitivamente. É nêsse sentido que diz o § 38 do DIG. de pactis (II. 14): *Jus publicum privatorum pactis mutari non potest*.

O motivo dêsse caráter necessário está no interesse público, na moral, ou no próprio organismo do direito: mas em nada importa a forma imperativa ou proibitiva, pois a lei que manda respeitar do direitos do herdeiro legitimário, por isso mesmo proibe disposições testamentárias que ofendam a legítima; se exige certa forma para a validade de um ato, veda *ipso facto* celebrá-lo de outra maneira. Excusado é notar que a expressão regras absolutas aquí usada para mostrar que a lei governa sem dar ensanchas ao alvedrio particular, nada tem de comum com a teoria metafísica dos direitos absolutos e inatos, *Divinan quadam providentia costituta*.

Absoluto aquí é tão metafísico quanto no valor absoluto dos algarismos, diverso do local ou relativo. A segunda classe é das regras supletivas, que vigoram onde se não manifesta a autonomia dos particulares, ou como diz Savigny, suprem a expressão incompleta das vontades individuais. A lei que determina os elementos essenciais dos atos jurídicos é, segundo esta dassificação, de direito absoluto e a que se refere aos elementos naturais e acidentais é de índole supletiva.

Se o mutuante foi omisso em conceder prazo para o pagamento da quantia emprestada, a lei permite exigí-la dêsde logo, exercendo assim a sua função supletiva. A expressão leis rigorosamente obrigatórias, empregada no artigo 17 da lei preliminar ao projeto da Câmara, é usada por Savigny quando no volume VIII, § 349 ap. cit. se ocupa das leis estrangeiras que não devem ser aplicadas pelos juizes territoriais. Mas não coincide, como supuseram os redatores do art, 17, com a de leis de direito absoluto, *quae privatorum pactis mutari nequeunt*.

O projeto da Câmara em uma só disposição englobou preceitos sabiamente destacados nos arts. 14 e 18 da lei de introdução ao projeto primitivo. Ei-lo: — Art. 14. Ninguém pode derrogar por convenção as leis que regulam a constituição da família, nem as leis que interessam à ordem pública e aos bons costumes. Art. 18. Não será aplicada no Brasil lei estrangeira contrária à soberania nacional, ofensiva dos bons costumes ou diretamente incompatível com uma lei federal brasileira fundada em motivo de ordem pública.

Dêsses dois artigos a Câmara fez o 17 — Em caso algum as leis, os atos e as sentenças de um país estrangeiro e as disposições e convenções privadas poderão derrogar as leis rigorosamente obrigatórias do Brasil, concernentes às pessoas, aos bens e aos atos, nem as por qualquer modo relativas à soberania nacional, à ordem pública e aos bons costumes — Se a expressão leis rigorosamente obrigatórias está no sentido de leis absolutas, ela é errônea em relação às leis estrangeiras, porque a capacidade das pessoas, por exemplo, em regra, é objeto de leis absolutas, superiores ao arbítrio dos particulares, mas se regula não obstante pelo direito nacional do estrangeiro.

Disse — *em regra*, para ressalvar casos como o do menor em condições de obter suplemento de idade, hipótese em que o direito é supletivo. Penso que o projeto considerou sinônimos leis rigorosamente obrigatórias e leis absolutas, pois a primeira expressão se acha no art. 264 n. II, onde se trata de Direito Internacional Privado.

Mas se o sentido de leis rigorosamente obrigatórias é o mesmo em que Savigny emprega essa expressão, a regra do art. 17 revela-se incompleta, quanto às disposições e convenções particulares, porque essas são destituídas de fôrça, não só quando contrariam tais leis, como também quando encontram preceitos que, não sendo rigorosamente obrigatórios, são, entretanto, de direito absoluto. Nada pior na lei do que esta incerteza quanto ao sentido de termos já definidos pela ciência, sobretudo quando se tenta a fusão de elementos irredutíveis.

Para desmancharmos esta amálgama absurda, vejamos como se exprime Savigny sôbre as que êle chama leis rigorosamente obrigatórias: Assinalei alhures várias diferenças quanto à natureza e origem das regras de direito. Reportêmo-nos a essas distinções, que aqué, entretanto, são insuficientes; para alcançarmos o nosso objetivo, é necessário um estudo mais profundo sôbre as diferenças que apresenta a natureza das regras jurídicas.

Erraria quem julgasse bastante a distinção entre as regras absolutas e as supletivas. Esta distinção tem sua influência sobre o nosso problema, porque uma regra de direito puramente supletiva nunca estará entre os casos excepcionais de que nos ocupamos.

Trata-se das hipóteses em que se não deve aplicar o direito estrangeiro. Mas, seria um erro grave atribuir a todas as leis absolutas um caráter de tal sorte positivo e obrigatório, que se devesse contemplar a totalidade delas entre os casos excepcionais. Assim, por exemplo, toda lei sôbre o princípio da prescrição é uma lei absoluta, porque não se estabelece para unicamente suprir a expressão de uma vontade individual; entretanto, é facil reconhecer que as leis desta espécie podem se aplicar, sem inconveniente, fóra dos limites do Estado em que foram promulgadas.

Para saber se uma lei se acha nos casos excepcionais, antes de tudo, cumpre indagar a intenção do legislador. Se êle a exprimiu de modo formal, esta declaração é suficiente porque tem o caráter de uma lei sôbre o conflito, à qual se deve inteira obediência., Mas como semelhantes declarações raras vezes existem, devemos atender às diferenças apresentadas pela própria natureza das leis absolutas, que nos dá entre elas a seguinte distinção.

Há uma classe de leis absolutas, cujo único motivo ou fim é garantir por meio de regras certas o exercício dos direitos e que por isso se estabelecem unicamente no interesse dos titulares. Tais são as leis que restringem a capacidade de agir por causa da idade, sexo, ets., as que regulam as formas da transmissão da propriedade por simples contrato ou pela tradição. Não há razão alguma para incluir estas leis entre os casos excepcionais, e as colisões a que dão lugar podem muito bem resolver-se pelo princípio da mais livre comunhão de direito; porque nunca um Estado hesitará em permitir no seu território a aplicação de uma lei estrangeira desta espécie.

Outra classe de leis, pelo contrário, tem seu motivo e fim exteriormente ao domínio do direito concebido de modo abstrato, *contra rationem juris*, de modo que não é só no interesse dos titulares dos direitos que elas são estabelecidas. As leis desta classe podem basear-se em um motivo de ordem moral, como a que proíbe a poligamia. Podem ser ditadas por um motivo de interesse geral (*plublica utilitas*), quer revistam um caráter político, quer de polícia ou economia política. Assim, no país em que se proíbe a poligamia, os tribunais devem negar proteção ao casamento celebrado por estrangeiro onde se admite o casamento poligâmico.

O Eslado estrangeiro, cujas leis permitem aos judeus adquirir terras, concederá êste direito aos judeus do nosso país, sem atenção à lei proibitiva do seu domicílio pessoal.

Embora, segundo os princípios gerais sôbre conflitos, a capacidade pessoal de direito e a de agir se regulem pelas leis do domicílio da pessoa. Nós diríamos, pelo direito nacional do indivíduo, segundo os princípios do projeto, que não seguiu a teoria domiciliar. Êstes períodos que traduzí, da tradução de Guenoux, mostram a necessidade de voltar-mos ao projeto primitivo, em matéria de leis absolutas, rigotosa ou não rigarosamente obrigatórias.

Os autores do art. 17 tomaram por modelo o muito defeituoso art. 12 das disposições preliminares do Código Civil italiano, mas as inexatidões dêsse artigo já foram assinaladas pela doutrina esclarecida e pela jurisprudência concienciosa dos juristas e tribunais italianos, não arbitrariamente, porém, prevalecendo-se da antinomia em que o artigo se acha com as outras disposições concernentes ao Direito Internacional Privado e resolvendo a contradição pelo sacrifício do canon teratológico.

É ver a crítica judiciosa que lhe faz Mazzoni *Dir. Civ.* I, n. 75, nota. O substitutivo do eminente senador Ruy Barbosa, que, direi de passagem, com o seu parecer sobre a redação do Projeto prestou ao estilo de nossas leis o mais assinalado serviço, criando a nomopoética nacional; êsse substitutivo, que se ocupa mais da fraseologia do que da doutrina, eliminando as palavras rigorosamente obrigatórias, torna o artigo inteiramente ocioso. Se a lei é na essência uma regra a que se tem de submeter a vontade individual, não há utilidade alguma em declarar que essa vontade não derroga a lei por meio de suas disposições e convenções em contrário. *Lex es cui omenes obtemperare convenit*, dizia Marciano repetindo Demostenes, DIG, 1, 3, 2.

Tomando-se a lei ou a legislação no seu conjunto, a vontade individual de modo algum lhe derroga as disposições, mesmo aquelas que Savigny denomina supeltivas, porque o indivíduo que exerce a faculdade que a lei concede, está com ela de perfeita harmonia. Tome-se, porém, isoladamente uma regra jurídica, por exemplo, o art. 1.616 do projeto, que, na falta de descendentes, ascendentes e cônjuge defere a sucessão aos colaterais. Dir-se-á que o artigo pode ser derrogado por um testamento em contrário, se bem que mais exato fosse afirmar que o testamento respeita o artigo, aplicavel de inteligência com o 1.728 sôbre herdeiros necessários. A responsabilidade pela culpa contratual está no art. 1.058, mas êsse artigo em relação à culpa, não ao dolo, pode não ter aplicação, se as partes expressamente estipularem a irresponsabilidade. Pode-se dizer que a convenção derroga o artigo por argumento *a contrario* da regra — *priatorum conventio juri publico non derogat*. Nem faltam bons exemplos de se dizer que a vontade dos particulares derroga as leis estabelecidas no seu exclusivo interesse.

Quanto alla facoltà dei privati di derogare alle leggi, essa appartiene loro, rispetto a quelle che sono stabilite in favor loro e riguardano il loro privato interesse. Mazzoni, op. cit., I n. 24. Nêste ponto de vista parece menos exata a declaração do art. 17 da lei preliminar, sincopado como foi, pois as convenções particulares derrogam as leis de direito supletivo. Quanto às leis, atos e sentenças de outro país, essas derragam, não só as nossas leis de direito supletivo, mas ainda as de direito absoluto que não forem rigorosamente obrigatórias.

Aquí também não haverá derrogação alguma, se considerarmos o direito em conjunto, pois se a nossa lei deixa de ser aplicada a uma hipótese, é porque o nosso próprio direito manda observar a estrangeira. Mas é costume dizer-se que a lei aplicada derroga na espécie a que o não é, porque a colisão das leis no espaço se parece com a que se produz no tempo: o respeito à lei nacional é como a prerrogativa do direito adquirido. A lei antiga não é abolida em relação aos fatos pretéritos, como a lei estrangeira acompanha os direitos por ela vivificados. Portanto, outra coisa deve declarar o art. 17, que talvez não fique mal com a seguinte metamorfose: *Não se observará a lei estrangeira cuja aplicação no Brasil fêr incompatível com a soberania nacional, a ordem pública ou os bons costumes.*

Parece-me inteiramente dispensavel falar em atos e sentenças de outro país. Se são atos contitutivos de direito, estão compreendidos na palavra lei, como os editos, *ukases*, do Czar da Rússia; se são dos que se devem conformar com a lei do país onde celebrados, e nêste caso estão as sentenças, admitir que produzam efeito em território brasileiro, é dar aplicação à lei que os regula. E se a sentença estrangeira, cuja execução é inecinpativel com a nossa ordem pública, nem mesmo se harmoniza com a lei do lugar onde foi proferida, menos atenção nos merece ainda, por se fundar em um suposto direito, cuja observância no Brasil viria ofender os nossos magnos interesses. Em nota ao art. 264, n. II, do projeto, o senador Ruy Barbosa censura a expressão *rigorosalnente obrigatória* e a substitúi por *disposição absoluta* da lei.

Acho excelente a emenda, porque no texto anotado não se trata de lei territorial, incompativel com a aplicação da estrangeira divergente. Um termo técnico já defeituoso, no parecer do eminente publicista, não se deve tornar ainda em cima equívoco. Quanto à colocação da regra que proibe derrogar as leis absolutas por meio de convenções particulares, entende o ilustre senador que deve ser nos princípios gerais sôbre os contratos. Lembro-lhe, porém, o alvitre de restituí-la às disposições preliminares ao Código, ou então inserí-la nos preceitos gerais sôbre os atos jurídicos, porque ela tanto alcança as convenções, como as disposições testamentárias.

Bibliografia
(consultada e/ou utilizada)

Grande parte da bibliografia aqui relacionada foi aplicada efetivamente na presente obra. Entretanto, quero fazer um alerta: algumas referências que cito nas notas de rodapé, não constam da bibliografia final a seguir relacionada, tendo em vista que não foi lida dita obra por completo, pois, foi-me enviada por fax ou por e-mail apenas fragmento ou o texto individualizado que me interessava. Resolvi trazer a lume, outrossim, as obras, ensaios, artigos, teses, etc., não utilizados no seu todo ou efetivamente, com o intuito de orientar aqueles que se interessam sobre o tema a ter este *"working and Bibliographical tools"*, não tendo o penoso trabalho de procurar fontes aqui ou ali. Os inúmeros documentos e obras consultadas, e aqui relacionadas, fazem parte do acervo de minha biblioteca particular; contudo, quero agradecer a paciência e a dedicação das(os) bibliotecárias(os) que me atenderam pessoalmente, por fax, pelo correio ou via *Internet*, e em especial às seguintes organizações:

a) *Académie de Droit International de la Haye*, L' (2517 KJ La Haye, Palais de la Paix, Carnegieplein 2, Den Haag, Holanda);
b) *American Association for the Comparative Study of Law* (Boalt Hall, University of California, Berkeley, 94720, California, Estados Unidos);
c) *American Bar Association* (1155 East 60th Str., Chicago, 60637, Ilinóis, Estados Unidos);
d) *American Society of International Law* (2223 Massachusetts Avenue, Washington, D.C., 20008, Estados Unidos);
e) *Association des Anciens Étudiants de L'IUHEI* (11, avenue de la Paix, Genève, Suíça);
f) *Centre Interuniversitaire de Droit Comparé* (Boulevard de Waterloo, 103, 1000, Bruxelas, Bélgica);
g) *Commission Internationale de Juristes* (1224 Chêne-Bougeries — P.O.Box 120 — Genebra, Suíça);
h) *Harvard* (Cambridge, MA 02138, Estados Unidos);
i) *Institut Belge de Droit Comparé* (Rue Ravenstein 4, 1000, Bruxelas, Bélgica);
j) *Institut de Droit International* (22. Av. William-Favre — CH-1207, Genebra, Suíça);
k) *Institut Hellénique de Droit International et Étranger* (Rue Solonos, 73, Atenas 143, Grécia);
l) *Institut Juridique International* (6 Oranjestraat — 's Gravenhage, Holanda);
m) *Institut Suisse de Droit Comparé* (Dorigny, 1015, Lousane, Suíça);
n) *Institut Universitaire des Hautes Études Internationales* (132, Rue de Lausanne, CH-1211 Genebra 21, Suíça);
o) *Institute of Comparative and Foreign Law* (Mc Grill University, 3644, Peel Stret, H3A 1W9, Montreal, Canadá);
p) *Instituto di Diritto Internazionale Privato e Processuale* (Università di Stato, Via Festa del Perdono, 7, Milão, Itália);
q) *Max-Planck-Institut für ausländisches und internationales Privatrecht* (Mittelweg 187, 2, Hamburgo, 13, como o de Heidelberg, Alemanha);

r) *Parker School of Foreign and Comparative Law* (Columbia University, Law School Building, 435 West 116th Street, NY 10027, Nova Iorque, Estados Unidos);
s) *Société de Législation Comparée et Centre Français de Droit Comparé* (Rue Saint Guillaume, 28, 75007, Paris, França);
t) *Société Française de Droit International* (Centre D'Études Internationales de la Faculté de Droit et des Sciences Politiques et Économiques de Strasbourg, Place D'Athènes, Strasburgo, França);
u) *Société Suisse de Droit International — Schweizerisches Vereinigung für Internationales Recht* (Rue de la Serre, 4, 2000, Neuchâtel, Suíça);
v) *The British Institute of International and Comparative Law* (Charles Clore House, 17 Russell Square, WC1B5DR, Londres, Reino Unido);
w) *United Nations* (Genebra/Suíça e Nova Iorque/Estados Unidos);

Bibliografia
Monografias, Teses, Artigos e Cursos

1) **ABBATESCIANNI, G.**: *La Conoscenza del Diritto Straniero da Parte del Giudice Italiano*, artigo estampado no *Il Foro Padano*, 1984, II, pp. 55-82.
2) **AGO, Roberto:** *Règles Générales des Conflits de Lois*, curso dado em Haia e estampado no *Recueil des Cours*, T. 58, 1936-IV, pp. 243-469.
3) **AKEHURST, M.**: *Jurisdiction in International Law*, artigo estampado no *The British Year Book of International Law*, vol. 46, 1972-1973, pp. 145-257.
4) **ANZILOTTI, Dionisio:** *Corso di Diritto Internazionale*, Ed. Athenaeum, Roma, 3ª ed. (1ª ed., em 1912), 2 volumes, 1928.
5) **ANZILOTTI, Dionisio:** *Corso di Diritto Internazionale*, Padova, Ed. CEDAM, 4a. ed., 1955.
6) **ANZILOTTI, Dionisio:** *Cours de Droit International*, Ed. Sirey, Paris, tradução da 3ª ed. italiana para o francês, realizada por *Gilbert Gidel*, 1929.
7) **ANZILOTTI, Dionisio:** *La Responsabilité Internationale des États à Raison des Dommages Soufferts par les Étrangers*, artigo estampado na *Revue Générale de Droit Inter-*

national Public, nº 13, 1906, pp. 1-29 e 285-309. Este artigo foi repetido na obra: *Dionisio Anzilotti — Scritti di Diritto Internazionale Pubblico*, tomo primo, pp. 149 e ss., Ed. CEDAM, Pádua, 1956.

8) ANZILOTTI, Dionisio: *Teoria Generale della Responsabilità dello Stato nel Diritto Internazionale*, aritigo publicado na obra *Dionisio Anzilotti — Scritti di Diritto Internazionale Pubblico*, tomo primo, 1956, pp. 149 e ss., CEDAM, Pádua. Publicado originalmente pela, Ed. Lumachi, Florença, 1902.

9) ARÉCHAGA, E. Jiménez de: *Derecho Constitucional de las Naciones Unidas*, Madri, Ed. Escuela de Funcionarios Internacionales, 1958.

10) ARMINJON, Pierre: *La Fraude à la Loi en Droit International Privé*, artigo estampado no *Clunet*, 1920, pp. 409 e ss.; 1921, pp. 62 e ss. e pp. 419 e ss.

11) ARMINJON, Pierre: *Les Lois Politiques et le Droit International Privé*, artigo estampado na *Revue de Droit International Privé*, 1930, pp. 385-396.

12) ARMINJON, Pierre: *Précis de Droit International Privé*, vol. I (vol. II, 3ª ed., revisada por *Schlaepfer*, 1958; e 2ª ed. ainda escrita por ele, vol. II, 1934), 3ª ed., Ed. Dalloz, Paris, 1947.

13) ARREGUI, José Ramón de Orúe y: *Manual de Derecho Internacional Privado*, 3ª ed., Ed. Reus, Madri, 1953.

14) ASCARELLI, Tullio: *Saggi Giuridice*, Ed. Giuffrè, Milão, 1949.

15) ASSER, T. M. C.: *Éléments de Droit International Privé ou du Conflit des Lois*, traduzido do holandês para o francês por *Alphonse Rivier* (essa obra foi publicada originalmente em Haia, em 1879, sob o título: *Esquisse du Droit International Privé: Schets van het internationaal Privaatregt*), Ed. Athur Rousseau, Paris, 1884.

16) ATALIBA, Geraldo: *Apontamentos de Ciência das Finanças, Direito Financeiro e Tributário*, Ed. Própria, São Paulo, 1969.

17) AUBRY, J.: *De la Notion de Territorialité en Droit International Privé* (continuação do mesmo artigo estampado

no *Clunet* de 1900, p. 689 e ss.), artigo estampado no *Clunet* de 1901, p. 253 e ss. e *Clunet* de 1902, pp. 209-243.
18) AUDIT, Bernard: *La Fraude à la Loi*, Ed. Dalloz, Paris, 1974.
19) AUDIT, Bernard: *Le Caractère Fonctionnel de la Règle de Conflit (sur la crise des conflits de lois)*, curso dado em Haia, estampado no *Recueil des Cours*, tomo 186, 1984, III, pp. 219-397.
20) BALESTRA, Ricardo R.: *El Órden Público en la Contratación Internacional*, artigo estampado na *Revista de Direito Mercantil*, nº 55, Ed. Revista dos Tribunais, São Paulo, pp. 130-134.
21) BALLARINO, T.: *Forma degli Atti e Diritto Internazionale Privato*, Ed. CEDAM, Pádua, 1970.
22) BALLARINO, T.: *Norme de Applicazione Necessaria e Forma Degli Atti*, artigo estampado na *Revista di Diritto Internazionale Privato e Processuale*, 1967, pp. 707-729.
23) BAR, Ludwig von: *Théorie und Praxis des Internationalen Privatrechts*, 2ª ed., Hanover, Ed. Hahn'sche Buchhandlung, 1889 [tradução para o italiano realizada por *Giulio Cesare Buzzati: Teoria e Pratica del Diritto Internazionale Privato* (Luigi Bar), Turim, 1915].
24) BARTIN, Étienne: *Les Dispositions D'Ordre Public, la Théorie de la Fraude de la Loi, et L'Idée de Communauté Internationale*, artigo estampado na *Revue de Droit International et de Législation Comparée*, 1897, pp. 385-613. Este artigo é reproduzido nos *Études de Droit International Privé*, Ed. A. Chevalier-Marescq, Paris, 1899, pp. 189-284.
25) BARTIN, Étienne: *Principes de Droit International Privé selon la Loi et la Jurisprudence Françaises*, Ed. Domat-Montchrestien, Paris, 1929/1930.
26) BASTIAN, Daniel: *Essai d'une Théorie Génerale de l'Imposibilité*, Ed. Dalloz, Paris, 1929.
27) BATALHA, Wilson de Souza Campos: *Lei de Introdução ao Código Civil*, Ed. Max Limonad, São Paulo, 1957.
28) BATALHA, Wilson de Souza Campos: *Tratado Elementar de Direito Internacional Privado*, Vol. II, Parte Especial

— Comentários aos arts. 7º a 19 da Lei de Introdução ao Código Civil brasileiro — Ed. Revista dos Tribunais, 1961.
29) BATIFFOL, Henri e LAGARDE, Paul: *Droit International Privé*, 5ª ed., Ed. LGDJ, Paris, 1970.
30) BATIFFOL, Henri: *Choix d'articles rassemblés par ses amis — L'État du Droit International Privé en France et dans L'Europe Continentale de L'Ouest*, Paris, Ed. LGDJ, 1976 (o artigo foi estampado originalmente em 1973).
31) BATIFFOL, Henri: *De L' Usage des Principies en Droit International Privé*, artigo estampado em *Estudos em Homenagem ao Professor Doutor A. Ferrer-Correia*, vol. I, Coimbra, Ed. Faculdade de Direito da Universidade de Coimbra, 1986, pp. 103-119.
32) BATIFFOL, Henri: *Droit International Privé*, 4ª ed., Ed. LGDJ, Paris, 1967.
33) BATIFFOL, Henri: *L'Avenir du Droit International Privé, en Institut de Droit International*, artigo estampado no *Livre du Centenaire 1873-1973, Evolution et Perspectives du Droit International*, Basiléia, E. S. Karger, 1973, pp. 161-182.
34) BATIFFOL, Henri: *La Fraude à la Loi*, artigo estampado na *Juris-Clausseur*, nº 535.
35) BATIFFOL, Henri: *La Philosophie du Droit*, 6ª ed., 1981, Ed. Presses Universitaires de France, Paris, coleção "Que sais-je?" e sua tradução para o português: *A Filosofia do Direito*, traduzido por *Eugénio Cavalheiro*, Ed. Notícias, Lisboa, s/d.
36) BATIFFOL, Henri: *La Règle de Droit en Droit International Privé*, (artigo) Ch. Perelman editor, (*La règle de droit*), Bruxelas, 1971, pp. 214-225.
37) BATIFFOL, Henri: *Le Pluralisme des Méthodes en Droit International Privé*, curso dado em Haia, estampado no *Recueil des Cours*, tomo 139, 1973, II, pp. 75-147.
38) BATIFFOL, Henri: *Quelques Précisions sur le Domaine de L'Exception D'Ordre Public*, artigo estampado no *Studi in Onore di Giorgio Balladore Pallieri*, vol. II, Milão, Ed. Vita e Pensiero, Unisersità Cattolica del Sacro Cuore, 1978.

39) BATIFFOL, Henri: *Traité Élémentaire de Droit International Privé*, Ed. LGDJ, Paris, 1949.
40) BATIFFOL, Henri: *Una Crisis del Estatuto Personal*, artigo estampado nos *Cuadernos de la Cátedra Dr. James B. Scott*, da Universidad de Valladolid, 1968, pp. 12 e ss.
41) BATIFFOL, Henri: *Aspects Philosophiques du Droit International Privé*, Ed. Dalloz, Paris, Col. Philosophie du Droit, n° 4, 1956.
42) BATIFFOL, Heri: *Les Liens de la Compétence Judiciaire et de la Compétence Législative*, curso dado no *Institut des Hautes Études Internationales* (Université de Paris), 160-1961.
43) BATIFFOL, Heri: *Observations sur les Liens de la Compétence Judiciaire et de la Compétence Législative*, artigo estampado na obra *Conflictu Legum, Mélanges offerts à R. D. Kollewijn et J. Offerhaus* (Nederlands Tijdschrift Voor International Recht), 1962, pp. 55 e ss.
44) BERMANN, G. A.: *Public Law in the Conflict of Laws*, artigo estampado no *American Journal of Compratative Law* (Suppl.), 1986, pp. 157-192.
45) BETTI, Emilio: *Teoria Geral do Negócio Jurídico*, tradução realizada por *Fernando de Miranda*, da obra em italiano *La Teoria Generale del Negozio Giuridico*, tomo II, Coimbra, Ed. Coimbra, 1969.
46) BEVILÁQUA, Clovis: *Princípios Elementares de Direito Internacional Privado*, Ed. Freitas Bastos, Rio de Janeiro, 3ª ed., 1938.
47) BLECKMANN, A.: *Sittenwidrigkeit Wegen Verstoes Gegen den Ordre Public International-Anmerkung zum Urteil des BGH vom 22 juni 1972* (artigo), ZaöRV, 1974, pp. 112-132.
48) BLUNTSCHI, Joh. Caspar: *Droit International Codifié*, traduzido do alemão para o francês por *M. C. Lardy*, 5ª ed., Ed. Guillaumin, Paris, 1895.
49) BORCHARD, Edwin M.: *Diplomatic Protection of Citizen Abroard or the Law of International Clains*, Ed. The Banks Law Publishing, New York, 1915.

50) BORCHARD, Edwin M.: *The Minimum Standard for the Treatment of Aliens*, Michigan, Michigan Law Review, 1940.
51) BORGES, José Alfredo: *Tratado Internacional em Matéria Tributária como Fonte de Direito*, artigo estampado na *Revista de Direito Tributário* n° 27/28, 1984.
52) BRAILE, G.: *I Principi Fondamentali della Communità Statale e il Coordinamento tra Sistemi (L'ordine pubblico internazionele)*, Ed. Cedan, Padua, 1968, repetindo-se no verbete: "*L'ordine pubblico (Diritto Internazionale Privato)*", in: *Enciclopedia del Diritto*, vol. XXX, Ed. Giuffrè, Milano, pp. 1106-1109, 1980.
53) BRAVO, Frederico de Castro y: *El Negocio Jurídico*, Ed. Civitas, Madri, 1997.
54) BREWSTER Jr., Kingman: *Antitrust and American Business Abroad*, Ed. McGraw-Hill, New York, 1958.
55) BROCHER, Charles: *Cours de Droit International Privé*, Paris-Genève, 1882 (vol. 1), 1883 (vol. 2).
56) BROCHER, Charles: *Théorie du Droit International Privé*, artigo estampado na *Revue de Droit Internationale et de Législation Comparé*, Paris-Genève, 1872, pp. 189-220.
57) BROWN: *La Reconnaissance des Nouveaux États et des Nouveaux Gouverments*, artigo estampado na *Revue de Droit International et de Législation Comparé*, 1932, pp. 11 e ss.
58) BRUSI, Jaime Luís I. Navas: *El Fraude de Ley ante el Derecho Interno de los Estados*, Ed. Reus, Madri, 1957.
59) BUCHER, A.: *Sur les Règles de Rattachement à Caractère Substantiel*, em artigo estampado em *Liber Amicourum Adolf F. Scmitzer Offert à L'Occasion de son 90e Anniversaire le 30 juillet 1979 par la Faculté de Droit de L'Université de Genève*, Genebra, Ed. Georg & Cie-Librarie de L'Université, 1979, pp. 37-55.
60) BURGIN, E. Leslie e FLETCHER, Eric G. M.: *The Students' Conflict of Laws — Being an Introduction to the Study of Private International Law* (based on Dicey), 3ª ed., Ed. Stevens & Sons, Londres, 1937.

61) BUSTAMANTE y SIRVEN, Antonio Sanchez de: *El Orden Público* — Estudio de Derecho Internacional Privado, vol. 1, Ed. Ruiz y Hermano, Havana, 1893.
62) BUTERA, Antonio: *Della Simulazione nei Negozi Giuridici e delgi Atti in Fraudem Legis*, Ed. UTET, Turim, 1936.
63) CABIEDES, E. Gutierrez de: *Tratamiento Procesal del Derecho Extranjero en el Título Preliminar del Código Civil*, artigo estampado no *Anuario Español de Derecho Internacional*, vol. II, 1975.
64) CAFLISCH, Lucius: *Répertoire des Décisions et des Documents de la Procédure Écrite et Orale de La Cour Permanente de Justice Internationale et de la Cour Internationale de Justice*, Vol. 5 (ele foi o editor e coordenador), Ed. L'Institut Universitaire des Hautes Études Internationales, Genève, 1989.
65) CALABRESE, Michael: *Jurisdiction — Limitations on Concurrent Jurisdiction*, artigo estampado no *Virgínia Journal of International Law*, n° 20, 1980, pp. 925-941.
66) CALEB, V.: *Essai sur L'Autonomie de la Volonté*, Estrasburgo, 1927, pp. 97 e ss.
67) CANÇADO TRINDADE, Antônio Augusto: O *Esgotamento de Recursos Internos no Direito Internacional*, Ed. Universidade de Brasília, Brasília, 1984 (versão resumida da Tese defendida perante a Universidade de Cambridge, em 28/11/77, com o título: *Developments in the Rule of Exaustion of Local Remedies in International Law*).
68) CARAVACA, Alfonso-Luis Calvo e GONZÁLEZ, Javier Carrascosa: *Introducción al Derecho Internacional Privado*, Ed. Comares, Granada, 1997.
69) CARDINI, Oswaldo: *El Orden Público*, Ed. EJEA, Buenos Aires, 1959.
70) CARNELUTTI, Francesco: *Processo in Frode alla Legge*, artigo estampado na *Rivista di Diritto Processuale*, 4/32, 1949.
71) CARRARO, Luigi: *Fraus Omnia Corrumpit*, artigo estampado no *Scritti Giuridici in Onore di Francesco Carnelutti*, Ed. UTET, Turim, 1950.

72) CARRARO, Luigi: *Frode alla Legge*, verbete in: *Nuovissimo Digesto Italiano*, vol. VII. *Il Negozio in Frode alla Legge*, pp. 647/651, Ed. UTET, Turim, 1943.
73) CARRÍON, Alejandro J. Rodriguez: *Lecciones de Derecho Internacional Público*, Ed. Tecnos, 3ª ed., Madrid, 1994.
74) CASSESE, A.: *Le Norme sulle Cause di Nullità del Matrimonio e L'Ordine Pubblico*, artigo estampado na *Rivista di Diritto Internazionale*, 1963, pp. 658-673.
75) CASSESE, A.: *Limitazioni Contrattuali della Responsabilità e Ordine Pubblico*, artigo estampado na *Rivista del Diritto della Navigazione*, 1963, II, pp. 120-134.
76) CASSESE, A.: *Limiti Probatori in Materia Matrimoniale e Ordine Pubblico*, artigo estampado na *Rivista di Diritto Internazionale*, 1963, pp. 460-469.
77) CASTILLO, Garde: *La Instituición Desconocida en Derecho Internacional Privado*, Ed. Velásquez, Valladolid, 1947.
78) CASTRO, Amilcar de: *Direito Internacional Privado*, 4ª ed., revisada e atualizada por *Osiris Rocha*, Ed. Revista Forense, Rio de Janeiro, 1987.
79) CASTRO, Amilcar de: *Direito Internacional Privado*, Ed. Revista Forense, Rio de Janeiro, 1956.
80) CATELLANI, E. L.: *Il Diritto Internazionale Privato e i suoi Recenti Progressi (Il Savigny, la Scuola italiana e gli sviluppi più recenti della dottrina dell'ordine pubblico)*, Ed. Unione Tipografico, Turim, 1902.
81) COBAS, Manoel O.: *El Fraude*, artigo estampado na obra *Negocio Juridico — Esctrutura, Vícios, Nulidades*, coordenada por *Santos Cifuentes*, Ed. Astrea de Alfredo y Ricardo Depalma, Buenos Aires, 1986.
82) COLLIER, J. G.: *Conflict of Laws*, 2ª ed., Ed. Cambridge University Press, Cambridge, 1994.
83) COLLINS, L.: *Lois de Blocage ou de Rétorsion — L'Expérience du Royayme-Uni*, artigo estampado na revista *Droit et Pratique du Commerce International*, 1986, pp. 597-615.
84) COSTA, Podestá L. A.: *Derecho Internacional Público*, 3ª ed., Ed. Tipografia Argentina, Buenos Aires, 1955.

85) COTTEREAU, G.: *Système Juridique et Notion de Responsabilité*, artigo estampado no Colloque Le Mans, pp. 3 e ss.
86) COVIELLO, Nicola: *Manuale di Diritto Civile Italiano*, Ed. Giuffrè, Milão, 1915.
87) CURRIE, B.: *Select Essays on the Conflict of Laws*, coletânea de artigos, em especial: *On the Displacement of the Law of the Forum*, pp. 3-76; e, *Notes on Methods and Objectives in the Conflict of Laws* pp. 177-187; Durham, Ed. Duke University Press, 1963.
88) CHAMBOST, Édouard: *Guide des Paradis Fiscaux*, Ed. Sand, 1991, Paris.
89) CHESHIRE, Geoffrey C.: *Private International Law*, 4ª ed., Oxford, Clarendon Press, 1956.
90) CHESHIRE, Geoffrey C.: *Private International Law*, 4ª ed., Ed. Clarendon Press, Oxford, 1952.
91) CHKLAVER: *Le Gouvernement de Facto*, artigo estampado na *Revue de Droit International*, I, 1927, p. 779.
92) DE VALREILLES-SOMMIÈRES: *Des Lois D'Ordre Public et de la Dérogation aux Lois*, vol. 1, Paris, Ed. Pichon, 1899.
93) DE VISSCHER, Charles: *Le Déni de Justice en Droit International*, curso dado em Haia estampado no *Recueil des Cours*, vol. 52, II, Ed. Sirey, Paris, pp. 369-442, 1935.
94) DECAUX, Emmanuel: *Responsabilité et Réparation*, artigo contido na obra *La Responsabilité dans le Système International — Colloque du Mans*, Paris, Ed. A. Pedone, 1991.
95) DEMOGUE, René: *Traité des Obligations en Générale*, Ed. Dalloz, Paris, 1923.
96) DERAINS, Y.: *Attene Légitime des Parties et Droit Applicable au Fond du Litige dans L'Arbitrage Commercial International*, artigo estampado nos *Travaux du Comité Français de Droit International Privé*, 1984-1985, Ed. Centre National de la Recherche Scientifique, Paris, 1987, pp. 81-103.
97) DERAINS, Y.: *L'Ordre Public et le Droit Applicable au Fond en Matière D'Arbitrage International*, artigo estampado na *Revue de L'Arbitrage*, 1986, pp. 375-413.

98) **DERAINS, Y.**: *Les Normes D'Application Immédiate dans la Jurisprudence Arbitrale Internationale, en le Droit des Relations Économiques Internationales*, artigo estampado nos *Études Offertes à Berthold Coldman*, Paris, Ed. Libraries Techniques, 1983, pp. 29-46.
99) **DESBOIS, Henri**: *La Notion de Fraude à la Loi et Jurisprudence Français*, Ed. Dalloz, Paris, 1927.
100) **DESPAGNET, Frantz:** *Etude sur l'Ordre Public en Droit International Privé*, artigo estampado no *Clunet* de 1889, pp. 5-207.
101) **DESPAGNET, Frantz:** *L'Ordre Public en Droit International Privé*, artigo estampado no *Clunet*, 1889, pp. 5-21 e 207-222.
102) **DESPAGNET, Frantz:** *La Règle locus regit actum et L'Ordre Public*, artigo estampado na *Revue Pratique de Droit International Privé*, de 1891, pp. 2-62.
103) **DESPAGNET, Frantz:** *Précis de Droit International Privé*, Ed. Recueil Général des Lois et des Arrêts, 4ª ed., Paris, 1904.
104) **DICEY, Albert V.**: *A Digest of the Law of England with Referent to the Conflict of Laws*, 5ª ed., Londres, Ed. Stevens & Sons, 1932.
105) **DICEY, Albert V.**: *Conflict of Laws*, 6ª ed., Ed. Sweet & Maxwell, Londres, 1949, sob a supervisão de J. H. C. Morris.
106) **DIENA, Giulio**: *Derecho Internacional Público*, Ed. Bosch, Barcelona, (3ª tiragem), tradução para o espanhol, da 4ª ed. italiana, realizada por *J. M. Trías de Bes* (eles chamam *Giulio* de *Julio*), 1948.
107) **DIENA, Giulio**: *I Diritti Reali Considerati nel Diritto Internazionale Privato*, Turim, Ed. Unione Tipografico, 1895.
108) **DIENA, Giulio**: *L'Individu Devant L'Autorité Judiciaire er le Droit International*, curso estampado na *Revue Générale de Droit Internationmal Public*, nº 16, 1909, pp. 73-76.

109) DIENA, Giulio: *Principi di Diritto Internazionale — Parte Prima — Diritto Internazionale Pubblico*, 2ª ed., revista e ampliada, Luigi Pierro Editore, Napoli, 1914.
110) DIEZ-HOCHLEITNER, J.: *Le Traité de Maastrich et l'Inexécution des Arrêts de la Cour de Justice par les États Membres*, artigo estampado na RMUE, 1994 (2), pp. 111 e ss.
111) DOGGART, Caroline: *Tax Havens*, Ed. The Economist Intelligent Unit, Londres, 1994.
112) DOLINGER, Jacob: *A Evolução da Ordem Pública no Direito Internacional Privado*, Ed. Própria (Tese), Rio de Janeiro, 1979.
113) DUTOIT, B.: *L'Ordre Public: Caméléon du Droit International Privé? Un Survol de la Jurisprudence Suisse*, artigo estampado no *Recueil de Travaux Offerts à M. Guy Flattet, Professeur Honoraire à L'Université de Lausanne*, Lausane, Ed. Payot, 1985, pp. 455-472.
114) DWORKIN, Ronald Myles: O *Império do Direito*, Ed. Martins Fontes, São Paulo, 1999, tradução da obra *"Law's Empire"*, editado pela Harvard University Press, Boston, 1986, realizada por *Jefferson Luiz Camargo*.
115) EAGLETON, Clyde: *Denial of Justice in International Law*, artigo estampado no *American Journal of International Law*, n° 22, 1928, pp. 538-559.
116) EAGLETON, Clyde: *International Organization and the Law of Responsability*, curso dado em Haia, estampado no *Recueil des Cours*, 1950, tomo I, n° 76, pp. 319-425, Ed. Sirey, Paris.
117) EAGLETON, Clyde: *L'Épuisement des Recours Internes et le Démi de Justice, D'Après Certaines Décisions Récentes*, artigo estampado na *Revue de Droit International et de Législation Comparé*, n° 16, 1935, pp. 504-526.
118) EAGLETON, Clyde: *Responsability of States in International Law*, New York, Ed. New York University Press, 1928.
119) EAGLETON, Clyde: *Une Théorie au Sujet du Commencement de la Responsabilité de L'État*, artigo estampado

na *Revue de Droit International et de Législation Comparé*, nº 11, 1930, pp. 643-659.
120) EHRENZWEIG, Albert A.: *A Treatise on the Conflict of Laws*, St. Paul, Ed. West Publishing, 1962.
121) EHRENZWEIG, Albert A.: *Private International Law* (I — General Part/1967; II — Jurisdiction, Judgments, Persons/1973; e III — Obligations, Contracts, Torts/1977), os volumes II e III são escritos com *E. Jayme*; Leyden/Dobbs Ferry, Ed. A. W. Sijthoff/Oceana Publications.
122) EHRENZWEIG, Albert A.: *Specific Principes of Principles of Private Transnational Law*, curso dado em Haia estampado no *Recueil des Cours*, tomo 124, 1968, pp. 167-370.
123) EHRENZWEIG, Albert A.: *The Lex fori — Basic Rule in the Conflict of Laws*, artigo estampado na *Michigan Law Review*, 1960, pp. 637-688.
124) EISEMANN, F.: *La Lex Fori de L'Arbitrage Commercial International*, artigo estampado nos *Travaux du Comité Français de Droit International Privé*, 1973-1975, Paris, Ed. Dalloz, 1977, pp. 189-213.
125) EISEMANN, Pierre Michel — HUR, Paul e COUSSIRAT-COUSTERE, Vincent: *Petit Manuel de la Jurisprudence de la Cour Internationale de Justice*, 4ª ed., Ed. A. Pedone, com prefácio de *Paul Reuter*, Paris, 1987.
126) ELST, R. Van Der: *La Fraude à la Loi en Droit International Privé* artigo estampado no *Mélanges Jean Baugniet*, Bruxelas, 1976, p. 789-800.
127) ELST, R. van Der: *Ordre Public International, Lois de Police et Lois D'Application Immédiate*, artigo estampado em *Mélanges offerts à Robert Legros*, Bruxelas, Ed. de L'Université de Bruxelles, 1984, pp. 653-667.
128) ENGEL, P.: *Contrebande, Ordre Public et Bonnes Moeurs (Mémoires Publiés par la Faculté de Droit de Genève)*, artigo estampado no *Recueil de Travaux — Assemblée de la Société Suisse des Juristes*, Genebra, 3 a 5 de outubro, de 1969, pp. 55-68.

129) ESPINOLA, Eduardo e ESPINOLA FILHO, Eduardo: *A Lei de Introdução ao Código Civil Brasileiro* — comentada na ordem dos seus artigos, Ed. Freitas Bastos, Rio de Janeiro, 1943.

130) ESPINOLA, Eduardo e Espinola Filho, Eduardo: *Do Direito Internacional Privado Brasileiro*, Ed. Freitas Bastos, Rio de Janeiro, 1942.

131) ESPINOLA, Eduardo: *Elementos de Direito Internacional Privado*, Ed. Jacinto Ribeiro dos Santos, Rio de Janeiro, 1925.

132) EUSTATHIADÈS, Constantin Th.: *La Responsabilité Internationale de L'État pour les Actes des Organes Judiciaires et le Problème du Déni de Justice en Droit International*, Ed. A. Pedone, Paris, 1936.

133) EUSTATHIADÈS, Constantin Th.: *Les Sujets du Droit International et la Responsabilité Internationale: Nouvelles Tendences*, curso dado em Haia, estampado no *Recueil des Cours*, 1953, vol. III, tomo 84, pp. 401-614, Ed. Sijthoff, Leyde.

134) FAWCETT, J. E. S.: *Trade and Finance in International Law*, curso estampado no Recueil des Cours, 1968, vol. 123, p. 305 e ss.

135) FEDOZZI, Prospero: *Quelques Considérations sur L'Idée D'Ordre Public International*, artigo estampado no *Clunet* de 1897, pp. 69 e ss.

136) FELIPPE, Donaldo J.: *Terminologia Latina Forense*, Ed. Péritas, Campinas, 4ª ed., 1997.

137) FERNANDES, Carlos: *Lições de Direito Internacional Privado — Teoria Geral do DIP com Incidência no Sistema Português*, Ed. Coimbra, Coimbra, vol. I, 1994.

138) FERRARA, Francesco: *A Simulação dos Negócios Jurídicos*, tradução do italiano para o português realizada por A. Bossa, Ed. Saraiva, São Paulo, 1939.

139) FERRARA, Francesco: *Teoria del Negozio Illecito nel Diritto Civile Italiano*, Ed. Giuffrè, Milão, 1914.

140) FICK, F.: *Commentaire du Code Fédéral des Obligations*, Ed. Delachaux & Niestlé, Neuchatel, 1911.

141) FIORE, Pasquale: *De L'Ordre Public en Droit International Privé*, artigo estampado no *Annuaire de L'Institut de Droit International*, vol. 23, 1910, pp. 205-230 e 458-481.

142) FIORE, Pasquale: *De la Limitation de L'Autorité des Lois Étrangères et de la Détermination des Lois D'Ordre Public*, artigo estampado no Clunet, 1908, pp. 351-366.

143) FIORI, Pasquale: Derecho Internacional Privado — *Principios para Resolver los Conflictos entre las Leyes Civiles, Comerciales, Judiciales y Penales de los Diversos Estados*, tradução do italiano para o espanhol, realizada por *Alejo Garcia Moreno*, com prólogo de *Vicente Romero y Giron*, 2ª ed., Ed. F. Góngora, Madri, 1889.

144) FIORI, Pasquale: *Le Droit International Privé ou Principies pour résoudre les conflits entre les lois civiles, commerciales, judiciaires, pénales des différents états*, tradução da 4ª ed. italiana, realizada por *Charles Antoine*, Ed. A. Pedone, Paris, 1907.

145) FITZMAURICE, Gerald Gray: *The Meaning of the Term Denial of Justice*, artigo estampado no *British Year Book of International Law*, vol. 13, 1932, pp. 93-114.

146) FOELIX, Jean-Jaques Gaspard: *Traité de Droit International Privé ou du Conflit des Lois de Différentes Nations*, Ed. Marescq Ainé, Paris, 1ª ed. 1843, 4ª ed. 1866.

147) FORGIONI, Paula A.: *Os Fundamentos do Antitruste*, Ed. Revista dos Tribunais, São Paulo, 1998.

148) FRANCESCAKIS, Phocion: *Fraude à la Loi*, artigo estampado no *Répertoire de Droit International (Encyclopédie Juridique Dalloz — Droit International)*, Paris, Ed. Dalloz, 1969, Tomo II, pp. 54/62.

149) FRANCESCAKIS, Phocion: *La Théorie du Renvoi et les Conflits de Systèmes en Droit International Privé*, Ed. Sirey, Paris, 1958.

150) FRANCESCAKIS, Phocion: *Lois D'Application Immédiate et Règles de Conflit*, artigo estampado na *Rivista di Diritto Internazionale Privato e Processuale*, 1967, pp. 691-698.

151) FRANCESCAKIS, Phocion: *Quelques Précisions sur les Lois D'Application Immédiate et Leurs Rapports avec les Règles de Conflits de Lois*, artigo estampado na *Revue Critique du Droit International Privé*, 1967, pp. 691-698.
152) FRANCESCAKIS, Phocion: *Y a-t-ul du Nouveau en Matière d'ordre public?*, Paris, Ed. Dalloz, 1970.
153) FREEMAN, Akwyn V.: *Responsibility of States for Unlawful Acts of their Armed Forces*, curso dado em Haia, estampado no *Recueil des Cours*, Vol. 88, 1955, II, pp. 348-408.
154) FREEMAN, Akwyn V.: *The International Responsability of States for Denial of Justice*, Ed. Longmans, Londres, 1938.
155) GAMA e SILVA, Luis Antônio da: *Ordem Pública em Direito Internacional Privado*, Ed. própria (Tese), São Paulo, 1955.
156) GARCÍA, Carlos Arellano: *Derecho Internacional Privado*, 8ª ed., Editorial Porrúa, México, México, 1986.
157) GARCIA, Ricardo Alonso: *La Responsabilidad de los Estados Miembros por Infracción del Derecho Comunitário*, Ed. Fundación Universidad Empresa e Civitas, 1997, Madri.
158) GARCIMARTÍN, Francisco J.: *Sobre la Norma de Conflicto y su Aplicación Judicial*, Ed. Tecnos, Madri, 1994.
159) GAVALDA, Christian: *Les Conflits dans le Temps en Droit International Privé*, com prefácio de *Henri Batiffol*, Ed. Sirey, Paris, 1955.
160) GÉNY, Fronçois: *Méthode d'Interpretation et Sources en Droit Privé Positif*, Paris, Ed. LGDJ, 1ª ed. (primeira tiragem) em 1919, 2ª ed. (segunda tiragem) em 1932.
161) GIERKE, Otto von: *Die Genossenshaftstheorie un die deutsche Rechtsprechung* (texto enviado via internet, sem maiores detalhes bibliográficos).
162) GOLDMAN, Berthold: *Frontières du Droit et Lex Mercatoria*, artigo estampado nos *Archives de Philosophie du Droit*, n° 9, 1964, pp. 177-192.

163) GOLDMAN, Berthold: *La Lex Mercatoria dans les Contrats et L'Arbitrage Internationaux: Réalité et Perspectives*, artigo estampado no *Clunet*, 1979, pp. 475-505.
164) GOLDSCHMIDT, Werner: *Sistema y Filosofia del Derecho Internacional Privado*, Ed. EJEA, Buenos Aires, 1952.
165) GOODRICH, Herbert F.: *Handbook of the Conflict of Laws*, 2ª ed., Ed. West Publishing, St. Paul, 1938.
166) GORDON, Robert: *Historicism in Legal Scholarship*, artigo estampado no *Yale Law Journal*, n° 90, pp. 1.017-1021, 1981.
167) GRAULICH, Paul: *Principes de Droit International Privé*, Ed. Sirey, Paris, 1961.
168) GRAULICH, Paul: *Règles de Conflit et Règles D'Application Immédiate*, artigo estampado na obra *Mélanges en L'Honneur de Jean Dabin*, Ed. LGDJ, 1963, vol. II, pp. 629 e ss.
169) GRAVESON, Ronald M.: *The Conflict of Laws*, Ed. Sweet & Maxwell, Londres, 1948, 1ª ed. (7ª ed. sob o título *Conflict of Laws — Private International Law*, mesma editora e cidade).
170) GROSS: *Zur Haftung des Staates für Akie einer Zwischenherrschaft*, artigo estampado na *Zeit. für öff. Recht*, 1933, pp. 375 e ss.
171) GRUPENMACHER, Betina Treiger: *Tratados Internacionais em Matéria Tributária e Ordem Interna*, Ed. Dialética, São Paulo, 1999.
172) HABERMAS, Jürgen: *Faktizität und Geltung. Beiträge zur Diskurstheorie des Rechits und des Demokratische Rechitstaats*, Frankfurt, Ed. Suhrkamp, 4ª ed., 1994 (*Direito e Democracia entre Facticidade e Validade*, obra traduzida do alemão para o português, por *Flávio Beno Siebeneichler*, Rio de Janeiro, Ed. Tempo Brasileiro, 2 volumes, 1997; e, *Facticidad y Validez*, obra traduzida do alemão para o espanhol, por *Manuel Jiménez Redondo*, Madrid, Ed. Trotta, 1998).
173) HAESLER, Th.: *The Exaustion of Local Remedies in the Case-law of International Courts and Tribunals*, Ed. Sijthoff, Leyden, 1968.

174) HART, Herbert L. A.: *The Concept of Law*, Oxford, Oxford University Press (Clarendon Law Series), 1961 (*O Conceito de Direito*, obra traduzida do inglês para o português de Portugal, por *A. Ribeiro Mendes*, Lisboa, Ed. Fundação Calouste Gulbenkian, 2ª ed., 1994).
175) HEALY, Thomas Henry: *Théorie Générale de L'Ordre Public*, curso dado em Haia, estampado no *Recueil des Cours*, de 1925, tomo 9/IV, (estampado em 1926), pp. 411-557.
176) HECKE, Georges van: *Droit Public et Conflits de Lois*, artigo estampado no *Travaux du Comité Français de Droit International Privé*, 1983-1984, Paris, Ed. Centre National de la Recherche Scientifique, 1986, pp. 225-235.
177) HECKE, Georges van: *Principies et Méthodes de Solution des Conflits de Lois*, curso estampado no *Recueil des Cours*, vol. 126, 1969-I.
178) HÉRON, J.: *L'Application dans le Temps des Règles de Conflit*, artigo estampado na *Revue Critique du Droit International Privé*, 1987, pp. 305-350.
179) HESSEL, Yntema: *Les Objectifs du Droit International Privé*, em artigo estampado na *Revue Critique de Droit International Privé*, 1959, pp. 1-29.
180) HUSSERL, Gerhart: *Recht und Zeit*, 1955, Ed. Springer, Berlin.
181) IHERING, Rudolf von: *Geist des Römischen Rechts*, vol. III — apud Martín Wolff, na obra *Derecho Internacional Privado*, tradução da 2ª ed., do inglês para o espanhol, realizada por *Antonio Marín López*, Ed. Bosch, Barcelona, 1958, p. 136.
182) IHERING, Rudolf von: *L'Esprit de Droit Romain*, vol. IV, tradução do alemão para o francês realizada por *O. de Meulenaere*, 2ª ed., Paris, 1880.
183) JESSUP, Ph. C.: *Transnational Law*, New Haven, Yale University Press, 1956.
184) JITTA, D. Josephus: *La Méthode du Droit International Privé*, Ed. Belinfante Frères, Haye, 1890.

185) JITTA, D. Josephus: *La Substance des Obligations dans le Droit International Privé*, Tomo I, 1906, Tomo II, 1907, Haia, Ed. Belinfante Frères.
186) JOSSERAND, Louis: *Los Moviles en los Actos Juridicos de Derecho Privado — Teleologia Juridica (Les Mobiles dans les Actes Juridiques)*, Paris, 1928, traduzido do francês para o espanhol, por *Eligio Sanchez Larios e José M. Cajica Jr.*, Ed. José M. Cajica, Puebla, México, 1946.
187) JUANETA, L. Garau: *La Responsaabilidad Civil por Accidente de Circulación en Derecho Internacional Privado — Estudio Metodológico*, Madri, Universidad Autónoma de Madri, Falculdad de Derecho, 1975 (tese de doutoramento).
188) KASSIS, Antoine: *Problèmes du Base de L'Arbitrage en Droit Comparé et en Droit International — Arbitrage Juridictionnel et Arbitrage Contractuel*, Ed. LGDJ, Paris, 1987.
189) KEGEL, Gerhard: *Internationales Privatrecht*, 6ª ed., Munich, 1987.
190) KEGEL, Gerhard: *The Crisis of Conflict of Laws*, curso dado em Haia, estampado no *Recueil des Cours*, 1964-II, vol. 112, pp. 95-263.
191) KELSEN, Hans: *Collective and Individual Responsability in International Law with Particular Regard to the Punishment of War Criminals, 1943*, artigo estampado na nº 31, da *California Law Review*, p. 538.
192) KELSEN, Hans: *Das Problem des Souveränität und die Theorie des Völkerrechts*, 2ª ed., Tübingen, Mohr, 1928.
193) KELSEN, Hans: *El Contrato y el Tratado*, tradução de *Eduardo García Máynez*, Imprenta Universitaria, México, México, 1943, já havia estampado tal artigo, sem mudar uma linha sequer, nos famosos *Archives de Philophie du Droit et de Sociologie Juridique*, Sirey, Paris, dixièmè année, nº 1-4, 1940, pp. 33/76.
194) KELSEN, Hans: *L'Illecito dello Stato*, Edizioni Scientifiche Italiane, ristampa, 1990 (Über Staatsunrecht, artigo estampado na *Grünhutsche Zeitschrift für das Privat-und*

öffentiliche Recht der Gegenwart, vol. 40, 1913-14, pp. 1/114), tradução de *Angelo Abignente*.

195) **KELSEN, Hans:** *La Paz por Medio del Derecho*, Editorial Losada, Buenos Aires, 1946, título original: *Peace Through Law*, traduzido do inglês para o castelhano por *Luis Echávarri*.

196) **KELSEN, Hans:** *Les Rapports de Système entre le Droit Interne et le Droit International Public*, curso dado em Haia, estampado no *Recueil des Cours*, 1926, IV, tomo 14 (publicado em 1927), Librairie Hachette, Paris, p. 287.

197) **KELSEN, Hans:** *Principios de Derecho Internacional*, Ed. El Ateneo, Buenos Aires, tradução do inglês para o castelhano por *Hugo Caminos* e *Ernesto Chermida*, 1965.

198) **KELSEN, Hans:** *Principles of International Law*, Ed. Rinehart, 1952, 1ª ed., New York.

199) **KELSEN, Hans:** *Teoria Geral do Direito e do Estado (General Theory of Law and State*; 1945, *The President and Fellows fo Havard College*), estampado em 1961, por Russell and Russell, traduzido para o português do inglês por *Luís Carlos Borges*, Ed. Livraria Martins Fontes e Universidade de Brasília, 1990.

200) **KELSEN, Hans:** *The Law of the United Nations*, Ed. Stevens, Londres, 1950.

201) **KELSEN, Hans:** *Théorie Général du Droit International Public — Problèmes Choisis*, curso dado em Haia, estampado pelo *Recueil des Cours*, 1932, IV, tomo 42, Librairie du Recueil Sirey, Paris, editado em 1933, pp. 115-352.

202) **KELSEN, Hans:** *Unrecht und Unrechtsfolge im Völkerrecht*, artigo estampado na *Zeitschrift für öffentliches Recht*, vol. XII, 1932, pp. 481-608.

203) **KELLER/SIEHR:** Allgemeine Lehern des Praxis des Internationalen Privat-und Verfahrensrecht, Zürich, 1986.

204) **KNAPP, Charles:** *Notion de L'Ordre Public dans les Conflits de Lois*, Mulhouse, 1933.

205) **KORNBLUM, U.:** *Ordre Public Transnational, Ordre Public International und Ordre Public im Recht der Privaten Schiedsgerichtsbarkeit*, artigo estampado no *Beiträge zum Internationalen Verfahrenstrecht und zur Schiedsgeris-*

htsbarkeit — *Festchrift für Heinrich Nagel zum 75.* Ed. Geburtstag Münster, Aschendorff, 1987, pp. 140-156.

206) KOSTERS, Jean: *Public Policy in Private International Law*, artigo estampado no *Yale Law Journal*, 1920, pp. 745-766.

207) **Kovar, Robert**: *Le Droit des Personnes Privées a Obtenir Devant la Cour des Communautés le respect du Droit Communautaire par les États Membres*, artigo estampado na *AFDI*, 1966, pp. 509 e ss.

208) KRAUSE, W.: *Ausländisches Rechts und Deutscher Zivilprozess*, Constanza, 1990.

209) KUHN, Arthur K.: *Comparative Commentaries on Private International Law of Conflict of Laws*, Ed. MacMillian, New York, 1937.

210) KUHN, Arthur K.: *La Conception du Droit International Privé D'Après la Doctrine et la Pratique aux Etats-Unis*, curso dado em Haia, estampado no *Recueil des Cours*, 1928, I, pp. 215 e ss.

211) LA PRADELLE, G. de: *La Fraude à Loi*, artigo estampado nos *Travaux du Comité Français de Droit International Privé*, 1971-73, pp. 117 e ss.

212) LAGARDE, Paul: *Approche Critique de la Lex Mercatoria*, artigo estampado no *Le Droit des Relations Économiques Internationales — Études Offertes à Berthold Goldman*, Paris, Ed. Libraries Techniques, pp. 423-443, 1983.

213) LAGARDE, Paul: *Recherches sur L'Ordre Public en Droit International Privé*, Ed. Sirey, Paris, 1959.

214) LAINÉ, Armand: *Introduction au Droit International Privé — Étude Historique et Critique de la Théorie des Statuts*, Tomos I e II, Paris, Ed. F. Pichon, 1888.

215) LALIVE, Pierre: *Le Droit Public Étranger et Droit International Privé*, artigo estampado nos *Travaux du Comité Français de Droit International Privé*, 1973-1975, Paris, Ed. Dalloz, 1997, pp. 215-245.

216) LALIVE, Pierre: *Ordem Pública Transnacional e Arbitragem Internacional: Conteúdo e Realidade da Ordem Pública Transnacional na Prática Arbitral*, artigo estampado na *Revista do Direito do Comércio e das Relações*

Internacionais, Vol. I, 1989, pp. 26-69, tradução de *Paulo Borba Casella*.
217) **LALIVE, Pierre**: *Ordre Public Transnational ou Réellement International et Arbitrage International*, artigo estampado na *Revue de L'Arbitrage*, 1986, pp. 329-373.
218) **LALIVE, Pierre**: *Sur L'Application du Droit Public Étranger*, artigo estampado na *Schweizerisches Jahrbuch für Internationales Recht — Annuaire Suisse de Droit International*, vol. XXVII, 1971, pp. 103-142.
219) **LAMORLETTE, Thierry e RASSAT, Patrick**: *Stratégie Fiscale Internationale*, 3ª ed., Ed. Maxima, Paris, 1997.
220) **LARENZ, Karl**: *Metodologia da Ciência do Direito*, Ed. Fundação Calouste Gulbenkian, Lisboa, 2ª ed., tradução do alemão para o português de Portugal, realizada por *José Lamego* (*Methodenlehre der Rechtswissenschaft*, 5ª ed., 1983, Ed. Springer, Heidelberg), 1989.
221) **LAW, C. H. P.**: *The Local Remedies Rule in International Law*, Genebra, Ed. Droz, 1961.
222) **LE FUR, Louis**: *Précis de Droit International Public*, Paris, Ed. Dalloz, 1931.
223) **LEREBOURS-PIGEONNIÈRE, Paul**: *Précis de Droit International Privé*, Ed. Dalloz, Paris, 5ª ed., 1948.
224) **LEWALD, Hans**: *la Règlementation de L'Ordre Public sur le Terrain des Traités Diplomatiques*, artigo estampado na *Revue de Droit International Privé*, 1928, pp. 146 e ss.
225) **LIENARD-LIGNY, M.**: *L'Autonomie de la Volonté Face aux Lois Impératives dans les Contrats Internationaux*, artigo estampado nos *Annales de la Faculté de Droit de Liège*, ano 13º, 1968, pp. 5-37.
226) **LIGEROPOULO, Alexandre**: *Le Problème de la Fraude à la Loi*, Ed. Dalloz, Paris, 1928.
227) **LIMA, Alvino**: *A Fraude no Direito Civil*, Ed. Saraiva, São Paulo, 1965.
228) **LIPSTEIN, Kurt**: *The Hague Conventions on Private International Law, Public Law and Public Policy*, artigo estampado no *International and Comparative Law Quarterly*, 1959, pp. 506-522.

229) LOPES, Miguel Maria de Serpa: *Comentário Teórico e Prático da Lei de Introdução ao Código Civil*, Ed. Freitas Bastos, Rio de Janeiro, 1943-1946.
230) LÓPEZ, A. Marín: *Las Normas de Aplicación Necesaria en Derecho Internacional Privado*, artigo estampado na *Revista Española de Derecho Internacional*, vol. XXIII, 1970, pp. 19 e ss.
231) LOPEZ, F. Javier Quel: *Los Privilegios e Inmunidades de los Agentes Diplomáticos em el Derecho Internacional y em la Práctica Española*, Ed. Civitas, Madri, 1993.
232) LORENZEN, Ernest G.: *Selected Articles on the Conflict of Laws*, Ed. Yale University Press, New Haven, 1947.
233) LOUIS-LUCAS, Pierre: *La Fraude à la Loi Éntrangère*, artigo estampado na *Revue Critique de Droit International Privé*, 1962, pp. 1-17.
234) LOUIS-LUCAS, Pierre: *Portée de la Distinction entre Droit Privé Interne et Droit International Privé*, artigo estampado no *Journal du Droit International*, 1962, pp. 858 e ss.
235) LOUIS-LUCAS, Pierre: *Remarques sur L'Ordre Public*, artigo estampado na *Revue Critique de Droit International Privé*, 1933, pp. 393-442.
236) LOURENÇO, Vladimir Rossi: *Tratados, Convenções Internacionais e Tributação*, artigo estampado na *Revista de Direito Tributário* n° 37, 1986.
237) LOUSSOUARN, Yvon e BREDIN, Jean-Denis: *Droit du Commerce International*, prefácio de *Henri Batiffol*, Ed. Sirey, Paris, 1969;
238) LUGO, Mariano Aguilar Benítez de: *Estatuto Personal y Orden Público en el Derecho Internacional Privado Español*, artigo estampado na *Revista Española del Derecho Internacional*, vol.: XX, 1967, pp. 217-246.
239) LUTZESCO, Georges: *Théorie et Pratique des Nullités*, Ed. Dalloz, Paris, 1938.
240) MACHADO, João Baptista: *Lições de Direito Internacional Privado*, Ed. Almedina, Coimbra, 3ª ed. (reimpressão), 1992.

241) MAGALHÃES, José Carlos de e Baptista, Luiz Olavo: *Arbitragem Comercial*, Ed. Freitas Bastos, Rio de Janeiro, 1986.

242) MAGALHÃES, José Carlos de: "O Protocolo de Las Leñas e a Eficácia Extraterritorial das Sentenças e Laudos Arbitrais Proferidos nos Países do Mercosul", artigo estampado na: *Revista de Informação Legislativa*, Brasília, Senado Federal, n° 144, out/dez 1999.

243) MAGALHÃES, José Carlos de: *Aplicação Extraterritorial de Leis Nacionais*", artigo estampado na *Revista de Direito Público* 66/33; e, na obra de *José Inácio Gonzaga Franceschini* e *José Luiz Vicente de Azevedo Franceschinni*: "Poder Econômico: Exercício e Abuso — Direito Antitruste Brasileiro", Ed. Revista dos Tribunais, São Paulo, 1985, pp. 657-671.

244) MAHMASANI, Subhi: *Transactions in the Shari'a*, apud: *Khadduri* e *Liebesny*, in: *Law in the Middle East*, 1955.

245) MALINTOPPI, A.: *Le Norme di Applicazione Necessaria fra Diritto Positivo e Politica Legislativa*, artigo estampado na *Rivista di Diritto Internazionale*, 1977, pp. 825-827.

246) MANN, F. A.: *Conflict of Laws and Public Law*, curso dado em Haia, estampado no *Recueil des Cours*, tomo 132, 1971-I, pp. 107-196.

247) MAREK, Krystyna: *A Digest of the Decisions of the International Court (Permanent Court of International Justice)*, vol. 1 (ela foi editora e coordenadora), Ed. Martinus Nijhoff, Haye, 1974.

248) MARIDAKIS, Georges: *Réflexions sur la Question de la Fraude à la Loi D'Après le Droit International Privé*, artigo estampado nos *Mélanges Offerts* a J. Maury, Paris, 1960, pp. 231 e ss.

249) MAURY, Jacques: *Derecho Internacional Privado*, Ed. Jose M. Cajica Jr., Puebla, México, obra traduzida do francês para o espanhol, realizada por *Jose M. Cajica Jr.*, 1949.

250) MAURY, Jacques: *L'Eviction de la Loi Compétente: L'Orde Public et la Fraude à la Loi*, s/editora, México, 1953.

251) MAURY, Jacques: *L'Éviction de la Loi Normalement Compétente: L'Ordre Public International et la Fraude à la Loi*, Valladolid, Universidad de Valladolid, Ed. Cuadernos de la Cátedra del Dr. James Brown Scott, 1952.
252) MAURY, Jacques: *L'Ordre Public en Droit International Privé Français et en Droit International Privé Allemand — Convergences et Divergences*, artigo estampado na *Revue Critique de Droit International Privé*, 1954, pp. 7-27.
253) MAURY, Jacques: *Règles Générales des Conflits de Lois*, curso dado em Haia e estampado no *Recueil des Cours*, vol. 57, 1936, III, pp. 329 e ss.
254) MAYER, Pierre: *Droit International Privé*, Ed. Montchrestien, Paris, 3ª ed., 1987.
255) MAYER, Pierre: *Les Lois de Police Étrangères*, artigo estampado no Clunet, 1981, pp. 277-345.
256) MESSÍA, José de Yanguas: *Derecho Internacional Privado*, Ed. Reus, Madri, 3ª ed., 1971.
257) MESSINEO, Francesco: *Douttrina Generale del Contratto*, Ed. Giuffrè, Milão, 1948.
258) MINOR, Raleigh C.: *Conflict of Laws or Private International Law*, Ed. Little Brown, Boston, 1901.
259) MIRABELLI, Giuseppe: *Dei Contratti in Generale*, Ed. Utet, Turim, 1958.
260) MIRANDA, Pontes de: *Tratado de Direito Internacional Privado*, Ed. José Olympio, São Paulo, 1935.
261) MOLDOVAN, Mircea: *L'Ordre Public en Droit International Privé*, (tese), Paris, 1932.
262) MONACO, Riccardo: *La Responsabilità Internazionale dello Stato per Fatti di Individui*, artigo estampado na *Rivista di Diritto Internazionale*, 1939, pp. 255 e ss.
263) MONACO, Riccardo: *Manuale di Diritto Internazionale Pubblico*, Turim, Ed. UTET, 2ª ed., 1989 (ristampa).
264) MORAES, Bernardo Ribeiro de: *Sistema Constitucional Tributário na Constituição de 1969*, Ed. Revista dos Tribunais, São Paulo, 1973.
265) MORELLO, Umberto: *Frode alla Legge*, Ed. Giuffrè, Milão, 1969.

266) MORRIS, J. H. C.: *The Conflict of Laws*, 4ª ed. atualizada por *David McClean*, Londres, Ed. Sweet & Maxwell, 1993.
267) MUELA, Adolfo Miaja de la: *Derecho Internacional Privado*, vol. I, 7ª ed., E. Atlas, Madri, 1976.
268) MUELA, Adolfo Miaja de la: *El Agotamiento de los Recursos Internos como Supuesto de las Reclamaciones Internacionales*, artigo estampado no nº 2, do *Anuario Uruguayo de Derecho Internacional*, 1963, pp. 28-52.
269) MUELA, Adolfo Miaja de la: *El Derecho Público Extranjero en el Tráfico Privado Internacional*, artigo estampado na *Revista Española de Derecho Internacional*, vol. XXV, 1972, em especial a p. 281 e ss.
270) MUELA, Adolfo Miaja de la: *Indicios de Atenuación del Orden Público en el Derecho Privado Español*, artigo estampado em *"Multitudo Legum Ius Unum"*, *Festschrift für Wilhelm Wengler*, vol. II, Berlin, 1973, pp. 573-616.
271) MUELA, Adolfo Miaja de la: *La Nueva Escuela Territorialista Francesa en Derecho Internacional Privado (Glosas a unos artículos del Profesor Vallindas)*, artigo estampado na *Revista Española de Derecho Internacional*, 1950, pp. 415-433.
272) MÜLLER, K.: *Zur Nichtfeststellbarkeit des Kollisionsrechtlich Berufenen Ausländischen Rechts*, artigo estampado no *Neue Juristische Wochenschrift*, 1981, pp. 481 e ss.
273) NAVARRO, M. Aguilar: *El Orden Público en el Derecho Internacional*, artigo estampado na *Revista Española del Derecho Internacional*, 1953, pp. 33-81.
274) NEUHAUS, Paul Heinrich: *Rechtsvergleichende Gedanken zur Funktion der Internationales Privatrecht Regeln-Rabelsz* (enviado via internet, sem maiores indicações bibliográficas), 1971.
275) NIBOYET, Jean Paulin e PILLET, Antoine: *Manuel de Droit International Privé*, Ed. Recueil Sirey, Paris, 1924.
276) NIBOYET, Jean Paulin: *Cours de Droit International Privé*, Ed. Recueil Sirey, Paris, 1946.
277) NIBOYET, Jean Paulin: *Traité de Droit International Privé Français (tome III— Conflits de Lois, D'Autorités et de Juridictions — Théorie Générale)*, Ed. Sirey, Paris, 1944.

278) NIEDERER, Werner: *Centerum Quaero Legum Imperii Romani Conflictu*, artigo estampado na *Revue Critique de Droit International Privé*, 1960, pp. 137-150.
279) NORTH, P. M. e FAECETT, J. J.: *Cheshire and North's Private International Law*, 12ª ed., Ed. Butterworths, Londres, 1994.
280) NUSSBAUM, Arthur: *Deutsches Internationales Privatrecht*, Ed. J. C. B. Moht, Tübingen, 1932.
281) NUSSBAUM, Arthur: *História del Derecho Internacional Privado*, traduzido do inglês para o espanhol por *Luis Garcia Arias*, Ed. Revista de Derecho Privado, Madrid, 1947.
282) NUSSBAUM, Arthur: *Principios de Derecho Internacional Privado*, tradução do inglês para o espanhol, realizada por *Alberto D. Schoo*, Ed. Depalma, Buenos Aires, 1947.
283) OCTÁVIO, Rodrigo: *Dicionário de Direito Internacional Privado*, Ed. Briguiet, Rio de Janeiro, 1933.
284) OCTÁVIO, Rodrigo: *Direito Internacional Privado* (Parte Geral), Ed. Freitas Bastos, Rio de Janeiro, 1942.
285) OLIVEIRA FILHO, João de: *Do Conceito da Ordem Pública*, Ed. Própria, São Paulo, 1935.
286) ORTEGA, Manuel Medina: *Brainard Currie y la Ley del Foro*, artigo estampado na *Revista Española de Derecho Internacional*, vol. XIX, 1966, pp. 38 e ss.
287) OSMAN, Falali: *Les Principes Généraux de la Lex Mercatoria*, Ed. LGDJ, Paris, 1992.
288) OTKEN: *De la Responsabilité Internationale des États en Raison des Décisions de Leurs Autorités Judiciaires*, artigo estampado na *Revue de Droit International de Sciences Diplomatiques et Politiques* (enviado via internet, sem maiores detalhes bibliográficos), 1926.
289) PACCHIONI, Giovanni: *Diritto Internazionale Privato*, Ed. CEDAM, Pádova, 2ª ed. (volume II do "*Diritto Civile Italiano*"), 1935.
290) PALAIA, N.: *L'Ordine Pubblico Internazionale*, artigo estampado na obra coordenada pelo Professor *E. Ruiloba Santana*, artigo estampado no *Anuario de Derecho Internacional*, vol. I, 1974, pp. 556 e ss.

291) PALAIA, N.: *L'Ordine Pubblico Internazionale*, Pádua, Ed. CEDAM, 1974.
292) PEREIRA, Luis Cezar Ramos: *A Deportação do Estrangeiro do Brasil*, artigo estampado na *Revista dos Tribunais*, São Paulo, n° 717/351.
293) PEREIRA, Luis Cezar Ramos: *A Prova do Direito Estrangeiro e sua Aplicabilidade*, artigo estampado na *Revista de Processo*, São Paulo, n° 39/276.
294) PEREIRA, Luis Cezar Ramos: *Carta Rogatória — Instrumento Processual Internacional, seus efeitos, processamento e características no Sistema Jurídico Brasileiro*, artigo estampado na Revista de Processo, São Paulo, n° 34/291.
295) PEREIRA, Luis Cezar Ramos: *Prestação de Alimentos no Direito Internacional Privado Brasileiro*, artigo estampado na *Revista dos Tribunais*, São Paulo, n° 690/29 e na *Revista Forense*, Rio de Janeiro, n° 320/25.
296) PEREIRA, Luis Cezar Ramos: *Sobre a Competência Internacional da Autoridade Judiciária do Brasil*, artigo estampado no jornal "*O Estado de S. Paulo*", edição de 26/02/84.
297) PEREIRA, Luis Cezar Ramos:*A Competência Internacional da Autoridade Judiciária Brasileira*, artigo estampado na *Revista dos Tribunais*, São Paulo, n° 586/15 e na *Revista Forense*, Rio de Janeiro, n° 284/488.
298) PEREIRA, Regis Fichtner: *A Fraude à Lei*, Ed. Renovar, Rio de Janeiro, 1994.
299) PICONE, Paolo: *Norme di Diritto Internazionale Privato e Norme Materiali del Foro*, Nápoles, Ed. Jovene, 1971.
300) PILLET, Antoine: *De L'Ordre Public en Droit International Privé*, estampado no tomo I, da obra *Mélanges Antoine Pillet*, Ed. Recueil Sirey, Paris, 1929, pp. 407-515 (estudo estampado primeiramente nos *Annales de L'enseignement Supérieur de Grenoble*, 1890, tomo II, pp. 94 e ss. e posteriormente tais idéias foram publicadas na sua obra, *Principes de Droit International Privé*, 1903, números 182 à 222).
301) PILLET, Antoine: *Principes de Droit International Privé*, Ed. A. Pedone, Paris, 1903.

302) PIMENTA BUENO, José Antonio: *Direito Internacional Privado e Applicações de seus Princípios*, com Referência às Leis Particulares do Brazil, Ed. J. Villeneuve, Rio de Janeiro, 1863.
303) POLLOCK, F: *The Law of Torts*, texto enviado por e.mail, s/ editora, cidade ou página, 13ª edição, 1929.
304) PONTES DE MIRANDA, Franciso Cavalcanti: *Tratado de Direito Internacional Privado*, tomo II, Parte Especial, Rio de Janeiro, Ed. José Olympio, 1935.
305) PRADIER-FODÉRÉ, Paul: *Traité de Droit International Public Européen et Américain*, 1885-1906 (8 tomos), Ed. A. Durand et Pedone-Lauriel, Paris.
306) PUGLIATTI, Salvatore: *Instituzione di Diritto Civile*, texto enviado via e.mail, sem maiores detalhes.
307) QUADRI, Rolando: *Lezioni di Diritti Internazionale Privato*, Nápoles, Ed. Liguori, 5ª ed., 1969.
308) RABEL, Ernst: *The Conflict of Laws — A Comparative Stduy*, 2º volume (*Foreign Corporations: Torts: Contracts in General*), Ed. Callaghan, Chicago, 1947.
309) RANOUIL, V.: *Les Lois de Blocage*, artigo estampado em *Droit et Pratique du Commerce International*, 1986, pp. 513-530.
310) RAWLS, John: *A Theory of Justice*, Boston, Harvard University Press, 1971 (*Uma Teoria da Justiça*, obra traduzida do inglês para o português de Portugal, por *Carlos Pinto Correia*, Lisboa, Editorial Presença, 1993).
311) REALI, Miguel: *O Direito e o Tempo*, artigo estampado no *O Estado de S. Paulo*, edição do dia 3/4/99, p. A2.
312) REUTER, Paul: *Direito Internacional Público*, Ed. Presença, 1981, Lisboa, traduzida do francês para o português de Portugal, realizada por *Maria Helena Capêto Guimarães*, 1981.
313) RIBEIRO, Elmo Pilla: *O Princípio da Ordem Pública em Direito Internacional Privado*, Ed. Própria, s/d, Porto Alegre.
314) RIBEIRO, Marta Chantal da Cunha Machado: *Da Responsabilidade do Estado pela Violação do Direito Comunitário*, Ed. Almedina, Coimbra, 1996.

315) **RIDRUEJO, J. A. Pastor:** *El Fraude a la Ley en Derecho Internacional Español*, artigo estampado na *Revista Española de Derecho Internacional*, 1966, pp. 40-50.
316) **RIGAUX, François:** *Derecho Internacional Privado — Parte General*, Ed. Civitas, Madri, traduzido do francês para o espanhol por *Alegria Borras Rodriguez*, 1985.
317) **RIGAUX, François:** *Droit Public et Droit Privé dans les Relations Internationales*, Paris, Ed. A. Pedone, 1977.
318) **RIPERT, Georges:** *La Règle Morale dans les Obligations Civiles*, Ed. LGDJ, 4ª ed., Paris, 1949.
319) **RODRÍGUEZ, M. de Angulo:** *El Derecho Extranjero y su Tratamiento Procesal en España*, artigo estampado nos *Estudios de Derecho Internacional Público y Privado — Homenaje al Profesor Luis Sela Sampil*, vol. II, Oviedo, Ed. Universidad de Oviedo, 1970, pp. 967-984.
320) **RODRÍGUEZ, M. de Angulo:** *Objeto, Contenido y Pluralidad Normativa en Derecho Internacional Privado*, artigo estampado na *Revista Española de Derecho Internacional*, vol. XXIII, 1970, pp. 745 e ss.
321) **ROLIN, H.:** *Vers un Ordre Public Réellement International, Mélanges Jules Basdevant — Hommage d'une génération de juristes au Président*, Ed. A. Pedone, Paris, pp. 441-462.
322) **ROOT, Elihu:** *The Basis of Protection of Citizens Residing Abroad*, artigo estampado no *American Journal of International Law*, 1910, pp. 517 e ss.
323) **ROSS, Alf:** *Costitution of the United Nations*, Ed. E. Munksgaard, Copenhagen, 1950.
324) **ROTONDI, Giovanni:** *Gli Atti in Frode all Legge nella Douttrina Romana — Evoluzione Posteriore*, Ed. Utet, Turim, 1911.
325) **ROUSSEAU, Charles:** *Derecho Internacional Público*, Ediciones Ariel, Barcelona, 3ª ed., tradução do francês para o espanhol, realizado por *Fernando Gimenez Artigues*, 1966.
326) **ROUSSEAU, Charles:** *Droit International Public Approfondi*, Ed. Dalloz, Paris, 1958.
327) **ROUSSEAU, Charles:** *Droit International Public*, Paris, Ed. Sirey, 1953.

328) ROZAS, Fernández e LORENZO, Sánchez: *Curso de Derecho Internacional Privado*, Ed. Tecnos, Madri, 1991.
329) ROZAS, Fernández e LORENZO, Sánchez: *Curso de Derecho Internacional Privado*, Ed. Tecnos, Madri, 1991.
330) SALCEDO, Juan Antonio Carrillo: *Derecho Internacional Privado — Introducción a sus Problemas Fundamentales*, Ed. Tecnos, 2ª ed., Madri, 1976.
331) SAMPAIO DÓRIA, Antônio Roberto: *Da Lei Tributária no Tempo*, Ed. Saraiva, São Paulo, 1968.
332) SANTANA, E. Ruiloba: *Sobre el Concepto y Delimitaciones del Orden Público en Derecho Internacional Privado*, artigo estampado na *Revista General de Legislación y Jurisprudencia*, 1974, pp. 635 e ss.
333) SANTOS, Antônio Marques dos: *As Normas de Aplicação Imediata no Direito Internacional Privado — Esboço de uma Teoria Geral*, tese publicada pela Ed. Almedina, Coimbra, 1991.
334) SANTOS, Antônio Marques dos: *As Normas de Aplicação Imediata no Direito Internacional Privado — Esboço de uma Teoria Geral*, Ed. Almedina, Coimbra, 1991.
335) SATTA, Salvatori: *Direito Processual Civil*, tradução do italiano para o português realizada por *Luiz Autuori*, Ed. Borsoi, Rio de Janeiro, 1973.
336) SAVATIER, René: *Cours de Droit Internatinal Privé*, Ed. LGDJ, Paris, 1947.
337) SAVIGNY, Friedrich Carl von: *A Treatise on the Conflict of Laws and the Limits of their Operation in Respect of Place and Time*, tradução do alemão para o inglês de *William Guthrie*, Endinburgh, Ed. T & T Clark, 1880.
338) SAVIGNY, Friedrich Carl von: *Sistema del Derecho Romano Actual*, tradução do alemão para o espanhol, de *Jacinto Mesía y Manuel Poley*, 2ª ed., Mardi, Ed. Centro Editorial de Góngora, s/d.
339) SAVIGNY, Friedrich Carl von: *System des Beutigen Röminschen Rechts*, Berlim, Ed. Veit und Comp., 1849.
340) SAVIGNY, Friedrich Carl von: *Traité de Droit Romain*, tradução de *M. Ch. Guenoux*, 2ª ed., Paris, Ed. Librairie de Firmin Didot Frères, 1860.

341) SCELLE, Georges: *Critique du soi-sisant domaine de compétence exclusive*, artigo estampado na *Révue de Droit International et de Législation Comparé*, 1933, n° 2, pp. 368-369.
342) SCOLES, Eugene F. e HAY, Peter: *Conflict of Laws*, 2ª ed., Ed. West Publishing, St. Paul, 1992.
343) SCHLUTER: *De Facto Anerkennung im Völkerrecht*, texto enviado pela internet, sem editora, Würzburg, 1936.
344) SCHMITTHOFF, Clive M.: *A Textbook of the English Conflict of Laws (Private International Law)*, 2ª ed., Ed. Issac Pitman & Sons, Londres, 1948.
345) SCHMITTHOFF, Clive M.: *Commercial Law in a Changing Economic Climate*, Ed. Sweet & Maxwell, Londres, 1981.
346) SCHMITTHOFF, Clive M.: *International Trade and Private International Law*, artigo estampado no *Vom Deutschen zum europäischen Recht*, na obra *Festschrift für Hans Dölle*, pp. 257-272, 1963.
347) SCHMITTHOFF, Clive M.: *The Law of International Trade, its Growth, Formulation and Operation*, artigo estampado no *The Sources of the Law of International Trade with Special Reference to East-West Trade (International Association of Legal Science — Colloque de Londres 24 à 27/9/62)*, Londres, Ed. Stevens & Sons, pp. 3-38, 1964.
348) SCHOCKWEILER, Fernand: *La Responsabilité de l'autorité Nationale en cas de Violation du Droit Communautaire*, artigo *estampado na RTDE*, 1992, n° 1, p. 27 e ss.
349) SCHOUERI, Luís Eduardo: *Planejamento Fiscal Através de Acordos de Bitributação: Treaty Shopping*, Ed. Revista dos Tribunais, São Paulo, 1995.
350) SCHULTSZ, J. C.: *Les Lois de Police Étrangères*, artigo estampado nos *Travaux du Comité Français de Droit International Privé*, 1982-1983-1984, Paris, 1986, Ed. Centre National de la Recherche Scientifique, pp. 39-53.
351) SEPÚLVEDA, César: *Derecho Internacional*, Editorial Porrúa, 9ª ed., México, 1978.
352) SHEA, Donald R.: *The Calvo Clause*, Minnesota, Minnesota University Press, 1954.

353) SICHES, Luis Recasens: *Introducción al Estudio del Derecho*, Ed. Porrúa, México, 4ª ed., 1970.
354) SICHES, Luis Recaséns: *La Nueva Filosofía de la Interpretación del Derecho*, México, Ed. Porrua, 1973.
355) SIMON-DEPITRE, Marthe: *Les Règles Matérielles dans le Conflit de Lois*, artigo estampado na *Revue Critique de Droit International Privé*, 1974, pp. 591-606.
356) SOARES, Guido Fernando Silva: *A Ordem Pública nos Contratos Internacionais*, artigo estampado na *Revista de Direito Mercantil*, nº 55, Ed. Revista dos Tribunais, São Paulo, pp. 122-129.
357) SOARES, Guido Fernando Silva: *Das Imunidades de Jurisdição e de Execução*, Ed. Forense, Rio de Janeiro, 1984.
358) SOMMIÈRES, Vareilles: *La Synthèse du Droit International Privé*, Ed. A. Pedone, Paris, 1897.
359) SORENSEN, Max: *Manual de Derecho Internacional Público*, Ed. Fondo de Cultura Económica, México, 1973.
360) SPERDUTI, Giuseppe: *Droit International Privé et Droit Public Étranger*, artigo estampado no *Clunet*, 1977, pp. 5-15.
361) SPERDUTTI, Giuseppe: *Sul Limite Dell'Ordine Publico*, artigo estampado na *Revista di Diritto Internazionale*, 1960, pp. 303 e ss.
362) SPIEGEL, H.: Origin and Development of Denial of Justice, artigo estampado no American Journal of International Law, pp. 63 e ss., 1938.
363) STEINER, Josephine: *From Direct Effects to Francovich: Shifting Means of Enforcement of Community Law*, artigo estampado na ELR, 1993, p. 3 e ss.
364) STERMAN, Sonia: *Responsabilidade do Estado*, Ed. Revista dos Tribunais, São Paulo, 1992.
365) STÖCKER, H. A.: *Vom Ordre-Public-Vorbehalt zur Internationalprivatechtlichen Härteklausel*, artigo estampado em *Das Standesamt*, 1970, pp. 325-329.
366) STOLFI, Giuseppe: *Teoria del Negozio Giuridico*, Ed. CEDAM, Pádua, 1947.

367) **STORY, Joseph:** *Comentarios sobre el Conflicto de las Leys,* obra traduzida do inglês para o castelhano, da 8ª edição norte-americana, realizada por Clodomiro Quiroga, Buenos Aires, Ed. Felix Lajouane, 1891.
368) **STORY, Joseph:** *Commentaries on the Conflict of Laws, Foreign and Domestic,* in: *Regard to Contracts, Rights, and Remedies, and especially in regard to marriages, Divorces, Wills, Successions and Juldgments* (texto enviado via internet sem referência a editora), 8ª ed., 1883.
369) **STRENGER, Irineu:** *Curso de Direito Internacional Privado,* Ed. Forense, Rio de Janeiro, 1978.
370) **STRUPP, Karl:** *Éléments du Droit International Public,* Ed. Rousseau, Paris, 1927.
371) **TENÓRIO, Oscar:** *Direito Internacional Privado,* 6ª ed., Ed. Freitas Bastos, Rio de Janeiro, 1960.
372) **TENÓRIO, Oscar:** *Lei de Introdução ao Código Civil Brasileiro,* 2ª ed., Ed. Borsói, Rio de Janeiro, 1955.
373) **TESAURO, Giuseppe:** *La Sanction des Infractions au Droit Communautaire,* artigo publicado na *RDE,* 1992 (3), p. 477 e ss.
374) **TOUSCOZ, Jean:** *Direito Internacional* (*Droit International,* Presses Universitaires de France, Paris, 1993), Publicações Europa-América, Lisboa, 1994, tradução do francês para o português de Portugal, realizada por *Nuno Canas Mendes.*
375) **TRÍAS DE BES, José Maria:** *Derecho Internacional Privado — Sistema del Derecho Español Positivo,* Ed. Bosch, Barcelona, 1932.
376) **VALÉRY, Jules:** *Manual de Droit International Privé,* Ed. Fontemoing, Paris, 1914.
377) **VALLINDAS, Petros:** *Le Principe de L'Élaticité de la Réserve de L'Ordre Public et les Réserves Spécialisées,* artigo estampado na *Revue Hellenique de Droit International,* 1950, pp. 55 e ss.
378) **VANDERSANDEN, Georges** e **DONY, Marianne:** *La Responsabilité des Etats Membres en cas de Violation du Droit Communautaire — Etudes de Droit Communautaire*

et de Droit National Comparé, Ed. Bruylant, Bruxelas, 1997.
379) **VATTEL, Emmerieh de:** *Le Droi des Gens ou Principes de la Loi Naturelle, Appliqués a la Conduite et aux Affaires des Nations et des Souverains*, Ed. J. P. Aillaud, Paris, traduzida do latim para o francês, por *M. P. Royer-Collard*, 1835.
380) **VERA, E. PÉREZ:** *El Concepto de Orden Público en el Derecho International*, artigo estampado no *Anuario Hispano-Luso-Americano de Derecho Internacional*, n° 7, 1984, pp. 273-287.
381) **VERDROSS, Alfred von:** *Derecho Internacional Público*, 5ª ed. alemã (*Völkerrecht*), 6ª ed. espanhola, obra traduzida do alemão para o espanhol por *Antonio Truyol y Serra* e *Manuel Medina Ortega*, Ed. Aguilar, Madri, 1980.
382) **VERDROSS, Alfred von:** *Völkerrecht*, Verlag von Julius Springer, Berlim, 1937 (2ª ed. em 1950).
383) **VERPLAETSE, Julian G.:** *Derecho Internacional Privado*, Ed. Estates, Madri, 1954.
384) **VERPLAETSE, Julian G.:** *La Fraude à la Loi en Droit International Privé*, Ed. Sirey, Paris, 1938.
385) **VIDAL, José:** *Essai d'une Théorie Générale de la Fraude en Droit Français — Le Principe fraus omnia corrumpit*, Ed. Dalloz, Paris, 1957.
386) **VIEHWEG, Theodor:** *Tópica e Jurisprudência*, tradução da 5ª edição alemã (*Topik und Rechtsphilosophie*), realizada por *Tércio Sampaio Ferraz Jr.*, Ed. Departamento de Imprensa Nacional co-edição com a Editora Universidade de Brasília, Brasília, 1979.
387) **VIGNANO, A. Tommasi di:** *Lex Fori e Diritto Straniero: Introduzione Critica al Diritto Internazionale Privato*, Pádua, Ed. CEDAM, 1964.
388) **VILLELA, Álvaro da Costa Machado:** *Tratado Elementar (teórico e prático) de Direito Internacional Privado, Livro I — Princípios Gerais* — Ed. Coimbra, 1921, Coimbra.
389) **VITORIA, Francisco de** (ou ***Francisci Victoriae***): *Derecho Natural y de Gentes*, Buenos Aires, Ed. Emecé, obra

traduzida do latim para o espanhol, pelo *Padre Luis Getino*, O. P., 1946.
390) **WEISS, André:** *Manual de Derecho Internacional Privado*, Ed. Recueil Sirey, Paris, obra traduzida do francês para o espanhol, realizada por *Estanislao S. Zeballos*, 1928.
391) **WENGLER, W.**: *Les Principes Généraux du Droit International Privé en Leurs Conflits*, artigo estampado na *Revue Critique de Droit International Privé*, 1952, pp. 595-622, 1953, pp. 37-60.
392) **WESTLAKE, John:** *A Treatise on Private International Law*, 1ª ed. de 1858 e 7ª ed. de 1925, Ed. Sweet & Maxwell, Londres.
393) **WILLIANS Fischer:** *La Doctrine de la Reconnaissance en Droit International et ses Développements Récents*, curso dado em Haia e estampado no *Recueil de Cours*, 1933, II, pp. 253 e ss.
394) **WINFIELD:** *The History fo Negligence in the Law of Torts*, artigo estampado na *Law Quarterly Review*, nº 42 (1926), pp. 184/201.
395) **WOLFF, Martín:** *Derecho Internacional Privado*, tradução do inglês para o espanhol (da 2ª ed.), realizada por *Antonio Marín López*, Ed. Bosch, Barcelona, 1958.
396) **WOLFF, Martín:** *Private International Law*, Oxford, Ed. Clarendon Press, 1ª ed., 1945; 2ª ed., 1950 e 3ª ed., 1954.
397) **XAVIER, Alberto:** *Direito Tributário Internacional do Brasil — Tributação das Operações Internacionais*, 4ª ed., Ed. Forense, Rio de Janeiro, 1995.
398) **YASSEN, Mustafha K.**: *Principies Généraux du Droit International Privé*, curso estampado no *Recueil des Cours*, 1965, III, vol. 116, pp. 387-470.
399) **ZAMPETTI, Americo Beviglia:** *Applicazione della Legislazione Antitrust Statunitense in materia di Commercio Internazionale: Recenti Sviluppi*, artigo estampado na *Revista di Diritto del Commercio Internazionale*, abril/junho, 1993.
400) **ZEMANEK, Karl** e **SALMON, J.**: *Responsabilité Internationale*, Ed. Dalloz, Paris, 1987.

401) ZEMANEK, Karl: *La Responsabilité des États pour faits Internationalement Ilicites, ainsi que pour Faits Internationalement Licites*, artigo estampado na obra *Responsabilité Internationale, Institut des Hautes Etudes Internationales de Paris* (sob a coordenação de *Prosper Weil*), 1987/1988, p. 1 e ss., Ed. A. Pedone, Paris.

402) ZITELMANN, Ernst: "*Internationales Privatrecht*, Ed. Duncker und Humboldt, Leipzig, Tomo I, 1897 e tomo II, 1912.

Casos Citados

Caso A.S. Rampell Inc. v. Hyster Co.
Caso Abílio dos Santos Diniz
Caso Ambatielos Arbitration
Caso Anderson v. First Commodity Corp. of Boston
Caso B.M. Heede Inc. v. West India Machinery and Supply Co.
Caso Bauffremont-Bilbesco
Caso Bethlehem Steel Corp. v. G.C. Zarnas & Co.
Caso Bice CF. Co. Inc. v. CIT Corp. of South Inc.
Caso Blalock v. Perfect Subscription Co.
Caso Boase v. Lee Rubber & Tire Corp.
Caso Bohne
Caso Boll
Caso Bossac Saint-Frères S.A. v. Gerstenmeier
Caso Bossetti
Caso Brand
Caso Brasserie du Pêcheur S/A
Caso British Telecommunications
Caso Burton v. British Railways Board
Caso Business Incentives Co. Inc. v. Sony Corp. of America
   Caso Chemin de Fer Panevezys-Saldutikis

Caso Chorzón
Caso Comet BV
Caso da Expulsão do Patriarca Ecumênico
Caso Dantzig
Caso das Ilhas Aaland
Caso Davis v. Humble Oil & Refining Co.
Caso Davis v. Jointless Fire Brick Co.
Caso De Wütz v. Hendricks
Caso Debenture Holders of San Marco
Caso Dillenkofer
Caso do Conflito do Golfo
Caso dos Barcos Filandeses
Caso dos Decretos de Nacionalidade
Caso dos Empréstimos Noruegueses
Caso dos Faróis do Império Otomano
Caso Dynamit A/G v. Rio Tinto Co.
Caso E. Dillenkofer
Caso Emery's Investment Trusts
Caso Emprunts Brésiliens
Caso Emprunts Serbes
Caso Fabiani
Caso Factortame III
Caso Fine v. Property Damage Appraisers Inc.
Caso Fiume
Caso Fonseca v. Cunard Steamship Co. Limited
Caso Forney Industries Inc. v. Andre
Caso Foster v. Driscoll
Caso Frame v. Merrill Lynch Pierce, Fenner & Smith Inc.
Caso Francovich
Caso G. M. Sotgiu v. Deutsche Bundespost
Caso Gentini
Caso Giorgio
Caso Grell v. Levy
Caso Gustavo Adolfo Stroessner Mora
Caso Hedley Lomas
Caso Hoge Raad
Caso Humble Oil & Refining Co.

Caso Humblet
Caso Intercontinental Hotels Corp. v. Golden
Caso Interhandel
Caso Johnston v. Commercial Travelers Mutual Accident Association of America
Caso Kaufman v. Gerson
Caso Klausemburgo
Caso Krieff v. Chemouni
Caso La Tablada
Caso Lingüístico Belga
Caso Loginger
Caso Lomas
Caso Losinger
Caso Loucks v. Standard Oil Co.
Caso Lück
Caso Majzesz Lubelski v. Etat du Burundi
Caso Martini
Caso Max Reinhart
Caso McQuillan v. Italia SpA di Navegazione
Caso Mittenthal v. Mascagni
Caso Morgan Walton Properties Inc. v. International City Bank & Turst Co.
Caso Mossman e Stratton
Caso Nakhleh v. Chemical Construction Corp.
Caso Nasco Inc. v. Gimbert
Caso National Surety Corp. v. Inland Properties Inc.
Caso Naylor v. Conroy
Caso Nelson v. Aetna Life Insurance Co.
Caso Oscar Chinn
Caso Panevezys-Saldutiskis
Caso R. Hochstrass v. Tribunal de Justiça da Comunidade Européia
Caso Regazzoni v. K.C. Sethia
Caso Reger v. National Association of Bedding Manufacturers Group Ins. Turst Fund
Caso Rewe-Zentralfinanz
Caso Rousillon v. Rousillon

Caso Salem
Caso Salgoil
Caso Simmenthal
Caso Souza Cruz
Caso Spader
Caso Swann v. Swann
Caso Swanson v. United-Greenfield Corp.
Caso Tagliaferro e Giacobini
Caso Willians e García Cádiz
Caso Winer Motors Inc. v. Jaguar Rover Triumph Inc.
Caso Woods-Tucker Leasing Corp. v. Hutcheson-Ingram Development Co.
Caso Worringham e Humpreys v. Lloyds Bank Ltd
Casos da Corte de Justiça da Comunidade Européia (coletânea)

Impresso em offset nas oficinas da
FOLHA CARIOCA EDITORA LTDA.
Rua João Cardoso, 23 - Tel.: 253-2073
Fax: 233-5306 - CEP 20220-060 - Rio - RJ